Économie utile
pour des temps difficiles

ABHIJIT V. BANERJEE
ESTHER DUFLO

Économie utile pour des temps difficiles

Traduit de l'anglais (États-Unis)
par Christophe Jaquet

ÉDITIONS DU SEUIL
57, rue Gaston-Tessier, Paris XIXe

Ce livre est publié dans la collection
« Les livres du nouveau monde »
dirigée par Pierre Rosanvallon

Titre original : *Good Economics for Hard Times*
Éditeur original : Public Affairs
ISBN original : 978-1-61039-950-0

ISBN 978-2-02-136656-3

www.seuil.com

À nos enfants, Noemie et Milan,
Dans l'espoir qu'ils grandissent
Dans un monde plus humain et plus juste.

Et pour Sasha, qui n'en a pas eu la chance.

Préface

Il y a dix ans, nous avons écrit un livre sur le travail que nous menions. Ce livre a trouvé un large public, ce qui nous a surpris et flattés, mais il était clair pour nous que nous n'irions pas au-delà. Les économistes n'écrivent généralement pas de livres, et moins encore des livres susceptibles d'être lus par des êtres humains normalement constitués. Nous avions relevé le défi et nous nous en étions sortis. Il était temps de revenir à nos activités quotidiennes : écrire et publier des articles de recherche.

C'est d'ailleurs ce que nous étions en train de faire quand les lueurs des premières années Obama ont cédé la place à la folie cauchemardesque du Brexit, des « gilets jaunes » ou du mur entre les États-Unis et le Mexique, et que l'optimisme brouillon du Printemps arabe a été balayé par l'arrogance des dictateurs (ou de leurs *alter ego* élus). À présent, les inégalités explosent, les désastres politiques et les catastrophes environnementales menacent de toutes parts, et nous n'avons guère à leur opposer que des platitudes.

Nous avons écrit ce livre pour redonner espoir. Pour parler de ce qui a mal tourné et comprendre pourquoi, mais aussi pour montrer tout ce qui peut aller dans le bon sens. C'est un livre qui porte autant sur les problèmes auxquels le monde doit faire face que sur la manière dont ils pourront être résolus, à condition que nous dressions d'abord un diagnostic honnête. Un livre qui montre où la politique économique a échoué, où l'idéologie nous a rendus aveugles et où nous sommes passés à côté de l'évidence, mais qui montre aussi pourquoi et comment une bonne science économique demeure plus utile que jamais dans le monde d'aujourd'hui.

Le fait que l'écriture d'un tel livre soit nécessaire ne signifie pas que nous soyons les mieux placés pour le faire. Beaucoup des maux qui frappent aujourd'hui la planète sont particulièrement perceptibles dans les pays du Nord, or nous avons passé notre vie à étudier les populations pauvres dans les pays pauvres. Pour écrire ce livre, il nous fallait apprendre beaucoup de nos collègues, et nous courions le risque de rater ou mal comprendre quelque chose. Nous avons mis du temps à nous convaincre que cela valait la peine d'essayer.

Nous avons finalement décidé de sauter le pas parce que nous étions las de voir le débat public sur les grandes questions économiques – l'immigration, le libre-échange, la croissance, les inégalités ou l'environnement – s'engager sur de mauvaises voies. Mais aussi parce que, à force d'y réfléchir, nous nous sommes rendu compte que les problèmes des pays riches étaient en réalité très proches de ceux que nous avions l'habitude d'étudier dans les pays en développement : des gens laissés sur le côté, des inégalités galopantes, une absence totale de confiance dans le gouvernement, des sociétés et des États divisés, etc. Nous avons beaucoup appris en travaillant sur ce livre, et nous en sommes ressortis confiants dans ce qui constitue notre cœur de métier : tenir compte des faits, se méfier des solutions miracles et des réponses toutes faites, être modestes et honnêtes sur ce que nous savons et ne savons pas, et, plus important encore, peut-être, se tenir prêts à essayer des idées et des solutions nouvelles, quitte à se tromper, tant que cela va dans le sens de l'objectif que nous poursuivons : bâtir un monde plus humain.

1.

MEGA : Make Economics Great Again[1]

Une femme apprend de son médecin qu'il ne lui reste plus que six mois à vivre. Le médecin lui conseille d'épouser un économiste et de partir dans la Beauce.

La femme : Cela va-t-il me guérir ?

Le médecin : Non, mais ces six mois vont vous paraître très longs.

Nous vivons une époque de polarisation croissante. De l'Inde à la Hongrie, des Philippines aux États-Unis, du Brésil au Royaume-Uni, de l'Italie à l'Indonésie, le débat public entre droite et gauche se réduit de plus en plus à des affrontements bruyants, où l'invective laisse peu de place à la nuance et à la réflexion. Aux États-Unis, où nous vivons et travaillons, le nombre d'électeurs qui votent pour un parti différent aux diverses élections est à son plus bas niveau historique[2]. Parmi les Américains qui s'identifient à l'un des deux grands partis, 81 % ont une opinion négative du parti adverse[3] ; 61 % des démocrates jugent les républicains racistes, sexistes et sectaires, et 54 % des républicains jugent les démocrates malveillants. Un tiers des Américains seraient profondément déçus si un membre de leur famille proche épousait une personne de l'autre camp[4].

En France et en Inde, deux autres pays où nous passons beaucoup de temps, la montée de la droite dure est commentée, au sein de l'élite progressiste « éclairée » à laquelle nous appartenons, en des termes toujours plus apocalyptiques. La peur ne cesse de grandir : la civilisation telle que nous la connaissons, fondée sur le débat et la démocratie, serait désormais menacée.

Nous sommes des économistes, c'est-à-dire des chercheurs en sciences sociales. Notre métier consiste à présenter des faits et une interprétation des faits qui seront susceptibles, nous l'espérons, de réduire ces divisions et d'aider chaque camp à mieux comprendre l'autre, afin de parvenir, sinon à un consensus, du moins à une sorte de désaccord raisonnable. La démocratie ne peut certes pas vivre sans conflit, mais à condition qu'il y ait du respect de part et d'autre ; et le respect suppose la compréhension mutuelle.

Ce qui rend la situation actuelle particulièrement inquiétante, c'est que l'espace permettant un débat de ce type semble se réduire chaque jour un peu plus. On observe une « tribalisation » des opinions, non seulement dans le domaine strictement politique, mais aussi en ce qui concerne les principaux problèmes de société et les solutions qu'il conviendrait de leur apporter. Une enquête à grande échelle[5] sur les opinions des Américains montre que, sur un grand nombre de sujets, les réponses forment des masses cohérentes : les personnes qui ont des convictions identiques sur la place des femmes dans la société ou l'orientation sexuelle, ou qui pensent qu'on peut réussir en travaillant dur semblent avoir des opinions convergentes sur beaucoup d'autres sujets, de l'immigration au libre-échange, des inégalités à la fiscalité et au rôle de l'État. Ces croyances fondamentales sont de meilleurs indicateurs de leurs convictions politiques que leur revenu, leur groupe démographique ou leur lieu de vie.

Ces questions sont, à bien des égards, au cœur du débat politique, et pas uniquement aux États-Unis : l'immigration, le libre-échange, la fiscalité ou le rôle de l'État sont des sujets tout aussi controversés en Europe ou en Inde, en Afrique du Sud ou au Vietnam. Mais les opinions exprimées sur ces questions reposent bien souvent sur l'affirmation de valeurs personnelles (« Je suis pour l'immigration parce que je suis une personne altruiste » ; « Je suis contre parce que les immigrés menacent l'identité nationale »). Et, quand elles ont un semblant de fondement, celui-ci repose en général sur des chiffres fantaisistes et une lecture des faits extrêmement simpliste. Peu de gens semblent réfléchir aux enjeux eux-mêmes.

Cela est d'autant plus regrettable que nous rentrons dans des temps difficiles. Les folles années de forte croissance mondiale, alimentée par l'expansion du commerce international et l'incroyable réussite économique de la Chine, sont sans doute terminées : la croissance chinoise ralentit et des guerres commerciales éclatent ici et là. Les pays qui ont prospéré sur cette déferlante – en Asie, en Afrique, en Amérique latine – commencent à s'inquiéter de ce qui les attend. Bien sûr, dans la plupart des pays riches, en Occident, cette croissance lente ne date pas d'hier, mais le détricotage du tissu social qui l'accompagne la rend particulièrement préoccupante aujourd'hui. Il semble que nous soyons revenus à l'époque des *Temps difficiles* de Charles Dickens, les riches se dressant contre des pauvres de plus en plus aliénés et privés de perspective d'avenir[6].

Les questions économiques et de politique économique se trouvent au cœur de la crise actuelle. Peut-on faire quelque chose pour relancer la croissance ? Est-ce une priorité dans un Occident encore prospère ? Comment traiter l'explosion généralisée des inégalités ? Le libre-échange est-il le problème ou la solution ? Quels sont ses effets sur les inégalités ? Qu'en sera-t-il demain : les pays où le coût du travail est bas vont-ils évincer l'industrie chinoise ? Et que penser de l'immigration ? Les immigrés non qualifiés sont-ils trop nombreux ? Et des nouvelles technologies ? Faut-il craindre ou saluer les avancées de l'intelligence artificielle ? Enfin, et c'est sans doute la question la plus urgente, comment les sociétés peuvent-elles aider les populations laissées sur le bord de la route par la loi du marché ?

Les réponses à des problèmes aussi complexes ne tiennent pas en un tweet. C'est pourquoi l'on s'empresse de les mettre de côté. C'est pourquoi, aussi, les gouvernements font si peu pour relever les défis de notre époque. Mais, en réagissant ainsi, ils alimentent la colère et la méfiance qui polarisent nos sociétés, ce qui nous rend encore moins capables de penser, de parler et d'agir ensemble. Nous sommes pris dans un cercle vicieux.

Il se trouve que les économistes de métier ont beaucoup à dire sur ces questions : ils étudient l'immigration pour mesurer ses effets sur les salaires, les impôts pour déterminer s'ils découragent l'entreprise, les programmes de redistribution sociale pour voir s'ils encouragent la paresse. Ils regardent ce qui se passe quand les nations commercent entre elles, et émettent des hypothèses sur les gagnants et les perdants probables de ces échanges. Ils réalisent des efforts considérables pour comprendre pourquoi certains pays connaissent la croissance et d'autres non, et ce que les gouvernements peuvent faire pour y remédier – si toutefois ils peuvent quelque chose. Ils rassemblent également des données sur ce qui rend les individus plutôt méfiants ou généreux, sur les raisons pour lesquelles on quitte son pays pour un autre, et sur la manière dont les réseaux sociaux exploitent de nos préjugés.

Or ce que les recherches les plus récentes nous révèlent est souvent surprenant, en particulier pour tous ceux qui sont habitués aux réponses toutes faites des manuels d'économie du secondaire et des pseudo-économistes des plateaux de télévision. Leurs résultats peuvent nous fournir un éclairage nouveau sur nombre de ces débats.

Malheureusement, la plupart des gens font trop peu confiance aux économistes pour écouter ce qu'ils ont à dire. Juste avant le vote sur le Brexit, nos collègues du Royaume-Uni ont désespérément essayé d'avertir l'opinion sur le coût d'un tel choix, mais ils ont fini par comprendre qu'on ne les écoutait pas. Ils avaient raison : personne ne leur a prêté beaucoup attention. Début 2017, au Royaume-Uni, YouGov réalisa un sondage dans lequel était posée (entre autres) cette question : « Parmi les catégories suivantes, auxquelles faites-vous le plus confiance quand elles parlent de leur domaine d'expertise ? » Les infirmières et les infirmiers arrivaient en tête : 84 % des personnes sondées leur faisaient confiance. Les politiques, avec 5 %, arrivaient bons derniers, mais, en leur sein, les députés, avec 20 %, faisaient mieux que les autres. Avec 25 %, les économistes passaient juste devant eux. Le niveau de confiance dans les présentateurs météo était deux fois plus élevé[7]. À l'automne 2018, nous avons posé la même question (ainsi que plusieurs autres sur de grands sujets économiques, que nous retrouverons tout au long de ce livre) à 10 000 personnes habitant les États-Unis[8]. Là encore, 25 % seulement faisaient confiance aux économistes. Seuls les politiques étaient en dessous.

Ce déficit de confiance n'est pas sans lien avec le fait que le consensus entre économistes (quand il existe) est souvent totalement différent de l'opinion courante. À l'université de Chicago, la Booth School of Business demande régulièrement à 40 économistes, qui sont tous des autorités reconnues dans leur domaine, leur opinion sur les grandes questions qui agitent la discipline. Nous ferons souvent référence dans ce livre aux réponses de ce « panel IGM Booth ». Nous avons sélectionné 10 questions parmi celles posées à ces économistes et les avons soumises aux 10 000 personnes de notre étude. Sur la plupart d'entre elles, les économistes et nos sondés avaient des vues diamétralement opposées. Ainsi, aucun économiste du panel IGM Booth n'était d'accord avec la proposition suivante : « Imposer de nouveaux droits de douane sur l'acier et l'aluminium [importés aux États-Unis] améliorera le bien-être des Américains[9]. » Un peu plus d'un tiers de nos répondants, en revanche, la soutenait.

En général, les personnes que nous avons interrogées tendaient à être plus pessimistes que les économistes. Ainsi, 40 % de ces derniers étaient d'accord avec la proposition selon laquelle « l'afflux de réfugiés en Allemagne à partir de l'été 2015 bénéficiera à l'Allemagne au cours des dix prochaines années », tandis que la quasi-totalité des autres n'en étaient pas sûrs ou ne donnaient pas d'opinion (un seulement n'était pas d'accord)[10]. À l'inverse, un quart seulement de nos sondés étaient d'accord et 35 % ne l'étaient pas. Ceux-ci étaient aussi plus nombreux à penser que l'essor des robots et de l'intelligence artificielle provoquerait un chômage de masse, et moins nombreux à estimer qu'il créerait suffisamment de richesses supplémentaires pour dédommager les perdants[11].

Ces écarts ne tiennent pas au fait que les économistes sont systématiquement en faveur du laissez-faire et de la concurrence débridée, comme on aurait pu le penser. Une étude antérieure à la nôtre a comparé les réponses, aux 20 mêmes questions, d'un certain nombre d'économistes et d'un millier d'Américains ordinaires[12]. Il y apparaît que les premiers étaient (beaucoup) plus favorables à l'augmentation des impôts fédéraux : 97,4 %, contre 66 % des Américains ordinaires. De même, ils avaient davantage confiance dans les politiques mises en œuvre par le gouvernement après la crise de 2008 (sauvetage des banques, mesures de relance, etc.). En revanche, 67 % des Américains ordinaires contre seulement 39 % des économistes étaient d'accord avec l'idée que les P-DG des grandes entreprises sont trop payés. Sur l'ensemble des 20 questions, l'écart entre le nombre d'économistes et le nombre d'Américains ordinaires adhérant à telle ou telle proposition était abyssal : 35 points de pourcentage.

Plus encore, le fait d'informer les sondés de ce que pensent les économistes sur ces questions ne change rien à leur opinion. Pour le prouver, les chercheurs ont varié la formulation de trois questions à propos desquelles l'opinion des économistes différait très nettement de celle du public. Pour certains sondés, les questions ont été précédées de la mention : « Presque tous les experts sont d'accord pour dire que... » ; pour les autres, elles ont été laissées telles quelles. Résultat : les réponses obtenues sont les mêmes dans les deux groupes. Ainsi, à la question de savoir si l'Alena (Accord de libre-échange nord-américain) avait permis d'accroître le bien-être des Américains – 95 % de réponses positives chez les économistes –, 51 % des sondés répondaient « oui » quand on leur avait indiqué l'opinion des économistes et 46 % quand on ne l'avait pas fait – une différence marginale, au mieux. Une large partie du public a totalement cessé d'écouter les économistes, même quand ils parlent d'économie.

Nous sommes convaincus que, lorsque l'opinion du public et celle des économistes diffèrent, ce ne sont pas toujours ces derniers qui ont raison. Nous, économistes de métier, sommes souvent trop enfermés dans nos modèles et nos méthodologies, et il nous arrive d'oublier où finit la science et où commence l'idéologie. Nous répondons à des questions de politique économique en nous appuyant sur des hypothèses qui nous semblent aller de soi parce qu'elles sont les éléments constitutifs de nos modèles, mais cela ne veut pas dire qu'elles sont toujours correctes. Nous sommes néanmoins les seuls à disposer d'une expertise utile. L'ambition (modeste) de ce livre est de partager une partie de cette expertise et de rouvrir le débat sur les sujets les plus cruciaux et les plus clivants d'aujourd'hui.

Nous avons besoin pour cela de mieux comprendre les raisons de la méfiance qu'inspirent les économistes. Pour une bonne part, elles tiennent au fait qu'il y a, autour de nous, beaucoup de mauvaise science économique. Les individus qui représentent les « économistes » dans le débat public ne sont en général pas ceux du panel IGM Booth. Les économistes auto-proclamés de la télévision et de la presse – économiste en chef de la banque X ou de la société Y – sont la plupart du temps, à de notables exceptions près, les porte-parole des intérêts économiques de leurs employeurs, et ils se sentent souvent en droit d'ignorer le poids des faits et de la preuve. Ils font également montre d'un optimisme irréductible, et très prévisible, à l'égard des mécanismes du marché. Et c'est précisément ce type d'attitude que le public associe aux économistes en général.

Malheureusement, qu'il s'agisse de leur apparence (costume-cravate) ou de leur manière de parler (avec force jargon), ces économistes médiatiques sont difficiles à distinguer des économistes de métier. La différence la plus notable est sans doute leur goût pour l'affirmation péremptoire et la prédiction définitive, ce qui, fâcheusement, ne fait que renforcer leur autorité. Or leurs prédictions sont le plus souvent très mauvaises, en partie parce que l'exercice de la prévision lui-même est impossible ou presque ; c'est la raison pour laquelle les économistes de métier se tiennent en général prudemment à distance de la futurologie. L'une des missions du Fonds monétaire international (FMI) est de prévoir le taux de croissance de l'économie mondiale dans un avenir proche. Sans beaucoup de succès, peut-on ajouter, malgré la grande compétence de ses économistes. Le magazine *The Economist* a mesuré le taux d'erreur moyen des prévisions du FMI entre 2000 et 2014[13]. Pour les deux ans après la date de la prévision (par exemple, le taux de croissance en 2014 tel qu'il était estimé en 2012), il était de 2,8 points. C'est un peu mieux que si l'on avait choisi chaque année un chiffre au hasard entre – 2 % et 10 %, mais à peu près aussi mauvais que si l'on s'était contenté de prendre pour hypothèse un taux de croissance constant de 4 %. Nous pensons que tout cela contribue grandement au scepticisme général face à la science économique.

L'autre explication de cette défiance est que les économistes prennent rarement le temps d'expliquer les raisonnements complexes sur lesquels reposent les conclusions qu'ils tirent. Comment font-ils le tri entre les nombreuses interprétations possibles des données ? Quelles conclusions, souvent issues de domaines différents, leur a-t-il fallu mettre en relation pour trouver la réponse la plus plausible ? Quel est le degré de plausibilité de cette réponse ? Est-il préférable d'agir maintenant en tenant compte de leurs conclusions, ou d'attendre et voir venir ? La culture médiatique d'aujourd'hui ne laisse évidemment aucune place à des explications longues et argumentées. Combien de fois n'avons-nous pas dû batailler avec des présentateurs télé pour dire ce que nous avions à dire (avec pour unique résultat, à de nombreuses reprises, d'être coupés au montage) ? Les économistes refusent souvent de prendre part au débat public. Beaucoup pensent que cela leur donnerait trop de travail de se faire comprendre, et ne veulent pas courir le risque que leurs raisonnements paraissent bancals ou que les mots qu'ils avaient soigneusement choisis soient utilisés pour leur faire dire autre chose.

Certains économistes, bien sûr, prennent la parole, mais ce sont en général, à de notables exceptions près, ceux qui ont les opinions les plus arrêtées et n'ont pas la patience de s'ouvrir ou de se confronter aux meilleurs travaux de la science économique contemporaine. Certains, trop redevables à l'orthodoxie pour tenir compte d'un fait ne s'y conformant pas, répètent comme un mantra de vieilles idées, quand bien même elles ont été depuis longtemps réfutées. D'autres ne cachent pas leur méfiance vis-à-vis de la science économique dominante, ce qu'elle mérite, d'ailleurs, quelquefois ; mais ce ne seront pas eux qui parleront des recherches les plus actuelles et les plus intéressantes.

Nous pensons que la meilleure science économique est souvent celle qui fait le moins de bruit. Le monde est si incertain et si compliqué que ce que les économistes ont de plus précieux à partager n'est pas leurs conclusions mais le chemin qu'ils empruntent pour y parvenir : les faits dont ils ont connaissance, la manière dont ils les interprètent, les étapes déductives par lesquelles ils passent, les raisons de leur incertitude quand elle subsiste. Car les économistes ne sont pas des scientifiques comme le sont les physiciens. Ils possèdent bien peu de certitudes absolues. L'humour de la série américaine *The Big Bang Theory* repose sur le mépris des physiciens pour les ingénieurs. Les physiciens ont des idées abstraites et profondes quand les ingénieurs sont des bricoleurs qui bidouillent pour tenter de donner une forme concrète à ces pensées. Du moins est-ce ainsi qu'ils sont présentés dans ce programme. Si une série doit un jour se moquer des économistes, il y a fort à parier que nous nous retrouvions très en dessous des ingénieurs, du moins de ceux qui fabriquent des fusées, car, contrairement aux ingénieurs (en tout cas à ceux de *The Big Bang Theory*), nous ne pouvons même pas compter sur des physiciens pour nous dire comment faire échapper une fusée à la gravitation terrestre. Les économistes sont plutôt des plombiers : ils résolvent les problèmes par un mélange d'intuition faite de science, de conjecture fondée sur l'expérience et d'une bonne dose d'essais et d'erreurs.

Cela signifie que les économistes se trompent souvent. Nous le ferons sans doute bien des fois dans ce livre. Pas uniquement sur la prévision du taux de croissance, qui est un exercice assez vain, mais aussi sur des questions plus précises, comme de savoir si la fiscalité carbone peut contribuer à résoudre les problèmes soulevés par le changement climatique ; à quel point le salaire des P-DG serait affecté par une hausse significative des impôts ; ou quel sera l'effet du revenu de base universel sur la structure de l'emploi. Tout le monde peut se tromper. En soi, ce n'est pas dangereux. Ce qui l'est, en revanche, c'est d'être si attaché à son point de vue que l'on interdit aux faits de le contredire. Pour progresser, nous devons sans cesse revenir aux faits, reconnaître nos erreurs et aller de l'avant.

La bonne science économique n'est d'ailleurs pas une denrée si rare. Elle commence par identifier des faits troublants, pose quelques hypothèses fondées sur ce que nous savons déjà du comportement humain ainsi que sur des théories qui ont fait ailleurs la preuve de leur validité ; elle utilise des données pour tester ces conjectures, affine la ligne d'attaque (ou la modifie radicalement) en fonction de ce que nous disent les données avant d'arriver, enfin, avec un peu de chance, à une solution. En cela, notre travail ressemble beaucoup à la recherche médicale. Dans son remarquable ouvrage sur la lutte contre le cancer, *L'Empereur de toutes les maladies*, Siddhartha Mukherjee montre que la mise sur le marché de tout nouveau médicament est précédée d'un long processus, fait d'hypothèses inventives, d'expérimentations prudentes et de perfectionnements variés[14]. Le travail des économistes est très comparable. Comme en médecine, nous ne sommes jamais certains d'avoir trouvé la vérité : nous avons simplement suffisamment foi dans le fait qu'une solution existe pour nous lancer, sachant qu'il nous faudra peut-être changer d'avis plus tard. Comme en médecine, enfin, notre travail ne s'arrête pas dès lors que les recherches fondamentales sont terminées et que l'idée principale a été dégagée : encore faut-il, ensuite, appliquer cette idée dans le monde réel.

À certains égards, cet ouvrage peut être vu comme un récit écrit depuis la ligne de front, dans les tranchées où se réalise réellement le travail de recherche : que peut nous dire la science économique la plus pointue sur les problèmes de fond auxquels nos sociétés sont confrontées ? Nous présenterons, dans ce livre, les réflexions des meilleurs économistes sur le monde d'aujourd'hui : leurs conclusions, bien sûr, mais aussi et surtout la manière dont ils y sont parvenus. Et nous essaierons, en même temps, de faire la part des faits et des chimères, des hypothèses audacieuses et des résultats solides, de ce que nous savons et de ce que nous espérons.

Il nous semble important d'être guidés dans ce projet par une vision large de ce que désirent les êtres humains et de ce qui constitue réellement une vie bonne. Les économistes ont souvent une conception étroite du bien-être, fondée essentiellement sur la consommation matérielle. Or nous avons tous besoin de davantage pour que notre vie se révèle épanouissante : le respect du bien commun, le réconfort de la famille et des amis, la dignité, la légèreté, le plaisir. L'accent mis sur le seul revenu n'est pas seulement un raccourci commode : c'est une vue déformante, qui a souvent conduit les économistes les plus brillants à s'égarer sur de fausses pistes, les décideurs politiques à prendre de mauvaises décisions, et trop d'entre nous à nous préoccuper de faux problèmes et oublier les vrais. C'est cette approche encore qui amène tant de gens à croire que toute la misère du monde est prête à déferler sur nos côtes pour prendre nos meilleurs emplois. C'est elle qui pousse les nations occidentales à poursuivre comme une idée fixe le retour des glorieuses années de la croissance économique effrénée. Elle qui nous conduit à nous méfier des pauvres et à avoir, en même temps, terriblement peur de rejoindre un jour leurs rangs. Elle enfin qui semble rendre si difficile le compromis entre croissance de l'économie et survie de la planète.

La qualité du débat public sera meilleure quand sera reconnu notre profond besoin de dignité et de relations humaines, et que ce besoin sera considéré non comme un supplément d'âme mais comme ce qui peut permettre de mieux se comprendre, de dépasser des clivages qui semblent irréductibles. Nous montrons dans ce livre que mettre la dignité humaine à la place qui est la sienne, c'est-à-dire au centre, suppose une redéfinition radicale des priorités économiques et des dispositifs choisis par nos sociétés pour protéger leurs membres, notamment quand ils se trouvent dans le besoin.

Cela étant dit, sur telle ou telle question abordée ici, voire sur toutes, il se peut que vous arriviez à des conclusions différentes des nôtres. Nous n'espérons pas tant vous persuader que vous amener à adopter quelques-unes de nos méthodes et à partager un peu de nos espoirs et de nos craintes ; et peut-être serons-nous en mesure, à la fin, de nous parler vraiment.

2.

S'échapper de la gueule du requin

L'immigration occupe une place centrale dans le débat public, au point de déterminer la politique des États-Unis et d'une grande partie de l'Europe. Entre la menace, brandie par le président Trump, de hordes de meurtriers mexicains aussi nombreux qu'imaginaires et les discours xénophobes d'Alternativ für Deutschland en Allemagne, du Rassemblement national en France et des partisans du Brexit au Royaume-Uni, sans oublier les partis au pouvoir en Italie, en Hongrie et en Slovaquie, l'immigration est sans doute la question qui pèse le plus lourdement sur la vie politique des pays riches. Même les dirigeants des partis politiques européens classiques ont du mal à concilier les traditions libérales qu'ils prétendent défendre avec la menace qui leur paraît poindre depuis l'autre rive de la Méditerranée. Si le phénomène est moins manifeste dans les pays en développement, les violences et les conflits liés à l'afflux des réfugiés du Zimbabwe en Afrique du Sud, à la crise des Rohingyas au Bangladesh ou à la loi sur la citoyenneté dans l'État indien d'Assam sont tout aussi terrifiants pour celles et ceux qui en sont les cibles et les victimes.

Pourquoi un tel vent de panique ? La part des migrants dans la population mondiale, 3 %, est pourtant à peu près identique à ce qu'elle était en 1960 ou 1990[1]. L'Union européenne accueille chaque année entre 1,5 million et 2,5 millions de migrants venus du reste du monde. Ces 2,5 millions de personnes ne représentent pas même 0,5 % de sa population. La plupart sont d'ailleurs arrivées en toute légalité, soit au titre d'un contrat de travail, soit au titre du regroupement familial. Il y a eu un afflux inhabituel de réfugiés en 2015 et 2016, mais, en 2018, le nombre de demandeurs d'asile dans l'Union européenne était revenu à 638 000, et 38 % seulement des demandes ont été reçues favorablement[2]. On compte un réfugié accueilli pour 2 500 habitants de l'Union. Pas davantage. On est loin, très loin, d'un raz-de-marée.

Alimentée par le mythe de la pureté et la hantise du mélange des races, la paranoïa raciste ignore les faits. En 2018, une enquête réalisée auprès de 22 500 habitants autochtones de 6 pays où l'immigration est une question politique centrale (la France, l'Allemagne, l'Italie, la Suède, le Royaume-Uni et les États-Unis) montre à quel point les idées fausses y sont répandues, tant sur l'ampleur que sur la composition de la population immigrée[3]. En Italie, par exemple, la part réelle des immigrés dans la population est de 10 % ; la part perçue, quant à elle, en moyenne de 26 %.

Les personnes enquêtées surestiment également beaucoup la part des musulmans et des personnes originaires du Moyen-Orient et d'Afrique du Nord. Elles croient que les immigrés sont moins instruits et plus pauvres qu'ils ne le sont en réalité, et qu'ils sont plus susceptibles de se trouver au chômage et de vivre des aides de l'État.

Les politiques attisent les peurs en tordant les faits. Pendant la campagne de l'élection présidentielle de 2017, Marine Le Pen répétait à l'envi que 99 % des immigrés étaient des hommes adultes (le chiffre était en réalité de 58 %) et que 95 % de ceux qui s'installaient en France étaient « pris en charge par la nation » puisqu'ils n'y travailleraient pas (en fait, 55 % des immigrés présents en France appartenaient alors à la population active)[4].

Deux expériences récentes montrent que cette tactique électorale est payante, même dans un monde où le *fact-checking* est devenu systématique. Aux États-Unis, des chercheurs ont posé deux séries de questions à un échantillon de personnes. La première visait à solliciter l'*opinion* des personnes interrogées sur l'immigration ; la seconde, leurs *connaissances factuelles* sur les chiffres et les caractéristiques de la population immigrée[5]. Certaines personnes répondaient aux questions factuelles avant qu'on leur demande leur opinion (et qu'on leur fasse donc prendre conscience de la fausseté de leurs perceptions). Elles étaient en moyenne nettement plus hostiles à l'immigration que celles à qui on demandait d'abord leur opinion. Quand les chercheurs leur donnaient les vrais chiffres, elles changeaient leur perception des faits, mais pas leur opinion sur l'immigration. En France, une étude parallèle aboutit à un résultat comparable : les personnes qui avaient écouté les déclarations trompeuses de Marine Le Pen avaient tendance à exprimer davantage que les autres leur intention de voter pour elle[6]. Après le *fact-checking*, elles persistaient dans leur position. La vérité ne modifiait en rien leur opinion. La simple évocation de l'immigration suffit à conforter les préjugés et le repli sur soi. Les faits n'y changent rien.

Comment expliquer que les faits soient à ce point ignorés ? La principale raison tient à un raisonnement économique qui paraît tellement aller de soi que beaucoup de gens sont incapables de voir au-delà, même quand les faits leur montrent le contraire. L'analyse économique de l'immigration se réduit en effet souvent à un syllogisme séduisant mais trompeur : le monde est peuplé de pauvres qui gagneraient bien mieux leur vie s'ils pouvaient venir « ici » où la vie est évidemment bien plus facile que « chez eux » ; c'est pourquoi, si on leur en donne la moindre occasion, ils quitteront tout pour accourir dans notre pays. Résultat : nos salaires baisseront et nous, qui étions là avant eux, en souffrirons.

Cet argument a ceci de remarquable qu'il reflète fidèlement le paradigme classique de la loi de l'offre et de la demande, tel qu'on l'enseigne dans le secondaire. Les gens qui veulent gagner plus vont là où les salaires sont plus élevés, donc l'offre augmente. La courbe de la demande de travail penche vers le bas, donc l'augmentation de l'offre de travail fait baisser les salaires de tout le monde. Les immigrés y trouvent sans doute leur compte, mais aux dépens des travailleurs autochtones. C'est le sentiment que le président Trump tente d'exploiter quand il répète à l'envi que le pays est « plein ». Le raisonnement est si simple qu'il peut tenir sur une petite serviette de table, comme dans la figure 2.1.

Cette logique simple et séduisante est totalement fausse. D'abord, les différences salariales d'un pays à l'autre (ou, plus généralement, d'un endroit à l'autre) n'ont pas grand-chose à voir avec la propension à migrer. S'il est vrai que beaucoup de gens, comme on le verra, sont si désespérés qu'ils sont prêts à tout quitter, le mystère est plutôt que tant d'autres *ne le fassent pas* quand ils en ont la possibilité.

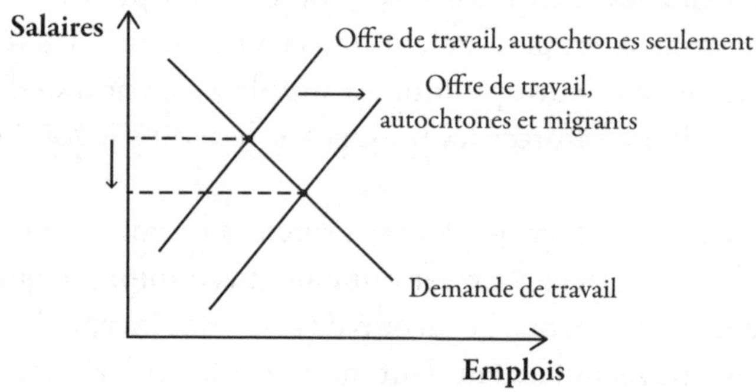

FIGURE 2.1 – L'« économie de la serviette de table ». Pourquoi les immigrés nous rendent forcément plus pauvres.

Ensuite, rien dans les expériences passées ne suggère que des afflux, même importants, d'immigrés peu qualifiés nuiraient à la population locale, ou même aux autochtones qui sont le plus proches des immigrés en termes de compétences. Il semble, au contraire, que la plupart des gens, immigrés et autochtones, bénéficient de l'immigration. Cela tient essentiellement à la nature singulière du marché du travail, qui ne correspond guère au modèle standard de l'offre et de la demande.

Quitter son chez-soi

Ces vers ont été écrits par Warsan Shire, une poétesse britannique d'origine somalienne :

> personne ne quitte son chez-soi sauf
> si ce chez-soi est la gueule d'un requin
> tu ne cours vers la frontière
> que si toute la ville y court aussi
> et que tes voisins courent plus vite que toi
> un souffle sanglant dans la gorge
> le garçon avec qui tu allais à l'école
> et dont les baisers te grisaient derrière la vieille usine
> tient un flingue plus grand que lui
> tu ne quittes ton chez-toi
> que quand ce chez-toi ne veut plus de toi[7].

Warsan Shire voyait juste. Les pays que les gens semblent le plus pressés de fuir – l'Irak, la Syrie, le Guatemala et même le Yémen – ne sont pas les plus pauvres, loin de là. En Irak, le revenu par tête ajusté pour tenir compte des différences du coût de la vie (ce que les économistes appellent la *parité de pouvoir d'achat* ou PPA) est environ 20 fois supérieur au PIB ajusté pour la PPA au Liberia et au moins 10 fois supérieur au PIB ajusté pour la PPA au Mozambique ou en Sierra Leone. En 2016, malgré une chute spectaculaire des revenus, le Yémen était encore 3 fois plus riche que le Liberia (nous ne disposons pas de données pour les années plus récentes). Le Mexique, cible favorite du président Trump, est un pays à revenu moyen supérieur, qui dispose d'un système d'aide sociale reconnu et largement imité.

Les personnes qui cherchent à quitter ce type de pays ne connaissent donc sans doute pas la pauvreté extrême qui accable l'habitant moyen du Mozambique ou du Liberia. Mais la vie leur est devenue insupportable parce que leur quotidien a perdu toute forme de normalité. Dans le nord du Mexique, ce sont les guerres entre narcotrafiquants qui font régner la violence et la précarité ; au Guatemala, c'est l'épouvantable junte militaire ; au Moyen-Orient, ce sont les guerres civiles. Une étude réalisée au Népal montre que les années de mauvaises récoltes n'ont incité qu'une petite partie des habitants à quitter le pays[8]. Ces derniers ont même été moins nombreux à partir les mauvaises années, faute de pouvoir payer le voyage. C'est seulement quand la violence de l'insurrection maoïste, qui affectait le pays depuis longtemps, s'est exacerbée que les gens ont commencé à partir. Ils se précipitaient hors de la « gueule du requin ». Quand cela arrive, il devient presque impossible d'arrêter les gens, car ils n'ont plus d'endroit où ils pourraient imaginer revenir un jour.

Bien sûr, le cas contraire existe aussi : le migrant ambitieux, prêt à tout pour tenter le grand départ. C'est l'histoire d'Apu, le héros de *L'Invaincu (Aparajito)*, le deuxième film de la magnifique *Trilogie d'Apu*, de Satyajit Ray, Lion d'or à Venise en 1957 : le jeune fils est déchiré entre sa mère, restée seule au village, et les innombrables possibilités et séductions de la ville[9]. C'est aussi le cas de l'immigré chinois qui, cumulant deux emplois, économise jour après jour pour que ses enfants puissent entrer un jour à Harvard. Nous savons tous que de telles personnes existent.

Entre ces deux extrêmes, il y a l'immense majorité des gens qui n'ont aucune raison impérieuse de partir. Ceux-là ne courent pas après un dollar de plus. Même quand il n'y a pas de contrôles aux frontières ni de services de l'immigration, ils restent là où ils sont : dans les campagnes, par exemple, et ce malgré les considérables écarts de revenu et de niveau de vie entre zones rurales et zones urbaines *à l'intérieur d'un même pays*[10]. Une enquête réalisée à Delhi auprès d'habitants des bidonvilles, dont beaucoup étaient récemment arrivés du Bihar et de l'Uttar Pradesh, deux immenses États situés à l'est de la métropole, montre qu'une fois le logement payé, une famille moyenne vivait avec un peu plus de 2 dollars par jour (en PPA)[11]. C'est beaucoup plus que le revenu des 30 % d'habitants les plus pauvres de ces deux États, qui vivent avec moins de 1 dollar par jour (en PPA). Pour autant, les quelque 100 millions de personnes très pauvres qui vivent dans ces zones rurales n'ont pas fait le choix de s'installer à Delhi, même si elles pourraient y gagner deux fois plus.

Ce n'est pas uniquement dans les pays en voie de développement que les gens s'abstiennent de tout quitter pour améliorer leur situation économique : entre 2010 et 2015, alors que la crise économique frappait la Grèce de plein fouet, on estime que moins de 350 000 Grecs ont émigré[12], soit 3 % de la population. Pourtant, le taux de chômage était en 2013 et 2014 de 27 %, et les Grecs, en tant que citoyens de l'Union européenne, avaient la possibilité d'y travailler et de s'y déplacer librement.

La loterie migratoire

Mais peut-être n'y a-t-il là aucun mystère, peut-être surestimons-nous les avantages de l'émigration. L'évaluation de ces avantages pose il est vrai un gros problème d'ordre général : nous avons l'habitude de nous focaliser sur les salaires des gens qui ont choisi de partir, sans nous pencher sur les nombreuses raisons qui les y ont incités, ni sur les nombreux facteurs qui leur ont permis de le faire avec succès. On peut supposer que les individus qui quittent leur pays sont dotés de compétences spéciales ou d'une ténacité hors du commun, et que même s'ils restaient chez eux ils gagneraient plus que les autres. Si les migrants font beaucoup de choses qui ne nécessitent pas de qualification particulière, leurs emplois, souvent épuisants, exigent de l'endurance et de la patience (le BTP et la cueillette des fruits, par exemple, sont deux activités qui aux États-Unis emploient beaucoup d'immigrés latino-américains). Tout le monde n'est pas capable de faire cela.

Il serait donc naïf de comparer les revenus des immigrés à ceux de leurs compatriotes restés au pays pour conclure que l'immigration est toujours une source de bienfaits. C'est ce que les économistes appellent un *problème d'identification*. Pour être en mesure d'affirmer qu'une différence de rémunération a pour *cause* la différence des lieux de vie ou de travail, et rien d'autre, il est nécessaire d'établir un lien entre cette cause et sa conséquence.

Les loteries de visas organisées par certains pays permettent de le faire de façon relativement simple. Les gagnants et les perdants d'un tirage au sort sont identiques à tous les points de vue, à la seule exception du facteur chance. La différence de revenus pour ceux qui ont gagné ne peut donc s'expliquer que par le changement de lieu de vie que cette opportunité leur a offerte. Une étude a comparé le sort des candidats à une loterie de visas pour la Nouvelle-Zélande, tous originaires du petit archipel des Tonga, dans le Pacifique sud (et la plupart très pauvres) : au bout d'une année d'émigration, les gagnants avaient plus que triplé leur revenu par rapport aux perdants[13]. À l'autre extrémité de l'échelle des revenus, des informaticiens indiens partis travailler aux États-Unis après avoir eux aussi gagné des visas à la loterie touchaient six fois plus que leurs collègues restés en Inde[14].

Les bombes volcaniques

Le problème que posent ces résultats est aussi ce qui fait qu'ils sont si faciles à interpréter : ils s'appuient sur des comparaisons entre des personnes qui ont toutes été *candidates* à des loteries de visas. Il se peut que les personnes qui ne le font pas soient très différentes. Peut-être n'ont-elles pas intérêt à émigrer, faute, par exemple, de posséder les compétences adéquates. Heureusement, il existe des études fort éclairantes sur des personnes que le hasard seul a fait partir de chez elles.

Le 23 janvier 1973, une éruption volcanique frappa l'île de Heimaey, la seule habitée d'un prospère archipel de pêcheurs, les îles

Vestmann, au large de l'Islande. Ses 5 200 habitants furent évacués en quatre heures. Il n'y eut qu'un mort, mais l'éruption dura cinq mois, et la lave détruisit environ un tiers des maisons, celles qui se trouvaient dans l'est de l'île de Heimaey (directement sous la coulée de lave) et quelques autres, touchées par les jets aléatoires des « bombes volcaniques ». Aucune construction ne peut résister à la lave. Les destructions ont donc été entièrement déterminées par l'emplacement des maisons et la malchance. Cette partie de l'île ne se distinguait en rien du reste : les maisons détruites avaient la même valeur marchande que celles restées intactes, et leurs habitants étaient le même genre de personnes que celles vivant dans les maisons épargnées. Nous avons là ce que les chercheurs appellent une *expérience naturelle* : la nature avait jeté les dés, et l'on pouvait estimer qu'il n'existait pas de différence *ex ante* entre les personnes dont la maison avait été détruite et les autres.

Après coup, en revanche, la différence devint considérable. Les personnes dont les habitations avaient été détruites furent indemnisées à hauteur de la valeur de leurs maisons et de leurs terrains. Elles purent utiliser cet argent pour reconstruire, acheter une autre maison ou déménager où bon leur semblait. Parmi elles, 42 % ont fait le choix de partir (ainsi que 27 % des gens dont les maisons avaient été épargnées)[15]. L'Islande est un pays petit mais bien organisé. Grâce à ses archives fiscales et autres, il est possible de suivre dans la durée la trajectoire économique de tous les habitants des îles Vestmann. Des données génétiques exhaustives permettent aussi de relier à leurs parents tous les descendants des personnes qui avaient vécu l'éruption.

En exploitant ces données, les chercheurs ont constaté que la perte d'une maison s'était traduite par des *gains économiques importants*[16] pour les habitants des îles qui étaient âgés de moins de vingt-cinq ans à l'époque de l'éruption. En 2014, les personnes dont la maison familiale avait été détruite gagnaient plus de 3 000 dollars par an *de plus* que celles dont la maison familiale était restée intacte, alors même que toutes n'étaient pas parties. La différence était particulièrement marquée parmi ceux qui étaient les plus jeunes au moment de l'irruption, en partie parce que déménager leur avait donné l'occasion d'entrer à l'université. Le fait de partir leur avait aussi permis de trouver le travail qui correspondait le mieux à leurs aptitudes, au lieu de devenir pêcheurs, comme la plupart des habitants de l'archipel. Cela était plus facile pour des jeunes qui n'avaient pas encore investi plusieurs années dans l'apprentissage de la pêche. Il avait fallu cependant que les gens soient forcés à partir (du fait de l'aléatoire effusion de la lave). La plupart de ceux qui avaient gardé leur maison avaient continué à vivre de la pêche et à se débrouiller, comme l'avaient fait de nombreuses générations avant eux.

La Finlande de l'immédiat après-guerre nous offre un exemple encore plus remarquable de ce genre d'inertie. Ayant combattu au côté du Reich allemand pendant la Seconde Guerre mondiale, elle a été obligée, après la défaite de l'Axe, de céder une partie non négligeable de son territoire à l'Union soviétique. Toute la population qui vivait là, près de 430 000 personnes, soit 11 % de la population finlandaise de l'époque, dut être évacuée et réinstallée dans le reste du pays[17].

Avant la guerre, cette population appelée à être déplacée était plutôt moins urbanisée que le reste de la population finlandaise ; elle avait aussi davantage tendance à occuper un emploi informel. Cela mis à part, les deux populations étaient très similaires. Vingt-cinq ans plus tard, malgré les cicatrices qu'avait probablement laissées ce départ chaotique et soudain, la population déplacée était plus riche que le reste de la population finlandaise, principalement parce qu'elle était dans l'ensemble plus mobile et plus urbaine, et plus nombreuse à occuper un emploi formel. Le fait d'avoir été forcée à partir semblait lui avoir permis de rompre ses attaches et de devenir plus aventureuse.

Qu'il faille une catastrophe ou une guerre pour donner aux gens envie de partir pour un endroit où les salaires sont plus élevés montre bien que les incitations économiques ne peuvent, à elles seules, suffire.

Sont-ils au courant ?

Bien sûr, il se peut que les gens pauvres ne sachent tout simplement pas qu'il leur est possible d'améliorer leur situation économique en migrant. Une intéressante expérience de terrain réalisée au Bangladesh montre cependant que ce n'est pas la raison pour laquelle ils ne partent pas.

Il n'existe pas de barrière légale à la migration à l'intérieur du Bangladesh. Pourtant, même pendant les mois qui précèdent la récolte, la période que l'on appelle là-bas la « *monga* » (« saison de la faim »), quand, dans les zones rurales, les possibilités de gagner de l'argent se font rares, très peu de gens migrent vers les villes, où l'on trouve des opportunités d'emploi peu qualifié dans le BTP et dans les transports ; ils ne sont pas plus nombreux à se rendre dans les zones rurales voisines, où le cycle des cultures peut être différent. Pour comprendre pourquoi et encourager les migrations saisonnières, des chercheurs ont décidé, pendant la *monga*, de tester différents moyens d'encourager les migrations vers Rangpur, une ville du nord du pays[18]. Des villageois ont été sélectionnés de façon aléatoire par une organisation non gouvernementale (ONG), soit pour recevoir des informations sur les avantages de la migration (en gros, le niveau des salaires en ville), soit pour recevoir les mêmes informations *plus* 11,50 dollars, en espèces ou sous forme de crédit (cette somme correspondait environ au coût du trajet jusqu'à la ville et à quelques jours de subsistance), mais seulement *s'ils migraient*.

La seconde proposition encouragea environ un quart (22 %) de tous les ménages qui ne l'auraient pas fait autrement à envoyer un migrant à la ville. La plupart de ceux qui sont partis ont réussi à trouver un travail. En moyenne, ceux qui sont partis ont gagné environ 105 dollars pendant leur période de migration, soit bien plus que ce qu'ils auraient gagné s'ils étaient restés. Sur cette somme, 66 dollars étaient envoyés ou rapportés aux familles restées au village. Grâce à cela, les familles qui avaient envoyé un migrant consommaient en moyenne moitié plus de calories : cela représente une amélioration considérable ; elles passaient d'une situation de quasi-famine à un niveau confortable de consommation alimentaire.

Mais pourquoi les migrants avaient-ils eu besoin du coup de pouce financier de l'ONG pour se décider à partir ? Pourquoi le fait d'être près de mourir de faim ne suffisait-il pas ?

Dans ce cas précis, il est très clair que le manque d'information n'était pas le principal obstacle. Quand l'ONG donnait à un groupe de gens choisis au hasard des informations sur les possibilités d'emploi (mais sans incitation financière), cela n'avait aucun effet. Par ailleurs, parmi les personnes qui avaient reçu l'aide financière et choisi le départ, la moitié seulement sont reparties en ville lors de la *monga* suivante, alors qu'elles savaient, d'expérience, pouvoir trouver un travail et gagner de l'argent. On peut être certain que ce n'est pas l'incertitude sur les possibilités d'emploi qui les ont retenues.

Autrement dit, en dépit du fait que ceux qui migrent, sous la contrainte ou non, réalisent des gains économiques, il est difficile de prendre au sérieux l'idée que la plupart des gens n'attendent qu'une occasion pour tout quitter et partir dans un pays plus riche. Compte tenu des gains économiques potentiels, il y a en réalité beaucoup moins de migrants qu'il ne devrait y en avoir. Nous reviendrons plus loin sur ce qui les retient. Mais, avant cela, prenons le temps de comprendre comment fonctionne le marché du travail pour les migrants, et de déterminer notamment si les gains qu'ils réalisent se font au détriment des travailleurs autochtones, comme beaucoup semblent le croire.

Tous les bateaux montent-ils avec la marée ?

Cette question a fait l'objet d'un vif débat chez les économistes, mais les données les plus fiables dont nous disposons semblent suggérer que même les fortes vagues d'immigration ont un impact très faible sur les salaires ou sur les perspectives d'emploi de la population d'accueil.

Le débat se poursuit parce qu'il n'est pas facile de répondre à cette question. Les pays limitent l'immigration, et ils ont généralement tendance à la limiter davantage encore quand l'économie va mal. Les immigrés votent aussi avec leurs pieds, et ils ont naturellement tendance à aller là où les opportunités sont les meilleures. Pour ces deux raisons, si l'on rapporte les salaires des autochtones travaillant dans les villes à la part de migrants qui s'y sont installés, il est possible de dessiner une jolie courbe ascendante : plus les migrants sont nombreux, plus les salaires sont élevés. C'est une bonne nouvelle pour les partisans de l'immigration, mais qui pourrait être trompeuse.

Si l'on veut mesurer le véritable impact de l'immigration sur les salaires des autochtones, il faut observer les changements migratoires qui ne sont pas la conséquence directe des salaires offerts dans la ville concernée. Et même cela pourrait ne pas suffire, car les habitants et les entreprises déjà installés votent aussi avec leurs pieds. Il est ainsi possible, par exemple, que l'afflux d'immigrés chasse un si grand nombre de travailleurs autochtones de la ville que les salaires ne baisseront pas pour ceux qui restent. Dans ce cas, si nous ne regardions que les salaires des autochtones qui ont choisi de rester dans les villes où des immigrés se sont installés, nous passerions à côté des difficultés de ceux qui ont décidé de partir. Il est aussi possible que la nouvelle population immigrée attire des entreprises dans une ville au détriment des autres, et nous passerions alors à côté du coût représenté par l'immigration pour les travailleurs de ces autres villes.

L'étude fort ingénieuse réalisée par David Card sur l'exode de Mariel permet de mieux comprendre certains de ces enjeux[19]. Entre avril et septembre 1980, à la suite d'un discours inattendu de Fidel Castro autorisant les Cubains à quitter Cuba, 125 000 personnes, la plupart sans ou avec peu d'instruction, débarquèrent à Miami. Le discours fut prononcé le 20 avril, et les départs commencèrent dès la fin du mois. Un grand nombre de ces boat people se sont installés à Miami de façon permanente. La population active en a été augmentée de 7 %.

Quel fut l'effet sur les salaires ? Pour le savoir, Card a utilisé la méthode des *doubles différences* (ou des *différences de différences*). Il a comparé l'évolution des salaires et le taux d'emploi des habitants de Miami, avant et après l'arrivée des immigrés cubains, à ceux des habitants de quatre autres villes « similaires » des États-Unis : Atlanta, Houston, Los Angeles, Tampa. L'idée était de voir si l'augmentation des salaires et du nombre d'emplois pour les personnes qui vivaient déjà à Miami à l'arrivée des boat people cubains était inférieure à celle observée dans ces quatre autres villes pour une population comparable.

Card n'a constaté aucune différence, ni immédiatement après l'arrivée des immigrés cubains, ni quelques années plus tard. Les salaires des autochtones n'ont pas été modifiés par l'arrivée des « *marielitos* ». Il fit le même constat pour les salaires des immigrés cubains installés à Miami avant cet exode ; étant celle qui ressemblait sans doute le plus aux nouveaux arrivants, cette population avait pourtant une plus forte probabilité d'être désavantagée par un nouvel afflux d'immigrés.

Cette étude a représenté un pas en avant important dans l'étude de l'impact de l'immigration. La ville de Miami n'avait pas été choisie en raison de ses opportunités d'emploi : pour les *marielitos*, c'était simplement le port d'accueil le plus proche. Par ailleurs, l'exode avait été soudain et inattendu, si bien que les travailleurs et les entreprises n'avaient pas eu le temps de réagir, du moins à court terme (les travailleurs en quittant Miami, les entreprises en venant s'y installer). L'étude de Card a eu une grande influence, tant pour son approche que pour sa conclusion. Pour la première fois, il était démontré que le modèle le plus simple de l'offre et de la demande de travail ne s'appliquait pas directement à l'immigration.

Naturellement, elle fut aussi, pour cette raison même, largement débattue et sujette à de multiples réfutations et contre-réfutations. Aucune autre étude empirique en économie, peut-être, n'a suscité autant de réflexions et de passions, dans les deux sens. George Borjas, partisan avoué de la limitation de l'immigration peu qualifiée, en publia une critique qui a fait date. Il reprit l'analyse de l'exode de Mariel en élargissant la comparaison à plusieurs autres villes et en s'intéressant plus particulièrement aux élèves du secondaire de sexe masculin et d'origine non-hispanique, dont le taux de décrochage scolaire était élevé, estimant qu'ils formaient le groupe dont il fallait le plus s'inquiéter[20]. Pour cette population, il constata que les salaires avaient baissé très fortement à Miami après l'arrivée des boat people cubains, en comparaison de ce qui se passait dans les autres villes étudiées. Cependant, une contre-analyse montra que ces résultats s'inversaient dès lors que l'on prenait en compte les élèves d'origine hispanique qui avaient un fort taux de décrochage scolaire (la population bien évidemment la plus comparable aux immigrés cubains, mais que Borjas, pour une raison que l'on ignore, n'avait pas prise en compte) et les femmes (qu'il avait également laissées de côté)[21]. De plus, des études comparant Miami à d'autres villes où les salaires et l'emploi étaient dans une situation très semblable avant l'exode n'ont toujours pas constaté d'effets de l'immigration sur les salaires ou sur l'emploi[22]. Cela n'a pourtant pas été suffisant pour convaincre Borjas, et le débat sur l'exode de Mariel continue[23].

Si vous ne savez pas très bien ce qu'il faut conclure de tout cela, rassurez-vous, vous n'êtes pas le seul. Pour le dire franchement, le fait que personne ne change jamais de point de vue dans un sens ou dans l'autre, et que les opinions des uns et des autres semblent d'abord épouser des lignes de clivages politiques, n'aide guère à faire progresser le débat. Du reste, il ne semble pas très raisonnable de lier l'avenir de la politique migratoire à un épisode qui s'est produit il y a trente ans et dans une seule ville.

Heureusement, inspirés par le travail de Card, plusieurs autres chercheurs ont essayé d'identifier des épisodes similaires, au cours desquels des migrants ou des réfugiés avaient été obligés de partir presque sans préavis, et sans avoir le choix de leur destination. Il existe ainsi une étude sur le rapatriement en France de la population d'origine européenne après l'indépendance de l'Algérie, en 1962[24]. Il en existe une autre sur l'impact de l'immigration massive d'Union soviétique en Israël après la levée des restrictions à l'émigration en URSS en 1990, qui avait provoqué une augmentation de la population israélienne de 12 % en quatre ans[25]. Une autre encore étudie l'impact de l'afflux massif d'immigrés européens aux États-Unis à l'époque de la « grande migration », entre 1910 et 1930[26]. Dans tous ces cas, les chercheurs ont constaté que l'immigration avait eu très peu d'impacts négatifs sur la population locale. En fait, les effets ont même été parfois positifs. Ainsi, l'immigration européenne aux États-Unis a augmenté l'emploi total de la population autochtone, a permis à celle-ci d'accéder en plus grand nombre à des postes de contremaître ou de directeur, et a fait grimper la production industrielle.

Il existe aussi des études sur l'impact de l'afflux récent de réfugiés venus de différents pays du monde sur la population autochtone d'Europe de l'Ouest. L'une d'elles, particulièrement intéressante, concerne le Danemark[27]. Le Danemark est un pays remarquable à bien des égards, et qui dispose d'archives détaillées sur chacun de ses habitants. Avant la fin des années 1990, les réfugiés y étaient envoyés dans différentes villes, sans que soient prises en compte leurs préférences ou leur capacité à trouver un travail. Ce qui comptait, c'était la possibilité pour eux de trouver un logement social et la capacité de l'administration à les aider à s'installer. Entre 1994 et 1998, il y a eu un afflux important d'immigrés venus de pays aussi divers que la Bosnie, l'Afghanistan, la Somalie, l'Irak, l'Iran, le Vietnam, le Sri Lanka et le Liban. Tous ont été répartis de façon plus ou moins aléatoire dans l'ensemble du pays. Après l'abandon de la politique de placement administratif, en 1998, les immigrés sont allés, le plus souvent, là où vivaient déjà des membres de leur groupe ethnique. Ainsi, c'est là où le premier groupe d'immigrés venus, disons, d'Irak s'était installé, plus ou moins par hasard, que se sont installés à leur tour les nouveaux immigrés irakiens. Résultat : certains endroits au Danemark ont fini par compter beaucoup plus d'immigrés que d'autres, simplement parce que, entre 1994 et 1998, ils avaient des capacités d'accueil. Une fois de plus, cette étude aboutit à la même conclusion : aucun effet négatif des migrants sur les salaires ou l'emploi des autochtones.

Toutes ces recherches montrent donc qu'en général les immigrés peu qualifiés ne nuisent pas aux salaires et à l'emploi des autochtones. Mais le niveau de passion voire de violence du débat politique actuel, étayé ou non par des faits, ne permet guère de dépasser les postures politiciennes de ceux qui en sont les protagonistes. Où trouver une parole méthodique et apaisée ? Les lecteurs qui s'intéressent à l'art délicat du consensus chez les économistes auraient intérêt à lire la page 267 du rapport (gratuit) sur l'impact de l'immigration aux États-Unis, publié par la National Academy of Sciences, le corps académique la plus respecté du pays[28]. Périodiquement, la National Academy of Sciences réunit des panels pour effectuer la synthèse du consensus scientifique sur tel ou tel sujet. Celui rassemblé pour réaliser le rapport sur l'immigration comptait des partisans de celle-ci et des sceptiques (dont George Borjas) : il fallait être sûr de réunir, si l'on peut dire, le bon, la brute et le truand. Et si la phraséologie du rapport est souvent alambiquée et tortueuse, il serait difficile d'arriver à une conclusion aussi peu équivoque, du moins de la part d'une assemblée d'économistes :

> Depuis plusieurs dizaines d'années, la recherche empirique montre que les résultats restent globalement cohérents avec ceux de *The New Americans* (National Research Council, 1997), à savoir que l'impact de l'immigration sur les salaires des autochtones, mesuré sur une période de plus de dix ans, est très faible.

Qu'est-ce que les immigrés ont de si spécial ?

Pourquoi la théorie classique de l'offre et de la demande (plus la quantité d'un bien est grande, plus son prix est bas) ne s'applique-t-elle pas à l'immigration ? Il est important d'aller au fond de la question, car même s'il est avéré que les salaires des travailleurs peu qualifiés ne sont pas impactés par l'immigration, nous nous demanderons toujours, tant que nous ne comprenons pas le *pourquoi*, s'il n'y avait pas dans les données ou le contexte quelque chose de trop spécial pour qu'on puisse en tirer des leçons plus générales.

Plusieurs facteurs sont en réalité à prendre en considération – des facteurs que le modèle classique de l'offre et de la demande préfère lâchement glisser sous le tapis. Premièrement, l'arrivée d'un nouveau groupe de travailleurs pousse en général la courbe de demande de travail vers la droite, ce qui contribue à annuler l'effet de la pente descendante. Les nouveaux arrivés dépensent de l'argent : ils vont au restaurant et chez le coiffeur, ils font des courses. Cela crée des emplois, principalement pour les autres travailleurs peu qualifiés. Comme le montre la Figure 2.2, cela tend à augmenter leurs salaires et peut-être, ainsi, à compenser le déplacement de l'offre de travail, laissant les salaires et l'emploi inchangés.

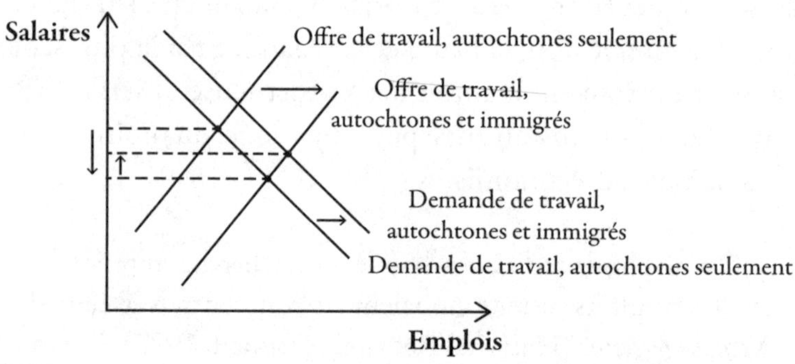

FIGURE 2.2 L'« économie de la serviette de table », bis. Pourquoi des immigrés supplémentaires ne font pas toujours baisser les salaires

En réalité, des études montrent que si cet effet de demande n'a pas lieu, l'immigration peut avoir l'effet négatif « attendu » sur les autochtones. Ainsi, les travailleurs tchèques ont été autorisés, pendant une courte période de temps, à travailler de l'autre côté de la frontière, en Allemagne. À son pic, dans les villes frontalières allemandes, jusqu'à 10 % de la force de travail faisait le trajet, tous les jours, depuis la République tchèque. Si cela ne changea pas grand-chose aux salaires des autochtones, on observa en revanche une baisse importante de l'emploi autochtone, car, contrairement à ce qui se passait dans les épisodes que nous avons vus plus haut, les Tchèques rentraient chez eux pour dépenser leurs salaires. Les effets de ricochet sur la demande de travail en Allemagne ne se sont donc pas produits. Les immigrés peuvent ne pas entraîner de croissance dans le pays d'accueil s'ils n'y dépensent pas leurs gains ; si l'argent est rapatrié, le pays d'accueil perd les bénéfices économiques de l'immigration[29]. On se retrouve alors dans le cas de la Figure 2.1 : on descend le long de la courbe de demande de travail, sans que celle-ci ne se déplace vers la droite pour compenser.

La deuxième raison pour laquelle l'immigration peu qualifiée peut accroître la demande de travail est qu'elle ralentit le processus de mécanisation. En effet, la promesse d'une offre viable de travailleurs peu qualifiés rend moins attractive l'introduction de technologies permettant d'économiser de la main-d'œuvre. En décembre 1964, les ouvriers agricoles immigrés mexicains, les « *braceros* », furent expulsés de Californie au motif qu'ils faisaient baisser les salaires des autochtones. Leur départ ne changea rien pour ces derniers : il n'y eut de hausse ni des salaires ni de l'emploi[30]. La raison en est simple : dès que les *braceros* furent partis, les agriculteurs qui les employaient s'empressèrent de faire deux choses. D'abord, ils ont mécanisé la production. Pour les tomates, par exemple, des machines permettant de doubler la productivité par travailleur existaient depuis les années 1950, mais leur adoption était très lente : entre 1964 et 1967, exactement au moment du départ des *braceros*, les taux d'adoption passèrent, en Californie, de près de 0 % à 100 %. Dans l'Ohio, en revanche, où il n'y avait jamais eu de *braceros*, ces taux n'ont pas bougé pendant ces mêmes quatre années. Ensuite, les agriculteurs ont simplement remplacé par d'autres les cultures qu'il n'était pas possible de mécaniser. C'est ainsi que la Californie a cessé, temporairement du moins, de produire des fruits et des légumes aussi délicieux que l'asperge, la fraise, la laitue, le céleri et le cornichon.

Cette deuxième raison pour laquelle l'immigration peu qualifiée n'entre pas en concurrence directe avec les autochtones est liée à une troisième : il est possible aux employeurs de réorganiser la production pour utiliser plus efficacement la main-d'œuvre nouvelle. Cela peut créer des opportunités inédites pour les autochtones peu qualifiés. Dans le cas du Danemark, que nous avons vu plus haut, les travailleurs peu qualifiés ont ainsi fini par bénéficier de l'arrivée des immigrés, notamment parce que celle-ci leur a permis de changer de métier[31] : dans les secteurs qui comptaient davantage d'immigrés, les autochtones peu qualifiés ont été plus nombreux non seulement à passer d'un emploi manuel à un emploi non manuel, mais aussi à changer d'employeur. Ils se sont vu confier un travail plus qualifié, dans lequel les compétences en matière de communication et de savoir-faire technique comptaient davantage. Ce constat est cohérent avec le fait que les immigrés, parlant à peine le danois à leur arrivée, ne pouvaient pas rivaliser pour ces emplois-là. Le même type de progression professionnelle a été observé pendant la grande vague d'immigration européenne aux États-Unis, à la fin du XIXe et au début du XXe siècle.

Cela veut dire, plus généralement, qu'autochtones et immigrés peu qualifiés ne se trouvent pas directement en concurrence. Ils peuvent effectuer des tâches différentes, les premiers se spécialisant dans des fonctions nécessitant des compétences en communication, les seconds dans des fonctions qui n'en nécessitent pas. La présence d'immigrés peut même encourager les entreprises à embaucher : aux immigrés seront confiées les tâches les plus simples, et les autochtones passeront à des tâches complémentaires, plus gratifiantes.

Nous arrivons au quatrième point : la complémentarité l'emporte aussi sur la rivalité, parce que les immigrés sont généralement prêts à effectuer des tâches auxquelles rechignent les autochtones, comme tondre des pelouses, faire des hamburgers, garder des enfants, s'occuper de personnes malades. Et quand il y a plus d'immigrés, le prix de ces services tend à baisser, ce qui incite les travailleurs autochtones à prendre d'autres emplois. Les femmes très qualifiées, en particulier, ont plus de chance de travailler quand il y a beaucoup d'immigrés[32]. L'entrée des femmes très qualifiées sur le marché du travail gonfle à son tour la demande de travail peu qualifié (garde d'enfant, restauration, nettoyage), soit chez elles, soit dans les entreprises où elles sont managers ou dirigeantes[33].

Les effets de l'immigration dépendent aussi beaucoup des immigrés eux-mêmes. Si ce sont les plus entreprenants qui partent, ils créeront peut-être des entreprises qui emploieront des autochtones. Si ce sont les moins qualifiés, ils viendront grossir la masse indifférenciée avec laquelle les actifs autochtones peu qualifiés se trouvent en concurrence.

Or le profil des immigrés dépend généralement des barrières qu'il leur faut franchir. Quand le président Trump compare les immigrés de ce qu'il appelle les « pays de merde » *(« shithole countries »)* aux « bons » immigrés venant de Norvège, il ignore sans doute qu'il y a une centaine d'années les immigrés norvégiens faisaient partie des « masses agglutinées » chantées par la poétesse Emma Lazarus[34]. Il existe justement une étude sur les immigrés norvégiens arrivés aux États-Unis au moment des migrations de masse, à la fin du XIXe et au début du XXe siècle[35]. Elle compare des familles d'immigrés à des familles où personne n'avait migré. L'étude constate que les immigrés d'alors venaient plutôt des familles les plus pauvres (les pères étaient beaucoup plus pauvres que la moyenne). Ainsi, par une ironie malicieuse dont se délectent tant les historiens (et les économistes), les immigrés norvégiens d'hier étaient exactement le genre de personnes auxquelles Trump fermerait instinctivement la porte. Ils auraient été, pour lui, les « gens de merde » de l'époque.

Les choses sont différentes aujourd'hui : les personnes qui migrent des pays pauvres ont besoin d'argent pour payer le voyage ; elles doivent aussi avoir le cran (ou les diplômes) nécessaire pour déjouer un système de contrôle de l'immigration conçu spécialement contre elles. C'est pourquoi elles sont nombreuses à posséder des aptitudes exceptionnelles – ambition, énergie, patience, compétences – qui les aideront à devenir des créatrices d'emplois, ou à élever des enfants qui le deviendront un jour. Un rapport du Center for American Entrepreneurship montre qu'en 2017, sur les 500 entreprises américaines ayant le plus gros chiffre d'affaires (la liste de Fortune 500), 43 % avaient été créées ou cocréées par des immigrés ou des enfants d'immigrés. En outre, ces entreprises représentaient 52 % des 25 premières entreprises, 57 % des 35 premières, et 9 des 13 premières marques[36]. Henry Ford était le fils d'un immigré irlandais. Le père biologique de Steve Jobs était syrien. Sergey Brin, cofondateur de Google, est né en Russie. Quant à Jeff Bezos, il doit son nom à son père adoptif, l'immigré cubain Mike Bezos.

Même pour des individus plus ordinaires, le fait d'être arrivé dans un pays étranger, privé de ces liens sociaux qui rendent la vie plus riche mais qui posent, aussi, des limites au parcours professionnel, peut constituer une libération, et donner envie de faire quelque chose de nouveau et de différent. Abhijit connaît un grand nombre d'hommes bengalis de la classe moyenne qui, comme lui, n'avaient jamais fait la vaisselle avant de quitter leur pays. Mais, se retrouvant un jour dans une petite ville des États-Unis ou de Grande-Bretagne, à court d'argent mais pas à court de temps, ils ont fini par dresser les tables dans un restaurant local et se sont rendu compte qu'il ne leur déplaisait pas de faire quelque chose d'un peu plus manuel que le boulot de cadre qu'ils avaient toujours imaginé faire. Il est probablement arrivé le contraire aux apprentis pêcheurs islandais, qui, précipités dans une ville qui leur était inconnue et où beaucoup de jeunes allaient à l'université, se sont dit que ce n'était finalement peut-être pas une mauvaise idée d'en faire autant[37].

Le gros problème de la théorie de l'offre et de la demande appliquée à l'immigration tient donc au fait qu'un afflux d'immigrés augmente la demande de travail en même temps que l'offre de travailleurs. C'est une des raisons pour lesquelles les salaires ne baissent pas quand il y a davantage d'immigrés. Mais la nature des marchés du travail dans leur ensemble pose un plus gros problème encore, car le modèle de l'offre et de la demande n'est en fait pas du tout adapté pour décrire la manière dont ils fonctionnent.

Des travailleurs et des pastèques

Si vous vous promenez tôt le matin à Dhaka, à Delhi ou à Dakar, vous remarquerez peut-être des groupes, surtout composés d'hommes, accroupis sur le trottoir près de grands carrefours. Ce sont des gens qui cherchent du travail, et qui attendent que passe quelqu'un qui aura besoin d'eux, souvent dans le BTP.

Ce qui est frappant pour des chercheurs en sciences sociales, c'est en réalité la rareté de ces marchés du travail physique. Sachant que l'on compte à Delhi et dans la périphérie près de 20 millions de personnes, on pourrait s'attendre à tomber sur ce genre d'attroupement à chaque coin de rue. Or il faut chercher pour les trouver.

Les affiches et les panonceaux proposant des offres d'emplois sont aussi relativement rares à Delhi ou à Dakar. On trouve quantité d'annonces sur les sites web et les portails d'emploi, mais la plupart des emplois proposés sont hors de portée du gardien de chèvres moyen. À Boston, en revanche, le métro est plein d'annonces, dont le but est de tester l'intelligence des candidats en leur demandant de résoudre de vraies énigmes. On cherche des employés, mais on ne veut pas leur rendre la tâche trop facile. Tout cela révèle une caractéristique fondamentale des marchés du travail.

Embaucher quelqu'un et acheter, disons, des pastèques sur un marché de gros sont deux choses qui n'ont rien à voir, et cela pour au moins deux raisons. La première est que la relation avec un travailleur dure beaucoup plus longtemps que l'achat d'une pastèque : vous pourrez toujours changer de marchand de pastèques la semaine suivante si celle que vous venez d'acheter n'est pas bonne. En revanche, même quand la législation permet de se séparer sans trop de difficulté d'un travailleur, le licenciement reste quelque chose, au mieux, de désagréable, au pire, de potentiellement dangereux si le mécontentement pousse les employés à se révolter. Aussi les entreprises ne vont-elles pas embaucher n'importe quel individu au prétexte qu'il veut travailler pour elles. Elles aimeraient être certaines qu'il sera au travail à l'heure, que son travail sera au moins satisfaisant, qu'il ne se bagarrera pas avec ses collègues, n'insultera pas un gros client et ne cassera pas une machine coûteuse. Par ailleurs, la qualité d'un travailleur est plus difficile à estimer que celle d'une pastèque (domaine dans lequel les marchands de pastèques sont apparemment très bons[38]). Malgré tout ce qu'a pu dire Karl Marx, le travail n'est pas une marchandise ordinaire[39].

Les entreprises doivent donc s'efforcer de connaître leurs employés. Dans le cas des travailleurs les mieux rémunérés, elles vont devoir dépenser du temps et de l'argent en entretiens, tests, choix des références, etc. Le processus a un coût autant pour les entreprises que pour les travailleurs, et il semble être universel. En Éthiopie, une étude a montré que candidater à un emploi de bureau de niveau moyen prenait plusieurs jours et nécessitait de nombreux déplacements. Chaque candidature coûtait au postulant un dixième du salaire mensuel qu'il pouvait espérer gagner grâce à cet emploi, et n'avait pourtant qu'une très faible probabilité d'aboutir ; c'est d'ailleurs une des raisons pour lesquelles les candidatures étaient très peu nombreuses[40]. Aussi, dans le cas des travailleurs peu payés, les entreprises se passent-elles souvent de l'entretien : elles se fient à des recommandations. Peu d'entreprises embauchent les gens qui se contentent de pousser la porte et de demander un emploi, *même s'ils disent être prêts à accepter un salaire inférieur*. Cela contredit incontestablement le modèle classique de l'offre et de la demande. Il est trop coûteux pour un employeur de se retrouver dans la situation de devoir se débarrasser d'un employé. On en a un exemple saisissant : des chercheurs ont essayé de trouver en Éthiopie des entreprises prêtes à adopter un processus d'embauche aléatoire. Il leur a fallu en approcher plus de 300 avant d'en trouver 5 qui acceptaient de participer à l'expérience[41]. Il s'agissait d'emplois ne nécessitant pas de compétences particulières, pourtant les entreprises voulaient conserver un certain degré de contrôle sur les personnes qu'elles embauchaient. D'autres études réalisées en Éthiopie constatent que 56 % des entreprises insistent sur l'expérience professionnelle, même pour des emplois d'ouvrier[42], et il est également fréquent qu'elles demandent des références auprès d'un autre employeur[43].

Les implications de ces constats ne sont pas sans importance. D'abord, cela signifie que les travailleurs en poste sont bien plus protégés de la concurrence des nouveaux arrivants que ne le présuppose un pur modèle d'offre et de demande. Leur employeur les connaît et leur fait confiance, le fait d'être déjà en poste est ainsi un énorme avantage.

Pour l'immigré, c'est une mauvaise nouvelle. Mais la seconde conséquence lui est encore plus défavorable. Songez à ce qu'un employeur est en droit de faire s'il veut sanctionner un employé qui fait mal son travail : au pire, il peut le licencier. Mais le licenciement n'est une sanction adaptée que si l'emploi est suffisamment rémunérateur pour que celui qui l'occupe ait envie de le conserver. Comme l'a montré il y a de nombreuses années le futur prix Nobel d'économie Joseph Stiglitz, si les entreprises ne paient pas leurs employés au minimum que ceux-ci seraient prêts à accepter, c'est précisément pour éviter de se retrouver dans une position que résume très bien cette vieille blague soviétique : « Ils font semblant de nous payer, nous faisons semblant de travailler. »

Si l'on suit cette logique, le salaire que l'entreprise doit payer pour que le travailleur remplisse son office doit être suffisamment élevé pour que celui-ci ait quelque chose à perdre de son licenciement. C'est ce que les économistes appellent le *salaire d'efficience*. C'est pourquoi la différence de salaire entre ce que les entreprises donnent à leurs employés en place et ce qu'il leur faudrait donner à un nouvel arrivant peut ne pas être très importante, car elles ne peuvent prendre le risque de rémunérer trop peu un nouvel arrivant[44].

L'incitation à embaucher un migrant en devient plus faible encore. De surcroît, l'employeur ne veut pas non plus qu'il existe des différences trop importantes de rémunération au sein de l'entreprise, de peur de porter atteinte au moral du personnel. Des données sur le sujet montrent que les employés détestent les inégalités au sein de l'entreprise, même quand elles sont liées à la productivité, du moins quand le lien entre paie et productivité n'est pas d'une évidence et d'une transparence immédiates[45]. Or les employés malheureux ne font pas des entreprises rentables. Cela explique aussi pourquoi les autochtones ne sont pas remplacés rapidement par des immigrés moins chers.

Ce constat concorde avec l'étude sur les travailleurs tchèques que nous avons évoquée plus haut : les pertes d'emploi des autochtones n'étaient pas tant des pertes nettes que des moindres gains (par rapport aux régions d'Allemagne où les Tchèques n'allaient pas travailler)[46]. Les entreprises allemandes n'ont pas remplacé leurs employés par des immigrés tchèques. Ceux qui étaient déjà en poste avaient pour eux d'être connus. Ce qui s'est passé, c'est que, au lieu d'embaucher de nouveaux travailleurs autochtones qu'elles ne connaissaient pas, les entreprises allemandes ont parfois embauché des travailleurs tchèques qu'elles ne connaissaient pas davantage.

Que les migrants n'aient en réalité guère la possibilité de prendre les emplois déjà occupés par les autochtones, même en proposant d'être moins payés, nous permet aussi de comprendre pourquoi les immigrés se retrouvent souvent dans les emplois dont les autochtones ne veulent pas, ou dans les villes où personne ne veut aller : là, ils ne prennent le travail de personne. S'ils n'étaient pas là pour les occuper, ces emplois resteraient vacants.

Les migrants qualifiés

Nous avons jusqu'à présent parlé de l'impact des migrants non qualifiés sur les autochtones. Mais même les gens qui s'opposent à l'immigration non qualifiée sont généralement favorables à l'immigration qualifiée. Plusieurs des raisons avancées pour expliquer que les migrants peu qualifiés ne sont pas en concurrence avec les autochtones peu qualifiés ne s'appliquent pas aux immigrés qualifiés. En premier lieu, ils sont généralement rémunérés très au-dessus du salaire minimum. Il n'est pas forcément nécessaire de leur verser un salaire d'efficience car leurs emplois sont intéressants, et le seul fait d'y accéder et de bien faire le travail demandé constitue en soi une récompense. Il est donc paradoxalement plus facile pour des migrants qualifiés de faire baisser le salaire des autochtones en offrant leurs services pour un salaire plus faible. En second lieu, l'employeur se soucie plus des compétences réelles de son futur employé que de sa personnalité ou de sa fiabilité. Aux États-Unis, la plupart des hôpitaux qui embauchent du personnel infirmier, par exemple, vont chercher principalement à savoir si les candidats satisfont bien aux obligations légales (en particulier, s'ils ont réussi l'examen du Board of Nursing, l'organisme qui régit le métier d'infirmier, le plus souvent au niveau des États). Si une infirmière ou un infirmier né à l'étranger possède l'habilitation requise et propose ses services pour un salaire moins élevé, l'hôpital n'a guère de raison de ne pas l'embaucher. En outre, personne n'embauche ce type de travailleurs sans faire passer une série de tests et d'entretiens, ce qui place les candidats inconnus sur le même pied que les candidats connus ou qui possèdent des relations.

Il n'est donc pas étonnant qu'une étude réalisée aux États-Unis montre que, pour toute infirmière ou tout infirmier étranger qualifié employé dans une ville, on compte entre un et deux infirmiers autochtones embauchés *de moins*[47]. Une des raisons en est que les étudiants autochtones qui doivent faire face à la concurrence de professionnels nés et formés à l'étranger rechignent à passer l'examen du Board of Nursing dans leur État.

Ainsi, malgré le soutien dont l'immigration de travailleurs qualifiés bénéficie, y compris de la part de personnes comme le président Trump, son impact sur la population autochtone est contrasté : elle aide les autochtones peu qualifiés, qui bénéficient de services moins chers (la plupart des médecins qui aux États-Unis travaillent dans les quartiers les plus pauvres sont des immigrés venus de pays en développement), mais dégrade les perspectives d'emploi des autochtones possédant des qualifications similaires (infirmiers, médecins, ingénieurs, professeurs d'université).

Quel raz-de-marée ?

Ainsi, les mythes sur l'immigration s'effondrent : les données montrent que l'immigration peu qualifiée dans les pays riches ne fait pas baisser les salaires et l'emploi des autochtones ; en outre, les marchés du travail ne fonctionnent pas du tout comme ceux de fruits et légumes, et la loi de l'offre et de la demande ne s'y applique pas. Cependant, tout n'est pas réglé ; une autre crainte fait de l'immigration un sujet politiquement explosif : la peur de l'invasion. Le nombre d'immigrés potentiels étant énorme, certains redoutent qu'un raz-de-marée, une Babel de langues et de mœurs étrangères déferle d'un moment à l'autre sur nos chastes frontières mono-culturelles.

Néanmoins, comme nous l'avons vu, rien ne permet d'affirmer que des hordes d'étrangers guettent la moindre occasion de débarquer sur les rivages des États-Unis (ou de France, ou du Royaume-Uni) et doivent d'urgence en être empêchées par la force (ou par un mur). À moins qu'une catastrophe ne les oblige à partir, la plupart des pauvres préfèrent rester chez eux. Ils ne frappent pas à notre porte ; ils préfèrent de loin leur pays. Ils ne veulent même pas nécessairement migrer dans la capitale de la région où ils vivent. Pour les habitants des pays riches, cette réalité est tellement contre-intuitive qu'ils refusent de la croire, même quand les faits leur sont présentés noir sur blanc. Elle reste en effet à expliquer.

Sans relations

Les individus ont des raisons multiples et variées de ne pas partir. Le fait qu'il soit difficile pour de nouveaux immigrés de rivaliser sur le marché de l'emploi avec les personnes installées est un motif de découragement. Nous l'avons vu, il n'est pas facile pour un immigré de trouver un travail décent. Sauf quand l'employeur est un parent, un ami ou l'ami d'un ami, ou seulement même une personne du même groupe ethnique : c'est-à-dire quelqu'un qui connaît ou du moins qui comprend l'immigré. Les migrants ont ainsi tendance à se rendre là où ils ont des connaissances ou des relations : trouver un travail leur sera plus facile, et ils pourront bénéficier d'une aide à leur arrivée. Les perspectives d'emploi des migrants issus d'un même lieu sont corrélées dans le temps. Si un village produit de très bons plombiers, plusieurs générations trouveront un emploi, et un emploi dans la plomberie. Mais rien n'est plus puissant que le lien de parenté pour trouver un travail. Kaivan Munshi, professeur à l'université de Cambridge et, ce n'est sans doute pas un hasard, membre de la petite communauté très soudée des Indiens zoroastriens, plus communément appelés parsis, a montré que les migrants mexicains recherchaient expressément les gens qu'ils pouvaient connaître[48].

Il a observé que, indépendamment des opportunités existant aux États-Unis, ce sont des pluies diluviennes qui avaient forcé un certain nombre de personnes à quitter le Mexique. Quand ces pluies s'abattaient sur un village, un groupe partait pour chercher du travail ailleurs. Beaucoup se sont retrouvés aux États-Unis, si bien qu'un migrant venu par la suite du même village était certain d'y disposer de relations ayant un emploi stable et susceptibles de l'aider à trouver un travail. Kaivan Munshi compare deux villages mexicains ayant la même météo l'année n, *le premier ayant connu la sécheresse plusieurs années auparavant* (contraignant certains villageois à émigrer) *alors que le second avait été épargné*. Il montre qu'il est plus facile pour un habitant du premier village de trouver un bon emploi s'il émigre que pour un habitant du second. Le nombre de migrants, de migrants embauchés et de migrants mieux payés augmente. Les réseaux de relations ont donc une grande importance.

Cela vaut aussi pour l'insertion des réfugiés : ceux qui ont le plus de chances de trouver un travail sont ceux qui sont envoyés là où se trouvent déjà un grand nombre de réfugiés plus âgés venus du même pays[49]. Généralement, ces derniers ne connaissent pas les compatriotes nouvellement arrivés, mais ils se sentent obligés de les aider.

Les relations sont assurément utiles à ceux qui en ont. Mais que se passe-t-il pour les personnes qui n'en ont pas ? Elles sont clairement désavantagées. En réalité, il suffit de quelques individus disposant de recommandations pour anéantir les chances de tous les autres. Un employeur habitué à embaucher des travailleurs bénéficiant d'une recommandation se méfiera de postulants qui n'en ont pas. Sachant cela, toute personne qui pense pouvoir obtenir une recommandation préférera attendre (qu'une relation avec un possible employeur finisse par se présenter, qu'un ami crée une entreprise), et seules celles qui savent que personne ne les recommandera jamais (peut-être parce qu'elles ne travaillent vraiment pas bien) chercheront un travail en faisant du porte-à-porte. Mais alors l'employeur n'aura peut-être pas tort de refuser de les recevoir.

Un marché se trouvant dans cette situation est en voie de *désagrégation*. En 1970, George Akerlof, un autre futur lauréat du prix Nobel d'économie, mais qui à l'époque venait tout juste d'avoir son PhD, a rédigé un article intitulé « The Market for "Lemons" » (le mot ne désignant pas ici des citrons mais des « tacots », c'est-à-dire de vieilles voitures d'occasion en mauvais état), dans lequel il a montré que le marché de la voiture d'occasion pourrait finir par disparaître complètement parce que les gens avaient intérêt à vendre leurs voitures les plus défectueuses. Cela active le biais de confirmation que nous avons déjà vu à l'œuvre à propos des nouveaux arrivants sur le marché du travail : plus les acheteurs se méfiaient des vieux tacots proposés à la vente et moins ils étaient prêts à les payer cher[50]. Le problème, c'est que moins ils étaient prêts à les payer cher plus les propriétaires de bonnes voitures d'occasion préféraient, eux, ne pas les mettre en vente (ou seulement auprès d'amis qui les connaissaient et leur faisaient confiance). Seuls les gens qui savaient parfaitement que leur voiture était au bout du rouleau voulaient la vendre sur le marché. Ce processus en vertu duquel seuls les mauvaises voitures ou les mauvais employés se retrouvent sur le marché est appelé *anti-sélection*[51].

Les relations et les connaissances sont censées aider les gens, mais le fait que certaines personnes y aient accès et d'autres non fait disparaître un marché qui fonctionnerait parfaitement si personne n'en possédait. Les règles du jeu seraient alors les mêmes pour tous. Dès que certaines personnes ont des relations, le marché peut se désagréger, avec pour conséquence de rendre la plupart des gens inemployables.

Le confort du chez-soi

Abhijit a un jour demandé à des personnes qui avaient migré dans les bidonvilles de Delhi pourquoi elles aimaient vivre dans cette ville[52]. Beaucoup de choses leur plaisaient : elles avaient plus de possibilités de donner à leurs enfants une bonne éducation, les soins de santé étaient de meilleure qualité et trouver un travail était plus facile. Ce qu'elles n'aimaient pas, c'était l'environnement. Cela n'a rien étonnant : l'air de Delhi est un des plus pollués au monde[53]. Interrogées sur ce qu'il fallait améliorer en priorité dans leur environnement, 69 % des personnes citaient le système d'égout et d'adduction d'eau, et 54 % le ramassage des ordures. Le mélange de canalisations bouchées, d'égouts inexistants et d'ordures jamais ramassées est souvent ce qui donne aux bidonvilles en Inde (et ailleurs) leur odeur caractéristique, entre puanteur et putrescence.

Pour des raisons évidentes, nombreux sont les habitants des bidonvilles qui hésitent à y emmener leur famille. Et quand les choses deviennent vraiment insupportables, ce qui ne tarde jamais, ils rentrent chez eux. Dans les campagnes du Rajasthan, un villageois ayant quitté son village pour gagner de l'argent revient en moyenne une fois par mois[54]. Seul un épisode de migration sur dix dure plus de trois mois. Les migrants ont ainsi tendance à rester près de leur village natal, ce qui limite probablement le type d'emploi qu'ils peuvent trouver et de compétences qu'ils peuvent acquérir.

Mais pourquoi ont-ils besoin de vivre dans des bidonvilles ou dans pire encore ? Pourquoi ne louent-ils pas quelque chose d'un peu mieux ? C'est que souvent, même quand ils en ont les moyens, ils n'en ont pas la possibilité. Dans un grand nombre de pays en développement, la plupart du temps, plusieurs barreaux manquent à l'échelle de qualité des logements. Et la seule alternative au bidonville est un joli petit appartement, qui, financièrement, reste hors d'atteinte.

Il y a une explication à cela. Beaucoup de villes du tiers-monde ne possèdent pas les infrastructures nécessaires pour satisfaire aux besoins de leur population. Selon un récent rapport de la Banque mondiale, entre 2016 et 2040, pour les combler, l'Inde devrait investir 4 500 milliards de dollars, le Mexique, 1 100 milliards, et le Kenya, 223 milliards[55]. Les surfaces relativement peu étendues qui disposent d'infrastructures de bonne qualité sont donc toujours extrêmement demandées et les prix du foncier y sont astronomiques. Certains des biens immobiliers les plus chers au monde se trouvent par exemple en Inde. Privé d'investissements, le reste de la ville se développe de manière chaotique, les pauvres squattant souvent les terrains qui restent inoccupés, qu'ils soient ou non reliés à des égouts ou des canalisations. Ayant désespérément besoin d'un endroit pour vivre, mais craignant d'être expulsés d'un jour à l'autre parce que la terre ne leur appartient pas, ils montent des logements de fortune qui sont comme des plaies vives dans le paysage urbain. Ce sont les célèbres bidonvilles du tiers-monde.

Pour aggraver encore les choses, comme le montre Edward Glaeser dans son remarquable livre *Des villes et des hommes*, les urbanistes se refusent souvent à construire des tours d'habitation à haute densité pour la classe moyenne, leur préférant les « cités-jardins »[56]. L'Inde, par exemple, impose des limites draconiennes à la hauteur des immeubles, bien plus sévères qu'à Paris, New York ou Singapour. Ces restrictions se traduisent par un gros étalement urbain et des temps de transport interminables. Le même problème se pose en Chine et dans beaucoup d'autres pays, quoique sous des formes moins extrêmes[57].

Ces mauvais choix de politiques publiques placent le futur migrant à bas revenu devant une alternative peu enviable. Soit il s'installe (s'il a de la chance) dans un bidonville surpeuplé et passe plusieurs heures par jour dans les transports, soit il se résigne à dormir sous un pont, sur le sol du bâtiment où il travaille, dans son rickshaw, sous son camion ou sur le trottoir, peut-être (s'il a de la chance) à l'abri de l'auvent d'une boutique. Si cela ne les décourage pas, les migrants peu qualifiés savent qu'au moins au début, pour les raisons que nous avons évoquées, les emplois qu'ils pourront trouver seront ceux dont personne ne veut. S'il vous arrive d'atterrir dans ce genre d'endroit sans avoir eu le choix, vous vous y résignez sans doute, mais personne n'a envie de quitter sa famille et ses amis et de partir très loin pour dormir sous un pont, laver les sols ou faire la plonge. Généralement, seuls les individus capables de voir au-delà des obstacles et des tourments immédiats, d'envisager de passer avec le temps de serveur à patron d'une chaîne de restaurants, se lancent dans ce genre d'aventure.

L'attrait du chez-soi dépasse de loin le seul confort matériel. La vie des pauvres se caractérise par une grande vulnérabilité. Leurs revenus restent souvent volatiles et leur santé est précaire : il leur est donc très utile de pouvoir compter sur l'aide de tiers quand cela est nécessaire. Plus on a de relations et moins on est exposé en cas de coup dur. Il est possible d'avoir un réseau là où l'on part, mais ce réseau est généralement plus dense et plus fort là où l'on a grandi. Si vous partez, vous (et votre famille) risquez de ne plus y avoir accès. C'est pourquoi seuls les gens vraiment désespérés, ou suffisamment aisés, se permettent de prendre le risque du grand départ.

Pour ceux qui veulent émigrer à l'étranger, le confort et les relations jouent un rôle identique, à une différence près : ils sont encore plus importants. Quand ces personnes partent, il leur faut souvent le faire seules, et abandonner tout ce qui leur est cher ou familier, pour de nombreuses années[58].

Les liens familiaux

La vie dans les communautés traditionnelles peut constituer elle aussi, par sa nature même, un frein important à l'émigration. L'économiste Arthur Lewis, originaire de Sainte-Lucie, dans les Caraïbes, et qui a été à la fois un pionnier de l'économie du développement et prix Nobel d'économie en 1979, a publié en 1954 un article célèbre dans lequel il faisait une observation toute simple[59]. Supposons que les emplois en ville soient payés 100 dollars par semaine. Au village, il n'y a pas de travail, mais, si vous travaillez sur l'exploitation familiale, vous aurez droit à votre part du revenu de l'exploitation, lequel se monte à 500 dollars par semaine ; toutefois, comme vous êtes quatre à y travailler, cela vous fera un salaire de 125 dollars par semaine. Si vous partez, vos frères ne partageront pas avec vous. Dans ces conditions, pourquoi partiriez-vous, surtout si le nombre d'heures travaillées est identique et le travail au moins aussi pénible ? L'idée de Lewis était que ce type d'argument était valable que l'on ait besoin ou non de vous sur l'exploitation. Imaginons que le chiffre d'affaires de celle-ci soit de 500 dollars que vous y travailliez ou non, mais que vous soyez en mesure d'ajouter 100 dollars dans la tirelire de la famille en allant travailler en ville. Vous ne partirez toujours pas, car cela ne vous sera d'aucun secours : vous resterez avec vos 100 dollars et vos trois frères se partageront les 500 dollars de l'exploitation. Bien sûr, aujourd'hui, il ne s'agirait pas forcément d'une exploitation agricole. Une petite entreprise familiale de taxi aurait tout autant de probabilité de vous faire rester à la maison.

Ce que soulignait Lewis, c'est que tous les membres de la famille seraient dans une meilleure situation si, par exemple, ils pouvaient vous promettre 50 dollars de l'exploitation une fois que vous serez parti, ce qui vous ferait un revenu total de 150 dollars, vos trois frères disposant eux aussi de 150 dollars chacun. Mais peut-être ne peuvent-ils pas s'engager ; ce genre de promesse est facile à oublier. Une fois que vous serez parti, peut-être nieraient-ils même que vous avez un jour fait partie de l'entreprise familiale. Alors vous restez pour faire valoir votre droit. C'est pourquoi, selon Lewis, l'intégration de la main-d'œuvre rurale dans le secteur urbain, plus productif, que ce soit dans le même pays ou à l'étranger, se fera trop lentement. Dans le scénario de Lewis, il n'y a pas assez de migration.

L'idée plus générale qu'on peut tirer de cette réflexion est que le réseau de relations, dont la famille est un exemple spécifique, est conçu pour résoudre des problèmes spécifiques, pas pour promouvoir le bien social général. Il s'avère, par exemple, que les parents qui craignent d'être abandonnés quand ils seront vieux peuvent avoir pour stratégie de sous-investir dans l'éducation de leurs enfants, afin de s'assurer que ceux-ci n'aient pas la possibilité de partir à la ville. Dans l'État d'Haryana, non loin de Delhi, des chercheurs se sont rapprochés d'entreprises qui recrutaient du personnel administratif, pour fournir des informations sur ces opportunités d'emploi à des villageois[60]. Les postes nécessitaient deux choses : partir à la ville et être allé au lycée. La réaction des parents aux campagnes d'information a été bénéfique pour les filles : comparées aux filles des villages qui n'avaient pas été informés, celles des villages informés restèrent à l'école plus longtemps et se marièrent plus tard ; plus remarquablement, elles étaient aussi, souvent, mieux nourries et plus grandes[61]. Pour les garçons, en revanche, il n'y eut pas, en moyenne, de progression du niveau d'éducation. Les garçons qu'on destinait de toute façon à quitter le village pour gagner de l'argent ont bénéficié de l'intervention, à peu près comme les filles, mais ceux dont les parents voulaient qu'ils restent à la maison et qu'ils prennent soin d'eux (souvent les aînés) reçurent *moins* d'éducation. Ces parents choisirent de handicaper leurs fils pour les forcer à rester à la maison.

Nuit d'insomnie à Katmandou

Dans l'expérience où l'on offrait 11,50 dollars à des villageois pour quitter leur village et aller explorer le marché de l'emploi d'une des grandes villes du Bangladesh, beaucoup de participants finissaient par améliorer tellement leur situation qu'ils auraient dû, plutôt, payer de leur poche pour avoir la possibilité de faire ce voyage[62]. Pourtant, il y en avait toujours un petit nombre dont la situation se serait détériorée s'ils avaient dû le payer eux-mêmes : ceux qui ne trouvaient pas de travail et qui revenaient chez eux les mains vides. La plupart des gens n'aiment pas prendre des risques, tout particulièrement ceux qui sont proches du niveau de subsistance, car la moindre perte peut les réduire à la famine. Est-ce la raison pour laquelle tant de gens préfèrent ne pas même essayer ?

La limite de cette explication est que les migrants potentiels auraient aussi pu choisir d'économiser les 11,50 dollars avant le départ. Ainsi, s'ils n'avaient pas trouvé de travail, auraient-ils eu la possibilité de rentrer chez eux sans se retrouver dans une situation plus mauvaise que s'ils n'avaient rien mis de côté et n'avaient pas essayé. Après tout, ils économisent pour d'autres choses, et la somme de 11,50 dollars est tout à fait dans leurs moyens. Alors pourquoi ne le font-ils pas ? L'une des raisons pourrait être qu'ils surestiment les risques. C'est ce que montre une étude réalisée au Népal.

Aujourd'hui, plus d'un cinquième de la population népalaise masculine en âge de travailler est parti au moins une fois à l'étranger, principalement pour travailler. La plupart de ces migrants travaillent en Malaisie, au Qatar, en Arabie saoudite ou aux Émirats arabes unis. Ils y vont en général pour quelques années, avec un contrat de travail qui les attache à un employeur particulier.

Dans ce cadre, on pourrait imaginer que les migrants soient parfaitement informés des coûts et des avantages potentiels de l'émigration, puisqu'ils doivent avoir une proposition d'emploi pour obtenir un visa. Or les membres du gouvernement népalais que nous avons rencontrés avaient peur que les migrants ne sachent pas réellement ce qui les attendait. Ils avaient des attentes démesurées en termes de salaires, nous disait-on, et ignoraient à quel point les conditions de vie pouvaient être difficiles à l'étranger. Le Népalais Maheshwor Shrestha, un de nos étudiants en thèse, a voulu vérifier si ces officiels avaient raison[63]. Il s'est installé avec une petite équipe dans le bureau des passeports de Katmandou, où les candidats à l'émigration devaient faire leur demande. Il s'est entretenu avec plus de 3 000 d'entre eux, et leur a posé des questions précises sur ce qu'ils espéraient gagner, l'endroit où ils allaient et ce qu'ils pensaient de leurs futures conditions de vie à l'étranger.

Maheshwor a pu constater qu'en effet ces candidats à l'émigration étaient excessivement optimistes quant à leurs perspectives salariales. Ils surestimaient leurs salaires potentiels d'environ 25 %, ce qui s'expliquait par plusieurs raisons, notamment le fait que les recruteurs leur aient menti. Mais leur plus grande méprise était de surestimer grandement le risque de mourir une fois à l'étranger. En moyenne, ces candidats au départ pensaient que sur 1 000 immigrés, sur une période de deux ans, une dizaine reviendrait au pays dans un cercueil. Le chiffre moyen, en réalité, était de 1,3.

Maheshwor a ensuite donné aux candidats à l'émigration des informations sur le montant réel des salaires ou sur le risque réel de mortalité (ou les deux). En comparant les décisions de migrer de ceux qu'il avait informés et des autres (le choix des deux groupes s'étant fait de manière aléatoire), il a constaté que les informations s'avéraient extrêmement utiles : les candidats qui avaient reçu des informations sur les salaires révisaient leurs perspectives à la baisse, de même que ceux qui en avaient reçu sur la mortalité. Par ailleurs, ils agissaient en fonction de ce qu'ils avaient appris ; ainsi, quand Maheshwor est revenu vers eux plusieurs semaines plus tard, il s'est aperçu que ceux qui avaient reçu des informations sur les salaires avaient été plus nombreux à rester au Népal, tandis que ceux qui en avaient reçu sur la mortalité avaient été plus nombreux à partir. Enfin, comme le niveau de désinformation sur le taux de mortalité était très supérieur à celui sur les salaires, ceux qui avaient reçu les deux types d'informations avaient eu tendance à partir davantage. En moyenne, donc, contrairement à ce que croyait le gouvernement népalais, la désinformation faisait rester les candidats migrants chez eux.

Mais pourquoi surestimaient-ils systématiquement le risque de décès ? Maheshwor propose de répondre à la question en montrant que la mort d'une personne originaire de tel ou tel district du Népal réduit significativement les départs de tout ce district vers le pays où a eu lieu le décès[64]. Les migrants potentiels s'intéressent donc avant tout aux informations locales. Or lorsque les médias font état de morts originaires de telle ou telle région, ils ne prennent pas la peine de préciser le nombre de travailleurs qui en ont émigré. Les travailleurs ne savent donc pas s'il s'agit d'un mort sur cent ou sur mille et, faute d'information, ont tendance à surréagir.

Si les gens ne disposent pas des bonnes informations au Népal, où il existe pourtant un grand nombre d'agences pour l'emploi, des flux importants de travailleurs dans les deux sens, et un gouvernement qui se soucie réellement du bien-être de ses migrants à l'international, on peut deviner quel peut être le niveau de confusion des candidats à l'immigration ailleurs. La confusion peut bien sûr jouer dans un sens comme dans l'autre, en freinant les départs, comme au Népal, ou en les stimulant, si les gens sont excessivement optimistes. Mais alors pourquoi existe-t-il un biais systématiquement défavorable au départ ?

Risque ou incertitude ?

Peut-être faut-il voir dans le pessimisme excessif en matière de mortalité des Népalais interrogés par Maheshwor la manifestation d'une appréhension plus générale. La migration, après tout, consiste à quitter ce que l'on connaît pour plonger dans l'inconnu, et l'inconnu représente bien plus que la liste des conséquences possibles et des probabilités qui leur sont associées, comme les économistes aimeraient pourvoir le définir. Il y a en économie une tradition remontant au moins à Frank Knight (né en 1885 et mort en 1972, Knight eut comme élève, entre autres, Milton Friedman) qui consiste à distinguer le risque quantifiable (50 % de chances que se produise une chose ou une autre) et le reste, ce que Donald Rumsfeld qualifiait, dans une formule mémorable, d'« inconnu inconnu[65] », et que les disciples de Knight se contentent d'appeler l'« incertitude[66] ».

Knight était convaincu que les humains ne réagissent pas de la même manière au risque et à l'incertitude. La plupart des gens n'aiment pas avoir affaire à l'inconnu inconnu, et ils feront tout leur possible pour éviter de prendre des décisions dont ils ne connaissent pas les tenants et les aboutissants.

Du point de vue des éventuels migrants des campagnes du Bangladesh, la ville (et bien sûr n'importe quel pays étranger) est un marais d'incertitudes. En plus d'ignorer comment leurs compétences seront évaluées sur le marché, ils ne savent pas où trouver un employeur, s'il y aura de la concurrence pour obtenir leurs services ou s'ils seront soumis à l'exploitation d'un seul patron ; ils doivent aussi savoir de quel type de références ils auront besoin, combien de temps il leur faudra pour trouver un travail, comment ils feront pour vivre jusque-là, où ils habiteront, etc. Ils manquent d'expérience sur laquelle s'appuyer ; les probabilités doivent être calculées au doigt mouillé. Il n'est donc pas étonnant qu'un grand nombre de migrants potentiels hésitent.

Par une vitre obscure

Toute migration est une plongée dans l'inconnu. C'est pourquoi les gens répugnent particulièrement à s'y aventurer, même quand ils ont pu économiser de quoi en couvrir, en principe, les nombreux frais financiers. Migrer est incertain, pas seulement risqué. En outre, un grand nombre d'études montrent que les humains détestent faire des erreurs. Le monde est semé d'incertitudes, dont la plupart échappent au bon vouloir du commun des mortels. Ces aléas les rendent malheureux, mais pas aussi malheureux peut-être que d'avoir fait eux-mêmes un choix les plaçant, du fait de la seule malchance, dans une situation plus mauvaise que celle dans laquelle ils se trouveraient s'ils n'avaient rien fait. Le *statu quo*, le maintien des choses en l'état, est un critère de comparaison naturel. Toute perte par rapport à celui-ci est particulièrement douloureuse. Ce concept a été baptisé l'*aversion à la perte* par Daniel Kahneman et Amos Tversky, deux psychologues qui ont eu une influence exceptionnelle en économie (Kahneman a reçu le prix Nobel d'économie en 2002, et Tversky l'aurait probablement reçu lui aussi s'il n'était pas disparu prématurément).

Depuis leurs premiers travaux, une abondante littérature a pu démontrer l'existence de l'aversion à la perte et la capacité de celle-ci à expliquer un grand nombre de comportements apparemment étranges. Ainsi, la plupart des gens acceptent de payer une énorme prime d'assurance-habitation pour bénéficier d'une faible franchise[67]. Cela leur permet d'éviter de connaître le douloureux moment où, leur maison ayant été accidentellement dégradée, ils devront sortir une grosse somme d'argent de leur poche (la grosse franchise). En comparaison, le fait de payer davantage aujourd'hui (pour avoir une police avec une faible franchise) est indolore parce qu'ils ne se rendront jamais compte que c'était une erreur. La même logique explique pourquoi les acheteurs crédules de produits informatiques ou électroménagers se retrouvent souvent avec des « garanties étendues » scandaleusement chères. L'aversion à la perte nous rend extrêmement sensibles au moindre risque, même faible, s'il est la conséquence d'un choix actif de notre part. La migration, sauf si tout le monde autour de soi s'y lance, est un vrai choix, et un choix d'importance ; on comprend facilement pourquoi beaucoup hésitent avant de le faire.

Enfin, l'échec d'une migration est pris à cœur personnellement. On a trop raconté aux gens de success-stories pour qu'ils ne pensent pas qu'un échec soit révélateur, au moins à leurs yeux sinon aux yeux de tous, de ce qu'ils sont vraiment. En 1952, le grand-père d'Esther, Albert Granjon, un vétérinaire qui dirigeait un abattoir de la ville du Mans, est parti en Argentine avec sa femme et ses quatre jeunes enfants, ce qui nécessitait alors un voyage en bateau de plusieurs semaines. Il était animé par un profond désir d'aventure et nourrissait le vague projet de créer un élevage de bétail avec quelques relations qu'il avait là-bas. Le projet tomba à l'eau moins d'un an après l'arrivée de la famille. Les conditions de vie et de travail sur l'exploitation étaient plus difficiles que ce qu'il avait imaginé, et il ne s'entendait pas avec ses associés, qui lui reprochaient de ne pas avoir investi suffisamment d'argent dans l'affaire. La jeune famille s'est retrouvée perdue au milieu de nulle part, dans un pays qu'elle ne connaissait pas, et sans aucun revenu. Rentrer en France aurait été relativement facile à ce moment-là. Dans les années de reconstruction de l'après-guerre, le grand-père d'Esther aurait facilement trouvé un travail. Il avait deux frères solidement établis dans la classe moyenne qui auraient pu payer le voyage. Mais il choisit de rester. Sa femme, Évelyne, a raconté à Esther, bien des années plus tard, que rentrer les mains vides, en mendiant à ses frères le billet de retour, aurait constitué pour lui une honte inacceptable. La famille serra donc les dents, vécut deux années dans la misère, qu'accentuait encore, à ses yeux, un farouche sentiment de supériorité vis-à-vis des autochtones. Les enfants n'avaient pas le droit de parler espagnol à la maison. Violaine, la mère d'Esther, n'est jamais allée à l'école en Argentine : elle fit toute sa scolarité par correspondance et en français, et passa son temps libre à des corvées et des travaux, comme rapiécer les sandales en tissu que portaient les enfants. La situation financière de la famille s'est finalement améliorée lorsque Albert s'est vu confier la direction d'une ferme expérimentale pour l'Institut Mérieux, une entreprise pharmaceutique française. Elle resterait encore dix ans en Argentine avant de partir pour le Pérou, la Colombie puis le Sénégal. Albert est finalement rentré en France quand sa santé s'est détériorée (il était encore jeune), mais, à ce moment-là, son parcours pouvait être considéré comme une réussite. Les épreuves de la vie ayant prélevé leur tribut, il est mort peu de temps après son retour.

La peur de l'échec est un puissant facteur de désincitation à l'aventure risquée. Beaucoup de gens préfèrent ne pas essayer. Après tout, ne souhaitons-nous pas, comme la plupart d'entre eux, préserver une certaine image de nous-mêmes, celle d'individus intelligents, travailleurs et honnêtes, à la fois parce qu'il n'est pas agréable d'admettre que l'on est bête, paresseux et sans scrupule, et parce qu'une bonne opinion de soi préserve l'envie de faire face à tout ce que la vie peut réserver ?

Et, s'il est important de s'attacher à une certaine image de soi, alors il l'est tout autant de la cultiver. Nous le faisons de manière active en évacuant de notre esprit les informations négatives. Ou simplement en évitant de faire des choses qui pourraient se retourner contre nous. Si je traverse la rue pour éviter de passer devant un mendiant, je n'aurai pas à me dire que je suis un égoïste. Un bon étudiant peut ne pas réviser pour un examen afin d'avoir une excuse qui préservera, en cas d'échec, le sentiment qui est le sien d'être intelligent. Un candidat migrant qui reste chez lui peut continuer de nourrir en lui l'idée qu'il aurait réussi s'il était parti[68].

Il faut avoir une certaine prédisposition au rêve (Albert, le grand-père d'Esther, ne cherchait pas tant à fuir une situation difficile qu'à se lancer dans une aventure) ou posséder une bonne dose de confiance en soi pour surmonter la tendance naturelle à persister dans le *statu quo*. C'est peut-être la raison pour laquelle les migrants, du moins ceux qui ne sont pas littéralement poussés par le désespoir, ne sont en général pas les personnes les plus riches ou les mieux éduquées, mais des individus qui ont en eux quelque chose de spécial. Et c'est pourquoi il y a parmi eux tant d'entrepreneurs qui réussissent.

Après Tocqueville

Les Américains sont censés constituer l'exception à cette règle. La plupart d'entre eux seraient toujours prêts à prendre des risques et à saisir la moindre opportunité qui se présente. Ainsi le veut, du moins, la légende. Alexis de Tocqueville était un aristocrate français du XIXe siècle qui voyait dans les États-Unis le modèle de ce que pouvait être, en son temps, une société libre. Un des traits qui rendaient ce pays unique à ses yeux était ce qu'il appelait l'*agitation* :

les gens n'arrêtaient pas de bouger, de changer de secteur et de métier. Tocqueville attribuait ce penchant à deux choses : l'absence d'une structure de classe héréditaire et un désir permanent d'accumulation[69]. Comme la possibilité de devenir riche était offerte à tous, il était de la responsabilité de chacun de saisir les opportunités partout où elles se présentaient.

Les habitants des États-Unis croient encore dans cet « *American dream* », alors que l'hérédité joue en réalité aujourd'hui un rôle *plus grand* dans leur destin que dans celui des Européens[70]. Il se pourrait bien que cela soit lié au déclin de cette agitation qui avait frappé Tocqueville. Car, à mesure que les Américains sont devenus moins tolérants vis-à-vis de l'immigration, ils sont aussi devenus moins mobiles. Dans les années 1950, 7 % de la population s'installaient chaque année dans un autre comté ; en 2018, le chiffre était inférieur à 4 %. Ce déclin a commencé en 1990 et s'est accéléré à partir du milieu des années 2000[71]. On observe par ailleurs un changement saisissant dans le schéma des migrations internes[72]. Jusqu'au milieu des années 1980, les États riches du pays avaient des taux de croissance de la population très supérieurs. Cela n'est plus vrai : depuis 1990, ils n'attirent pas davantage de gens, en moyenne, que les autres États. Les travailleurs très qualifiés continuent de quitter les États pauvres pour les États riches, mais les gens peu qualifiés, quand ils migrent encore, semblent effectuer le chemin inverse. Ces deux tendances signifient que, depuis les années 1990, la ségrégation sur le marché du travail aux États-Unis repose de plus en plus sur le niveau de qualification. Les régions littorales attirent un nombre toujours plus grand de travailleurs éduqués, et les travailleurs moins éduqués semblent se concentrer dans l'hinterland, en particulier dans les vieilles villes industrielles de l'Est, comme Detroit, Cleveland et Pittsburgh. Cela contribue à la divergence des salaires, des modes de vie et des comportements électoraux, ainsi qu'à un sentiment de dislocation, certaines régions étant laissées en arrière et d'autres tirées vers l'avant.

L'attrait de Palo Alto, en Californie, ou de Cambridge, dans le Massachusetts, pour les travailleurs très éduqués de l'informatique ou des biotechnologies n'a rien d'étonnant. Ils touchent des salaires plus élevés, se font plus facilement des amis et jouissent de multiples commodités[73].

Mais pourquoi les travailleurs moins éduqués ne les suivent-ils pas ? Après tout, les avocats ont besoin de jardiniers, de cuisiniers et de baristas. La concentration de travailleurs éduqués devrait créer une demande de travailleurs peu éduqués et encourager ceux-ci à bouger. Et nous sommes aux États-Unis où, contrairement au Bangladesh, la quasi-totalité de la population peut se payer un ticket de bus pour traverser un État et même le pays tout entier. L'information y est bien meilleure et personne n'ignore où se trouvent les villes prospères.

Cela s'explique en partie par le fait que le gain salarial y est moindre pour les travailleurs qui n'ont qu'un diplôme du secondaire que pour les travailleurs très qualifiés[74]. Mais ce ne peut pas être la seule raison car il existe une prime salariale pour les travailleurs peu qualifiés. Si l'on en croit les chiffres des salaires publiés sur certains sites web destinés aux demandeurs d'emploi, un serveur de Starbucks gagne 12 dollars de l'heure à Boston et 9 dollars à Boise, ville de l'Oklahoma de 1 200 habitants[75]. Le gain est moindre que pour les travailleurs très qualifiés, mais il est loin d'être négligeable (et en plus, à Boston, ils apprennent à se donner de grands airs).

Mais, parce que y vivent un nombre croissant de travailleurs très qualifiés, les prix du logement ont explosé à Palo Alto et à Cambridge, ainsi que dans les endroits similaires. Un avocat et un concierge gagnent tous les deux beaucoup plus à New York que dans le Sud profond, mais la différence de salaire entre la ville de New York et le Sud profond est plus importante pour l'avocat (45 %) que pour le concierge (32 %). Cependant, le coût du logement à New York ne représente que 21 % du salaire d'un avocat, contre 52 % pour un concierge. De ce fait, si l'on retranche le coût de la vie, le salaire réel est bien plus élevé pour un avocat à New York que dans le Sud profond (37 %), tandis que le concierge, lui, gagnera 6 % de plus dans le Sud profond. Il n'a donc aucun intérêt à s'installer à New York[76].

Le quartier de Mission District, à San Francisco, est devenu le symbole de ce phénomène. Jusqu'à la fin des années 1990, Mission District était un quartier ouvrier, dominé par une population hispanique récemment immigrée. Mais son emplacement l'a rendu particulièrement intéressant pour les jeunes travailleurs du secteur des nouvelles technologies. Le loyer moyen pour un appartement de deux pièces n'a donc cessé de grimper, passant de 1 900 dollars en 2011 à 2 675 dollars en 2013 et 3 250 dollars en 2014[77]. Aujourd'hui, le loyer moyen d'un appartement à Mission District est inaccessible à quelqu'un payé au salaire minimum[78]. Le « projet d'éradication des yuppies de Mission », ultime tentative pour chasser les travailleurs du secteur des technologies en vandalisant leurs voitures, a considérablement attiré l'attention sur la gentrification du quartier, mais était condamné à l'échec[79].

Bien sûr, on construit plus de logements à proximité des villes en croissance, mais il faut du temps. De plus, aux États-Unis, dans un grand nombre de villes anciennes, les réglementations en matière de zonage sont précisément conçues pour qu'il soit difficile de construire en hauteur ou de dépasser une certaine densité de population. Les bâtiments ne peuvent guère se différencier de l'existant, les terrains à construire doivent avoir une taille minimum, etc. Cela ne facilite pas la transition vers des quartiers à haute densité si la demande de logement augmente. Comme dans les pays en développement, les nouveaux arrivants se trouvent devant un choix qui n'en est pas un : vivre loin de leur travail ou payer des loyers mirobolants[80].

Ces dernières années, la croissance aux États-Unis s'est concentrée dans les endroits où existent de bonnes institutions éducatives. Ils correspondent bien souvent aux villes les plus anciennes, où le parc immobilier est cher et peu susceptible de grossir. Beaucoup de ces villes sont aussi plus « européennes » : les incitations à protéger le patrimoine historique contre les forces du développement y sont généralement plus marquées, les loyers plus élevés, les réglementations en matière de zonage plus restrictives. Aussi est-ce sans doute une des raisons pour lesquelles l'Américain moyen ne va pas s'installer là où se fait pourtant la croissance.

Si un travailleur perd son travail parce que la région où il vit est frappée par une récession économique et s'il envisage de chercher un travail ailleurs, la question du logement devient cruciale. Tant qu'il a sa maison, même si la valeur à la revente de celle-ci n'est pas très élevée, il peut au moins y vivre. S'il ne possède pas de logement, il tirera davantage parti de la baisse des loyers provoquée par l'effondrement de l'économie locale qu'un travailleur très qualifié, car le logement représente une part plus importante de son budget[81]. L'effondrement du marché immobilier local qui accompagne en général une récession a donc tendance, de façon perverse, à inciter les pauvres à ne pas partir.

Il y a d'autres raisons de ne pas bouger même quand les opportunités sont rares sur place et meilleures ailleurs : la garde d'enfants, pour commencer, coûte cher aux États-Unis, du fait de la sévérité de la réglementation et de l'absence d'aides publiques. Pour une personne ayant un petit salaire, il est souvent hors de question de payer une garde d'enfants au prix du marché. Il ne reste plus alors que les grands-parents, les amis ou les proches. Et, s'il ne vous est pas possible de les emmener avec vous, partir n'est pas une option. Le problème était moins aigu quand la plupart des femmes ne travaillaient pas et pouvaient s'occuper des enfants, mais dans le monde actuel cette question peut être décisive.

Il se peut aussi que l'emploi ne dure pas. Or la perte d'emploi peut entraîner l'expulsion, et il est très difficile de trouver un travail une fois que l'on est sans adresse[82]. En ce cas, la famille peut servir de filet de secours, psychologique et financier. Il est possible aux jeunes chômeurs de retourner vivre chez leurs parents. Parmi les jeunes actifs au chômage, en 2016, 67 % vivaient chez leurs parents ou chez un parent proche (le chiffre n'était que de 46 % en 2000)[83]. Il est facile de comprendre pourquoi l'on peut répugner à quitter ce confort et cette sécurité pour aller vivre dans une autre ville.

Pour les gens qui perdent leur travail, par exemple dans l'industrie, après avoir fait l'essentiel de leur carrière dans leur ville natale, au service d'un même employeur, le traumatisme de devoir tout recommencer à zéro aggrave les choses. Au lieu de passer d'un emploi confortable à une retraite bienvenue, comme beaucoup de leurs pères, on leur demande de reconsidérer leurs attentes, d'aller dans une ville où ils ne connaissent personne et de repartir du bas de l'échelle, dans un boulot qu'ils n'avaient jamais imaginé être obligés de faire un jour. Pas étonnant qu'ils préfèrent rester là où ils sont.

Les villes du comeback

S'il est difficile pour les gens de quitter les zones sinistrées, pourquoi les emplois ne viennent-ils pas à eux ? Là où des entreprises ont fermé, de nouvelles pourraient certainement tirer parti de la disponibilité de la main-d'œuvre présente, ainsi que du niveau plus bas des salaires et des loyers. Cette idée a été explorée. En décembre 2017, le milliardaire Steven Case, cocréateur d'AOL, et le capital-risqueur James David Vance, auteur de *Hillbilly Élégie*, une lamentation sur la disparition de l'Amérique profonde, ont créé le fonds d'investissement Rise of the Rest. Il a été financé par certains des plus célèbres milliardaires américains (de Jeff Bezos à Eric Schmidt) et devait investir dans des États généralement négligés par les investisseurs du secteur des nouvelles technologies. Une visite en autocar (le Comeback Cities Tour) emmena un groupe d'investisseurs de la Silicon Valley dans des villes comme Youngstown et Akron, dans l'Ohio, Detroit et Flint, dans le Michigan, et South Bend, dans l'Indiana. Les promoteurs du fonds avaient pris soin de dire qu'il ne s'agissait pas de faire du social mais de gagner de l'argent. Dans un article du *New York Times* sur la tournée[84] et sur le fonds lui-même[85], ces investisseurs de la Silicon Valley mettaient l'accent sur la congestion automobile, l'isolement et la cherté de la vie dans la baie de San Francisco, et soulignaient les formidables opportunités du « pays profond ».

Malgré toutes ces belles paroles, il y avait de quoi rester sceptique. Le fonds n'a d'ailleurs capitalisé que 150 millions de dollars : de l'argent de poche pour ces messieurs. Bezos a soutenu l'initiative, mais pas au point de mettre Detroit sur la liste des emplacements possibles pour le second siège social d'Amazon. Avec ce fonds, ils espéraient surtout susciter de l'enthousiasme, lancer quelques start-ups et faire du buzz autour des premiers investisseurs pour en encourager d'autres. Cela avait marché pour Harlem, alors pourquoi pas pour Akron ? Mais Harlem est dans Manhattan, où le foncier est une denrée rare, et où l'on trouve tous les équipements et l'effervescence possibles. Le renouveau de Harlem était écrit. Nous sommes moins optimistes pour Akron, South Bend ou Detroit. Il est difficile pour des villes de ce type de proposer les séduisants services que recherchent les gens aisés aujourd'hui : grands restaurants, bars luxueux, cafés où des baristas distingués servent des expressos hors de prix. C'est le problème de la poule et de l'œuf : les jeunes actifs éduqués ne viendront qu'à condition de trouver ces services, mais ceux-ci ne pourront exister et prospérer que si ce genre de clientèle est suffisamment nombreuse.

En réalité, les entreprises, dans la quasi-totalité des secteurs, ont tendance à se regrouper. Imaginez qu'en fermant les yeux vous lanciez des flèches sur une carte des États-Unis. Les trous qu'elles y auront laissés auront beaucoup de chance d'être répartis de façon plus ou moins équilibrée. Mais la carte d'un secteur d'activité ne ressemble pas du tout à cela : à la voir, on a plutôt l'impression que toutes les flèches ont été lancées avec précision au même endroit[86]. Cela s'explique notamment par l'importance de la réputation : les clients auraient tendance à se méfier d'une entreprise de logiciel implantée en pleine campagne. Il pourrait être difficile de recruter des employés s'il faut chaque fois convaincre les candidats de venir vivre ou travailler loin de chez eux, au lieu de les choisir dans le voisinage. Il y a aussi des raisons d'ordre réglementaire : les réglementations en matière de zonage s'efforcent souvent de concentrer les activités « sales » dans un seul et même endroit, et les bars et les restaurants, par exemple, dans un autre. Enfin, les gens qui travaillent dans le même secteur ont souvent des préférences similaires (ceux du secteur des nouvelles technologies aiment le café, les financiers aiment les vins chers). La concentration permet de leur fournir plus facilement les commodités qu'ils apprécient.

Pour toutes ces raisons, le regroupement des entreprises a un sens. Mais cela veut dire aussi qu'il est plus difficile de commencer petit et de grossir. Il sera toujours compliqué d'être la seule entreprise de biotechnologie dans les Appalaches. Nous espérons que le Comeback Cities Tour réussira, mais nous n'en sommes pas à attendre avec impatience le résultat (ni à acheter une maison à Detroit).

Eisenhower et Staline

La véritable crise migratoire, ce n'est pas qu'il y ait trop de migrations internationales. La plupart du temps, l'immigration ne représente pas un coût économique pour la population autochtone, et elle apporte des avantages certains aux migrants. Le vrai problème, c'est que les gens, bien souvent, ne peuvent pas ou ne veulent pas bouger, dans leur pays natal ou en dehors, pour tirer parti des opportunités économiques existantes. Cela signifie-t-il qu'un gouvernement prévoyant devrait récompenser les gens qui sont prêts à bouger, voire, peut-être, pénaliser ceux qui s'y refusent ?

Cela peut paraître extravagant, puisque le débat public aujourd'hui porte en général sur la question de savoir comment limiter l'immigration, mais dans les années 1950 les gouvernements des États-Unis, du Canada, de la Chine, de l'Afrique du Sud et même de l'Union soviétique avaient tous des politiques de relocalisation plus ou moins forcée. Elles poursuivaient souvent des objectifs non affichés mais brutaux (neutraliser un groupe ethnique contestataire, par exemple), qui se dissimulaient derrière un discours sur la modernisation, mettant en avant l'inefficacité des structures économiques traditionnelles. Dans les pays en développement, les programmes de modernisation se sont souvent inspirés de ces exemples.

Les gouvernements de ces mêmes pays ont aussi pris l'habitude, depuis déjà longtemps, d'utiliser les politiques de prix et la politique fiscale pour avantager le secteur urbain au détriment du secteur rural. Dans les années 1970, un grand nombre de pays d'Afrique ont créé pour leur agriculture des systèmes de commercialisation administrée, les « *marketing boards* ». L'appellation n'était pas dénuée d'ironie, car l'objectif poursuivi était généralement d'*empêcher* la commercialisation du produit par le producteur, pour que le *board* en question, c'est-à-dire le petit groupe de producteurs qui dirigeait le système aux côtés de l'État, puisse l'acheter le moins cher possible, et ainsi stabiliser les prix pour les citadins. D'autres pays, comme l'Inde et la Chine, ont interdit l'exportation de produits agricoles pour maintenir les prix à des niveaux accessibles aux consommateurs des villes. L'effet collatéral de ces politiques fut de faire de l'agriculture une activité non rentable, ce qui encouragea les gens à quitter en masse leurs exploitations. Bien sûr, ce sont les plus pauvres qui ont été le plus durement frappés, c'est-à-dire les petits exploitants et les petits paysans sans terre, qui n'avaient pas toujours les moyens de partir.

Cette triste histoire ne doit cependant pas nous faire oublier les raisons économiques de promouvoir les migrations. La mobilité (interne et internationale) est un des principaux moyens d'égalisation des niveaux de vie entre régions ou pays différents et d'absorption des disparités économiques régionales. Quand les travailleurs se déplacent, ils tirent parti d'opportunités nouvelles et quittent les régions touchées par des difficultés économiques. C'est comme cela que l'économie d'un pays ou d'une région peut amortir les crises et s'adapter à des transformations structurelles.

Pour ceux et celles d'entre nous (y compris la plupart des économistes) qui vivent dans les pays les plus riches et les villes les plus dynamiques, il paraît évident que la vie y est bien meilleure qu'ailleurs : nous pensons donc que tout le monde veut y venir. Pour les économistes, le magnétisme économique de ces endroits est une excellente chose. Mais, pour les habitants des pays riches ou les citadins des pays en développement, l'idée que le monde entier puisse s'installer chez eux un jour est une perspective terrifiante. Ils imaginent des masses de gens déferler pour leur disputer les rares ressources qu'ils possèdent : emplois, logements sociaux, places de parking. Cette inquiétude fondamentale, l'idée que les immigrés font baisser les salaires et les perspectives d'emploi des autochtones, n'a pas lieu d'être, mais la crainte du surpeuplement, surtout dans les villes à moitié construites du tiers-monde, n'est pas totalement dénuée de fondement.

La peur de l'invasion est aussi ce qui soulève des craintes en matière d'assimilation. Si des gens ayant une culture différente viennent en trop grand nombre (qu'il s'agisse de cousins des campagnes se déplaçant à l'intérieur de l'Inde ou de Mexicains s'installant aux États-Unis), vont-ils réussir à s'assimiler ou vont-ils changer la culture ? Et s'ils s'assimilent trop bien, cela veut-il dire que leur culture disparaîtra, nous condamnant tous à vivre dans un mixte mondialisé uniforme et sans saveur ? L'utopie du mouvement parfait et instantané de populations, réagissant aux différences d'opportunités économiques, pourrait bien devenir sa propre dystopie.

Mais nous ne sommes pas près de voir se réaliser cette utopie/dystopie. Loin d'être irrépressiblement attirés par les oasis de prospérité économique, les gens dont la vie est difficile préfèrent en majorité rester chez eux.

Cela signifie qu'encourager les migrations, internes et externes, devrait être une priorité politique, non en forçant les gens ou en utilisant les incitations économiques, comme cela a pu être fait par le passé, mais simplement en supprimant les principaux obstacles.

Il serait utile de rationaliser, et de mieux expliquer, l'ensemble du processus pour que les travailleurs aient une meilleure connaissance des coûts et des bénéfices de la migration. Il serait utile aussi de permettre aux migrants et à leurs familles d'envoyer plus facilement, dans les deux sens, de l'argent : cela les aiderait à être moins isolés. Compte tenu de la peur surdimensionnée de rater, proposer aux migrants une assurance contre l'échec serait une possibilité. Quand la mesure a été adoptée au Bangladesh, les effets ont été presque aussi importants que ceux de la prise en charge d'un trajet en bus[87].

Mais le meilleur moyen d'aider (et, peut-être, d'encourager) les migrants, tout en faisant en sorte que les autochtones les acceptent plus volontiers, est probablement de faciliter leur intégration. Proposer une assistance en matière de logement (des loyers subventionnés ?), une adaptation à l'offre d'emplois avant le départ, une aide à la garde d'enfants, etc., permettrait à tout nouvel arrivant de trouver plus rapidement une place dans la société. Cela vaut pour la mobilité intérieure aussi bien qu'internationale. Les indécis hésiteraient moins à tenter le périple et s'insèreraient plus rapidement dans le tissu social des communautés d'accueil. Nous sommes presque dans la situation inverse aujourd'hui. À l'exception du travail de quelques organisations d'aide aux réfugiés, rien n'est réellement fait pour faciliter l'adaptation des migrants. Ces derniers doivent se prêter à une véritable course d'obstacles pour obtenir le droit de travailler légalement. Les migrants internes n'ont pas d'endroit où se loger (ou sont logés dans des régions sans emplois) et ont souvent beaucoup de mal à trouver leur premier emploi, même quand les opportunités semblent nombreuses.

Bien sûr, on ne peut pas oublier que les politiques adoptées en réaction aux migrations ne sont pas seulement aberrantes du point de vue économique : elles sont aussi clairement des politiques identitaires. Mais la déconnexion entre la science économique et la politique n'a rien de bien nouveau. Aux États-Unis, pendant l'âge d'or des migrations européennes, les villes qui ont accueilli le plus d'immigrés en ont tiré, économiquement, des bénéfices. Malgré cela, ceux-ci ont suscité partout des réactions hostiles. Confrontées à l'immigration, les villes ont baissé les impôts et les dépenses publiques. Les coupes budgétaires ont plus particulièrement touché les services qui favorisaient les contacts interethniques (l'école, par exemple) ou qui aidaient les immigrés à bas revenu (ceux qui travaillaient par exemple au ramassage des ordures ou à l'entretien des égouts). Dans les villes comptant le plus d'immigrés, la part du vote en faveur du Parti démocrate, qui soutenait l'immigration, a fortement diminué ; des conservateurs ont été élus, en particulier ceux qui étaient favorables au National Origins Act de 1924, la législation qui a mis fin à la période de liberté d'immigration aux États-Unis. Les électeurs réagissaient à la distance culturelle qui les séparait des nouveaux arrivants ; à l'époque, les catholiques et les juifs étaient considérés comme des étrangers, jusqu'à ce que, bien sûr, ils finissent par s'assimiler[88].

Le fait que l'histoire se répète ne la rend pas moins déplaisante dans sa deuxième ou sa troisième version. Mais peut-être s'en souvenir aide-t-il à mieux répondre à la colère. Nous reviendrons sur le sujet dans le chapitre 4.

Au bout du compte, nous ne devons pas non plus oublier qu'un grand nombre de personnes, en dépit de toutes les incitations qui pourront leur être proposées, choisiront de ne pas partir. Cette immobilité, qui va à l'encontre de la manière dont les économistes, instinctivement, aimeraient que les gens se comportent, a des implications profondes pour l'ensemble de l'économie. Comme nous le verrons tout au long de ce livre, elle modifie l'impact de toute une série de politiques économiques. Le prochain chapitre montrera, par exemple, qu'elle explique en partie pourquoi le commerce international a été beaucoup moins bénéfique que beaucoup ne l'espéraient, et, dans le chapitre 5, nous verrons à quel point elle modifie la croissance économique. Il faudra aussi redéfinir la politique sociale en prenant en compte cette immobilité ; nous nous y essaierons dans le chapitre 9.

3.

Les troubles du commerce

Au début du mois de mars 2018, entouré de travailleurs sidérurgistes coiffés de leurs casques de sécurité, le président Trump signait de nouveaux droits de douane sur l'acier et l'aluminium. Peu après, IGM Booth, que nous avons mentionné au début de ce livre, a demandé à son panel d'experts, tous des professeurs d'économie reconnus dans leur domaine, électeurs du Parti démocrate comme du Parti républicain, si « l'adoption de nouveaux droits de douane sur l'acier et l'aluminium améliorerait le bien-être des Américains ». Près de deux tiers d'entre eux (65 %) ont exprimé un « fort désaccord » ; les autres un simple « désaccord ». Personne n'a répondu de façon positive ou n'a même exprimé une incertitude[1]. Quand, ensuite, on leur a demandé si « ajouter des droits de douane nouveaux ou supérieurs sur des produits comme les climatiseurs, les voitures et les biscuits (pour encourager leur fabrication aux États-Unis) serait une bonne idée », ils ont tous répondu, à nouveau, par la négative[2]. Porte-étendard des économistes « progressistes », le prix Nobel Paul Krugman est favorable au commerce international, mais c'est aussi le cas de Greg Mankiw, un professeur de Harvard qui dirigea le

Council of Economic Advisers sous le président George W. Bush, et qui s'oppose souvent aux positions de Krugman.

En revanche, l'opinion publique aux États-Unis est, au mieux, dubitative sur le commerce international et, le plus souvent, négative. À propos des droits de douane sur l'acier et l'aluminium, les opinions sont partagées. Dans une étude réalisée à l'automne 2018 où la question posée au panel IGM Booth était adressée à un échantillon représentatif d'Américains, 37 % seulement des personnes interrogées désapprouvaient ou désapprouvaient fortement la proposition de Trump de les augmenter ; 33 % l'approuvaient[3]. Cependant, le sentiment dominant, à gauche comme à droite, reste que les États-Unis sont trop ouverts aux produits venant des autres pays. 54 % des sondés estimaient que l'utilisation des droits de douane pour encourager les producteurs à les fabriquer aux États-Unis serait une bonne idée. Seuls 25 % pensaient le contraire.

Les économistes parlent surtout des bienfaits du commerce. L'idée que le libre-échange est bénéfique est l'un des postulats les plus anciens de la science économique moderne. Comme l'expliquait il y a deux siècles l'économiste et philosophe britannique David Ricardo, par ailleurs agent de change et membre du Parlement, puisque le commerce permet à chaque pays de se spécialiser dans ce qu'il sait faire de mieux, le revenu total devrait augmenter partout où des échanges commerciaux existent, et les gains réalisés par les gagnants devraient être toujours supérieurs aux pertes subies par les perdants. Les deux cents dernières années nous ont donné la possibilité d'affiner cette théorie, mais rares sont les économistes à ne pas être convaincus par sa logique profonde. Elle est si ancrée dans nos esprits que nous oublions parfois que la cause du libre-échange en elle-même est loin d'aller de soi.

Elle est loin en effet d'avoir rallié le grand public. Les gens, certes, ne sont pas aveugles aux gains obtenus par le commerce international, mais ils voient aussi les méfaits de celui-ci. Ils perçoivent bien l'intérêt de pouvoir acheter moins cher à l'étranger, mais ils craignent que les gains soient dépassés par les coûts, ne fût-ce que pour les victimes directes des importations moins chères. Dans notre enquête, 42 % des sondés pensaient que les échanges entre les États-Unis et la Chine nuisaient aux travailleurs peu qualifiés (21 % pensaient que cela les aidait), et 30 % seulement pensaient que tout le monde profitait de la baisse des prix (27 % pensaient que tout le monde y perdait)[4].

Alors de deux choses l'une : soit le public est ignorant, soit il a compris quelque chose que les économistes n'ont pas saisi.

Le défi de Stanislas Ulam

Stanislas Ulam est un mathématicien et un physicien polonais qui a contribué à l'invention de l'arme thermonucléaire. Il n'avait pas une très haute opinion de la science économique, peut-être parce qu'il sous-estimait la capacité des économistes à faire sauter, à leur façon, la planète. Ulam mit au défi Paul Samuelson, feu notre collègue, un des grands noms de la science économique du XXe siècle, de lui « nommer une proposition, dans toutes les sciences sociales, qui soit à la fois vraie et complexe[5] ». Samuelson nomma l'idée de l'avantage comparatif, qui se trouve au cœur de la théorie du commerce international. « Que cette idée soit logiquement vraie n'a pas besoin d'être démontré devant un mathématicien ; qu'elle soit complexe est attesté par les milliers d'hommes importants et intelligents qui n'ont jamais pu en comprendre par eux-mêmes la doctrine ni la croire après qu'elle leur avait été expliquée[6]. »

L'*avantage comparatif*, c'est l'idée que les pays devraient faire ce qu'ils font *relativement* le mieux. Pour comprendre la puissance du concept, il est utile de le comparer à celui d'*avantage absolu*. L'avantage absolu est simple. La vigne ne pousse pas en Écosse, et la France ne possède pas un sol fait pour produire du whisky. Il n'est donc pas absurde que la France exporte du vin en Écosse et que l'Écosse exporte du whisky en France. La chose se complique cependant quand un pays, comme la Chine aujourd'hui, semble capable de tout produire, et en plus grande quantité qu'à peu près tous les autres. La Chine ne risque-t-elle pas d'inonder de ses produits tous les marchés, sans rien laisser à fabriquer aux autres ?

En 1817, David Ricardo répondait que même si la Chine (en son temps, c'était le Portugal) était plus productive en tout, elle ne pourrait pas tout produire, parce que alors le pays acheteur, n'ayant rien à vendre, n'aurait pas d'argent pour lui acheter ses produits[7]. Tous les secteurs d'activité de l'Angleterre du XIXe siècle ne péricliteraient donc pas si les échanges devenaient libres. Et si certains devaient péricliter à cause du commerce international, ce serait nécessairement les moins productifs.

Suivant ce raisonnement, Ricardo concluait que, même si le Portugal était plus productif que l'Angleterre *à la fois pour le vin et pour le tissu*, une fois que le commerce entre les deux pays serait libre, les deux pays finiraient par se spécialiser dans le produit pour lequel ils auraient un *avantage comparatif* (c'est-à-dire là où la productivité serait plus élevée *par rapport à la productivité de l'autre secteur* : le vin pour le Portugal, le tissu pour l'Angleterre). Et le fait que les deux pays fabriquent les produits pour lesquels ils ont une aptitude et achètent les autres (au lieu de gaspiller des ressources à mal fabriquer des produits) ne pouvait qu'augmenter leur produit national brut (PNB), la valeur totale des biens que les habitants de chaque pays peuvent consommer.

Selon cette idée développée par Ricardo, il n'est pas possible de réfléchir au commerce sans prendre en considération tous les marchés en même temps. La Chine pourrait gagner sur *n'importe quel marché séparément*, mais il est impossible qu'elle gagne sur *tous* les marchés.

Bien sûr, le fait que le PNB augmente (en Angleterre et au Portugal) ne signifie pas qu'il n'y a pas de perdants. Un des articles les plus célèbres de Paul Samuelson nous décrit précisément qui sont ces perdants. Les conclusions de Ricardo reposaient sur l'hypothèse que la production n'avait besoin que de travail et que tous les travailleurs étaient identiques, si bien que, lorsque l'économie devenait plus riche, tout le monde en bénéficiait. Mais, quand il y a à la fois du capital et du travail, les choses sont moins simples. Dans un article publié en 1941, alors qu'il n'était âgé que de vingt-cinq ans, Samuelson a exposé les idées qui sont encore aujourd'hui au fondement de la façon dont on nous apprend à penser le commerce international[8]. La logique de son raisonnement, une fois qu'on la comprend, est absolument convaincante.

Pour être produits, certains biens nécessitent relativement plus de travail et relativement moins de capital que d'autres : songez par exemple aux tapis tissés à la main (par comparaison aux voitures assemblées par des robots). Si deux pays ont accès aux mêmes technologies de production pour les deux produits, il devrait aller de soi que le pays où la main-d'œuvre est relativement abondante aura un avantage comparatif.

Nous devrions donc nous attendre à ce qu'un pays riche en main-d'œuvre se spécialise dans les biens intensifs en travail et délaisse les biens intensifs en capital. Cela augmenterait la demande de travail par rapport à la situation où les échanges n'existaient pas (ou de manière limitée), et donc aussi les salaires. Inversement, dans un pays relativement abondant en capital, nous devrions nous attendre à ce que le prix du capital augmente (et que les salaires baissent) quand ce pays commerce avec un partenaire où le travail est plus abondant.

Comme les pays abondants en main-d'œuvre ont tendance à être pauvres, et que les ouvriers sont généralement plus pauvres que leurs employeurs, la libération du commerce devrait aider les pauvres dans les pays pauvres, et les inégalités devraient ainsi se réduire. Le contraire devrait être vrai dans les pays riches. L'ouverture des échanges entre les États-Unis et la Chine *devrait* donc nuire aux salaires des travailleurs américains (et bénéficier aux travailleurs chinois).

Cela ne signifie pas que les travailleurs aux États-Unis s'en porteront nécessairement moins bien. Car, comme l'a montré Samuelson dans un article ultérieur, le fait que le libre-échange fasse augmenter le PNB veut dire qu'il y aura plus de richesses pour tout le monde, et que même les travailleurs aux États-Unis pourront se porter mieux *si la société taxe les gagnants du libre-échange et distribue cet argent aux perdants*[9]. Le problème, c'est ce grand « si », qui laisse les travailleurs à la merci de décisions politiques.

Le beau est vrai, le vrai est beau[10]

Le théorème de Stolper-Samuelson (puisque c'est ainsi que ce résultat est désormais connu en économie, d'après le nom des deux coauteurs) est d'une grande beauté, autant que puisse l'être un résultat théorique en économie. Mais est-il vrai ? Il possède deux implications faciles à comprendre et encourageantes, et une troisième tout aussi facile à comprendre mais moins encourageante. L'ouverture au commerce devrait augmenter le PNB de tous les pays, et dans les pays pauvres les inégalités devraient baisser ; dans les pays riches, cependant, les inégalités pourraient augmenter (du moins avant une redistribution éventuelle par l'État). Le léger problème est que les données dont nous disposons sur ce sujet semblent refuser de coopérer avec ces prédictions.

La Chine et l'Inde sont souvent présentées comme les deux symboles d'une croissance du PNB tirée par le commerce. La Chine a ouvert ses marchés au commerce international en 1978, après trente ans de communisme, période pendant laquelle elle a quasiment ignoré le marché mondial. Quarante ans plus tard, elle est la première puissance exportatrice du monde et s'apprête à ravir la place de première économie mondiale aux États-Unis.

L'histoire de l'Inde est moins spectaculaire, mais elle pourrait être plus exemplaire encore. Pendant près de quarante ans, jusqu'en 1991, le gouvernement a contrôlé ce qu'il appelait les « hauteurs dominantes de l'économie ». Les importations nécessitaient des licences, accordées avec réticence, et l'importateur devait de surcroît payer des droits qui pouvaient *quadrupler* le prix des importations.

Il était par exemple impossible d'importer des voitures. Les visiteurs étrangers en Inde ont souvent pris la plume pour dépeindre l'« élégante » Ambassador, réplique à peine améliorée d'un modèle Morris Oxford de 1956, une berline britannique sans distinction particulière, qui était encore la voiture la plus répandue sur les routes indiennes. La ceinture de sécurité et les airbags étaient évidemment inconnus. Abhijit se souvient encore du trajet (unique) qu'il a effectué, en 1975, dans une Mercedes-Benz de 1936, et du sentiment d'euphorie que lui avait procuré la puissance du moteur.

L'année 1991 fut celle de l'invasion du Koweït par l'Irak, suivie de la première guerre du Golfe. Celle-ci se traduisit par l'interruption des exportations pétrolières d'Irak et du golfe Persique ; les prix du pétrole explosèrent. Ce fut un choc financier terrible pour le pays importateur de pétrole qu'était l'Inde. Au même moment, des milliers d'émigrés indiens quittèrent le Moyen-Orient pour échapper à la guerre, et cessèrent d'envoyer de l'argent à leurs familles ou à leurs proches restés au pays. L'Inde dut faire face à une pénurie brutale et soudaine de devises étrangères.

Le gouvernement indien fut donc obligé de solliciter l'aide du Fonds monétaire international (FMI), une occasion que celui-ci attendait depuis longtemps. La Chine, l'URSS, l'Europe de l'Est, le Mexique et le Brésil, entre autres, avaient déjà commencé à prendre des mesures pour laisser les marchés décider de ce qu'il fallait produire et qui devait le faire. L'Inde faisait encore barrage, son économie était la dernière à adhérer à l'idéologie anti-marché en vogue dans les années 1940 et 1950.

L'accord proposé par le FMI allait tout changer. L'Inde pourrait obtenir les fonds dont elle avait besoin, mais à condition d'ouvrir son économie au commerce international. Le gouvernement n'avait guère le choix. Le régime de licence à l'exportation et à l'importation fut aboli, et les droits à l'importation furent diminués, passant d'une moyenne de près de 90 % à environ 35 %. Cela se fit très rapidement, notamment parce qu'un grand nombre de responsables travaillant dans les ministères économiques attendaient depuis longtemps cette opportunité, et qu'ils n'allaient pas la laisser passer[11].

Bien entendu, beaucoup d'observateurs prédisaient alors que ces mesures conduiraient à la catastrophe. L'industrie indienne, édifiée à l'abri des murailles des droits de douane, était trop inefficace pour rivaliser avec celle des autres grandes puissances industrialisées. Le consommateur indien, privé depuis si longtemps de produits importés, allait en faire une orgie, entraînant l'économie dans la faillite, etc.

Mais, étonnamment, rien de remarquable ne se produisit. Après une chute brutale en 1991, la croissance du produit intérieur brut (PIB) était revenue, en 1992, à ses taux des années 1985-1990, soit entre 5 % et 9 % par an[12]. L'économie ne s'est pas effondrée, mais elle n'a pas non plus décollé spectaculairement. Au total, sur la période 1992-2004, la croissance du PIB est montée peu à peu jusqu'à 6 %, puis a fait un bond à 7,5 % au milieu des années 2000, niveau où elle est plus ou moins restée depuis (jusqu'à récemment).

Faut-il alors ranger l'Inde parmi les exemples éclatants de la justesse de la théorie du commerce international, ou parmi les contre-exemples ? D'un côté, cette croissance lui a permis de réaliser une transition en douceur, répondant aux prédictions des optimistes du commerce. De l'autre, le fait qu'il lui a fallu plus de dix ans pour accélérer, à partir de 1991, semble décevant[13].

Sur ce dont on ne peut parler, il faut garder le silence[14]

Ce débat est impossible à trancher. L'Inde est unique, son histoire aussi. Comment savoir si la croissance d'avant 1991 se serait poursuivie en l'absence de crise et si les barrières au commerce n'avaient pas été levées cette année-là ? Pour compliquer encore les choses, le commerce avait été progressivement libéralisé à partir des années 1980 ; les réformes de 1991 ne firent qu'accélérer (beaucoup) un processus en cours. Le big bang était-il nécessaire ? On ne le saura jamais, à moins de revenir en arrière et de prendre l'autre voie.

Pourtant, les économistes renoncent difficilement à ce type d'interrogation. Incontestablement, la croissance de ce pays a connu, entre les années 1980 et les années 1990, un tournant important, associé au passage du socialisme (d'un certain socialisme) au capitalisme. Avant le milieu des années 1980, le taux de croissance était d'environ 4 %. Il était plus proche de 8 %[15] entre 2010 et 2018. Pareil changement est rare, et ce qui l'est tout particulièrement, c'est qu'il semble avoir été durable.

Mais, dans le même temps, les inégalités se sont énormément accrues[16]. Quelque chose de similaire, plus spectaculaire encore, peut-être, s'est produit en Corée du Sud au début des années 1960, en Chine en 1979, au Vietnam dans les années 1990. Le contrôle étroit de l'État sous lequel étaient placées ces économies avant la libéralisation avait permis de maintenir les inégalités à un niveau très bas, mais moyennant un coût élevé en termes de croissance.

Là où le désaccord entre économistes demeure particulièrement vif, et où il reste donc beaucoup à comprendre, c'est sur la meilleure manière de gérer une économie une fois que l'État a renoncé à la contrôler de façon drastique. À quel point est-il crucial que l'Inde supprime aujourd'hui les barrières douanières qu'elle a maintenues, bien moindres que par le passé, mais qui font encore obstacle au commerce ? Leur suppression accélérerait-elle encore la croissance ? Et comment les inégalités évolueraient-elles ? Les droits de douane de Trump vont-ils détourner entièrement la croissance vers les États-Unis ? Vont-ils réellement aider les populations que le président prétend vouloir protéger ?

Pour répondre à ces questions, les économistes comparent souvent des pays entre eux. L'idée est simple : certains (comme l'Inde) ont libéralisé les échanges en 1991, mais d'autres, plus ou moins comparables, ne l'ont pas fait. Lesquels ont crû le plus rapidement dans les années qui ont suivi, en termes absolus ou par rapport à leurs taux de croissance d'avant 1991 ? Ceux qui ont libéralisé, ceux qui avaient toujours été ouverts, ou ceux qui sont restés fermés ?

La littérature sur le sujet est extrêmement abondante, ce qui n'est pas étonnant compte tenu de l'importance du libre-échange pour les économistes et de sa popularité dans la presse économique. Les réponses occupent tout l'éventail possible, des jugements très positifs de l'effet du commerce international sur le PIB aux positions sceptiques – il n'existe pas, ou peu, de données fiables attestant d'effets très négatifs.

Le scepticisme puise sa source dans trois types d'objections. La première est la causalité inverse. Le fait que l'Inde a libéralisé le commerce tandis qu'un pays similaire ne l'a pas fait pourrait tout simplement signifier qu'elle était prête pour la transition, et que sa croissance aurait été plus forte que celle de cet autre pays *même sans changer la politique commerciale*. Autrement dit, est-ce la croissance (ou le potentiel de croissance) qui a provoqué la libéralisation du commerce, ou l'inverse ?

La deuxième objection est la possibilité de variables négligées. La libéralisation du commerce en Inde s'est inscrite dans un ensemble de transformations. Dont celle-ci, majeure : le gouvernement a cessé de dire aux chefs d'entreprise ce qu'ils devaient produire et où ils devaient le faire. Un changement, plus nébuleux mais sans doute aussi important, est également intervenu dans l'attitude de l'administration et du système politique vis-à-vis du monde de l'entreprise : l'idée s'est soudainement répandue que créer une entreprise était une activité légitime, honnête et même « sympa ». Il est impossible de séparer les effets de toutes ces transformations de celui de la libéralisation du commerce.

Troisièmement, il est difficile de savoir ce qui, dans les données, représente véritablement la libéralisation du commerce. Quand les droits de douane sont de 350 %, il n'y a pas d'importations, si bien que les baisser un peu ne change pas grand-chose. Comment distinguer un vrai changement de politique économique d'une simple gesticulation ? Par ailleurs, les taxes d'un tel niveau provoquaient une attitude de défi, et les gens savaient trouver des moyens très inventifs pour les contourner. Et les gouvernements édictaient, en réaction, des règles inintelligibles pour attraper les contrevenants. Tout cela a changé quand les pays se sont libéralisés, mais pas nécessairement, de l'un à l'autre, de manière identique ni au même rythme. Comment déterminer dans quel pays la libéralisation est allée le plus loin quand les réformes adoptées n'ont pas été les mêmes partout ?

Les comparaisons entre pays sont dès lors trompeuses. Les réponses différentes apportées par les chercheurs à la question de l'impact de la politique commerciale sur la croissance sont largement liées à leurs choix sur ces deux questions : comment mesurer les évolutions de la politique commerciale ? Quelles sources de confusion en matière de causalité est-on prêt à tolérer ?

Dans ces conditions, il est difficile d'accorder foi aux résultats obtenus. On peut comparer des pays de mille façons, selon des hypothèses plus ou moins téméraires.

Les mêmes limites nous empêchent de tester l'autre prédiction de la théorie de Stolper-Samuelson. Les inégalités diminuent-elles dans les pays pauvres quand ils s'ouvrent au commerce ? Les études comparatives entre pays sont relativement rares sur le sujet, ce qui témoigne d'une tendance que nous retrouverons souvent. Les économistes spécialistes des questions commerciales ne s'intéressent guère à la manière dont le gâteau est partagé, en dépit (ou, peut-être, en raison ?) de ce que Samuelson lui-même avait très tôt souligné, à savoir que le commerce international, au moins dans les pays riches, pourrait nuire aux travailleurs.

Il existe des exceptions, mais aucune n'inspire vraiment confiance. Un récent rapport de recherche réalisé par deux membres du FMI montre que les pays proches géographiquement de beaucoup d'autres, et qui, en conséquence, commercent davantage, tendent à être à la fois plus riches et plus égalitaires. Ces chercheurs ignorent toutefois le fait dérangeant que c'est en Europe que l'on trouve un grand nombre de petits pays commerçant beaucoup entre eux, que ces pays tendent en effet à être plus riches et plus égalitaires, mais que cela ne s'explique pas principalement par le niveau élevé de leurs échanges commerciaux[17].

Une autre raison d'être sceptique sur cette conclusion plutôt optimiste est qu'elle contredit tout ce que nous savons de certains pays en développement. Au cours des trente dernières années, un grand nombre de pays à revenu bas et intermédiaire se sont ouverts au commerce. Or comment a évolué la distribution du revenu dans les années qui ont suivi ? Elle est toujours allée, de manière frappante, dans le sens opposé à la logique du théorème de Stolper-Samuelson. Les salaires des travailleurs peu qualifiés, très nombreux dans ces pays (et qui auraient donc dû s'en trouver mieux), ont baissé par rapport à ceux des travailleurs plus qualifiés ou mieux éduqués.

Entre 1985 et 2000, le Mexique, la Colombie, le Brésil, l'Inde, l'Argentine et le Chili se sont tous ouverts au commerce international en baissant unilatéralement leurs droits de douane. Pendant cette même période, les inégalités se sont accrues dans tous ces pays, et le rythme d'augmentation de celles-ci semble avoir été lié aux épisodes de libéralisation commerciale. Ainsi, entre 1985 et 1987, le Mexique a massivement réduit à la fois la couverture de son régime de quotas à l'importation et ses droits moyens sur les importations. Entre 1987 et 1990, le salaire des ouvriers a baissé de 15 % tandis que celui des « cols blancs » a augmenté dans la même proportion. Les autres indices d'inégalité sont allés dans le même sens[18].

Une évolution identique – une libéralisation du commerce suivie d'une hausse des salaires des travailleurs qualifiés par rapport aux travailleurs peu qualifiés, et d'une hausse des autres indices d'inégalité – a été observée en Colombie, au Brésil, en Argentine et en Inde. Enfin, les inégalités ont explosé en Chine au fur et à mesure que le pays s'ouvrait au commerce international, à partir des années 1980, et rejoignait l'Organisation mondiale du commerce (OMC), en 2001. Selon la World Inequality Database, en 1978, les 50 % les plus pauvres de la population chinoise et les 10 % les plus riches obtenaient la même part du revenu de la Chine (27 %). Leurs parts respectives commencèrent à diverger en 1978, les 50 % les plus pauvres prenant de moins en moins et les 10 % les plus riches, de plus en plus. En 2015, les 10 % les plus riches captaient 41 % du revenu du pays et les 50 % les plus pauvres, 15 %[19].

Bien sûr, corrélation n'est pas causalité. Peut-être la mondialisation n'est-elle pas en soi la cause de l'accroissement des inégalités. Après tout, la libéralisation du commerce ne s'accomplit presque jamais seule : dans tous ces pays, les mesures commerciales se sont inscrites dans un ensemble de réformes. Ainsi, la politique de libéralisation la plus radicale, en Colombie, en 1990 et 1991, a coïncidé avec des changements de réglementation du marché du travail destinés à en accroître la « flexibilité ». Au Mexique, la libéralisation commerciale de 1985 s'est accompagnée d'une politique de privatisation et de déréglementation, et d'une réforme du marché du travail.

Ajoutons que, comme nous l'avons vu, la réforme commerciale de 1991 en Inde s'est accompagnée de la suppression du régime de licences industrielles, de réformes du marché des capitaux et d'un glissement général du pouvoir et de l'influence vers le secteur privé. Quant à la libéralisation commerciale de la Chine, elle a été la clef de voûte de la réforme économique massive lancée par Deng Xiaoping, qui a légitimé l'entreprise privée dans un pays où elle avait été pratiquement interdite pendant trente ans.

Il est vrai aussi que le Mexique et d'autres pays latino-américains se sont ouverts exactement en même temps que la Chine, et qu'il leur a donc fallu faire face à la concurrence d'une économie plus abondante en travail. Peut-être est-ce ce qui a nui aux travailleurs de ces économies.

En somme, se contenter de comparer les pays entre eux ne permet guère d'arriver à des conclusions définitives sur le commerce international. En effet, la croissance et les inégalités peuvent dépendre de facteurs multiples, le commerce n'en étant qu'un parmi d'autres, et peut-être moins une cause qu'un effet. En revanche, plusieurs études par pays, fort intéressantes, jettent quelque doute sur le théorème de Stolper-Samuelson.

Le fait qui ne pouvait pas être

L'étude de plusieurs régions à l'intérieur d'un même pays réduit le nombre de facteurs susceptibles de jouer simultanément et donc d'obscurcir les effets du commerce international puisqu'il existe un seul gouvernement, et une histoire et une politique communes. Les comparaisons n'en sont que plus convaincantes. Le problème est que les prédictions qui se trouvent au centre de la théorie du commerce international englobent, par leur nature même, tous les marchés et toutes les régions d'un pays, et pas uniquement ceux et celles qui importent ou exportent.

Dans le monde de Stolper et Samuelson, tout travailleur, à compétences égales, est payé au même salaire, lequel ne dépend pas du secteur ou de la région où il travaille, mais seulement de ses qualifications. Le sidérurgiste de Pennsylvanie qui perd son emploi à cause de la concurrence étrangère est supposé se rendre là où il pourra en trouver un autre, dans le Montana ou dans le Missouri, quitte à servir dans un restaurant de poissons ou à fabriquer des bateaux de pêche. Ainsi, après une courte transition, tous les travailleurs dotés des mêmes compétences gagneront la même chose.

Dans ce cas, le seul cadre légitime de comparaison pour étudier l'impact du commerce international est l'ensemble de l'économie. Nous ne pourrions rien apprendre en comparant les travailleurs de Pennsylvanie à ceux du Missouri ou du Montana puisqu'ils sont tous supposés gagner le même salaire.

Aussi paradoxal que ce soit, quand on pense aux hypothèses sur lesquelles repose la théorie, il est presque impossible de la tester, puisque le seul impact qu'on puisse mesurer concerne le pays dans son entier, et que nous venons de montrer les nombreux écueils de la comparaison entre pays et des études par pays.

Mais, comme nous l'avons vu avec les migrations, les marchés du travail ont tendance à être *rigides*. Les gens ne bougent pas, même quand les conditions du marché du travail suggèrent qu'ils en tireraient bénéfice, et, de ce fait, les salaires ne s'égalisent pas de manière automatique. En réalité, plusieurs économies coexistent à l'intérieur d'un même pays. Or on peut apprendre beaucoup en comparant ces sous-économies, si les changements de politique commerciale qui les touchent ne sont pas tous identiques.

Une jeune économiste, Petia Topalova, qui a fait son PhD au Massachusetts Institute of Technology (MIT), a décidé de prendre cette idée au sérieux et de considérer que les gens peuvent se retrouver coincés, à la fois dans un lieu géographique et dans un métier ou un secteur d'activité. Dans un article important, publié en 2010, elle a examiné ce qui s'était passé en Inde après la libéralisation commerciale massive de 1991[20]. Il s'avère que même si l'on parle de « libéralisation de l'Inde », les changements de politique commerciale ont été très différents selon les régions et ne les ont pas touchées toutes de la même façon. En effet, alors même que les droits de douane ont fini pas être tous ramenés plus ou moins au même niveau, une partie des secteurs qui étaient, au départ, bien plus protégés que d'autres, ont connu des *réductions* beaucoup plus importantes. L'Inde compte par ailleurs plus de 600 « districts », qui diffèrent énormément en termes de secteurs d'activité. Certains sont dominés par l'agriculture, d'autres par le textile ou la sidérurgie. Comme tous les secteurs d'activité ne se trouvaient pas dans la même situation économique, la libéralisation a conduit à des baisses des droits de douane très différentes selon les districts. Topalova a construit, pour chacun des 600 districts, un indice permettant d'établir dans quelle mesure il avait été touché par la libéralisation. Ainsi, quand un district produisait principalement de l'acier et d'autres produits industriels, dont les droits de douane sont passés de près de 100 % à environ 40 %, elle considérait qu'il était fortement impacté ; quand un autre ne produisait que des céréales et des oléagineux, produits pour lesquels les droits de douane n'ont pratiquement pas changé, elle considérait qu'il ne l'était pratiquement pas.

Grâce à cet indice d'exposition au commerce international, Topalova put observer ce qui s'était passé avant et après 1991. Le taux national de pauvreté a rapidement baissé dans les années 1990 et 2000, passant d'environ 35 % en 1991 à 15 % en 2012[21]. Mais, sur cette toile de fond favorable, il est apparu que l'exposition plus grande à la libéralisation du commerce ralentissait nettement la diminution de la pauvreté. Contrairement à ce que nous aurait dit la théorie de Stolper-Samuelson, plus un district était exposé au commerce, plus la réduction de la pauvreté y était *ralentie*. Dans une étude ultérieure, Topalova constata aussi que le travail des enfants diminuait *moins* dans les districts plus exposés au commerce international que dans le reste du pays[22].

Ces découvertes furent accueillies dans le milieu des économistes avec une brutalité surprenante. Topalova se heurta à un tir de barrage d'une franche hostilité : même si les méthodes qu'elle avait utilisées étaient correctes, la réponse qu'elle apportait, disait-on, était forcément fausse. Comment le commerce pouvait-il accroître la pauvreté ? Puisque la théorie dit que le commerce est bon pour les pauvres dans les pays pauvres, les données de Topalova ne pouvaient qu'être fausses. Face à cette hostilité, bien qu'elle ait finalement reçu plusieurs offres de travail dans des bons départements, Topalova décida d'entrer au FMI, qui, paradoxalement, compte tenu du fait qu'il a longtemps encouragé une libéralisation tous azimuts du commerce, avait fait preuve d'une ouverture d'esprit bien plus grande que celle du milieu universitaire.

Des années plus tard cependant, Topalova connut, de la part de ses pairs, la reconnaissance que son travail novateur méritait, quand ses résultats lui valurent de recevoir le Best Paper Award de la revue où l'article avait été publié. De nombreux articles utilisent aujourd'hui son approche dans des contextes différents, et, incidemment, aboutissent aux mêmes résultats, à la fois en Colombie, au Brésil et même, comme nous le verrons plus loin, aux États-Unis[23].

Rigidité de l'économie

Topalova n'avait cessé de souligner que son intention n'était pas de montrer que la libéralisation du commerce avait fait des victimes. Comme elle comparait les régions d'un même pays, tout ce qu'elle pouvait conclure était que certaines (les régions les plus impactées par le commerce) avaient moins réussi que d'autres à réduire la pauvreté. Cela est tout à fait cohérent avec la possibilité, que son article prend d'ailleurs soin d'indiquer, que la vague de libéralisation ait aidé toutes les régions, mais certaines plus que d'autres. Et son travail ne dit pas que les inégalités ont augmenté dans l'ensemble de l'Inde, seulement qu'elles l'ont fait davantage dans les districts les plus ouverts au commerce international. En réalité, comme les endroits les plus touchés par la libéralisation tendaient à être aussi, au début, les plus riches, le fait qu'ils ne s'en soient pas particulièrement bien tirés après la libéralisation réduisait paradoxalement les inégalités au niveau de l'ensemble du pays. Dans d'autres articles, Topalova et ses collègues ont d'ailleurs fait apparaître des effets économiques nettement positifs de la libéralisation du commerce en Inde. Les entreprises indiennes, par exemple, mises au défi de trouver de nouveaux marchés, ont commencé à produire des produits qu'elles pouvaient vendre à l'étranger. Par ailleurs, le fait de pouvoir importer des inputs de meilleure qualité et à un moindre coût, dont certains introuvables en Inde auparavant, permettait la fabrication de produits nouveaux destinés au marché à la fois intérieur et international[24]. Elles augmentèrent ainsi leur productivité et cela contribua, en même temps que les autres réformes lancées par le gouvernement au début des années 1990 (et, par chance, en parallèle de la croissance mondiale), à la croissance rapide de l'économie indienne à partir des années 1990.

Malgré tout, il est facile de comprendre pourquoi tant d'économistes spécialistes du commerce international se sont sentis menacés par l'article de Topalova. Dans la théorie traditionnelle, les bénéfices du commerce viennent de la réallocation des ressources. Or le fait même que Topalova trouve une différence entre les districts les moins exposés et les plus exposés montre que les ressources (les travailleurs, mais aussi le capital) ne se déplacent pas facilement, ce que nous avons déjà mentionné. S'il en était ainsi, les salaires seraient devenus à peu près les mêmes partout. Topalova n'est pas la seule à aboutir à ce résultat : plusieurs autres études n'ont pas trouvé de preuves fiables d'une réallocation des ressources[25]. Mais alors, une fois abandonnée l'idée que les travailleurs et les capitaux sont à l'affût de la moindre opportunité, comment continuer de croire que le commerce international est une bonne chose ?

Si les travailleurs mettent du temps à traverser les frontières entre districts, il est plausible qu'ils en mettent aussi à passer d'un emploi à un autre – ce qui est tout à fait cohérent avec ce que nous savons sur le fonctionnement du marché du travail. En Inde, Topalova a constaté que les effets négatifs sur la pauvreté de la libéralisation du commerce étaient exacerbés dans les États où une législation du travail stricte rendait difficile le licenciement des employés et faisait obstacle à la disparition des entreprises non rentables au profit de nouvelles, plus rentables[26].

Tout un ensemble de données montrent aussi que, dans les pays en développement au moins, la terre ne change pas aisément de mains. Le capital, également, a tendance à être peu mobile[27]. Les banquiers mettent du temps à couper les crédits aux entreprises peu performantes, mais aussi à prêter à celles qui obtiennent de bons résultats, pour la raison, assez intéressante, qu'un grand nombre d'agents de crédit – les personnes qui prennent les décisions de prêt – ont peur d'être tenus pour responsables en cas de problème. Le meilleur moyen d'éviter les ennuis est de ne pas prendre de décision, de valider sans examen celles prises dans le passé par un tiers et de laisser un autre s'occuper des prêts futurs. La seule exception à ce scénario se produit, malheureusement, quand un prêt est sur le point de devenir défectueux : le banquier accorde alors à l'entreprise malade un nouveau prêt pour rembourser l'ancien, dans l'espoir de repousser le défaut de paiement et, peut-être, de profiter d'un revirement de fortune. Ce phénomène, appelé en jargon bancaire « *evergreening* », ou renouvellement indéfini de prêts non viables, est l'une des principales raisons pour lesquelles tant d'établissements bancaires aux bilans apparemment impeccables se réveillent un jour, subitement, au bord du gouffre. Ainsi, à cause de la rigidité du crédit, les entreprises malades dont les souffrances auraient dû être abrégées continuent de vivoter et les nouvelles ont beaucoup de mal à lever des capitaux, notamment quand elles se trouvent dans ces situations d'incertitude qui accompagnent une libéralisation des échanges, car les agents de crédit hésitent à prendre de nouveaux risques.

Compte tenu de ces diverses formes de rigidité, il est plausible qu'en cas de mauvaise nouvelle, par exemple l'arrivée d'une concurrence accrue venant de l'extérieur, les entreprises tentent de faire profil bas en espérant que le problème disparaisse de lui-même, au lieu d'y faire face en utilisant les ressources de la façon la plus optimale. Les employés sont licenciés, ceux qui partent à la retraite ne sont pas remplacés et les salaires commencent à baisser. Les chefs d'entreprise voient leurs profits décliner fortement et ils renégocient leurs prêts. Toutes ces réactions ont pour but de préserver autant que possible le *statu quo ante*. La productivité de l'économie décroît et les profits des secteurs d'activité qui ont cessé d'être protégés baissent.

Ce scénario peut paraître extrême, mais Topalova a bien trouvé quelque chose qui ressemble à cela dans les données indiennes. D'abord, les départs migratoires depuis les districts indiens touchés par la libéralisation sont restés très limités[28]. Même au sein d'une région, les ressources mettaient beaucoup de temps à se déplacer d'un secteur d'activité à un autre. Mais, plus frappant encore, cela était également vrai *dans* les entreprises elles-mêmes. En Inde, elles sont nombreuses à fabriquer plus d'un seul produit ; on pourrait donc s'attendre à ce qu'elles ferment les lignes de production concurrencées par des importations moins chères et réorientent la production vers des produits moins désavantagés. Rien ne les en empêche, même quand le droit du travail rend le licenciement difficile. Or les travaux de Topalova ont mis au jour très peu de « destruction créatrice ». Les entreprises semblent ne jamais se décider à arrêter une ligne de production devenue obsolète. Cela s'explique peut-être par le fait que les chefs d'entreprise trouvent le processus de transition trop coûteux : il faut en effet à la fois reformer les travailleurs et acheter puis installer de nouvelles machines[29].

Des protections pour qui ?

Nonobstant ces barrières internes, les ressources ont fini par se déplacer, dans certains pays du moins, et les exportations ont largement contribué aux remarquables réussites de l'Asie de l'Est notamment. Et, malgré ce que dit le président Trump – et il n'est pas le seul –, la raison n'en est pas que les pays riches auraient été naïvement trop ouverts : les pays riches réglementent fortement les importations, qui doivent respecter des normes strictes en matière de sécurité, de qualité du travail et de normes environnementales.

Certains soutiennent d'ailleurs que ces réglementations servent souvent à empêcher les importations. Le lobby des producteurs d'avocats de Californie a ainsi obtenu l'interdiction totale de l'importation d'avocats Hass du Mexique aux États-Unis entre 1914 et 1997. La raison invoquée était le risque d'une invasion d'insectes ravageurs, alors même que le territoire mexicain est contigu à la Californie et que les insectes n'ont pas besoin de visa pour passer les frontières. Abolie en 1997, l'interdiction fédérale resta toutefois en vigueur en Californie jusqu'en 2007. Plus récemment, des chercheurs ont constaté que, pendant la crise de 2008 aux États-Unis, la Food and Drug Administration avait commencé, au nom de la sécurité alimentaire, à refuser plus souvent les cargaisons de denrées venant de pays en développement. Pour les exportateurs de ces pays, le coût des cargaisons refusées a été multiplié par quatre sur la période ! À l'évidence, pourtant, la qualité des avocats mexicains n'avait certainement pas changé du fait de la crise des *subprimes* aux États-Unis. Mais, comme la demande d'avocats diminuait, il était d'autant plus pressant d'en interdire l'importation afin de protéger les producteurs locaux[30]. Les pressions intérieures pour plus de protection se font plus fortes par temps de crise, et les réglementations en matière de sécurité sont souvent utilisées comme un prétexte pour protéger les producteurs nationaux.

Cela étant dit, certaines normes reflètent aussi de réelles préférences des consommateurs en matière de sécurité (on s'est par exemple rendu compte que certains jouets venus de Chine contenaient du plomb), de protection de l'environnement (l'emploi de pesticides dans l'agriculture) ou de conditions de travail (le travail des enfants). Le succès de campagnes comme celle du commerce équitable montre par ailleurs que de nombreux consommateurs sont prêts à payer plus cher pour bénéficier du service d'intermédiaires pouvant leur assurer qu'un produit respecte certaines normes éthiques et environnementales. Inspirées par ce constat, un grand nombre de marques connues imposent des normes de qualité plus exigeantes que les règlements existants, ce qui rend encore plus difficile l'accès au marché pour de nouveaux pays exportateurs.

Qu'y a-t-il dans un nom ?

Dans les pays en développement qui essaient d'être la nouvelle Chine, un obstacle d'une nature bien particulière s'ajoute encore à toutes ces difficultés.

En 2006, l'OMC lançait l'initiative Aide pour le commerce. À la mi-2017, plus de 300 milliards de dollars avaient été versés à différents programmes destinés à aider les pays en développement à exporter leur production[31]. Ce genre d'initiative et de financement repose sur l'idée que le commerce international est, pour ces pays, un moyen de sortir de la pauvreté. Un projet d'Aide aux artisans (ATA), une ONG liée à l'ONU qui aide certains fabricants de produits artisanaux dans les pays en développement à accéder aux marchés internationaux, a permis aux chercheurs de tester cette idée[32].

En octobre 2009, ATA reçut des fonds pour lancer en Égypte un nouveau programme. Celui-ci suivait une procédure standard. Pour commencer, ATA chercha un produit susceptible de plaire aux marchés à haut revenu et d'être fabriqué à un coût relativement modeste dans le pays. Une équipe de chercheurs aida ATA à identifier le produit idéal : les tapis. Les tapis artisanaux sont une source d'emploi importante en Égypte, et une demande existe aux États-Unis.

ATA devait ensuite faire le choix d'un lieu. Il se porta sur Fowa, une ville située à deux heures au sud-est d'Alexandrie, où sont installées des centaines de micro-entreprises fabriquant un type particulier de tapis. Il s'agit en général d'ateliers dont le propriétaire (un homme, jamais une femme !) travaille sur son unique métier à tisser, chez lui ou dans une remise.

Enfin, ATA collabore toujours avec une entreprise intermédiaire locale ayant une connaissance du terrain, qui reçoit la commande et trouve des artisans pour fabriquer les produits. L'idée est qu'ATA travaille dans le pays quelques années puis se retire, en espérant que l'intermédiaire sera alors assez solide pour faire fonctionner le projet et le développer tout seul. Fowa bénéficiait de ce point de vue d'un atout : la présence d'un intermédiaire naturel, Hamis Carpets. Hamis vendait déjà une part importante des tapis fabriqués dans cette ville, même si la plupart n'étaient pas exportés.

Hamis Carpets et ATA entreprirent ensuite de choisir le type de tapis à fabriquer, de trouver des acheteurs et d'obtenir des commandes. Cela leur demanda de gros efforts. Les équipes d'ATA envoyèrent le P-DG de Hamis suivre une formation aux États-Unis, engagèrent un consultant italien pour concevoir des échantillons de tapis et présentèrent des produits Hamis à leur réseau d'importateurs, dans toutes les foires et tous les salons. Malgré cela, il leur fallut dix-huit mois avant que Hamis Carpets obtienne sa première commande importante à l'exportation, d'un acheteur allemand.

À partir de là, l'affaire décolla. Entre 2012 et 2014, les commandes affluèrent et, cinq ans après le lancement du projet, leur total dépassait les 150 000 dollars. Mais il aura fallu cinq ans à une ONG américaine ayant de bons contacts et de bons financements, assistée d'une équipe de jeunes chercheurs engagés et compétents, et à une entreprise solide bénéficiant d'une bonne réputation dans son pays pour atteindre un niveau de commandes suffisant pour donner du travail à 35 autres petites entreprises. Sans le coup de pouce d'ATA, l'intermédiaire local n'aurait sans doute jamais pu y arriver.

Pourquoi cela a-t-il été si difficile ? Le problème vient du fait que, du point de vue d'un acheteur étranger (souvent un gros détaillant ou le site de vente en ligne d'une marque connue), acheter des tapis à une petite entreprise égyptienne est un pari risqué. Pour lui, la qualité est capitale : le client veut des tapis sans défaut. Le calendrier l'est tout autant : si les tapis ne sont pas prêts pour le lancement de la nouvelle collection de printemps, les vendeurs feront de lourdes pertes. Enfin, dans un cas comme celui-là, on ne peut pas faire retomber la totalité du risque sur le fabricant. S'il est possible de refuser de le payer en cas de retard ou de qualité insuffisante, la somme que le détaillant peut récupérer en ne payant pas le fournisseur ou en renvoyant les tapis ne représente rien à côté de ce que va lui coûter le coup porté à sa réputation (songez aux messages postés sur Internet par les clients furieux de la mauvaise qualité des produits Wayfair) ou le fiasco de sa collection de printemps. En principe, les entreprises peuvent évidemment convenir de pénalités de retard (le fabriquant accepte de payer une certaine somme d'argent – importante – par jour de retard, disons), mais c'est une autre affaire de réussir à se faire payer par une entreprise d'une petite ville d'Égypte qui peut disparaître des radars du jour au lendemain ! Il est tout aussi impossible pour le détaillant de contrôler chaque tapis livré afin d'éviter tout risque à sa réputation : cela coûterait bien trop cher en personnel.

Une autre possibilité qui s'offre au détaillant serait de proposer les tapis à un prix si bas qu'il y aurait toujours des consommateurs prêts à prendre le risque qu'ils aient un défaut, sachant que, par ailleurs, ils pourraient éventuellement les renvoyer. Et, de fait, pourquoi mettre en jeu sa réputation sur la livraison d'un produit aussi parfait que possible ? Pourquoi ne pas baisser le niveau d'exigence en même temps que le prix ?

Il s'avère que cette solution n'est pas toujours la bonne, car, dans de nombreux cas, le prix n'est pas suffisamment bas pour que le consommateur prenne la peine de perdre son temps avec un produit qui ne lui inspire pas confiance. Nous avons un jour tenté d'acheter un lecteur de DVD à Paris. Quand il nous a été livré, nous avons constaté que le volet permettant d'insérer le disque dans l'appareil était coincé. Après une heure à essayer de le débloquer, et une autre à chercher une assistance technique sur le site du fabricant, nous sommes allés en ligne pour discuter avec un charmant employé d'Amazon qui nous a proposé un remboursement intégral. Mais, pour l'obtenir, il fallait déposer le lecteur de DVD dans une épicerie près de chez nous.

La première fois qu'Abhijit s'est rendu à l'épicerie, le patron n'a pas voulu reprendre le lecteur parce qu'il avait trop de colis d'Amazon. La seconde, il l'a fait attendre vingt-cinq minutes avant de réceptionner le paquet parce qu'il devait d'abord enregistrer une autre livraison. Pendant ce temps, nous avons acheté un autre lecteur de DVD chez un autre détaillant (nous étions pressés car nous voulions l'avoir pour l'anniversaire de notre fille). Manque de chance, quand il est arrivé, nous nous sommes aperçus qu'il n'était pas compatible avec notre téléviseur. Nous avons essayé de le renvoyer sur le site où nous l'avions acheté, mais, comme l'achat n'était pas encore enregistré, ce n'était pas possible avant plusieurs jours. Au moment où nous écrivons ces lignes, le second lecteur de DVD est toujours posé sur la table de notre entrée, joliment remballé en attendant d'être réexpédié. Et nous avons renoncé à acheter un lecteur de DVD. Le père d'Esther nous en a prêté un.

Pourquoi cette longue digression sur notre mésaventure ? Pour bien faire apparaître que, pour le consommateur, le temps c'est de l'argent, tout comme la fiabilité ; et de l'argent qui n'est jamais récupérable car Amazon ne versera certainement pas à Abhijit, au taux de salaire horaire qui est le sien, l'équivalent des deux heures passées à tenter de réparer l'appareil ou du temps de ses deux visites à l'épicerie.

Ou songez encore au joli tee-shirt que vous avez acheté si bon marché sur un site web, dont l'éclatante couleur bleue a déteint sur toute votre lessive au premier lavage. Qui va vous rembourser le corsage à 100 dollars désormais couvert de taches bleues ? Ou le temps que vous avez passé à le chercher dans tous les boutiques de fripe du Village, à New York ?

C'est pourquoi Amazon se donne beaucoup de mal pour conserver sa réputation d'excellence. Dans certains cas, par exemple, l'entreprise préserve le temps du consommateur en n'exigeant pas qu'il réexpédie le produit défectueux. Pour la même raison, Amazon ne veut traiter qu'avec un fabricant en qui elle peut avoir entièrement confiance, idéalement quelqu'un avec qui l'entreprise a déjà traité, ou du moins dont les produits et les services jouissent d'une bonne réputation. Pour le consommateur comme pour le commerçant, le temps, c'est de l'argent.

La structure des inégalités mondiales est telle que les consommateurs occidentaux prêts à acheter un tapis ou un tee-shirt fabriqué ou teint à la main (des produits intensifs en travail, pour lesquels les pays en développement possèdent un avantage comparatif) sont souvent à ce point plus riches que les fabricants que les éventuelles économies permises par un nouvel entrant (proposant des prix plus bas) sont insuffisantes pour compenser une perte de temps – ou le massacre de votre chemisier préféré.

Prenons l'exemple d'un fabricant égyptien de tee-shirts qui voudrait concurrencer ceux fabriqués en Chine. Le salaire mensuel moyen dans ce dernier pays est de 915 dollars ; il est en Égypte de 183 dollars[33]. En prenant pour hypothèse une semaine de travail de quarante heures, le salaire horaire en Chine est de 5 dollars, en Égypte, de 1 dollar. Ainsi, un tee-shirt égyptien dont la fabrication artisanale prend une heure (un très, très beau tee-shirt) permet de réaliser une économie salariale de 4 dollars par rapport au même tee-shirt fabriqué en Chine. Mais, en tant qu'acheteurs, beaucoup d'entre nous sommes prêts à payer ces 4 dollars supplémentaires pour jouir de la tranquillité d'esprit qu'apporte la qualité d'un produit. Amazon le sait bien. Pourquoi l'entreprise paierait-elle pour tenter une expérience avec un artisan égyptien dont elle ignore tout, alors qu'elle connaît un fournisseur fiable en Chine ?

Pour revenir à nos tapis égyptiens, un intermédiaire était nécessaire (deux, en réalité : ATA et Hamis Carpets) parce qu'il était impossible pour chacun des artisans impliqués dans la fabrication des tapis de se bâtir une réputation de qualité. Ils étaient trop petits. Hamis, en revanche, avait la taille nécessaire pour identifier les bons fabricants, assurer le suivi et contrôler effectivement leur travail, et donc pour se construire une réputation de fiabilité. Hamis était également bien placé pour leur apprendre à améliorer la qualité de leurs tapis, si bien que les entreprises exportatrices ont rapidement perfectionné leurs produits et sont devenues techniquement très supérieures aux entreprises similaires qui n'avaient pas été incluses dans le programme. Mais, comme Hamis était pratiquement inconnu hors d'Égypte, il n'est pas étonnant que personne n'ait voulu, au début, traiter avec lui comme intermédiaire ou lui donner la possibilité de se bâtir une réputation.

Pire, quand Hamis a finalement eu la possibilité d'exporter, il lui a fallu faire face au problème inverse. Un acheteur étranger pouvait être, lui aussi, tenté de mal se conduire : ne pas payer une commande ou changer d'avis sur ce qu'il désirait. Hamis était donc dans l'obligation de devenir l'intermédiaire de confiance des deux côtés. Par exemple, un acheteur avait demandé de donner aux tapis qu'il avait commandés un aspect ancien, en les trempant dans du thé et en les aspergeant d'acide. Mais, quand il a reçu les tapis, le résultat ne lui a pas convenu. Il en a fait porter la responsabilité au fabricant…

En pareil cas, Hamis était pris entre le marteau et l'enclume. L'entreprise peut essayer de se retourner contre l'acheteur, mais il n'y aura jamais assez de documents sur les ordres et contre-ordres passés avant la commande définitive (« Oui, il y a eu un email, mais vous vous rappelez sans doute ce que nous nous sommes dit au téléphone », etc.) pour établir son bon droit. Ce serait donc parole contre parole. Or, comme Hamis est un acteur nouveau, qui plus est égyptien, il est peu probable que la situation tourne en sa faveur. Quant aux fabricants, en Égypte, ils auraient le sentiment d'avoir fait ce qu'on leur avait demandé et seraient très irrités de n'être pas payés – ils ne peuvent pas se le permettre. Bref, Hamis aurait été contraint d'absorber les pertes.

La difficulté de construire une réputation est une réalité que, comme chercheurs, nous avons rencontrée pour la première fois à la fin des années 1990 dans le tout jeune secteur informatique indien qui s'est développé dans le sud du pays, autour de la ville de Bangalore ; c'était alors une ville un peu endormie, connue pour son climat agréable (c'est aujourd'hui une métropole qui ne cesse de s'étendre et où la circulation automobile est impossible). Les entreprises indiennes s'étaient spécialisées dans les produits personnalisés : quand une société voulait un nouveau logiciel de comptabilité, elle pouvait acheter un logiciel standard adapté à ses besoins, ou s'en faire fabriquer un à partir de rien par une entreprise indienne.

L'Inde possédait plusieurs atouts dans ce secteur : une offre d'ingénieurs sortis d'écoles réputées pour leur excellence, un bon accès à Internet, l'anglais comme première langue et un fuseau horaire différent, qui permettait aux informaticiens indiens de travailler à d'autres heures que leurs clients américains. Les besoins en infrastructures étaient minimaux : un bureau, une petite équipe, quelques ordinateurs. À Bangalore, la chose a été facilitée par la création, dès 1978, d'Electronic City, un parc industriel réservé aux entreprises d'un secteur que l'on appellerait plus tard celui des technologies de l'information : la fourniture d'électricité y était assurée et les lignes de communication étaient fiables.

Bref, il était relativement facile, pour toute personne ayant le bon diplôme, la capacité de travailler dur et l'envie de voler de ses propres ailes, de créer sa boîte informatique. Survivre dans ce secteur, en revanche, n'était pas simple.

Pendant l'hiver 1997-1998, nous avons demandé aux P-DG de plus d'une centaine de sociétés informatiques indiennes de nous parler de leurs deux projets les plus récents. Pour ces chefs de jeunes entreprises, la vie était difficile et ingrate. Le client exprimait ses desiderata, l'entreprise faisait de son mieux pour y répondre, mais il arrivait souvent que le client fasse savoir que ce n'était pas exactement ce qu'il avait demandé. Les P-DG avaient presque toujours le sentiment que le client avait changé d'avis, et les clients, que l'entreprise n'avait pas compris la nature exacte de leur commande. En tout état de cause, le désaccord était généralement sans conséquence, puisque les contrats passés par ces jeunes sociétés prévoyaient presque systématiquement une rémunération forfaitaire quelle que soit la quantité de travail fourni, et seulement si l'acheteur était satisfait. Ces contrats faisaient porter tout le risque sur l'entreprise indienne.

Notre analyse est que le choix de ce type de contrat reflète le sentiment que le client prend un risque en traitant avec un fournisseur inconnu, installé au fin fond de l'Inde. Vient conforter cette interprétation le fait que, au fur et à mesure que les entreprises prenaient de l'âge et devenaient plus connues, on passait d'une tarification forfaitaire à une tarification « coût-plus-marge » : l'acheteur payait le coût du temps et des ressources nécessaires à la fabrication du logiciel par le vendeur[34]. Cela explique aussi pourquoi les quelques entreprises qui obtenaient un contrat « coût-plus-marge » tendaient à être celles qui avaient déjà réalisé un projet pour le client, et s'étaient donc déjà construit une réputation.

Un des jeunes P-DG que nous avons rencontrés était épuisé. Il avait le sentiment de travailler jour et nuit sur des projets sans intérêt (et qu'il fallait ajuster sans fin) pour seulement parvenir à garder la tête hors de l'eau. Il avait récemment obtenu un projet Y2K (passage à l'an 2000), qui l'obligeait à plonger dans des milliers de lignes de code pour éliminer toutes les dates se présentant sous la forme « 1/1/99 » au lieu de « 1/1/1999 ». Tout le monde avait été averti des catastrophes qui se produiraient si les ordinateurs confondaient l'an 1999 avec l'an 2099. Les entreprises se dépêchaient de rectifier leurs banques de données.

Le travail était prévisible – les risques de surcoûts catastrophiques étaient limités – mais très ennuyeux. Le jeune P-DG envisageait de fermer boutique et de devenir salarié dans une entreprise plus grande. Une vie passée à trimer sur des projets stupides, à marchander avec des clients qui ne savaient pas ce qu'ils voulaient et à se demander sans cesse s'il pourrait payer son loyer n'était pas ce pour quoi il s'était engagé quand il avait réalisé son rêve en créant une entreprise informatique.

Les jeunes entreprises sans réputation doivent prendre leur envol les poches pleines. Bien que l'on cite souvent en exemple Infosys, une entreprise créée en 1981 par 7 ingénieurs avec une somme de

250 dollars empruntée à la femme du P-DG fondateur, et qui est devenue la troisième plus grande société informatique en Inde, ce n'est probablement pas une coïncidence si les deux plus grandes entreprises informatiques indiennes aujourd'hui sont Wipro, qui appartient à une famille qui avait réussi dans l'huile de cuisine avant de se lancer dans l'informatique, et Tata Consultancy Services (TCS), de l'énorme groupe industriel Tata Group, qui produit à peu près tout, du sel à l'acier. Bien sûr, il ne faut pas que de l'argent. Dans ces deux cas, il y a eu, aussi, du talent et une vision. Mais, à l'évidence, l'argent aide.

Avoir un nom aide aussi. Ce n'est pas un hasard si Gucci, qui fabriquait à l'origine des produits en cuir haut de gamme, vend aujourd'hui à peu près tout ce qui peut s'acheter, des sièges de voiture aux parfums, et que Ferrari, qui a démarré dans la voiture de sport, est désormais dans le commerce des verres de lunette et des ordinateurs portables. Les acheteurs de parfums Gucci ou de PC Ferrari n'attendent pas de ces deux marques des produits particulièrement innovants ; ils comptent plutôt sur l'assurance que Gucci et Ferrari tiennent trop à leur réputation pour vendre des produits de mauvaise qualité. Ils achètent aussi le droit d'afficher leur fortune en acquérant un objet ostensiblement cher.

Le monde des noms

La réputation d'une marque a pour intérêt d'écarter la concurrence. Les acheteurs étant beaucoup plus riches que les producteurs, ce qui compte, pour le vendeur ou pour l'intermédiaire, c'est la qualité, plus que le prix. S'il est si difficile, pour un potentiel nouvel entrant, de supplanter le champion en titre, c'est que le prix payé au fournisseur constitue une part ridiculement petite de la valeur que représente un produit de qualité pour l'acheteur. En effet, les coûts de branding et de distribution sont souvent beaucoup plus élevés que ceux de fabrication. Pour un grand nombre de produits, le coût de production ne représente que 10 % à 15 % du prix de vente. Cela veut dire qu'un producteur plus efficace ne peut pas faire grand-chose pour modifier le prix final du produit, en termes relatifs. Réduire le coût de production de moitié réduira le coût global de mise à disposition du produit au consommateur de 7,5 % tout au plus.

Cela peut certes représenter des sommes importantes, mais, comme le montre une littérature abondante, ce sont les changements relatifs qui intéressent l'acheteur. Dans une expérience devenue classique, on demandait à un groupe de personnes si elles seraient prêtes à faire un trajet de vingt minutes en voiture pour économiser 5 dollars sur une calculatrice à 15 dollars et à un autre groupe si elles seraient prêtes à faire la même chose pour une calculatrice à 125 dollars. Vingt minutes sont vingt minutes, et 5 dollars sont 5 dollars, mais les réponses étaient, dans les deux cas, très différentes : « 68 % des répondants étaient prêts à faire un trajet supplémentaire pour économiser 5 dollars sur une calculatrice à 15 dollars, mais seulement 29 % étaient prêts à faire le même effort quand le prix de la calculatrice était de 125 dollars. » C'est parce que 5 dollars représentent un tiers de 15 dollars et seulement 4 % de 125 dollars que ces personnes étaient prêtes à changer de magasin dans le premier cas mais pas dans le second. Cela suggère qu'un consommateur ne changera probablement pas de vendeur pour faire une économie de 7,5 % sur un produit[35].

Cela signifie que les prix chinois peuvent augmenter assez fortement sans que personne ne le remarque. Il n'y a d'ailleurs pas de raison qu'ils augmentent de façon importante à court terme. La Chine est un grand pays, où une multitude de gens pauvres sont prêts à travailler aux salaires actuels, si bien que les coûts devraient rester bas. Les pays comme le Vietnam et le Bangladesh, qui aspirent à être la Chine de demain, c'est-à-dire le fournisseur de tous les produits manufacturés bon marché de la planète, pourraient avoir encore longtemps à attendre. Et il est un peu effrayant d'imaginer combien la route pourrait être longue pour le Liberia, Haïti et la République démocratique du Congo, qui aimeraient à leur tour occuper cette première place quand le Bangladesh et le Vietnam seront devenus trop riches pour vouloir la conserver.

Du fait de ce rôle disproportionné de la réputation, on ne peut réduire le commerce international à des prix bas, de bonnes idées, des droits de douane peu élevés et des transports bon marché. Il est très difficile pour un nouvel acteur non reconnu pour la fiabilité de ses produits d'entrer sur un marché et d'en faire la conquête. Si l'on ajoute à cela la rigidité de la main-d'œuvre, on comprend que la fluidité des mouvements de travailleurs et de capitaux que le libre-échange est supposé démultiplier, et sur laquelle repose la thèse de Stolper-Samuelson, est loin d'être acquise.

Fidèle à son entreprise

Ce qui complique encore la situation, pour un nouveau pays qui voudrait se faire une place au soleil, c'est que le nom n'est pas la seule chose qui compte. Les voitures japonaises sont connues pour être bien fabriquées, les italiennes sont réputées pour leur élégance, les allemandes passent pour être agréables à conduire. Aussi un nouvel entrant japonais, comme Mitsubishi quand il est arrivé aux États-Unis en 1982, a-t-il sans doute largement bénéficié du succès des marques japonaises plus anciennes. Inversement, les acheteurs hésiteront à acheter une voiture fabriquée au Bangladesh ou au Burundi, même si elles sont censées respecter les normes les plus exigeantes, que leurs prix sont compétitifs et que les avis des professionnels sont élogieux. Qui sait, se diront-ils, ce qui aura cessé de marcher d'ici quelques années ? Et ils pourraient avoir raison. Il faut peut-être produire des voitures pour le marché intérieur pendant plusieurs années avant d'être capable d'en construire de bonnes. C'est ainsi que Toyota, Nissan et Honda ont commencé.

Cependant, la méfiance vis-à-vis des nouveaux arrivants peut aussi tourner à la prophétie auto-réalisatrice. Si les voitures ne se vendent pas, l'entreprise fera faillite et le service consommateur fermera. De même, si tout le monde s'attend à ce que les tapis égyptiens perdent leurs couleurs avec le temps, ceux-ci se vendront très peu cher ; les entrepreneurs en Égypte ne seront donc pas assez rémunérés pour pouvoir investir dans la fabrication de tapis de meilleure qualité. C'est un cercle vicieux[36].

Cette malédiction des prédictions pessimistes peut être très difficile à surmonter. Même si une entreprise choisit de proposer des produits de très grande qualité, les acheteurs pessimistes se diront qu'il ne leur faudra pas longtemps pour se dégrader. C'est là qu'il peut être utile d'avoir des relations : quelqu'un qui vous connaît et qui vous recommandera.

Ce n'est pas un hasard si les Indiens et les Chinois qui ont vécu et travaillé dans les pays occidentaux ont joué, à leur retour, un rôle important dans la transition de leurs pays d'origine. Ils se sont servis de la réputation et des relations professionnelles qu'ils s'y étaient faites pour assurer aux acheteurs (des entreprises, souvent, pour lesquelles ils avaient travaillé) que tout se passerait bien.

Certaines success-stories peuvent créer un cercle vertueux. Les acheteurs ont tendance à se précipiter sur les entreprises qui ont connu un premier succès, rassurés par le fait que d'autres ont décidé de faire des affaires avec elles. La plupart des jeunes vendeurs qui obtiennent une commande, conscients que celle-ci constitue peut-être pour eux la chance de briser le cercle vicieux des prédictions pessimistes, feront de leur mieux pour fournir le meilleur produit ou service possible.

Prenons l'exemple du marché kenyan de la rose[37], où les producteurs locaux travaillent avec des intermédiaires pour exporter leurs fleurs en Europe. Ni l'acheteur ni le vendeur ne peuvent se reposer uniquement sur des contrats formels pour s'assurer de comportements vertueux. La rose est une denrée très périssable, et en recevant une cargaison un acheteur peut toujours prétendre que les roses ne sont pas de bonne qualité et refuser de les payer. Mais, d'un autre côté, le vendeur peut également dire que c'est l'acheteur qui a abîmé les roses. Se bâtir une réputation de fiabilité devient déterminant. Pendant les troubles politiques au Kenya, après l'élection présidentielle contestée de 2007, quand la main-d'œuvre devenait rare et que les transports étaient dangereux, de nouveaux producteurs, qui avaient encore leur réputation à établir, ont fait de gros efforts pour continuer à livrer leurs clients. Certains ont même engagé des hommes armés pour protéger leurs roses pendant la livraison. Les acheteurs sont restés satisfaits et le marché kenyan de la rose a survécu aux troubles.

Bien sûr, même des mesures désespérées comme celles-ci peuvent ne pas suffire à vous sauver la mise. La réputation globale du secteur a, elle aussi, de l'importance, et quelques pommes pourries peuvent ruiner la réputation d'un secteur réputé de qualité. Conscients de cela, les gouvernements ont essayé de réprimer les producteurs qui trichaient sur la qualité. En 2017, Pékin a décidé d'alourdir les sanctions. Dans le *China Daily*, Huang Guoliang, le directeur du service de contrôle qualité de l'administration chinoise, déclarait : « La législation actuelle impose en général aux contrevenants à la loi sur la qualité des produits des sanctions administratives trop laxistes [...] Un système dans lequel les contrevenants subiraient des *conséquences dévastatrices* aurait un effet dissuasif [les italiques sont ajoutés par nous][38]. »

La meilleure solution possible, dans ce monde où la réputation est à la fois fragile et interconnectée, passe souvent par la constitution d'un « cluster industriel » ou d'un « pôle de compétitivité », c'est-à-dire d'un regroupement d'entreprises d'un même secteur dans un même lieu, où chacune pourra bénéficier de la réputation de l'ensemble.

Il existe depuis 1925 des usines de textile dans la ville indienne de Tirupur, et le secteur, qui produit principalement ces maillots de corps blancs en coton que les hommes portent sous leur chemise, a connu une forte croissance dans les années 1960 et 1970. En 1978, un importateur italien de vêtements, un certain M. Verona, avait un besoin urgent d'une grande quantité de tee-shirts blancs. Le syndicat des exportateurs de vêtements de Mumbai l'orienta vers Tirupur. Content de sa première livraison, il en voulut davantage.

En 1981, la première grande chaîne européenne, C&A, le suivit à Tirupur. En 1985, les exportations de la ville n'étaient encore que de 1,5 million de dollars. Elles ont ensuite connu une croissance exponentielle. En 1990, le volume des exportations de Tirupur avait dépassé les 142 millions de dollars[39]. Elles ont atteint un pic en 2016, avec 1,3 milliard de dollars, malgré la forte concurrence de la Chine, du Vietnam et d'autres nouveaux entrants sur le marché[40].

La Chine compte une multitude de clusters industriels spécialisés : la ville de la chaussette, la ville du sweater, la ville de la chaussure, etc. Ainsi, le cluster de Zhili, à Huzhou, compte plus de 10 000 entreprises spécialisées dans l'habillement pour enfant et emploie 300 000 personnes. En 2012, il représentait 40 % du PNB de la région. Il existe aussi des clusters aux États-Unis, certains plus connus que d'autres. À Boston, ce sont les biotechnologies ; à Carlsbad, près de Los Angeles, le matériel de golf ; à Michigan, l'horlogerie[41].

L'organisation du secteur du vêtement à Tirupur montre l'intérêt d'avoir un nom. Toute l'industrie est organisée autour de sous-traitants qui prennent en charge une ou plusieurs étapes du processus de production, ou même toutes les étapes pour une partie de la cargaison, mais ces intermédiaires restent invisibles. Les acheteurs traitent avec un petit nombre de noms connus, qui passent les commandes et les répartissent entre sous-traitants. Ce modèle a l'avantage de permettre une production à très grande échelle, même si personne n'a les moyens d'investir dans une seule immense usine. Chacun investit ce qu'il peut et laisse les sous-traitants assembler les morceaux. C'est une autre bonne raison, pour l'industrie, de s'organiser en clusters.

Un grand nombre de clusters dans le monde en développement fonctionnent ainsi, quels que soient les secteurs exportateurs : la réputation de quelques-uns assure l'emploi de beaucoup d'autres. Des intermédiaires, comme Hamis Carpets en Égypte ou les vendeurs à Tirupur, font le lien avec les acheteurs étrangers. Ils ont beaucoup à perdre au moindre problème de qualité de l'un de leurs pairs ;

aussi en assurent-ils eux-mêmes le contrôle. Et s'il peut exister un grand nombre de difficultés, liées à la jeunesse du secteur, comme on l'a vu dans le cas de Hamis, les gains à terme peuvent être tout sauf négligeables.

Il est intéressant d'observer que ce système pourrait être en train de changer. Une large part du business model de deux des plus grandes réussites du monde de l'entreprise, Amazon et Alibaba, consiste à prendre la place de ces intermédiaires en permettant à des producteurs de se construire une réputation sur leurs sites web, moyennant rémunération bien sûr : cela évite à ces derniers de devoir obtenir une certification. C'est la raison pour laquelle, quand vous avez reçu un achat commandé sur Amazon Marketplace, le vendeur présent sur la plate-forme vous envoie des demandes répétées de feedback. C'est pour obtenir de bonnes évaluations que les vendeurs vous proposent des chaussettes ou des jouets à des prix ridiculement bas. Ils espèrent qu'un jour ces évaluations seront si nombreuses et si élogieuses qu'ils pourront fixer le prix qui les arrange. Ils auront bien sûr besoin d'un peu de temps pour consolider leur réputation de qualité (et ils peuvent ne pas y arriver). En attendant, une chose est sûre : il est pratiquement impossible pour un producteur isolé du tiers-monde de se lancer sur le marché international, même si ses produits sont de très bonne qualité et ses prix très compétitifs.

Cela valait-il 2 400 milliards de dollars ?

Le marxiste non-conformiste italien Antonio Gramsci écrivait en 1930 : « La crise consiste justement dans le fait que l'ancien meurt et que le nouveau ne peut pas naître ; pendant cet interrègne, on observe les phénomènes morbides les plus variés[42]. » La phrase pourrait être reprise telle quelle à propos du monde d'après la libéralisation des échanges. Comme nous l'avons vu, on peut très bien expliquer pourquoi les ressources ont tendance à être figées, en particulier dans les pays en développement, et pourquoi pénétrer sur un marché à l'exportation est difficile. C'est ce qui nous permet de dire que la libéralisation du commerce n'est ni toujours ni partout bénéfique, contrairement à ce que sous-entendent souvent les économistes. Les salaires peuvent baisser au lieu d'augmenter, même dans les pays en développement où la main-d'œuvre est abondante et où les travailleurs devraient bénéficier du commerce, car les ressources dont a besoin le travail pour être productif – du capital, de la terre, des entrepreneurs, des managers et d'autres travailleurs – met du temps à passer d'une ancienne branche à une nouvelle.

Si les machines, les capitaux et les travailleurs continuent d'être utilisés dans les anciens secteurs d'activité, les ressources qui se déplaceront vers les secteurs potentiellement exportateurs seront moins importantes. En Inde, la libéralisation de 1991 ne s'est pas traduite par un changement massif et soudain du volume relatif des importations et des exportations. Entre 1990 et 1992, le taux d'ouverture (c'est-à-dire la somme des importations et des exportations par rapport au PIB) n'a que légèrement augmenté, passant de 15,7 % à 18,6 %. Néanmoins, sur le long terme, les importations et les exportations ont fini par croître, et l'Inde est aujourd'hui, en réalité, *plus ouverte* que la Chine ou les États-Unis[43].

Quand les ressources se sont enfin déplacées, les entreprises ont commencé à fabriquer de nouveaux produits. Les producteurs existants étaient alors en mesure d'importer plus facilement ce dont ils avaient besoin, si bien que ce qu'ils produisaient était de meilleure qualité et plus facile à vendre à l'étranger. Le secteur informatique a bénéficié, par exemple, de la possibilité d'importer le hardware dont il avait besoin. Les entreprises indiennes n'ont pas tardé non plus à recourir aux importations, dès que celles-ci sont devenues moins chères. Et, afin de tirer profit de ce moindre coût des importations, elles se sont aussi lancées dans de nouvelles gammes de produits, pour le marché intérieur et l'international. Mais cela ne s'est pas fait en un jour[44].

L'expérience de certains pays semble étayer l'hypothèse (avancée par de nombreux décideurs politiques) que le meilleur moyen d'accélérer ce processus serait d'adopter des politiques de « promotion des exportations ». Toutes les réussites de l'après-guerre en Asie de l'Est – le Japon, la Corée du Sud, Taïwan et, plus récemment, la Chine – se sont appuyées sur des stratégies de ce type, destinées à aider les exportateurs à accélérer leur expansion. La plupart des observateurs pensent que la Chine, par exemple, entre 2000 et 2010 environ, a sous-évalué systématiquement son taux de change en vendant du renminbi (la monnaie chinoise) et en achetant des devises étrangères, pour que les prix de ses produits restent très inférieurs à ceux des produits concurrents facturés en dollars.

En 2010, Paul Krugman a qualifié la politique chinoise de « politique de change la plus distordue jamais adoptée par une grande nation ». Elle coûtait très cher : la Chine possédait déjà 2 400 milliards de dollars de réserves et y ajoutait 30 milliards chaque mois[45]. Compte tenu du talent de ses entrepreneurs pour exporter et de la frugalité de ses consommateurs, la Chine a naturellement tendance à vendre davantage qu'elle n'achète, ce qui devrait faire monter le taux de change et freiner la croissance des exportations. Maintenir le taux de change artificiellement bas a permis au pays d'éviter ce scénario.

Néanmoins, la promotion des exportations a-t-elle été une bonne politique économique ? Il se peut qu'elle ait aidé les exportateurs à accroître leurs profits en renminbis (si vous vendez vos chaussures pour la même somme en dollars, plus le taux de change est bas, plus vous en obtiendrez en monnaie locale). Cela leur a permis de maintenir plus facilement à un niveau bas les prix de leurs exportations en dollars, encourageant les étrangers à acheter chinois et contribuant, donc, à asseoir la réputation de leurs produits. Cela a aussi aidé les exportateurs à accumuler plus de capitaux et à embaucher plus de travailleurs.

D'un autre côté, cela s'est fait au détriment du consommateur chinois, qui a dû payer des importations surévaluées (c'est l'inconvénient d'une monnaie faible). Il n'est pas facile de dire ce qui se serait passé si cette politique n'avait pas été adoptée. En effet, d'une part, le gouvernement chinois a pris en même temps toute une série de mesures qui favorisaient également les exportateurs. La Chine a continué à rester compétitive quand elle a arrêté de manipuler sa monnaie, à partir de 2010. D'autre part, même si les exportateurs s'étaient développés plus lentement, le marché intérieur aurait peut-être crû plus vite et aurait pu absorber le surplus. Aujourd'hui encore, la Chine exporte seulement un cinquième environ de son PIB ; le reste va à la production locale.

Même si la promotion des exportations avait fonctionné en Chine – et ce pourrait bien avoir été le cas –, il est peu probable que la même stratégie puisse marcher dans d'autres pays, au moins dans un futur proche. Cela tient en partie à la Chine elle-même : son succès et la taille énorme de son marché font qu'il sera plus difficile pour les autres de réussir. La fragilité du processus de construction d'une réputation, l'importance du réseau de relations, ainsi que tous les obstacles à franchir pour réussir peuvent même nous inciter à nous demander : entrer sur le marché international est-il vraiment le moyen d'avancer pour un pays pauvre ordinaire ?

Le choc chinois

Hillbilly Élégie, le livre de James David Vance, en 2016, est une lamentation sur les laissés-pour-compte des États-Unis. À sa lecture, cependant, l'auteur paraît très ambivalent sur la part de responsabilité qui leur incomberait[46]. Pourtant, la crise qui s'est abattue sur la région des Appalaches, où se déroule le récit, a été provoquée notamment par le commerce avec la Chine. Le fait que les pauvres en ont été les premières victimes correspond bien aux prédictions du théorème de Stolper-Samuelson : dans les pays riches, ce sont les travailleurs qui pâtissent. Ce qui est étonnant, c'est à quel point les dégâts sont concentrés géographiquement. Les populations laissées pour compte vivent dans les endroits eux-mêmes laissés pour compte.

L'approche adoptée par Petia Topalova pour examiner l'impact de la libéralisation des échanges dans les 600 districts de l'Inde a été reprise aux États-Unis par les économistes David Autor, David Dorn et Gordon Hanson[47]. Les exportations chinoises sont très concentrées dans l'industrie manufacturière, et, au sein de l'industrie manufacturière, dans certaines catégories de produits. Aux États-Unis, dans le secteur de l'habillement, par exemple, les ventes de produits comme les chaussures pour femmes (hors sport) ou les vêtements imperméables sont totalement dominées par la Chine ; dans d'autres, en revanche, comme les tissus enduits, presque rien ne vient de ce pays.

Entre 1991 et 2013, les États-Unis ont été frappés par le « choc chinois ». La part de la Chine dans les exportations industrielles mondiales est passée de 2,3 % en 1991 à 18,8 % en 2013. Pour examiner leur impact sur le marché du travail, Autor, Dorn et Hanson ont construit un indice qui mesure l'exposition de l'ensemble des *zones de mobilité pendulaire* aux États-Unis. (Une zone de mobilité pendulaire est un regroupement de territoires – en l'espèce, des comtés – qui forment un marché du travail, au sens où il est possible de se déplacer d'un territoire à un autre pour aller au travail.) Cet indice repose sur l'idée que si les exportations chinoises de tel ou tel produit dans d'autres pays que les États-Unis sont particulièrement élevées, ce qui suppose que la Chine a généralement réussi dans ce secteur, les zones où est fabriqué le même produit aux États-Unis devraient être davantage impactées que celles qui fabriquent autre chose. Ainsi, comme l'essor de la chaussure pour femmes a été particulièrement rapide après l'entrée de la Chine dans l'OMC, une zone qui produisait beaucoup de chaussures en 1990 devrait être davantage impactée par le choc chinois qu'une zone produisant surtout des tissus enduits, secteur où la Chine n'était pas aussi présente. L'indice du choc chinois mesure donc la vulnérabilité du mix industriel d'une région à la puissance commerciale chinoise, en mesurant le poids de chaque type de produit par rapport aux importations chinoises dans l'Union européenne.

Dans les faits, les zones de mobilité pendulaire aux États-Unis ont connu des sorts très différents selon ce qu'elles produisaient. C'est dans les plus soumises au choc chinois que les baisses de l'emploi industriel furent les plus fortes. Surtout, *il n'y a pas eu* de réallocation de la main-d'œuvre vers de nouveaux types d'emplois. Le nombre *total* d'emplois perdus était souvent plus important que le nombre d'emplois perdus dans les seuls secteurs touchés. C'est sans doute une conséquence de l'effet de cluster dont nous avons parlé. Les personnes qui perdaient leur emploi devaient se serrer la ceinture, ce qui réduisait encore l'activité économique dans la zone touchée, et empêchait l'emploi non manufacturier de prendre le relais. De fait, pour les travailleurs peu qualifiés, l'augmentation de l'emploi non manufacturier dans les zones de mobilité pendulaire impactées était même *plus faible* que dans les autres zones. En comparaison avec le reste du pays, les salaires ont diminué dans les zones les plus touchées (dans un contexte de stagnation des salaires au niveau national), en particulier pour les travailleurs peu qualifiés.

Enfin, malgré le fait que des zones de mobilité pendulaire voisines n'aient pas été touchées par le choc (et que certaines aient même bénéficié de l'importation de certains composants fabriqués en Chine), les travailleurs n'ont pas quitté les zones affectées. La population en âge de travailler n'a pas diminué dans les zones impactées négativement. Elle n'avait tout simplement plus de travail.

Cette expérience n'est pas propre aux États-Unis. L'Espagne, la Norvège et l'Allemagne ont souffert de la même façon de l'impact du choc chinois[48]. Et, chaque fois, la rigidité de l'économie s'est muée en piège implacable.

Cluster « f... k » !

Le problème a été exacerbé par l'organisation de l'industrie en clusters. Comme on l'a vu, les bonnes raisons ne manquent pas pour que les secteurs d'activité se regroupent, mais une des conséquences potentiellement négatives de ce phénomène est qu'un choc commercial peut frapper avec une violence toute particulière la région, touchant l'ensemble des entreprises concentrées. Ainsi, en un an seulement, entre octobre 2016 et octobre 2017, les exportations du cluster indien du tee-shirt à Tirupur ont diminué de 41 %[49].

Ce phénomène peut mettre en route une spirale à la baisse. Les travailleurs licenciés dépensent moins dans les commerces, boutiques et restaurants locaux. La valeur de leurs logements baisse, parfois de façon catastrophique, car la valeur d'un bien immobilier dépend dans une large mesure du soin avec lequel *le voisin* entretient le sien. Quand une partie importante d'un quartier se met à péricliter, tout le monde est tiré vers le bas. Les ménages dont le patrimoine immobilier subit la baisse de valeur la plus forte voient leur plafond de crédit et leur capacité de refinancement se réduire, ce qui fait baisser encore un peu plus leur consommation[50]. Cela touche directement les commerces et les restaurants, dont certains finissent par fermer. La disparition de ces commodités, la pénurie de voisinages agréables et la baisse catastrophique de l'assiette fiscale locale – qui affecte la fourniture d'eau potable et d'électricité, l'offre scolaire et la qualité des routes – peuvent rendre une zone si peu attractive que personne ne reviendra y vivre. Aucune entreprise nouvelle ne voudra s'installer à la place de celles qui ont disparu.

Cette logique s'applique aussi bien aux clusters industriels aux États-Unis qu'à ceux de l'Inde ou de la Chine. Il y a dans le Tennessee, par exemple, une forte concentration de clusters qui produisent des biens concurrencés par la Chine, du meuble aux textiles. La fermeture de ces entreprises a transformé plusieurs villes en villes fantômes. Bruceton, dont *The Atlantic* a fait le portrait en octobre 2015, abritait l'usine de l'entreprise Henry I. Siegel (HIS). À son apogée, HIS fabriquait des jeans et des costumes dans trois immenses usines, employant 1 700 personnes. L'entreprise commença à décliner dans les années 1990. En 2000, elle licencia ses 55 derniers ouvriers. Après quoi, si l'on en croit l'article paru dans *The Atlantic* :

> La ville s'est battue pour tenter de survivre. Les trois usines géantes de HIS sont vides, leurs fenêtres cassées, la peinture écaillée. Quelques nouvelles activités se sont installées avant de partir à leur tour. Un à

> un, les commerces des rues principales de Bruceton et de la ville voisine de Hollow Rock ont fermé, les transformant en villes fantômes de la modernité. Dans le centre-ville de Bruceton, la banque est partie, le supermarché et la boutique de mode ont mis la clef sous la porte et, à l'emplacement du second supermarché, se trouve maintenant un parking. Il ne reste plus qu'une pharmacie, où les personnes âgées vont acheter les médicaments prescrits par leurs médecins.

La ville voisine de McKenzie a perdu son usine de pyjamas et une usine de chaussures dans les années 1990. Elle essaie encore de convaincre de nouvelles entreprises de venir s'installer. Chaque fois que la ville apprend qu'une d'elles serait tentée, les employés municipaux appellent le chef d'entreprise et essaient de lui vendre la ville. Ils ont suscité de la curiosité, mais personne n'a encore franchi le pas. L'article de *The Atlantic* se poursuit ainsi :

> Une des raisons pour lesquelles ça ne mord pas, déclare Holland [le maire], c'est la tristesse de la rue principale. Une entreprise avait l'intention de s'installer, mais quand ses cadres ont vu les commerces fermés, ils se sont dit qu'ils n'avaient pas envie de venir vivre ici avec leurs familles [...] « C'est comme s'il y avait eu une explosion atomique, ont-ils dit, alors ils ne se sont pas arrêtés [...] Ils n'ont même pas fait de seconde visite[51]. »

Ce type de mésaventure n'est pas une raison pour empêcher la formation de clusters industriels, car les avantages qu'ils procurent peuvent être substantiels. Mais les candidats potentiels doivent être prêts à faire face à ce qui peut se passer lorsque le cluster périclite.

Oublier les perdants

Même s'ils ont clairement surestimé la manière dont le marché prendrait en charge les individus directement touchés par le commerce international, les théoriciens ont toujours su que cela *nuirait* à certains. Ils ont écarté cette objection en affirmant que, en raison du grand nombre de gens qui en bénéficieraient, une société aurait toujours la volonté et la capacité de dédommager les autres.

Autor, Dorn et Hanson ont examiné dans quelle mesure le gouvernement était intervenu pour aider les régions impactées négativement par le commerce avec la Chine. Ils ont montré que, si elles avaient en effet reçu davantage d'argent public, les sommes avaient été bien trop faibles pour compenser totalement les revenus perdus. Par exemple, en comparant les habitants des zones de mobilité pendulaire les plus impactées à ceux des zones les moins impactées, ils ont constaté que le revenu par adulte avait baissé de 549 dollars de plus dans les premières, alors que les transferts sociaux fédéraux n'y avaient augmenté que d'environ 58 dollars par adulte[52].

De surcroît, la composition de ces transferts sociaux a peut-être contribué à aggraver la situation des travailleurs ayant perdu leur emploi. En théorie, le principal programme d'aide destiné aux travailleurs qui viennent de perdre leur emploi à cause du commerce international est le Trade Adjustment Assistance (TAA). Dans le cadre du TAA, un travailleur remplissant les critères demandés peut bénéficier d'allocations chômage pendant une durée maximale de trois ans tant qu'il reçoit une formation pour travailler dans d'autres secteurs. Il peut aussi obtenir une aide financière pour se réinstaller ailleurs, chercher un travail ou se faire soigner en cas de maladie.

Bien qu'il existe déjà depuis 1974, le TAA ne distribue qu'une part infime des transferts déjà modestes destinés aux comtés impactés. Sur les 58 dollars de transferts supplémentaires à destination des régions les plus touchées, seuls 23 cents venaient du TAA. L'assurance invalidité en représentait une très large part ; 10 % des travailleurs ayant perdu leur emploi à cause du commerce international y avaient recours.

Le développement considérable de l'assurance invalidité est inquiétant. Il est peu probable que le commerce international ait eu un effet direct sur la santé physique de ces travailleurs, d'autant que la plupart des emplois les plus durs sur le plan physique sont, généralement, ceux qui ont disparu. Certains travailleurs étaient assurément dans un état dépressif ; pour d'autres, le choix de l'assurance invalidité était une stratégie qu'ils étaient forcés d'adopter pour survivre. Dans l'un et l'autre cas, malheureusement, l'invalidité est une sortie de l'emploi sans espoir de retour. Des études réalisées sur un programme qui permet aux anciens combattants reconnus comme diabétiques à cause d'une exposition à l'agent Orange de réclamer une pension d'invalidité ont montré que 18 % de ceux qui entraient dans le programme d'invalidité sortaient définitivement du marché du travail[53]. Aux États-Unis, les personnes qui rejoignent les rangs des invalides en sortent rarement[54], en partie parce que le fait qu'elles soient reconnues comme tels décourage les employeurs potentiels de les embaucher. Les personnes qui, après avoir perdu leur emploi du fait de la concurrence avec la Chine, choisissent l'invalidité pour payer leurs factures, alors qu'elles auraient pu sans cela trouver un nouvel emploi, risquent de se voir irréversiblement exclues du marché du travail.

Pour les travailleurs qui ont besoin de recourir à une pension d'invalidité pour survivre, être considéré comme invalide constitue une double peine. Ceux qui ont passé leur vie dans un emploi physiquement très exigeant perdent leur travail mais aussi leur droit à la dignité. Ainsi, non seulement les États-Unis sont loin de dédommager les perdants du libre-échange, mais les maigres aides que ceux-ci peuvent obtenir par le biais de l'appareil de protection sociale existant semblent aussi conçues tout exprès pour qu'ils se sentent méprisés et dévalorisés.

Les politiciens ont joué et jouent encore un rôle important dans ce désastre. Quand une personne ayant perdu son travail avait besoin de soins de santé, elle aurait dû en principe pouvoir recourir à l'assurance santé prévue dans la loi Obamacare. Malheureusement, de nombreux États républicains, comme le Kansas, le Mississippi, le Missouri et le Nebraska, ont voulu donner l'exemple de la résistance au gouvernement fédéral en refusant que leurs citoyens puissent y accéder. Cela a du coup incité certaines personnes à se déclarer invalides pour pouvoir bénéficier de soins de santé. Ainsi, après l'adoption du Affordable Care Act (aussi nommé Obamacare), les demandes d'invalidité ont augmenté de 1 % dans les États qui avaient refusé d'étendre Medicaid et diminué de 3 % dans les autres[55].

Mais les causes sont plus profondes. Aux États-Unis, les responsables politiques ne veulent pas subventionner certains secteurs (de peur que les autres se sentent défavorisés et fassent du lobbying pour demander à leur tour à être protégés), et c'est sans doute en partie pourquoi le TAA est resté de taille si modeste. Traditionnellement, les économistes voient aussi d'un mauvais œil les politiques qui ciblent des zones géographiques (« il faut aider les gens, pas les lieux », selon la formule consacrée). Enrico Moretti, un des rares qui les aient réellement étudiées, les désapprouve fortement. Pour lui, orienter les fonds publics vers les régions qui se portent mal, c'est jeter l'argent par les fenêtres. Les villes en déclin sont vouées à disparaître et d'autres à prendre leur place. C'est ainsi que s'écrit l'histoire, affirme-t-il. La politique publique doit aider les gens à s'installer là où se construit l'avenir[56].

Il nous semble que cette analyse accorde trop peu d'importance aux réalités du terrain. Comme nous le savons, les raisons qui font que des clusters industriels se développent sont aussi celles qui peuvent les faire péricliter rapidement. Certes, en théorie, les gens devraient être nombreux, dans ce cas, à partir s'installer ailleurs, mais, en pratique, ce n'est pas ce qu'ils font, ou du moins pas assez rapidement. Au lieu de cela, on observe un déclin généralisé des régions les plus touchées par la concurrence chinoise : moins de mariages, moins d'enfants (mais un plus grand nombre nés hors union stable), moins de diplômes universitaires[57]. Ce que l'on appelle aux États-Unis les « morts du désespoir », c'est-à-dire les décès dus à un suicide ou à la consommation de drogues et d'alcool, explosent[58]. Les symptômes de désespoir profond naguère associés aux communautés afro-américaines des centres-ville se retrouvent aujourd'hui dans les banlieues blanches et dans les villes industrielles anciennes. Ces dégâts sont largement irréversibles, du moins à court terme. Les jeunes en décrochage scolaire, les alcooliques, les toxicomanes, les enfants grandissant sans père ou sans mère ont perdu une partie de leur avenir. Pour toujours.

Le commerce en vaut-il la peine ?

Donald Trump a décidé que les droits de douane étaient la solution à l'effet négatif du commerce international. Il a appelé à la guerre commerciale. Elle a commencé dans les premiers mois de 2018 avec de nouveaux droits sur l'acier et l'aluminium. Trump a ensuite parlé de 50 milliards de dollars de droits de douane sur les produits chinois, et quand la Chine a riposté il a suggéré d'ajouter 100 autres milliards de dollars.

L'annonce a fait chuter la Bourse, mais la réaction instinctive qui consiste à fermer l'économie pour la protéger, en particulier contre la Chine, est celle de nombreux Américains, des deux camps politiques.

Les économistes, eux, ont sursauté d'indignation. Ils ont pris un ton sombre pour invoquer le spectre des « pires droits de douane de l'histoire », ceux de la loi Smoot-Hawley de 1930, qui, en imposant des droits de douane sur 20 000 produits importés aux États-Unis, a précipité une guerre commerciale mondiale. Cette loi a coïncidé avec le début de la « Grande Dépression ». Et si l'on débat encore pour savoir si elle en a été ou non la cause, elle a, en tout cas, beaucoup fait pour la mauvaise réputation des droits de douane.

L'idée qu'il est bénéfique de développer les échanges commerciaux est profondément ancrée dans le cerveau de tout étudiant de troisième cycle en économie. En mai 1930, plus d'un millier d'économistes avaient écrit une lettre pour encourager le président Hoover à mettre son veto à la loi Smoot-Hawley. Les économistes savent pourtant quelque chose qu'ils préfèrent garder soigneusement pour eux : pour une grande économie comme celle des États-Unis, les gains agrégés du commerce international sont en réalité, quantitativement, assez faibles. La vérité, c'est que si les États-Unis devaient revenir à une autarcie complète, et ne commerçaient plus avec personne, ils deviendraient certes plus pauvres. Mais *pas tant* que ça.

Pour l'avoir montré, Arnaud Costinot et son collaborateur de longue date Andrés Rodriguez-Clare se sont bâti une réputation sulfureuse dans le milieu des économistes spécialistes du commerce international. En mars 2018, ils ont publié un article fort opportun, « The US Gains from Trade », dont le premier paragraphe posait la question suivante, non sans une certaine prescience :

> Sur chaque dollar dépensé aux États-Unis, 8 centimes environ sont dépensés en importations.
>
> Que se passerait-il si, en raison d'un mur ou de quelque autre mesure politique radicale, ces produits restaient de l'autre côté de la frontière ? Combien les consommateurs américains seraient-ils prêts à payer pour que ce changement hypothétique de politique ne se produise pas ? La réponse à cette question représente, en termes de bien-être, le coût de l'autarcie ou, par équivalence, les gains en bien-être du commerce international[59].

Cet article repose sur une ligne de recherches que ces deux économistes développent depuis plusieurs années, et sur des décennies de recherches sur le commerce. Sa thèse centrale est que les gains du commerce international dépendent fondamentalement de deux choses : le montant des importations et l'impact sur ces importations des droits de douane, des coûts de transport et des autres coûts du commerce international. Si nous n'importons rien, le fait de construire un mur et d'arrêter d'importer n'a bien sûr pas beaucoup d'importance. Mais, même si l'on importe beaucoup, décider d'arrêter de le faire quand les prix à l'importation montent un peu (parce qu'il devient un peu plus cher d'acheminer les produits chez nous) signifie que nous avons sur place de nombreux produits de substitution, et donc qu'il n'est pas si intéressant que ça d'importer.

Calculer les gains du commerce : un aparté un peu technique

Il est possible, à partir de cette idée, de calculer les gains du commerce. Si les États-Unis n'importaient que des bananes et ne produisaient que des pommes, ce serait assez simple. On calculerait la part de la banane dans la consommation totale, et dans quelle mesure le consommateur serait prêt à passer de la pomme à la banane, et inversement, quand les prix des deux fruits changent. C'est ce que les économistes appellent les *élasticités-prix croisées*. Dans les faits, les États-Unis importent 8 500 catégories de produits. Pour faire le calcul, il faudrait connaître l'élasticité-prix croisée de tous les produits ainsi que le prix de tous les autres produits partout dans le monde – pommes et bananes, voitures japonaises, soja américain, café costaricain, maillots de corps chinois, etc. La chose est infaisable.

Mais, en réalité, nous n'avons pas besoin d'examiner ces produits un par un. Nous pouvons approcher raisonnablement de la vérité en supposant que la totalité des importations constitue un seul produit indifférencié qui est soit directement consommé (les importations représentent 8 % de la consommation aux États-Unis), soit utilisé comme input pour la production (encore 3,4 % de la consommation aux États-Unis)[60].

Pour calculer la totalité des gains liés au commerce, nous devons savoir quelle est la sensibilité de nos importations aux coûts du commerce international. Si elles sont très sensibles, cela veut dire qu'il sera facile de remplacer ce que nous importons par des produits que nous produisons localement, et qu'il n'est donc pas très intéressant de commercer avec d'autres pays. Si, en revanche, notre intérêt reste inchangé même quand les coûts augmentent, cela veut dire que nous aimons vraiment ce que nous achetons à l'étranger, et que le commerce international accroît beaucoup notre bien-être. Il faut ici faire un certain nombre d'hypothèses, car nous parlons en réalité d'un bien qui n'existe pas : un assemblage de milliers de produits extrêmement différents. C'est pourquoi les auteurs présentent les résultats pour toute une série de situations, qui vont d'un scénario où les biens échangés peuvent être très facilement remplacés par des biens domestiques (les gains du commerce sont alors estimés à 1 % du PIB) à un scénario où il est très difficile de les remplacer (l'estimation est en ce cas de 4 % du PIB).

La taille, ça compte

L'estimation des gains du commerce international privilégiée par Costinot et Rodriguez-Clare est d'environ 2,5 % du PIB. Ce n'est vraiment pas beaucoup. La croissance de l'économie des États-Unis était de 2,3 % en 2017[61], si bien qu'une seule année de croissance honnête pourrait suffire à financer la mise en autarcie complète de l'économie états-unienne, et pour l'éternité ! Se seraient-il trompés dans leurs calculs ? On pourrait pinailler sur maints détails, mais l'ordre de grandeur est forcément correct. Pour le dire simplement, malgré l'ouverture du pays au commerce international, la part des importations aux États-Unis (8 %) est une des plus faibles au monde[62]. Les gains du commerce international pour les États-Unis ne peuvent donc pas être bien importants. En Belgique, qui est une petite économie ouverte, la part des importations dépasse les 30 %, et le commerce international y a donc beaucoup plus d'importance.

Cela n'a rien d'étonnant. L'économie des États-Unis est très large et très diversifiée ; elle est donc capable de produire une grande partie de ce qui est consommé dans le pays. De surcroît, les services (de la banque au ménage à domicile) représentent une part importante de la consommation, et en général ils ne peuvent pas (encore !) faire l'objet d'échanges internationaux. Même la consommation de biens manufacturés implique une part considérable de services produits localement. Quand nous achetons un iPhone assemblé en Chine, nous payons aussi le design conçu aux États-Unis, ainsi que la publicité et le marketing réalisés sur place. L'appareil est commercialisé dans de jolies boutiques Apple construites par des entreprises locales et où travaillent des passionnés locaux de technologie.

Mais l'exemple des États-Unis ne doit pas nous égarer. Les économies de grande taille comme les États-Unis ou la Chine ont les compétences et les capitaux pour produire la plupart des biens, avec un niveau d'efficacité très élevé, à l'intérieur de leurs frontières. Et leur marché intérieur est assez vaste pour absorber la production d'un grand nombre d'usines, dans un grand nombre de secteurs opérant à l'échelle appropriée. Ces pays perdraient relativement peu à ne pas commercer.

Le commerce international est en revanche beaucoup plus important pour les pays plus petits et plus pauvres, comme il en existe en Afrique, en Asie du Sud-Est ou dans le sud-est de l'Europe. Le travail qualifié est rare, tout comme les capitaux, et la demande intérieure d'acier ou de voitures n'y sera sans doute jamais assez forte, sachant que les revenus sont bas et les populations petites, pour faire vivre une production nationale. Ils ont besoin d'importer, et donc d'exporter. Or, malheureusement, ce sont précisément ces pays qui rencontrent le plus d'obstacles quand ils veulent s'imposer sur le marché international.

Parmi les grands pays, ceux en voie de développement comme l'Inde, la Chine, le Nigeria ou l'Indonésie rencontrent comme principal problème l'intégration intérieure. Beaucoup d'entre eux souffrent d'un manque de connectivité interne : près de 1 milliard de personnes dans le monde vivent à plus d'un kilomètre et demi d'une route asphaltée (un tiers d'entre eux habitent en Inde) et très loin d'une ligne de train[63]. Sans compter que la politique nationale aggrave parfois les choses. Il y a en Chine d'excellentes routes, mais les provinces chinoises ont su trouver des moyens pour décourager les entreprises nationales d'importer des produits venant du reste du pays[64]. Et, jusqu'à l'unification récente de la fiscalité sur les biens et les services en Inde, chaque État avait le pouvoir de fixer ses propres taux d'imposition et s'en servait souvent pour favoriser les producteurs locaux.

« Small est-il beautiful »[65] ?

Mais peut-être l'idée même d'avantage comparatif est-elle surfaite, et les petits pays aussi peuvent-ils vivre en autarcie. Ou, pour pousser cette logique encore plus loin, peut-être toute collectivité peut-elle apprendre à produire elle-même ce dont elle a besoin.

Cette idée a longtemps été mal vue. En Chine, pendant le Grand Bond en avant, le président Mao Zedong affirmait, parmi bien d'autres choses, que l'industrialisation devait pouvoir se faire dans chaque village, et qu'il était possible, par exemple, de produire de l'acier dans un fourneau au fond de sa cour ou de son jardin. Le projet échoua lamentablement, mais pas avant que les paysans n'aient fondu leurs casseroles, chaudrons, socs et sarcloirs pour satisfaire aux souhaits du Grand Timonier, et ne se soient tous mis à produire de l'acier, laissant les champs en friche et les cultures pourrir sur pied. Nombreux sont les observateurs chinois qui pensent que cela pourrait avoir contribué à la grande famine de 1958-1960, qui a tué 30 millions de personnes.

L'idée de communautés villageoises autosuffisantes était aussi au cœur de la philosophie économique de Gandhi. Sa vision d'un pays dont les habitants se vêtiraient d'habits faits à la maison et vivraient principalement de la terre a eu une influence durable sur la politique économique indienne après l'indépendance. Jusqu'à ce que l'OMC oblige l'Inde à rompre avec cette politique, en 2002, 799 produits, des pickles aux stylos à encre, en passant par les teintures et de nombreux articles vestimentaires, étaient réservés à des microentreprises installées dans des villages.

Le problème, bien sûr, c'est que *small* n'est pas forcément *beautiful*. Une échelle minimum est nécessaire pour que des entreprises puissent embaucher des travailleurs spécialisés ou acheter des machines à forte productivité. Au début des années 1980, la mère d'Abhijit, Nirmala Banerjee, une économiste située politiquement assez à gauche, a réalisé une enquête auprès de petites entreprises installées dans et autour de Kolkata. Elle fut très surprise par leur faible niveau de productivité[66]. D'autres études postérieures confirmèrent ses découvertes. En Inde, les petites entreprises sont beaucoup moins productives que les grandes[67].

Mais les entreprises ne peuvent grandir que si le marché est lui aussi suffisamment grand. Comme l'écrivait Adam Smith en 1776, « la division du travail est limitée par la taille du marché[68] ». C'est pourquoi commercer est important. Il ne peut y avoir d'entreprises productives dans des communautés isolées.

D'ailleurs, l'intégration nationale par le chemin de fer a eu un effet transformateur sur l'économie de nombreux pays. En Inde, entre 1853 et 1930, l'administration coloniale britannique a fait construire plus de 67 000 kilomètres de voies ferrées. Avant le chemin de fer, les marchandises étaient transportées par des buffles, sur des routes de terre, et ne pouvaient guère parcourir plus d'une trentaine de kilomètres par jour. Les trains transportaient la même quantité de marchandises sur plus de six cents kilomètres, à un coût très inférieur et avec un moindre risque de détérioration. Les régions de l'intérieur, qui étaient coupées du reste du pays, ont cessé de l'être[69]. Le réseau ferroviaire a également permis de baisser considérablement les coûts commerciaux : le coût du transport par mile parcouru était près de deux fois et demie plus élevé par la route que par le rail. Et les lieux ainsi reliés commencèrent à échanger davantage et à s'enrichir : la valeur de la production agricole augmenta de 16 % dans les districts pourvus d'une ligne de train par rapport à ceux où il n'y en avait pas.

Aux États-Unis aussi, l'intégration interne s'est faite, à peu près à la même époque, grâce au développement d'un important réseau ferroviaire. Bien que le rôle du train dans le développement de l'économie américaine soit controversé, des recherches récentes montrent que la valeur des terres agricoles aurait été inférieure de presque 64 % sans la construction de voies ferrées[70]. Le prix de ces terres représentait les gains que les fermiers espéraient tirer d'une meilleure liaison avec les autres comtés. Et ces gains provenaient largement de la spécialisation que chaque région avait pu opérer. Entre 1890 et 1997, localement, la spécialisation de l'agriculture n'a cessé de s'accentuer. Les agriculteurs ont de plus en plus choisi les cultures pour lesquelles leurs champs étaient le mieux adaptés (en raison du sol, du climat, etc.), ce qui a permis de réaliser des gains importants en termes de productivité et de revenu agricoles[71].

Une mauvaise intégration intérieure rigidifie les économies en empêchant les ressources de se déplacer là où elles seraient le plus utiles, ce qui anéantit les gains du commerce international pour les gens ordinaires, et parfois même les transforme en pertes. Les mauvaises routes, par exemple, découragent d'aller chercher un travail à la ville. En Inde, il a été démontré que le piètre état des routes reliant les villages aux routes principales dissuadait les populations rurales de prendre un emploi non agricole en dehors du village[72]. Et il fait tellement augmenter le prix des produits que les consommateurs des villages ne tirent presque aucun avantage du commerce international. Au Nigeria et en Éthiopie, quand les produits importés arrivent jusqu'aux villages – quand ils y arrivent –, ils sont hors de prix[73]. La médiocrité des transports, que ce soit pour les inputs ou pour les produits finis, supprime l'avantage, en termes de coût, d'une main-d'œuvre bon marché. Pour pouvoir tirer avantage de l'intégration internationale, les liaisons et communications intérieures doivent s'améliorer.

Ne commencez pas cette guerre commerciale

Les exemples et les analyses de ce chapitre sont issus de recherches de pointe, conduites au sein des départements d'économie les plus respectés, et pourtant les principales conclusions qui y sont présentées peuvent sembler nous mettre en contradiction avec des opinions communément admises. Si l'on enseigne encore à tous les étudiants en économie que le commerce international produit au total des gains non négligeables, et que tout le monde s'en trouvera mieux car ces gains pourront être redistribués, les trois grands enseignements de ce chapitre sont loin d'être aussi optimistes.

En premier lieu, les gains du commerce international sont plutôt modestes pour une économie de grande taille comme les États-Unis. En second lieu, si les gains sont potentiellement beaucoup plus importants pour les pays plus petits et plus pauvres, ce n'est en rien une recette miracle. De même que nous avons vu, dans le chapitre sur les migrations, qu'il ne suffisait pas d'ouvrir les frontières pour que les gens déménagent, la levée des barrières au commerce ne suffit pas pour que de nouveaux pays se joignent à la fête. Enfin, la redistribution des gains du commerce s'avère extrêmement délicate, et les individus qui subissent les contrecoups de l'ouverture au commerce international ont souffert – et souffrent encore beaucoup.

Certes, l'échange de biens, de personnes, d'idées et de cultures a rendu le monde beaucoup plus riche. Ceux qui ont eu la chance d'être à la bonne place au bon moment, et de posséder les compétences ou les idées adéquates, se sont enrichis, quelquefois de façon fabuleuse, en bénéficiant de la possibilité de démultiplier leurs talents à l'échelle mondiale. Pour les autres, le bilan est en demi-teinte. Des emplois ont été détruits sans être remplacés. La hausse des revenus a permis d'en créer de nouveaux – de cuisinier, de chauffeur, de nounou, de jardinier –, mais le commerce international a aussi produit un monde plus volatile, où des emplois disparaissent du jour au lendemain pour ne réapparaître qu'à des milliers de kilomètres. Les gains et les pertes ont été distribués de façon très inégale et cette réalité commence clairement à se retourner contre nous ; elle est désormais, avec l'immigration, au cœur du débat politique.

Le protectionnisme douanier peut-il y remédier ? Assurément non. La réintroduction de droits de douane n'aidera pas la grande majorité des Américains. Et pour une raison simple, qui tient à un des principaux arguments que nous avons avancés jusqu'ici : ce qui compte, ce sont les transitions. Le choc chinois a fait perdre leur emploi à un grand nombre de personnes ; si beaucoup ne s'en sont jamais vraiment remises, cela est imputable à la rigidité de l'économie, qui ne leur a pas permis de changer de secteur ou de région pour retomber sur leurs pieds, et qui a empêché les ressources de s'y déplacer.

Mais cesser aujourd'hui de commercer avec la Chine aura pour unique effet de provoquer de nouvelles suppressions d'emplois, et beaucoup de ces nouveaux perdants se trouveront dans des comtés qui n'ont pas encore fait parler d'eux parce qu'ils se portent bien. Sur les 128 produits pour lesquels la Chine a annoncé le rétablissement de droits de douane, le 22 mars et le 2 avril 2018, la plupart n'étaient pas des produits technologiques mais agricoles (pommes, poires, cochons, etc.). Les exportations agricoles des États-Unis ont augmenté constamment depuis vingt ans, passant de 56 milliards de dollars en 1995 à 140 milliards en 2017. Aujourd'hui, un cinquième de la production agricole du pays est exporté. Et la première destination de ces exportations est l'Asie de l'Est. La Chine, à elle seule, en achète 16 %[74].

Une guerre commerciale avec la Chine aura donc pour principal effet de faire disparaître des emplois dans l'agriculture et dans les secteurs d'activité qui lui sont liés. Le département américain de l'Agriculture estime qu'en 2016 les exportations agricoles représentaient plus de 1 million d'emplois aux États-Unis, dont presque les trois quarts dans le secteur non agricole[75]. Les 5 États ayant la plus grande part d'emplois agricoles sont la Californie, l'Iowa, la Louisiane, l'Alabama et la Floride[76]. De même que les personnes qui ont perdu leur emploi dans l'industrie en Pennsylvanie n'ont pas pu en retrouver un près de chez elles, ces emplois agricoles ne seront pas remplacés par des emplois manufacturiers. Et nous savons, grâce à tout ce que nous avons vu dans ce chapitre et dans le précédent, que, à l'instar des travailleurs de l'industrie qui ne sont pas partis quand leurs emplois ont été supprimés, ceux de l'agriculture resteront sur place. L'Alabama et la Louisiane sont parmi les 10 États les plus pauvres des États-Unis[77], et une guerre commerciale constituerait pour eux le coup de grâce.

Une guerre commerciale ne serait évidemment pas la fin du monde tel que nous le connaissons. Mais, si elle peut permettre de sauver quelques emplois dans la sidérurgie, elle provoquera probablement d'énormes dégâts dans d'autres secteurs. L'économie du pays s'en remettra ; des centaines de milliers de personnes, elles, en seront durablement affectées.

Si l'on exclut les droits de douane, que faut-il faire ? Faciliter la mobilité, accepter l'immobilité

Puisque le principal problème que pose le commerce international est de créer beaucoup plus de perdants que ne le postule le théorème de Stolper-Samuelson, toute recherche de solution doit s'attacher à limiter précisément leur nombre. Soit en les aidant à changer de travail ou de lieu de vie, soit en trouvant un moyen de mieux les dédommager.

L'extrême concentration des impacts négatifs du commerce international a toutefois un avantage : nous savons où chercher les victimes. Pourquoi ne pas cibler directement l'aide sur les travailleurs des secteurs fortement touchés par le choc chinois, par exemple ? C'était d'ailleurs l'idée qui inspirait le programme Trade Adjustment Assistance. Le TAA finance la formation des travailleurs licenciés (jusqu'à 10 000 dollars par an). Les travailleurs formés ont droit à une allocation chômage pendant trois ans, pour avoir le temps de rétablir leur situation.

Le TAA est une bonne idée, mais il est gravement sous-financé. Pour y avoir droit, un travailleur doit faire une demande au département fédéral du Travail. Son dossier est ensuite confié à un ou une assistante sociale, qui doit examiner si son emploi a disparu du fait de la concurrence des importations, de la délocalisation des emplois ou des répercussions négatives sur les entreprises qui vendaient ou qui achetaient à celle où il travaillait.

Cette décision passe par un processus d'évaluation complexe, et certains assistants sociaux tendent plus volontiers que d'autres à pencher du côté du travailleur et à lui accorder une aide. Une étude montre que la décision d'accéder ou non à une demande est plus ou moins aléatoire[78]. Puisant dans une base de données de 300 000 demandes, elle compare le sort de travailleurs dont les dossiers ont été évalués : ceux dont la demande était confiée à un assistant social compréhensif étaient plus nombreux à bénéficier du TAA, et donc à recevoir une formation, à changer de secteur d'activité et à avoir à terme un meilleur revenu. Au total, les travailleurs qui bénéficiaient du TAA devaient commencer par renoncer à 10 000 dollars de revenu (puisqu'ils ne pouvaient pas travailler avant d'être formés) et le gouvernement dépensait un peu d'argent pour leur formation. Mais, au cours des dix années suivantes, ils gagnaient 50 000 dollars de plus que les travailleurs qui n'avaient pas suivi de formation. Il fallait encore dix ans pour que les niveaux de salaire des travailleurs formés et des autres convergent. C'était donc un investissement rentable pour eux, mais qu'ils n'auraient pas pu faire sans l'aide du gouvernement car il leur aurait été très difficile d'obtenir à cette fin un prêt d'une banque.

Dans ces conditions, on peut se demander pourquoi un programme aussi efficace que le TAA est à la fois sous-financé et sous-utilisé. La raison réside en partie dans le fait que ni les décideurs politiques ni le grand public, jusqu'à la publication d'une étude récente, ne savaient qu'il fonctionnait. Cela témoigne probablement du fait que ce type de mesure intéresse peu les économistes du commerce international. Ils n'apprécient guère les programmes qui reposent trop sur une décision subjective : ils redoutent les abus. Au niveau politique, consacrer des budgets importants à de pareilles mesures aurait fait apparaître au grand jour que le commerce international s'accompagne de gros coûts d'adaptation, ce qui n'aurait peut-être pas été acceptable.

Une des solutions évidentes consisterait donc à étendre un programme comme le TAA, pour qu'il soit à la fois plus généreux et plus facilement accessible. Le nouveau TAA pourrait par exemple s'inspirer du GI Bill (la législation sur les soldats démobilisés de l'armée américaine) et verser suffisamment d'argent aux « vétérans » d'un choc commercial pour qu'ils puissent recommencer leurs études. Le GI Bill prévoit une aide à la formation de trente-six mois, finance la totalité des frais de scolarité dans un établissement du secondaire (jusqu'à 1 994 dollars de frais pour un élève à plein temps, et une somme au prorata s'il est à temps partiel), ainsi qu'une aide au logement[79]. Le nouveau TAA pourrait s'en inspirer et proposer, en plus, une assurance chômage pour la durée de la scolarité suivie. Et, comme nous savons que les chocs commerciaux ont de puissants effets sur les marchés locaux, le TAA pourrait être plus généreux dans les régions dont on sait qu'elles ont été particulièrement impactées, afin d'éviter d'entraîner les marchés du travail en souffrance dans une spirale infernale.

De façon générale, la plupart des difficultés provoquées par le commerce international sont liées à l'immobilité des personnes et des ressources. Au libre mouvement des marchandises entre les pays ne correspond pas une liberté de mouvement comparable à l'intérieur des pays. Toutes les solutions évoquées à la fin du chapitre 2 pour encourager les migrations intérieures et l'intégration sans heurt des personnes qui veulent bouger (subventions, logement, assurance, aide à la garde d'enfants) faciliteraient l'adaptation aux chocs commerciaux.

Mais il est clair également que la mobilité, favorisée ou non par le TAA, n'est pas la solution idéale pour tous les travailleurs. Certains peuvent ne pas vouloir, ou ne pas pouvoir, suivre une nouvelle formation ; d'autres peuvent ne pas avoir envie de changer de travail, notamment si cela nécessite de tout quitter pour emménager ailleurs. C'est particulièrement vrai pour les travailleurs les plus âgés, pour qui se former à une nouvelle profession est difficile et qui ont moins de chance ensuite de trouver un nouveau travail. Une étude montre que, après des licenciements massifs, ils ont beaucoup de mal à retrouver un emploi. Entre deux et quatre ans après avoir perdu leur travail, les gens victimes de licenciements massifs à l'âge de cinquante-cinq ans ont 20 % de chance en plus d'être au chômage que ceux qui n'ont pas subi ce sort au même âge[80]. Ce type de perte d'emploi a également un effet durable sur les travailleurs plus jeunes, mais jamais aussi important, et de loin[81].

Les travailleurs âgés sont aussi souvent ceux qui ont passé une grande partie de leur vie professionnelle dans le même emploi.

Leur travail leur donne un sentiment de fierté et une identité, et leur permet de définir la place qu'ils occupent dans leur communauté. Il est difficile de les dédommager avec une simple invitation à se former à un tout autre métier.

Pourquoi ne pas proposer alors de subventionner les entreprises qui subissent les contrecoups du commerce international (notamment celles situées dans les régions les plus touchées) tant qu'elles continuent d'employer leurs employés les plus âgés ? Larry Summers (qui présida le National Economic Council en 2009-2010) et Edward Glaeser ont récemment proposé l'idée d'une baisse de la taxe sur la masse salariale dans certaines régions[82]. Cependant, cette solution pourrait ne pas être suffisante pour convaincre une entreprise de garder ses employés si elle n'est plus compétitive. En ciblant plus les secteurs et les zones d'activité, et en limitant le programme aux travailleurs en poste âgés de cinquante-cinq à soixante-deux ans (âge où ils peuvent partir à la retraite et recevoir une assurance maladie automatique), il serait possible de dépenser plus pour chaque personne, et peut-être, si cela est nécessaire, de donner à l'entreprise une aide supérieure au coût d'un travailleur à plein temps. Cela ne sauverait pas toutes les entreprises, mais permettrait peut-être de préserver un bon niveau d'emploi là où cela importe le plus, d'empêcher la désintégration du tissu social local et de participer à la transition nécessairement longue vers un nouveau tissu productif. L'impôt sur le revenu serait le bon moyen de financer ces mesures. Dans la mesure où nous bénéficions tous du commerce international, nous devrions collectivement en payer le coût. Il est absurde de demander aux travailleurs agricoles, par exemple, de perdre leur emploi uniquement afin que les sidérurgistes conservent le leur, et c'est à cela qu'aboutissent les droits de douane.

Bien sûr, la proposition n'est pas sans difficultés pratiques. Les entreprises touchées devront d'abord être identifiées, et il y aura certainement du lobbying et des tentatives de contournement des règles. L'idée pourrait aussi être vue comme une forme de protectionnisme commercial et contrevenir aux règles de l'OMC. Mais ces problèmes devraient pouvoir trouver une solution. Le principe d'identifier les entreprises qui ont subi un choc commercial est déjà retenu par le TAA, qui prévoit un mécanisme pour statuer sur les demandes. Pour éviter d'être qualifié de protectionniste, le dispositif pourrait être étendu aux emplois disparus à la suite d'un choc technologique.

L'idée générale est qu'il faut prendre en compte les souffrances subies par ceux qui doivent changer, bouger, renoncer à leur conception de ce que sont une bonne vie et un bon emploi. Curieusement, les économistes et les décideurs politiques ont été pris de court par l'hostilité suscitée par le libre-échange, alors même qu'ils savaient depuis longtemps que la classe des travailleurs allait probablement en souffrir dans les pays riches et en bénéficier dans les pays pauvres. La raison à cela, c'est qu'ils ont considéré comme évident que les travailleurs seraient capables de changer de travail ou de licu de vie, ou les deux, et estimé que s'ils n'en étaient pas capables c'était d'une certaine manière leur faute. Cette croyance, qui imprègne toute notre politique sociale, a fait naître le conflit que nous connaissons aujourd'hui entre les « perdants » et le reste de la population.

4.

Préférences, désirs et besoins

L'expression de plus en plus explicite d'une franche hostilité à l'encontre des personnes de « race », d'ethnie, de religion et même de sexe différents est devenue la marque des dirigeants populistes partout dans le monde. Des États-Unis à la Hongrie, de l'Inde à l'Italie, des individus qui n'ont d'autre programme politique que le racisme ou le sectarisme sont désormais au centre du jeu politique. Les élections comme les politiques publiques se définissent en fonction d'eux. Aux États-Unis, en 2016, plus un individu s'identifiait comme blanc, plus il était facile de prédire qu'il soutiendrait Donald Trump parmi les candidats républicains à la présidence ; cet indicateur était bien plus fiable, par exemple, que le niveau d'inquiétude économique[1].

La virulence du vocabulaire que ces dirigeants utilisent quotidiennement légitime l'expression publique d'idées que certains nourrissaient bien sûr déjà, mais qui se traduisaient rarement par des paroles, moins encore par des actes. Parmi les multiples exemples de racisme quotidien aux États-Unis, on peut citer la réaction de cette cliente blanche d'un supermarché qui a appelé la police pour dénoncer une autre cliente, noire, qu'elle soupçonnait, pour avoir plus ou moins surpris une communication téléphonique, d'essayer de vendre des bons alimentaires. Au cours de l'incident, elle laissa échapper : « Nous allons construire ce mur. » Ce commentaire n'avait aucun sens puisque la personne qu'elle accusait était une citoyenne américaine qui se serait retrouvée du même côté de l'hypothétique mur que son accusatrice blanche.

Mais nous savons tous ce qu'elle entendait par là. Elle exprimait sa *préférence* pour une société qui ne compterait plus que des personnes comme elle, le mur métonymique de Trump devant séparer les races. C'est pourquoi ce projet est devenu un tel chiffon rouge dans la vie politique américaine, une image de ce dont rêve un camp et de ce que l'autre redoute.

Les préférences, en un sens, ne sont que ce qu'elles sont. Les économistes les distinguent nettement des croyances. Croissants ou pains au chocolat, mer ou montagne, personnes noires ou blanches de peau : les préférences désignent ce que nous aimons le mieux. Elles ne relèvent pas de la méconnaissance des mérites de chaque terme de l'alternative, et ne peuvent donc être influencées par des informations ; elles s'expriment quand nous savons tout ce qui pourrait nous être nécessaire pour nous faire une opinion sur le sujet. Il peut exister des croyances erronées, mais pas des préférences erronées : la cliente blanche du supermarché a parfaitement le droit de répéter à l'envi quelque chose qui n'a aucun sens. Il vaut cependant la peine d'essayer de comprendre pourquoi des gens peuvent avoir des idées comme les siennes avant de nous enfoncer encore davantage dans le bourbier du racisme. Par ailleurs, il est impossible de réfléchir aux choix politiques que nous évoquons dans ce livre sans comprendre l'origine de ces préférences et ce qu'elles signifient. Quand nous discutons des limites de la croissance économique, des dégâts provoqués par les inégalités ou des coûts et bénéfices de la protection de l'environnement, nous ne pouvons pas faire la distinction entre ce dont les individus ont besoin et ce qu'ils désirent sans nous interroger, aussi, sur la valeur que la société devrait accorder à ces désirs.

Malheureusement, la science économique traditionnelle est mal outillée en ce domaine. La grande majorité des économistes ont tendance à faire preuve d'une absolue tolérance envers les idées et les opinions, quelles qu'elles soient. On peut ne pas les partager, mais de quel droit porter un jugement sur elles ? C'est à chacun de décider de ses préférences, tout au plus peut-on rappeler les faits afin d'être certain que tout le monde partage les bonnes informations. Les économistes nourrissent aussi souvent l'espoir que le marché résoudra le problème du racisme et de l'intolérance : les personnes dont les préférences témoignent d'un esprit étroit et mesquin ne devraient pas survivre sur le marché, puisque la tolérance constitue une bonne pratique économique. Songeons par exemple à un pâtissier qui se refuserait à faire des gâteaux pour des mariages homosexuels. Il perdrait cette clientèle, d'autres boulangers en profiteraient. Ces derniers s'enrichiraient, pas lui.

En vérité, ce n'est pas toujours comme cela que ça se passe. Les pâtissiers qui n'acceptent pas de faire des gâteaux pour les mariages homosexuels ne mettent pas la clef sous la porte car ils reçoivent le soutien de personnes qui pensent comme eux. Le racisme et l'intolérance peuvent être bons pour les affaires, du moins profiter à certains. C'est pourquoi, ces dernières années, la science économique a dû réexaminer la question, ce qui nous a conduits à faire d'utiles découvertes.

« De gustibus non est disputandum » ?

En 1977, dans un article célèbre et influent intitulé « De gustibus non est disputandum » (que l'on pourrait traduire par « Des goûts et des couleurs, on ne discute pas »), Gary Becker et George Stigler, lauréats du prix Nobel d'économie et fondateurs de l'école d'économie de Chicago, expliquaient pourquoi les économistes peuvent éviter de se casser la tête pour comprendre ce qui se cache derrière les préférences[2].

Nos préférences font partie de ce que nous sommes, disaient Becker et Stigler. Si, après avoir pris connaissance de toutes les informations pertinentes, deux personnes ne s'entendent toujours pas sur la question de savoir si la vanille est meilleure que le chocolat ou s'il vaut la peine de sauver les ours polaires, il faut en conclure qu'il s'agit d'opinions singulières à chacun. La préférence ne serait ainsi ni un caprice, ni une erreur, ni une réaction à la pression sociale, mais un jugement réfléchi, témoignant de ce à quoi nous accordons de la valeur. Si Becker et Stigler reconnaissaient que cette hypothèse n'est certainement pas toujours vraie, ils la considéraient néanmoins comme le meilleur point de départ pour rendre compte des comportements humains.

Nous trouvons intéressante l'idée que les choix des personnes ont une *cohérence*, au sens où ce sont des choix réfléchis, et non faits au hasard. Nous pensons qu'il est à la fois déplacé et condescendant de supposer que les gens font n'importe quoi simplement parce que nous aurions nous-mêmes agi autrement qu'eux. Pourtant, la société ignore souvent les préférences des individus, en particulier quand ils sont pauvres, et supposément, d'ailleurs, pour leur bien (par exemple en leur donnant des bons alimentaires plutôt que de l'argent liquide). Nous le justifions en affirmant que nous savons mieux qu'eux ce dont ils ont vraiment besoin. Pour lutter en partie contre cette attitude – en partie seulement, parce que nous ne nions pas que les erreurs de jugement sont légion dans le monde –, nous avons pris la peine, dans *Repenser la pauvreté*, de montrer que les choix faits par les personnes pauvres ont souvent bien plus de sens que nous ne leur en prêtons[3]. Nous y racontons par exemple l'histoire d'un habitant du Maroc qui, après nous avoir expliqué avec conviction que lui et sa famille n'avaient pas assez à manger, nous a montré son téléviseur, équipé d'une liaison satellite. Notre premier réflexe a été de penser qu'il s'agissait d'un achat impulsif qu'il avait sûrement regretté par la suite. Mais ce n'est pas du tout ainsi qu'il nous l'a présenté. « Avoir la télé est plus important que manger », nous a-t-il dit. Son insistance nous a poussés à essayer de comprendre ce qu'il voulait dire et, une fois cette démarche amorcée, tout s'est éclairé : il n'y avait pas grand-chose à faire dans le village et, comme cet homme n'envisageait pas d'émigrer, il n'était pas sûr qu'un meilleur régime alimentaire ferait autre chose que lui remplir un peu plus le ventre ; or il était déjà suffisamment fort physiquement pour accomplir le peu de travail disponible. La télévision, en revanche, offrait un remède souverain au problème endémique de l'ennui qui accable ces villages isolés, où il n'y a, bien souvent, pas même un marchand de thé pour rompre la monotonie du quotidien.

Ce Marocain insistait beaucoup sur le fait que cette préférence était tout à fait raisonnable : il nous assura à plusieurs reprises que, maintenant qu'il avait la télévision, tout argent supplémentaire serait consacré à des achats alimentaires, qui étaient importants, mais moins que la télévision. Mais cette idée est contre-intuitive et elle contredit la science économique standard. Comme cet homme avait acheté une télévision alors qu'il n'y avait pas suffisamment à manger chez lui, l'hypothèse standard impliquerait que tout argent supplémentaire entrant en sa possession serait jeté plus lestement encore par les fenêtres, puisqu'il était à l'évidence sujet à des pulsions irrationnelles. C'est ce type de raisonnement qui justifie de ne pas donner d'argent aux pauvres. Pourtant, plusieurs études récentes, réalisées un peu partout dans le monde, suggèrent que ce Marocain pauvre savait parfaitement ce qu'il faisait. Les données montrent que, lorsque des gens très pauvres (choisis au hasard) reçoivent de l'argent supplémentaire de l'État, ils en dépensent effectivement, comme il nous le disait, une très large partie en nourriture[4].

Dans cette enquête, nous avons donc appris quelque chose parce que nous étions disposés à mettre de côté notre incrédulité et à admettre que les gens savent ce qu'ils veulent. Cependant, Becker et Stigler souhaiteraient que nous allions encore plus loin, et que nous considérions les préférences comme *stables*, au sens où elles ne seraient jamais influencées par ce qui se passe autour de nous. Ainsi, ni l'école, ni les exhortations des parents ou celles des prêtres, pas plus que ce que nous lisons sur les panneaux publicitaires ou ce que nous voyons sur nos écrans de télévision, d'ordinateur ou de téléphone portable ne seraient en mesure de modifier nos préférences véritables. L'idée que les gens tendent généralement à se conformer aux normes sociales, qu'ils puissent être influencés par leurs pairs (par exemple, qu'ils se font tatouer parce que leurs amis le font, qu'ils mettent un foulard sur la tête parce c'est ce qu'on attend d'eux, ou qu'ils achètent une belle voiture parce que leurs voisins en ont une, etc.) est exclue.

Becker et Stigler avaient trop sérieusement étudié les sciences sociales pour ne pas savoir que ce n'était pas toujours le cas. Mais ils croyaient qu'il était plus utile de se demander pourquoi tel ou tel choix apparemment irrationnel pouvait en réalité avoir un sens, que de refuser d'en voir la logique sous-jacente et de l'attribuer à quelque forme d'hystérie collective. Leur vision des choses a eu énormément d'influence. Beaucoup sinon la plupart des économistes ont adhéré à l'idée de ce que l'on appelle les *préférences standard*, c'est-à-dire des préférences qui sont à la fois cohérentes et stables. Il y a plusieurs années de cela, par exemple, quand Abhijit vivait à Manhattan et enseignait à Princeton, il prenait très souvent le train. Il a observé que les gens formaient des files d'attente à certains endroits des quais pour attendre le train, mais que la plupart du temps la tête de file ne se trouvait jamais à proximité d'une porte donnant accès au train. C'était une sorte d'effet de mode.

On aurait pu naturellement en conclure que les gens se contentaient de suivre le mouvement parce qu'ils préféraient faire comme tout le monde. Mais cette affirmation aurait contredit l'idée des préférences stables, puisque cela aurait voulu dire que leur préférence pour une place sur le quai dépendait du nombre de personnes qui s'y trouvaient déjà. Pour expliquer pourquoi les gens cèdent à telle ou telle mode sans se contenter de supposer qu'ils aiment faire comme tout le monde, Abhijit élabora le raisonnement suivant. Imaginons que les gens pensent que les autres savent quelque chose qu'eux-mêmes ne savent pas, par exemple que la porte du train va s'ouvrir à un endroit précis. Ils auront tendance alors à se joindre à la foule (quitte à ignorer des informations qu'ils ont en leur possession et qui disent que le train s'arrêtera sans doute ailleurs). La conséquence en sera que la foule va grossir encore, si bien qu'un autre voyageur arrivant sur le quai aura tendance à penser que ce regroupement traduit en effet la possession d'une information utile. Et, pour la même raison, il aura tendance à se fondre dans la mêlée. Autrement dit, ce qui s'apparente à du conformisme pourrait être, en réalité, le résultat d'une décision rationnelle, prise par un grand nombre d'individus qui n'ont pas particulièrement d'intérêt à faire comme les autres, mais qui croient que certains sont mieux informés qu'eux. Abhijit appela cette explication un « modèle simple de comportement grégaire[5] ».

Le fait que chaque décision individuelle soit rationnelle ne rend pas le résultat d'ensemble nécessairement désirable. Le comportement grégaire produit des *cascades informationnelles* : les informations sur lesquelles les premières personnes fondent leur décision ont un impact démesuré sur ce que pensent toutes les autres. Une expérience récente met en évidence la tendance de ces premières actions aléatoires à provoquer ce type de cascades[6]. Des chercheurs ont travaillé avec un site web qui agrège les avis postés sur les restaurants et sur d'autres services. Des internautes postent des commentaires et d'autres internautes viennent les confirmer ou les infirmer par un vote. Ils ont imaginé une expérience dans laquelle le site web choisissait de façon aléatoire une partie des commentaires et leur ajoutait artificiellement, sitôt postés, des votes allant dans le même sens ; puis il en choisissait d'autres, toujours au hasard, et leur ajoutait des votes contraires. Un vote positif augmentait de près d'un tiers (32 %) la probabilité que l'utilisateur suivant poste à son tour un avis positif. Au bout de cinq mois, les commentaires qui avaient reçu un *seul* vote positif factice au début du processus avaient beaucoup plus de probabilité d'avoir une très bonne note que ceux qui avaient reçu un seul vote négatif. L'impact de ce premier coup de pouce allait en s'accroissant, même quand les posts avaient été vus 1 million de fois.

Les effets de mode ne sont donc pas nécessairement incompatibles avec le paradigme des préférences standard. Même quand nos préférences ne dépendent pas directement de ce que fait autrui, le comportement des autres peut nous fournir un signal qui modifie nos croyances et notre comportement. Si je n'ai pas une raison valable de penser autrement, je peux déduire des actions d'autrui que le tatouage est quelque chose de joli, que boire du jus de banane me fera mincir ou que ce Mexicain apparemment inoffensif est un violeur en puissance.

Reste à expliquer pourquoi les gens font parfois des choses qu'ils *savent* ne pas être dans leur intérêt immédiat (par exemple, se faire dessiner un tatouage qu'ils ne trouvent pas beau, ou lyncher un musulman au risque d'aller en prison), uniquement parce que leurs amis en ont fait autant.

L'action collective

Il s'avère que les préférences standard peuvent donner une explication rationnelle aussi bien à un effet de mode qu'au respect des normes sociales. L'idée, ici, est que les personnes qui contreviennent à la norme seront punies par le reste de la communauté. Et qu'il en ira de même de celles qui ne punissent pas les contrevenants, de celles qui ne punissent pas celles qui ne punissent pas les contrevenants, etc. Une des grandes découvertes du champ de la théorie des jeux s'appelle le « *folk theorem* » (parce qu'il s'agit d'un théorème qui faisait partie du folklore, ou de la légende populaire des théoriciens des jeux, bien avant d'être prouvé). Il permet de démontrer formellement que cette idée est tout à fait logique et cohérente, et peut donc expliquer pourquoi les normes sont si puissantes[7].

Elinor Ostrom, qui fut la première femme lauréate du prix Nobel d'économie, a consacré l'essentiel de sa carrière à démontrer la validité de ce théorème. Un grand nombre de ses exemples sont pris dans de petites communautés – des producteurs de fromages en Suisse, des utilisateurs de la forêt au Népal, des pêcheurs de la côte du Maine, aux États-Unis, ou du Sri Lanka[8]. Leur existence repose sur une norme de comportement à laquelle les membres sont censés se conformer.

Dans les Alpes suisses, par exemple, les producteurs de fromages utilisaient depuis des siècles un régime de propriété collective des pâturages. L'absence d'accord collectif aurait pu provoquer une catastrophe : la terre n'appartenant à personne en particulier, chaque éleveur ayant une bonne raison de vouloir mieux nourrir ses bêtes, éventuellement aux dépens des autres, les pâturages auraient pu être surexploités et devenir improductifs. Mais il existait des règles claires sur ce que les éleveurs avaient le droit de faire et de ne pas faire sur ces pâturages communs, et elles étaient respectées, sans quoi les contrevenants auraient été privés de leurs droits de pâture futurs. Ainsi, disait Ostrom, la propriété collective présentait pour tout le monde plus d'intérêt que la propriété privée. D'autant plus que la division de la terre en parcelles, chacune appartenant à un individu différent, augmente le risque, car il est toujours possible que l'herbe soit touchée ici ou là par une maladie.

La même logique explique pourquoi, dans un grand nombre de pays en développement, une partie de la terre (par exemple, la forêt attenante au village) est toujours une propriété commune. Tant que la terre commune est utilisée avec parcimonie, elle offre une ressource de dernier recours aux villageois dont les projets peuvent être réduits à néant par une conjecture défavorable. Trouver de quoi manger dans la forêt ou vendre l'herbe du pré de la terre mise en communauté peut les aider à survivre. L'intrusion de la propriété privée dans ce type de dispositif, généralement inspirée par des économistes qui ne comprennent ni le contexte ni sa logique (et qui adulent la propriété privée), a souvent été un désastre[9].

On le voit, c'est souvent un égoïsme bien compris qui pousse les habitants d'un village à s'entraider : chacun s'attend à recevoir une aide équivalente quand il en aura besoin[10]. La sanction attenante à la norme est que ceux qui refusent de s'entraider sont exclus à l'avenir du réseau d'aide de la collectivité.

Les systèmes d'aide mutuelle peuvent s'effondrer lorsque des membres de la collectivité trouvent des opportunités ailleurs. Dans ce cas, le risque d'être exclu ne fait plus aussi peur, et il devient tentant de ne plus se plier à ses obligations. Par anticipation, les autres membres peuvent être plus réticents à s'aider, ce qui accroît encore la tentation de violer les règles. Le système d'aide mutuelle peut s'effondrer complètement, aggravant la situation de tous. La collectivité surveille donc de près les comportements susceptibles de menacer les normes communes, et veille à s'en protéger.

La réaction collective

Les économistes soulignent généralement le rôle positif des communautés[11]. Mais le fait que certaines normes puissent assurer par elles-mêmes leur propre respect ne les rend pas nécessairement bonnes. La discipline qu'elles imposent peut avoir une finalité réactionnaire, violente ou destructrice. Un article désormais classique montre que la discrimination raciale et le célèbre système de caste en Inde peuvent reposer sur la même logique, *même si personne ne se soucie en réalité de la race ou de la caste*[12].

Supposons que personne ne se soucie individuellement des castes, mais que toutes les personnes qui franchissent les barrières de caste, en matière de sexualité ou de mariage, par exemple, soient accusées d'abâtardissement et traitées en parias : personne ne voudra plus se marier avec des membres de leur famille, ni même avoir avec eux des relations amicales ou professionnelles. Et supposons que toutes les personnes qui contestent cette norme et épousent des parias deviennent à leur tour des parias. Ce sera alors suffisant pour dissuader tout le monde de violer la règle, même si tout le monde la trouve arbitraire. Bien sûr, les choses peuvent changer si un nombre assez important de gens commencent à contester la norme. Mais rien ne garantit que cela se produise un jour.

C'est exactement l'histoire de *Samskara*, un merveilleux film indien de Pattabhi Rama Reddy, réalisé en 1970, dans lequel un brahmane (un membre de la caste prétendument la plus élevée) est « souillé » pour avoir couché avec une prostituée d'une caste inférieure. Quand la mort le frappe soudainement, aucun autre brahmane n'accepte de procéder à sa crémation : ils ont peur d'être souillés à leur tour par le simple contact de sa dépouille. On la laisse pourrir aux yeux de tous. La norme finit par pervertir les règles de la communauté, qui se trouve coincée par la mise en application de ses propres édits.

Le saint et le médecin

Cette tension entre la communauté qui unit et la communauté qui punit est bien sûr ancestrale et universelle. La tension entre l'État qui protège l'individu et l'État qui affaiblit la communauté, que l'on retrouve aujourd'hui dans des pays aussi différents que le Pakistan et les États-Unis, en est l'une des traductions. Les communautés luttent à la fois pour résister à la bureaucratisation et l'impersonnalité qui accompagnent l'intervention de l'État et pour protéger le droit de telle ou telle communauté de poursuivre ses propres objectifs – parmi lesquels on peut souvent ranger la discrimination à l'encontre des personnes ayant une autre appartenance ethnique ou d'autres préférences sexuelles ainsi que la primauté de diktats religieux (l'enseignement du créationnisme, par exemple) sur ceux de l'État.

Dans le mouvement nationaliste indien, Gandhi incarnait l'idée que la nouvelle nation devait reposer sur des villages décentralisés et autosuffisants, havres de paix où chacun se sentirait chez soi. « Le futur de l'Inde repose sur ses villages », écrivait-il. Son opposant le plus remarquable était Bhimrao Ram-ji Ambedkar, l'homme qui finirait par rédiger la Constitution indienne. Né dans la caste la plus basse, condamné à rester à la porte de l'école du village, il avait été si brillant qu'il avait fini son parcours universitaire avec deux PhD et un diplôme de droit. Pour lui, le village indien était « un cloaque provincial, un repaire d'ignorance, d'étroitesse d'esprit et de communautarisme[13] ». Seul l'État était en mesure de changer les choses, et la Constitution, dont il tire sa force, était la meilleure garantie des droits des défavorisés *contre* la tyrannie locale des puissants au sein de la communauté.

En matière d'intégration des castes, l'Inde d'après l'indépendance a plutôt réussi. L'écart de salaire entre les castes traditionnellement les plus défavorisées et les autres est passé de 35 % en 1983 à 29 % en 2004[14]. Cette évolution semble faible, mais c'est mieux que la réduction de l'écart de salaire entre Noirs et Blancs aux États-Unis pendant la même période. L'explication principale de ce succès est l'application de politiques de discrimination positive mises en place par Ambedkar : elles ont donné aux groupes historiquement discriminés un accès privilégié à l'éducation, à la fonction publique et aux divers mandats législatifs. La transformation économique de l'Inde y a également contribué. En favorisant l'anonymat et en rendant les gens moins dépendants des réseaux de village, l'urbanisation a permis aux castes de se mélanger davantage. La création d'emplois nouveaux a réduit l'importance des réseaux de caste dans la recherche d'un travail et incité les jeunes des castes inférieures à suivre une scolarité et à faire des études. Mais peut-être les communautés villageoises ont-elles aussi joué un rôle moins négatif que ne le craignait Ambedkar. Les villages se sont montrés capables d'une action collective qui transcende les frontières entre castes, par exemple en adoptant avec enthousiasme l'éducation primaire universelle et la gratuité des repas à l'école pour tous les enfants, quelle que soit leur caste.

Cela ne signifie pas que le problème des castes soit résolu. Au niveau local, les préjugés de caste se portent encore très bien. En 2016, une étude portant sur 565 villages dans 11 États indiens montrait que, malgré l'interdiction légale, certaines formes d'intouchabilité étaient encore pratiquées dans presque 80 % des villages. Dans presque la moitié des villages, les dalits (membres des castes inférieures) ne pouvaient pas vendre de lait. Dans près d'un tiers, il leur était interdit de vendre quoi que ce soit sur le marché local et ils devaient utiliser des couverts différents dans les restaurants ; l'accès à l'eau pour l'irrigation des champs leur était également limité[15]. De plus, si certaines formes traditionnelles de discrimination s'affaiblissent, les castes supérieures, de leur côté, réagissent avec violence contre la menace des progrès économiques des castes inférieures. En mars 2018, un jeune dalit fut assassiné dans l'État du Gujarat parce qu'il possédait et montait un cheval, ce que seuls les membres des castes supérieures ont le droit de faire.

Pire, une nouvelle forme de conflit est en train de voir le jour : les groupes formés par les castes se considérant désormais davantage égaux, ils se perçoivent aussi comme rivaux pour l'obtention du pouvoir et des ressources[16]. Au fil des élections, la polarisation selon la caste est de plus en plus importante. Une part croissante des votes des castes supérieures converge vers le Bharatiya Janata Party (BJP), le seul parti indien opposé aux politiques de discrimination positive[17]. D'autres partis sont apparus pour répondre aux spécificités des différentes castes. Ce n'est pas sans conséquences. Dans l'Uttar Pradesh, l'État le plus peuplé du pays, le paysage politique a radicalement changé entre 1980 et 1996. Les régions dominées par les castes inférieures ont de plus en plus voté pour les deux partis auxquels elles s'identifiaient, tandis que les régions dominées par les castes supérieures ont continué de voter pour les partis qui leur étaient traditionnellement associés. Pendant la même période, la corruption a explosé. Un nombre croissant de responsables politiques ont été traînés en justice, et certains ont même mené (et gagné) des campagnes électorales depuis la prison. Abhijit et Rohini Pande ont observé que les deux phénomènes sont liés : la corruption a augmenté dans la plupart des régions où soit les castes supérieures soit les castes inférieures étaient très majoritaires[18]. Dans ces endroits, le candidat de la caste dominante avait l'assurance de gagner, même s'il était très corrompu et que son adversaire ne l'était pas. Rien de comparable n'arrivait dans les régions où la population électorale était équilibrée.

La loyauté de caste permet aussi à la communauté de contrôler ses membres, souvent en violation de la loi. Ainsi, les *panchayats* (des conseils locaux, formés des membres anciens d'une caste) résistent activement, au nom de la tradition, à la législation indienne sur le mariage et la majorité sexuelle. En 2018, dans l'État de Chhattisgarh, par exemple, le *panchayat* local a conseillé à une jeune fille de quatorze ans qui avait été violée par un homme de soixante-cinq ans de ne pas porter plainte. Comme elle persistait dans son intention de rapporter les faits à la police, elle a été rouée de coups par certains anciens de la caste, hommes et femmes. Une communauté forte peut opprimer ses membres les plus faibles (les dalits hier, une jeune femme aujourd'hui), et l'État n'est souvent pas en mesure de l'empêcher, notamment parce qu'une majorité de membres pensent qu'il est de leur intérêt de préserver le pouvoir de la communauté. En effet, tant qu'ils se plient à ses règles, la caste offre collectivement à ses membres un accès à un réseau d'aide et de soutien en cas de besoin, et si la violence avec laquelle elle punit parfois ceux et celles qui ne s'y plient pas peut être révoltante, il faut beaucoup de courage à une femme seule (ou à un homme) pour défier l'ensemble de la communauté.

« Black guy asks nation for change[19] [20] »

Ce titre dans le journal satirique *The Onion*, en 2008, montre bien ce que la candidature de Barack Obama à l'élection présidentielle avait de remarquable dans un pays comme les États-Unis. Le jeu sur les mots soulignait le contraste entre le stéréotype du Noir (et toujours à mendier de la petite monnaie – *small change*) et le leader charismatique Obama (apôtre de transformations culturelles profondes). On oublie trop vite que moins de quarante-cinq ans séparent la Marche pour la liberté (août 1963) et l'élection du premier président afro-américain (novembre 2008). Les relations entre les groupes ethniques aux États-Unis ont beaucoup changé depuis le mouvement des droits civils, et principalement pour le mieux – ce qui a rendu possible l'élection d'Obama. De même, en 2019, le président et le Premier ministre de l'Inde étaient issus des castes autrefois les plus méprisées du pays, ce qui aurait été tout aussi impensable il y a quarante-cinq ans.

Mais il y a un revers. La population afro-américaine aux États-Unis est certes bien mieux éduquée aujourd'hui qu'en 1965, mais l'écart de revenu entre les hommes noirs et les hommes blancs ayant fait une scolarité ou des études comparables s'est encore creusé : il est aujourd'hui de 30 %, c'est-à-dire qu'il est supérieur à celui qui sépare, en moyenne, les revenus des castes inférieures et des castes supérieures en Inde[21]. Les Américains noirs ont des taux de mobilité ascendante inférieurs et des taux de mobilité descendante supérieurs aux Américains blancs[22]. C'est évidemment en lien avec le taux, beaucoup commenté, d'incarcération des hommes noirs, bien supérieur à celui des hommes des autres groupes ethniques[23], mais aussi avec la persistance d'une forme de ségrégation dans les quartiers et à l'école.

Bien que les hommes blancs habitant les États-Unis semblent n'avoir aucune raison de se sentir menacés par les Afro-Américains, les données dont nous disposons font apparaître ces dernières années une expression plus fréquente (ou du moins plus libre) des sentiments d'hostilité à l'encontre des Noirs. D'après le FBI, le nombre des « crimes de haine » (les crimes motivés par la haine raciale, religieuse, xénophobe ou homophobe) a augmenté de 17 % en 2017, et 3 crimes de haine sur 5 visaient l'appartenance ethnique[24]. C'était la troisième année consécutive de hausse, après une longue période durant laquelle ils avaient eu tendance à stagner ou à baisser. En 2018, 9 candidats qui se définissaient comme des suprémacistes blancs ou qui avaient des liens étroits avec des suprémacistes blancs se sont présentés aux élections au Congrès[25].

Cette fois, c'est différent

Pourtant, depuis les élections de 2016, le sujet qui domine aux États-Unis n'est pas la méfiance à l'égard des Afro-Américains mais la colère contre les immigrés, qui dépasse largement le ressentiment économique.

Les immigrés ne « prennent » pas seulement « nos » emplois ; ce sont aussi « des criminels et des violeurs » qui menacent la survie des Blancs. Il est intéressant d'observer que, aux États-Unis, moins on compte d'immigrés dans un État, moins ils y sont aimés. Près de la moitié des habitants des États qui ne comptent presque pas d'immigrés – le Wyoming, l'Alabama, la Virginie-Occidentale, le Kentucky et l'Arkansas – les voient comme une menace pour la culture et les valeurs américaines[26].

Cette peur est donc plus identitaire qu'économique. La logique qui s'en dégage, si l'on peut dire, est que plus les contacts sont rares, plus il est facile d'imaginer que le groupe invisible est fondamentalement différent de celui auquel on se sent appartenir.

Ce phénomène est bien sûr antérieur à l'élection de Donald Trump, mais le fait est que, depuis celle-ci, il est beaucoup plus aisé d'incriminer sans détour les immigrés. Dans une expérience ingénieuse, des chercheurs ont recruté des correspondants sur Internet dans 8 États acquis aux républicains : l'Alabama, l'Arkansas, l'Idaho, le Nebraska, l'Oklahoma, le Mississippi, la Virginie-Occidentale et le Wyoming[27]. Juste avant l'élection présidentielle de 2016, ils leur ont proposé une petite incitation financière à faire un don en faveur d'une association caritative hostile à l'immigration. Plus précisément, ils leur demandaient de les autoriser à faire un don de 1 dollar à l'association, en leur nom, en échange de 50 cents s'ils acceptaient. Pour certains individus, la décision qu'ils allaient prendre resterait totalement secrète ; pour d'autres, choisis au hasard, on laissait planer la possibilité qu'ils soient appelés personnellement par un membre de l'équipe de recherche pour connaître leur décision : une tierce personne aurait ainsi connaissance de leur décision et pourrait être amenée à en parler avec eux. Avant l'élection de Trump, les personnes du second groupe avaient moins tendance à accepter de faire un don que celles qui pouvaient le faire de façon confidentielle (34 % contre 54 %). Mais, quand la même expérience fut reconduite juste après l'élection de 2016, il n'existait plus aucun écart entre les deux groupes ! La victoire d'un candidat tenant explicitement des propos anti-immigration avait libéré les personnes interrogées, qui osaient désormais donner ouvertement de l'argent à une association hostile aux immigrés.

Il est quelque peu rassurant que les vagues précédentes d'immigration aux États-Unis aient suscité un rejet comparable avant d'être finalement acceptées. Benjamin Franklin, par exemple, détestait les Allemands : « Ceux qui viennent ici sont généralement les plus bêtes et les plus ignorants dans leur propre pays [...] N'étant pas accoutumés à la liberté, ils ne savent pas en faire un usage modeste. » Thomas Jefferson pensait que ces mêmes Allemands seraient incapables de s'intégrer : « Quant aux autres étrangers, il est jugé préférable de les décourager de se regrouper en grandes masses, au sein desquelles, comme dans nos colonies allemandes, ils conservent longtemps leurs langues, leurs mœurs et leurs principes de gouvernement[28] », écrivait-il. Les États-Unis ont essayé de limiter l'immigration chinoise dès le XIXe siècle, et elle a fini par y être totalement interdite. En 1924, enfin, des quotas ont été adoptés pour limiter l'immigration de populations issues d'Europe du Sud et de l'Est (Italiens et Grecs)[29].

Et pourtant, chaque vague d'immigration a finalement été acceptée puis assimilée. Le prénom des enfants, le métier exercé, les préférences électorales, le mode de consommation et le régime alimentaire ont peu à peu convergé et rejoint ceux de la population locale. Et, de son côté, celle-ci a peu à peu adopté des prénoms et des mets autrefois étrangers : Rocky est un héros américain et la pizza, l'un des cinq plats les plus consommés dans le pays.

Le même phénomène a été observé en France. Les Français ont rejeté les immigrés italiens. Ils ont ensuite rejeté les immigrés polonais, puis les espagnols et les portugais. Chaque vague d'immigration a pourtant fini par s'intégrer, bien que les Français ne cessent de répéter : « Cette fois, c'est différent. » Plus récemment, c'était au tour des musulmans d'être rejetés.

D'où viennent ces préférences et ces attitudes ? Pourquoi nous cherchons-nous un nouvel adversaire alors que nous nous réconcilions à peine avec l'ancien ?

La discrimination statistique

Le sectarisme à l'encontre de certains groupes peut avoir des explications économiques assez simples, tout à fait dans l'esprit du modèle standard de Becker et Stigler. L'intimidation obéit parfois à un objectif d'ordre économique. Entre 1950 et 2000 en Inde, les émeutes opposant des hindous à des musulmans ont plus souvent éclaté dans les villes où la communauté musulmane était relativement aisée, moins souvent là où c'était le contraire[30]. Ce constat correspond au fait que, pendant des émeutes importantes, ce sont les commerces musulmans qui ont été particulièrement visés. La violence est souvent bien pratique pour dissimuler le vol.

Il est également vrai que certains individus pensent parfois nécessaire de faire preuve d'intolérance et de préjugés (même s'ils en sont habituellement exempts) pour témoigner de leur loyauté au groupe. Ainsi, pendant la crise économique de 1997 en Indonésie, l'appartenance à des cercles de lecture du Coran a augmenté. Cette démonstration de piété profonde était un signe de loyauté destiné à obtenir une place dans un cercle d'entraide[31]. Dans d'autres contextes, les gens gardent parfois le silence face à des propos racistes (et/ou sexistes), ou répètent ce qu'ils entendent, parce qu'ils ne veulent pas perdre leur travail ou des relations sociales précieuses pour eux.

Il existe enfin ce que les économistes appellent la *discrimination statistique*. Nous avons rencontré à Paris un chauffeur Uber qui parlait avec un grand enthousiasme de son travail. Il disait que, avant Uber, quand on voyait un Nord-Africain comme lui conduire une belle voiture, tout le monde croyait qu'il l'avait volée ou qu'il était dealer. La plupart des gens pensaient que la grande part des Nord-Africains étaient relativement pauvres, et donc qu'il était peu probable qu'ils aient les moyens de s'acheter une voiture neuve ; sur la base de cette association statistique, ils présupposaient que tout Nord-Africain qui conduisait une belle voiture était un délinquant.

Ils pensent désormais que c'est un chauffeur, ce qui est un progrès sensible.

La discrimination statistique permet de comprendre comment la police aux États-Unis justifie le fait qu'elle arrête plus souvent des conducteurs noirs que des blancs. Et pourquoi le gouvernement hindou de l'État de l'Uttar Pradesh a expliqué récemment qu'un grand nombre de personnes tuées « accidentellement » par la police fédérale (lors de ce qu'on appelle des *« encounter deaths »* ou « morts de rencontre ») étaient musulmanes. Il y a davantage de Noirs et de musulmans chez les délinquants. Autrement dit, ce qui ressemble à du racisme pur et dur n'en est pas forcément : le phénomène peut être un effet du ciblage d'un certain nombre de caractéristiques (le trafic de drogue, la délinquance) dont il se trouve qu'elles sont *corrélées* avec l'appartenance ethnique ou la religion. Et c'est donc la discrimination *statistique*, et non quelque préjugé à l'ancienne – ce que les économistes appellent la discrimination *basée sur le goût* –, qui peut en être la cause. Si vous êtes noir ou musulman, toutefois, le résultat est le même.

Une étude récente de l'impact des mesures Ban the Box (BTB) sur le taux de chômage des jeunes Noirs aux États-Unis fait apparaître de façon convaincante les effets de la discrimination statistique. Les mesures BTB visent à interdire aux employeurs de mettre sur leurs formulaires de recrutement une case (la *« box »* en question) demandant des renseignements sur un éventuel casier judiciaire. Elles ont été adoptées par 23 États du pays dans l'espoir de favoriser l'emploi des jeunes Noirs, qui ont une probabilité beaucoup plus grande d'avoir un casier judiciaire que les autres, et dont le taux de chômage est le double de la moyenne nationale[32].

Pour tester l'effet de ces mesures, deux chercheurs ont envoyé en ligne 15 000 candidatures à des employeurs du New Jersey et de la ville de New York, juste avant et juste après que les États de New York et du New Jersey ont adopté les mesures BTB[33]. Pour manipuler la perception de l'appartenance raciale de leurs candidats fictifs, ceux-ci possédaient sur les CV des prénoms typiquement blancs ou typiquement afro-américains. Et, chaque fois qu'il était demandé d'indiquer si le candidat ou la candidate avait été condamné pour un délit grave, ils ont répondu de manière aléatoire.

Cette étude révèle, comme bien d'autres avant elle, une nette discrimination contre les Noirs en général : à CV équivalent, les « candidats » blancs étaient 25 % plus nombreux à être rappelés que les candidats noirs. Sans surprise, chez les employeurs qui, avant l'interdiction, demandaient d'indiquer la possession d'un éventuel casier judiciaire, celle-ci avait un effet très important : les candidats sans casier judiciaire étaient 62 % plus nombreux à être rappelés que ceux qui en possédaient un, malgré par ailleurs un CV identique ; l'effet était le même pour les candidats blancs et les candidats noirs.

Néanmoins, le plus surprenant, dans ces résultats, était que les mesures BTB avaient eu pour effet d'*accroître* les disparités raciales dans les réponses faites aux candidats. Avant l'application de ces mesures, il n'y avait que 7 % de plus de candidats blancs rappelés que de candidats noirs ; après l'application, l'écart était passé à 43 %. Faute d'informations sur le casier judiciaire, les employeurs faisaient l'hypothèse que les candidats « noirs » avaient plus de probabilité que les autres d'en posséder un. Autrement dit, les mesures BTB amenaient les employeurs à se reposer sur l'appartenance raciale pour préjuger d'un passé délinquant, ce qui relève bien sûr de la discrimination statistique.

Que certaines personnes se servent de la logique statistique ne signifie pas bien sûr qu'ils en tirent toujours les bonnes déductions. Dans une étude, des chercheurs ont demandé à des juifs « ashkénazes » (venus historiquement d'Europe centrale et orientale, et leurs descendants) vivant en Israël de jouer au « jeu de la confiance » avec des juifs « orientaux » (venus historiquement de pays asiatiques et africains, et leurs descendants)[34]. Le jeu de la confiance est l'un des piliers de l'économie expérimentale. Il se joue à deux, une personne appelée l'envoyeur et une autre appelée le receveur. Au premier est donnée une certaine somme d'argent, qu'il doit partager avec le second. Le choix de la somme partagée est laissé à l'entière discrétion de l'envoyeur ; elle peut être de zéro. Les deux joueurs sont toutefois informés que si l'envoyeur donne une partie de son argent, le montant de celle-ci sera triplé et donné au receveur, qui pourra en faire ce qu'il veut. Le receveur pourra partager une partie de ses gains avec son bienfaiteur, ou choisir de ne pas le faire. Le but du jeu est de déduire ce que l'envoyeur pense du receveur : moins il soupçonne le receveur d'être égoïste, plus il a intérêt à partager.

Le jeu de la confiance a été pratiqué des milliers de fois en laboratoire. En général, l'envoyeur partage au moins la moitié de la somme initiale, et reçoit en retour plus qu'il ne donne. L'envoyeur a tendance à faire confiance, et le receveur à se montrer digne de cette confiance. C'est aussi ce que les chercheurs ont observé quand les deux joueurs étaient ashkénazes. Cela n'était cependant plus vrai quand le receveur était un juif oriental. Dans ce cas, l'envoyeur lui donnait environ la moitié de ce qu'il aurait donné à un juif ashkénaze. Et, de ce fait, l'un et l'autre, au total, obtenaient moins.

Peut-être l'envoyeur pensait-il que le receveur oriental ne lui donnerait pas en retour une partie de la somme reçue ; ou peut-être les juifs orientaux ne sont-ils pas appréciés, si bien que les envoyeurs ashkénazes sont prêts à se nuire à eux-mêmes dans le seul but de nuire aux receveurs orientaux. Cependant, quand on a demandé aux joueurs de donner d'eux-mêmes une partie de leur argent à un partenaire, cette fois sans espoir de rien recevoir en retour, ils donnèrent autant à des partenaires orientaux qu'à des partenaires ashkénazes. La différence de comportement au jeu de la confiance semble donc provenir moins de l'animosité que de la méfiance.

Il est intéressant d'observer qu'au jeu de la confiance le soupçon gagne aussi les envoyeurs orientaux. Ils ne faisaient pas plus que les ashkénazes confiance à leurs congénères receveurs. Il semble ainsi qu'il existe un stéréotype du juif oriental auquel tout le monde croit. Or ce stéréotype est injuste. Rien n'indique que les joueurs orientaux soient moins dignes de confiance à ce jeu : ils partagent en réalité leur argent exactement comme les juifs ashkénazes. Ainsi, tout en ayant la conviction de se comporter de façon rationnelle, les participants à cette expérience se sont laissé égarer par des vues imaginaires.

Quand la discrimination s'auto-renforce

L'omniprésence de l'auto-discrimination, ou de la discrimination contre son propre groupe, a été parfaitement mise en lumière par une expérience menée par le psychologue américain Claude Steele, qui a montré la force de ce qu'il a appelé la *menace du stéréotype*. Il a en effet observé que les étudiants noirs avaient les mêmes résultats que les étudiants blancs quand on leur disait que le test qu'ils allaient passer était « un travail de résolution de problème en laboratoire[35] », mais que leurs résultats étaient moins bons quand on leur disait que le test était destiné à mesurer leurs capacités intellectuelles.

Les minorités ne sont pas les seules à être vulnérables à la menace du stéréotype. Des étudiantes d'université réussissaient mieux un test difficile de mathématiques quand celui-ci commençait par ce préambule : « Vous avez peut-être entendu dire que les femmes ont de moins bons résultats que les hommes aux tests de mathématiques, mais cela n'est pas vrai pour celui-ci[36]. » Inversement, des étudiants blancs en mathématiques et en ingénierie qui avaient obtenu de bonnes notes à la partie mathématiques du SAT (l'examen d'entrée à l'université aux États-Unis), et qui avaient donc plutôt confiance dans leurs capacités en la matière, obtenaient de mauvais résultats à un test de mathématiques quand ils avaient été prévenus que l'expérience était destinée à comprendre « pourquoi les étudiants asiatiques semblent meilleurs que les autres aux tests d'aptitude en mathématiques[37] ». Ce genre d'expérience a été répété maintes et maintes fois dans des contextes différents pour tester de nombreux types de préjugés auto-discriminatoires.

L'auto-discrimination est souvent auto-réalisatrice. Les gens n'ont pas les mêmes résultats quand on leur rappelle leur identité de groupe : cela les fait douter encore plus d'eux-mêmes. Il en va de même de la discrimination contre d'autres groupes. Dans une expérience de psychologie autrefois célèbre (et depuis très controversée) réalisée dans les années 1960, on avait fait croire à des enseignants que certains de leurs élèves (un cinquième de la classe) étaient des enfants « doués » et allaient donc se développer beaucoup plus vite que les autres en termes de quotient intellectuel. En réalité, ce groupe avait été choisi au hasard et était à peu près identique au reste des élèves[38]. Les élèves pour lesquels les enseignants avaient des attentes plus élevées gagnèrent 12 points de QI au cours de l'année, les autres seulement 8. L'expérience initiale fut critiquée pour différentes raisons, parmi lesquelles la moralité de ce type d'intervention ; mais de nombreuses expériences du même genre ont montré la puissance des prophéties auto-réalisatrices.

En France, une étude portant sur de jeunes caissiers et de jeunes caissières dans une chaîne de magasins d'alimentation, dont une part importante issue de minorités nord-africaines et subsahariennes, a montré que les managers investissaient moins dans leurs employés quand ils avaient des préjugés à leur encontre[39]. Les employés travaillaient avec des managers différents selon les jours. L'étude a mis en lumière que le degré de partialité des managers à l'encontre d'une minorité avait des conséquences sur les employés concernés. Les jours où il était prévu qu'ils travaillent avec un cadre dont le jugement était biaisé, l'absentéisme des employés en question était plus élevé. Et, quand ils venaient travailler, ils travaillaient moins ; ils passaient plus lentement les articles en caisse et prenaient plus de temps avant de servir le client suivant. Autant d'effets qui n'apparaissaient pas chez les employés n'appartenant pas à une minorité ethnique. Si les personnes appartenant à une minorité avaient une moindre productivité quand elles étaient encadrées par un manager qui avait des biais de jugement, ce n'était pas tant à cause d'une éventuelle hostilité que de la moindre efficacité du management. Elles ne disaient pas qu'elles n'aimaient pas travailler avec les managers en question, ni qu'elles n'en étaient pas aimées. Elles rapportaient en revanche que ceux-ci avaient tendance à moins passer les voir à leurs caisses pour les encourager dans leur travail.

La discrimination contre les femmes dans les postes de direction ou les fonctions d'autorité s'apparente quelquefois à une prophétie auto-réalisatrice. Dans des villages du Malawi, des paysans, des deux sexes, ont été sélectionnés au hasard pour apprendre une nouvelle technologie et l'enseigner aux autres[40]. Les femmes ont retenu plus d'informations que les hommes, et les paysans qui ont été formés par elles et qui les ont écoutées ont, en réalité, appris davantage. Mais le problème est que la plupart d'entre eux ne les ont pas écoutées. Partant du principe que les femmes sont moins capables que les hommes, ils leur ont prêté moins attention. Dans le même ordre d'idées, des femmes, au Bangladesh, ont été formées pour devenir managers. L'évaluation objective de leur management et de leurs qualités techniques a montré qu'elles étaient aussi bonnes que leurs collègues masculins. Mais leurs subordonnés immédiats estimaient qu'elles l'étaient moins. Conséquence de cela, peut-être, les résultats de leurs équipes en pâtissaient, ce qui venait confirmer, de façon perverse, le préjugé voulant que les femmes soient de moins bons managers que les hommes[41]. Ce qui n'était au début qu'une préférence injustifiée contre les femmes aboutissait au fait qu'elles obtenaient de plus mauvais résultats, sans que ce soit leur faute, et venait encore renforcer l'infériorité de leur statut.

Les Afro-Américains peuvent-ils jouer au golf ?

Ce qu'il y a de curieux dans ces prophéties auto-réalisatrices, c'est à quel point elles sont prévisibles. Ce sont toujours les personnes traditionnellement désavantagées qui sont victimes d'une prédiction biaisée mais auto-réalisatrice. Jamais l'on n'entend parler d'hommes blancs systématiquement sous-estimés en quoi que ce soit, sauf peut-être en sport. Ce biais vient d'un stéréotype enraciné dans un contexte social spécifique.

Une étude portant sur des étudiants de premier cycle de Princeton, blancs et afro-américains, montre que le phénomène est profond[42]. On a demandé à des étudiants qui n'avaient aucune pratique du golf de faire une série d'exercices de plus en plus difficiles. Lors d'une première expérience, on a demandé à la moitié d'entre eux, avant de jouer, d'indiquer leur « race » sur un questionnaire (c'est le moyen généralement utilisé pour « activer » l'appartenance raciale, c'est-à-dire pour que les gens aient bien en tête leur identité de groupe). Puis on a proposé à l'ensemble des étudiants un exercice de golf, présenté comme un test de « performance sportive générale ». Quand la « race » n'était pas activée, les étudiants blancs et les étudiants noirs avaient des résultats très comparables. Mais quand elle l'était, comme le golf est un « sport de Blancs » (c'était avant Tiger Woods), les étudiants afro-américains avaient de plus mauvais résultats et les étudiants blancs de meilleurs, ce qui créait un écart important entre les deux groupes.

Dans une seconde expérience, la « race » n'était pas activée mais les étudiants étaient séparés en deux groupes et soumis, de manière aléatoire, à deux traitements différents[43]. Les instructions données à chacun des groupes disaient que les exercices seraient de plus en plus difficiles. Mais, pour un des deux groupes, elles précisaient que le test était destiné à mesurer des facteurs personnels, corrélés avec la capacité athlétique naturelle. Celle-ci était définie comme « la capacité naturelle d'un individu à exécuter des tâches complexes qui nécessitent une bonne coordination entre l'œil et la main, comme tirer, lancer ou frapper une balle ou un autre objet en mouvement ». Quant à l'autre groupe, le même test lui était présenté comme mesurant « l'intelligence sportive », c'est-à-dire « des facteurs personnels corrélés avec la capacité à penser de façon stratégique au cours d'une performance athlétique ». Quand il s'agissait de mesurer la capacité athlétique naturelle, les Afro-Américains avaient de bien meilleurs résultats que les Blancs ; quand il s'agissait de mesurer l'intelligence sportive, de bien plus mauvais. Tout le monde, y compris les Noirs eux-mêmes, croyait au préjugé selon lequel l'Afro-Américain est un athlète naturel et le Blanc un stratège naturel. Et cela se passait à Princeton...

On voit qu'il est difficile de concilier ces résultats avec la conception des préférences stables et cohérentes formulée par Becker et Stigler. Il semble clair que la manière dont différents groupes se regardent eux-mêmes (et regardent les autres) est le résultat de constructions sociales très éphémères telles que l'« intelligence sportive » ou la « capacité naturelle », et de leurs liens supposés avec le groupe ethnique ou racial.

Faire comme les Blancs

Becker et Stigler voudraient que l'on ne s'intéresse pas au contexte social derrière les préférences ; mais il est partout présent. Nous n'avons pas seulement des préférences sur ce que nous mangeons ou sur l'endroit où nous vivons, mais aussi sur les personnes avec lesquelles nous souhaiterions passer du temps.

Nous évitons les gens dont nous nous méfions et nous emménageons dans des quartiers où vivent des gens qui nous ressemblent. Cette ségrégation affecte en retour les chances des uns et des autres, et alimente les inégalités. Quand un quartier est majoritairement pauvre et noir, il a aussi moins de ressources, ce qui a une influence profonde et durable sur la vie des enfants qui y grandissent. Entre 1915 et 1970, une période appelée aux États-Unis la « grande migration », quand des Noirs s'installaient dans des villes de Blancs, dans le nord du pays, les Blancs s'en allaient, laissant souvent derrière eux des écoles dégradées, des infrastructures abîmées et des possibilités d'emploi réduites[44].

Ces quartiers sont alors devenus plus pauvres et plus délabrés, plus affectés par la délinquance, et de moins en moins favorables à la réussite économique. La chance pour un enfant noir de passer du quintile inférieur au quintile supérieur de la distribution de revenu est beaucoup plus faible dans les quartiers abandonnés par les Blancs pendant la grande migration que dans les autres[45]. Même si bien entendu de multiples facteurs entrent en jeu, il en est un qui tient un grand rôle : les gens, consciemment ou non, finissent par se conformer aux règles du quartier où ils vivent. Dans un quartier où la violence est endémique, elle devient la norme. Tout comme il est normal de suivre cinq cours au lieu des quatre obligatoires quand on est étudiant de premier cycle au MIT.

Dans une expérience astucieuse sur la puissance des normes sociales, il a été proposé à un groupe de lycéens de Los Angeles d'origine majoritairement hispanique de s'inscrire à une préparation au SAT, le test de sélection utilisé par les universités[46]. On informa une partie des élèves, choisis au hasard, que leur décision resterait confidentielle, et l'autre qu'elle pourrait être connue de tous. Dans les classes ne faisant pas partie des meilleures, ce dernier groupe s'est moins inscrit à l'examen que le premier (61 % contre 72 %), sans doute parce que ces élèves craignaient que leurs amis n'apprennent qu'ils nourrissaient des ambitions universitaires.

Il est vrai que le *folk theorem* pourrait en principe expliquer ce phénomène. Ces lycéens auraient pu être snobés par leurs amis si ceux-ci avaient découvert qu'ils voulaient faire des études, et tous ceux qui leur auraient adressé la parole auraient pu être également ostracisés. Ces jeunes, des deux sexes, avaient peur, semble-t-il, de « faire comme les Blancs ». Mais ce n'est pas un hasard que cette norme sociale soit dominante chez de jeunes Hispaniques. Leur hostilité aux normes de la culture blanche a une longue histoire, et parfois de très bonnes raisons d'exister. Jamais personne n'a entendu parler, aux États-Unis, d'enfants d'origine asiatique ayant pris l'habitude d'éviter leurs amis parce qu'ils sont trop travailleurs. Dans le monde de Becker et de Stigler, comme il n'y a de normes que parce que les individus choisissent librement de s'y soumettre, il n'existe aucune raison que les bûcheurs ne se recrutent pas un jour chez les élèves hispaniques et les tire-au-flanc chez les élèves asiatiques. Or l'histoire et le contexte social semblent nous amener à nous conformer à une norme plutôt qu'à une autre.

Essayons d'expliquer les goûts[47]

Pour essayer de comprendre dans quelle mesure nous sommes influencés par le contexte social, des chercheurs de l'université de Zurich ont fait une expérience consistant à recruter un groupe de banquiers et à les prier de lancer une pièce une dizaine de fois puis de rapporter (en ligne) les résultats obtenus[48]. Il était précisé qu'à partir d'un certain nombre de tirages « face » (ou « pile »), chaque tirage supplémentaire leur rapporterait 20 francs suisses. Personne n'étant présent pour vérifier que les résultats rapportés correspondaient à la réalité, l'incitation à tricher était forte.

La comparaison portait entre des sujets qui, avant le début de l'expérience, avaient été interrogés sur leurs loisirs favoris, ce qui mettait en avant leur personne « ordinaire », et d'autres qui avaient été interrogés sur leur activité de banquier, ce qui mettait en avant leur identité professionnelle. Les seconds rapportèrent un si grand nombre de résultats supplémentaires que cela ne pouvait être un hasard. Le taux de triche estimé allait de 3 % chez les uns à 16 % chez les autres.

La différence ne s'explique pas par le fait que les banquiers savaient mieux jouer à ce jeu : tous les participants étaient des banquiers de métier, et ce qu'on avait choisi de mettre en avant chez eux (la personne ou le banquier) avait été décidé de manière aléatoire. C'est le fait d'avoir rappelé à certains leur profession qui semblait avoir fait s'exprimer chez eux un sujet moral différent, plus disposé à tricher.

Autrement dit, ces individus donnaient le sentiment de se comporter comme si coexistaient en eux des personnalités multiples, ayant chacune des préférences différentes. Le contexte choisit la personnalité qui, dans telle ou telle situation, va s'exprimer. Dans l'expérience des banquiers suisses, le contexte relevait du rapport à l'identité professionnelle. Dans la vie, ce sont souvent les gens qui nous entourent, l'école où nous allons, les loisirs que nous aimons, le métier que nous faisons, les clubs auxquels nous appartenons ou aimerions appartenir qui nous forment et modèlent nos préférences. Nous, les économistes, dans notre allégeance aux préférences standard, avons fait de gros efforts pour rester en dehors de tout cela, mais il est de plus en plus évident que cette quête est sans espoir.

Les croyances motivées

Dès lors que l'on commence à reconnaître que nos croyances, et même ce que nous considérons comme nos préférences les plus profondes, sont déterminées par le contexte, beaucoup de choses s'expliquent. À cet égard, nous devons une découverte importante au lauréat du prix Nobel Jean Tirole et à Roland Bénabou, qui ont réalisé un travail sur ce qu'ils appellent les *croyances motivées*[49]. Tirole et Bénabou montrent que, si l'on veut bien comprendre les croyances, il ne faut pas les prendre trop à la lettre. Notre perception de nous-mêmes est façonnée en partie par nos besoins émotionnels : nous sommes malheureux quand nous nous décevons. La valeur émotionnelle que nous accordons aux croyances sur nous-mêmes nous conduit aussi à déformer nos croyances sur les autres. Comme nous ne voulons pas voir nos préjugés, nous leur donnons pour les exprimer la forme d'une vérité objective (« Je n'ai rien contre les caissières nord-africaines, mais de toute façon elles ne répondront pas à mes encouragements, alors pourquoi me fatiguer ? »).

Nous n'aimons pas changer d'avis, d'abord parce que nous n'aimons pas admettre que nous avons tort. C'est pourquoi Abhijit dit toujours que tout est la faute de l'ordinateur. Nous refusons de voir les faits qui nous obligent à faire face à nos ambiguïtés morales. Nous évitons les informations sur la manière dont sont traités les enfants dans les centres de détention pour migrants, pour ne pas avoir à penser au fait que le gouvernement qui se comporte avec autant d'indignité a été élu par nous.

Il est facile de comprendre comment on peut se retrouver piégé par ce genre de stratégie. Nous n'aimons pas penser que nous sommes racistes. Et quand il nous arrive d'avoir des pensées négatives sur des tiers, nous sommes tentés de rationaliser notre comportement en *leur* en faisant porter la faute. Plus nous pourrons nous persuader que les immigrés ont tort d'emmener leurs enfants avec eux, moins nous nous soucierons que ceux-ci soient enfermés dans de petites cages. Nous chercherons même des preuves que nous avons raison. Et nous privilégierons les informations, même anodines, qui vont dans le sens de notre position, et ignorerons les autres.

Ainsi, peu à peu, la réaction défensive instinctive cède la place à un ensemble soigneusement élaboré d'arguments apparemment rationnels. À partir de ce moment, nous commençons à avoir le sentiment que tout désaccord avec nos opinions, puisqu'elles sont fondées sur une argumentation solide, est soit une mise en accusation de notre sens moral, soit une mise en cause de notre intelligence. Et les choses peuvent alors s'envenimer.

Reconnaître l'existence de ces schémas n'est pas sans conséquences. Tout d'abord, à l'évidence, accuser des gens de racisme ou déclarer publiquement qu'ils sont « lamentables », comme le fit, on s'en souvient, Hillary Clinton, est une très mauvaise idée. C'est une manière de mettre en cause le sens moral que les gens croient posséder, et cela ne peut que les hérisser. Ils s'arrêtent aussitôt d'écouter. Inversement, on comprend pourquoi qualifier des gens explicitement racistes de « gens bien » et affirmer qu'il y a des méchants « des deux côtés », comme l'a fait le président Trump, est une stratégie évidemment très efficace (quoique moralement répréhensible) pour gagner en popularité, car, grâce à cela, les gens qui tiennent des propos racistes ont une meilleure opinion d'eux-mêmes.

Cela explique aussi pourquoi les faits ou la vérification des faits ne semblent en rien faire changer les gens d'opinion, du moins dans l'immédiat, comme nous l'avons observé dans le chapitre 2 à propos de l'immigration. Il n'est pas impossible qu'à long terme, quand se sera dissipée la réaction initiale du type « Qui êtes-vous pour critiquer ce en quoi je crois ? », les gens réviseront leurs opinions. Nous ne devons jamais arrêter de dire la vérité, mais il est plus efficace de l'exprimer sans porter de jugement.

Comme nous nous plaisons à penser que nous sommes des gens bien, obliger quelqu'un à réaffirmer les valeurs auxquelles il croit *avant* de porter un jugement sur autrui peut contribuer à diminuer ses préjugés. Les psychologues encouragent désormais les parents à dire à leurs enfants non pas qu'ils *devraient* être gentils, mais qu'ils le *sont* effectivement, et qu'il leur suffit de se comporter conformément à leur gentillesse naturelle. Cela peut s'appliquer à chacun d'entre nous.

Cette stratégie a plus de chances de marcher quand l'estime de soi n'a pas été abîmée auparavant. Une partie des problèmes auxquels doivent faire face les populations blanches à bas revenu qui vivent dans les zones où l'hostilité aux Noirs et aux immigrés est la plus forte est que leur vie ressemble beaucoup à l'image caricaturale et méprisante qu'elles se font de la vie de ces « autres ». En 1997, décrivant ce qui se passait alors dans la communauté noire, William Julius Wilson pouvait écrire que « les conséquences du fort taux de chômage dans le quartier sont plus dévastatrices que celles du fort taux de pauvreté [...] Beaucoup de problèmes des ghettos des centres-ville – la délinquance, la dislocation des familles, le faible niveau d'organisation sociale, etc. – sont fondamentalement une conséquence de la disparition du travail[50]. »

Vingt ans plus tard, James David Vance écrivait dans *Hillbilly Élégie* : « Le livre de Wilson me parlait. J'avais envie de lui écrire une lettre pour lui dire qu'il décrivait exactement le coin où je vivais. Mais que cela ait autant de résonance pour moi était bizarre, parce qu'il n'écrivait pas sur les péquenauds perdus au fin fond des Appalaches : il écrivait sur les Noirs des centres-ville[51]. »

Que la description que fait Wilson des problèmes sociaux des quartiers noirs puisse si bien s'appliquer aujourd'hui aux populations blanches de la Rust Belt ne fait que remuer le couteau dans la plaie. Comme la perception de leur propre valeur est liée à un sentiment de supériorité sur les Noirs et sur les immigrés, la convergence des situations sociales exacerbe l'impression de déclassement des autochtones blancs et pauvres.

Il y a deux manières de procéder pour restaurer l'estime de soi. La première est le déni : par exemple, « nous pouvons nous permettre d'être résolument contre l'avortement car dans notre communauté les filles ne tombent pas enceinte ». La seconde consiste à augmenter par la caricature la distance entre « eux » et « nous ». Pour une personne blanche obligée de recourir à une pension d'invalidité parce que c'est pour elle le seul moyen d'avoir une aide sociale, il ne suffit plus de dire qu'une mère célibataire noire ou latino est la reine des assistées : ça, c'était une insulte bonne pour l'époque de Reagan. Maintenant que les Blancs sont eux aussi réduits à vivre de l'aide sociale, il faut faire monter les enchères : en plus d'être assistée, cette mère fait forcément partie d'un gang.

Cela montre pourquoi nous avons un besoin urgent de politiques sociales qui sortent les gens de la survie économique et qui rendent leur dignité à tous ceux dont les emplois sont menacés par le progrès technologique, le commerce international et d'autres chocs. Elles doivent parvenir à contrebalancer la perte de confiance en soi. Les subventions publiques à l'ancienne n'y suffiront pas. Il est nécessaire de repenser de fond en comble l'ensemble de la politique sociale. Ce sera l'objet du chapitre 9.

La cohérence arbitraire[52]

Nous savons que les gens sont capables d'aller très loin pour refuser de se confronter aux faits et aux données qui pourraient les contraindre à changer ce qu'ils considèrent comme leur système de valeur (y compris leurs opinions sur les immigrés ou les autres groupes ethniques) : cela est trop lié à l'idée qu'ils se font d'eux-mêmes. Il ne s'ensuit pas, malheureusement, que les gens réfléchissent beaucoup avant de se former ces opinions premières.

Dans une des expériences les plus célèbres du champ de l'économie comportementale, Daniel Kahneman et Richard Thaler avaient distribué de façon aléatoire un mug ou un stylo à des étudiants d'université. Immédiatement après, ils leur avaient proposé de le leur racheter. En même temps, ils avaient aussi offert à ceux qui n'avaient rien reçu la possibilité d'acheter ce qui ne leur avait pas été donné. Il se passa alors quelque chose de remarquable : le prix auquel les vendeurs étaient prêts à vendre leur mug ou leur stylo était souvent le double ou le triple du prix qu'étaient prêts à payer les acheteurs éventuels[53]. Comme les dons de mug ou de stylo étaient le résultat du hasard, il n'y avait aucune raison pour que le fait d'avoir été choisi pour recevoir un des deux objets crée un tel écart. La seule explication possible est que les étudiants qui s'étaient retrouvés en possession d'un mug ou d'un stylo s'y étaient attachés, ce qui montre qu'il n'y a pas grand-chose de profond ou d'authentique dans la valeur que les gens peuvent prêter à ce genre d'objets.

Une autre expérience a permis de révéler une autre forme d'arbitraire, plus spectaculaire encore. On avait demandé à des étudiants de faire une enchère sur des trackballs, des bouteilles de vin et des livres. Avant les enchères, on leur avait demandé de noter les deux derniers chiffres de leur numéro de sécurité sociale, d'écrire le mot dollar à la suite et d'*imaginer* que ce pouvait être là le prix du produit en leur possession. Tout le monde sait naturellement qu'un numéro de sécurité sociale n'a aucun rapport avec le prix d'une bouteille de vin. Cela n'empêcha pas ces étudiants d'être influencés par le « prix » factice qu'on leur avait demandé de noter. Pour le même article, les étudiants dont le numéro de sécurité sociale se terminait par le chiffre 80 ou par un chiffre supérieur firent des enchères entre 200 % et 350 % supérieures à celles des étudiants dont le numéro de sécurité sociale se terminait par le chiffre 20 ou par un chiffre inférieur. Pour le reste, ils continuèrent de se comporter conformément au modèle standard : ils étaient moins enclins à acheter quand le prix montait et plus enclins à le faire quand le prix baissait. Ils semblaient cependant n'avoir aucune idée de la valeur, en termes absolus, de ces articles pour eux[54].

Bien évidemment, les mugs et les stylos ne sont ni des immigrés ni des musulmans. Sommes-nous sérieusement en train de dire que les préférences peuvent être tout aussi arbitraires quand elles portent sur des sujets beaucoup plus sérieux ? La réponse est oui.

Le camp d'été

Il se produit quelque chose de similaire avec ce que les économistes appellent les *préférences sociales*, à savoir les préférences qui concernent d'autres êtres humains que nous. En 1954, Muzafer Sherif et Carolyn Wood Sherif ont réalisé une expérience pour laquelle 22 garçons de onze et douze ans ont été invités à participer à un camp d'été à Robbers Cave, dans l'Oklahoma[55]. Les garçons ont été répartis de manière aléatoire en deux groupes qui se sont installés dans deux endroits éloignés, si bien que chaque groupe ignorait l'existence de l'autre. Après quelque temps à vivre séparés, les deux groupes ont été présentés l'un à l'autre et ont dû rivaliser dans plusieurs compétitions, dont une épreuve de tir à la corde. L'animosité n'a pas tardé à naître, exprimée par des insultes et des tentatives de vandalisme. Mais, les derniers jours, les chercheurs ont créé artificiellement une pénurie d'eau ; les deux groupes ont eu un intérêt soudain et pressant à travailler ensemble. Après un temps d'hésitation, ils se sont mis à collaborer et l'hostilité passée a été oubliée.

Cette expérience a été reproduite un grand nombre de fois sous différentes formes, et ces résultats initiaux se sont avérés très robustes. Il est intéressant de noter que le fait qu'une étiquette donnée arbitrairement à un groupe influence notre loyauté reste vrai même en dehors d'une situation d'isolement favorisant la création de liens : il suffit de donner un nom différent à un groupe d'individus pris au hasard pour que ces derniers aient tendance à favoriser les membres du groupe aux dépens de tiers « étrangers ». Cela est vrai pour les enfants aussi bien que pour les adultes.

Les deux phases de l'expérience de Robbers Cave sont importantes : l'une nous apprend qu'il est facile de diviser et l'autre qu'il est possible de rassembler. Qu'il soit facile de diviser est une bonne raison de redouter les démagogues cyniques et xénophobes qui dirigent tant de pays aujourd'hui. Les dégâts qu'ils font ne sont pas éternels, mais, s'ils ne sont pas soigneusement corrigés, ils peuvent laisser des traces terribles. Au Rwanda, les colonialistes belges avaient inventé le mythe de la supériorité des Tutsis et de l'infériorité des Hutus au sein d'une population qui était en réalité plus ou moins homogène, et cela afin de s'assurer des alliés pour gouverner. Dans la période qui a suivi la décolonisation, les Tutsis ont repris à leur compte cette prétendue supériorité, suscitant le ressentiment des Hutus. Ce fut une des causes majeures de l'épouvantable génocide de 1994[56].

Par ailleurs, le fait que les préférences ne soient pas nécessairement cohérentes rend non pertinentes les attaques *ad hominem* – dire des gens qu'ils sont « racistes », par exemple, ou « lamentables » – car les gens sont souvent à la fois racistes et non racistes, et l'expression de leurs préjugés est fréquemment celle d'un mécontentement ou d'une souffrance. Les gens qui ont voté un jour pour Obama et un autre pour Trump se sont peut-être trompés sur ce que représentaient les deux candidats, mais les traiter de racistes après leur vote pro-Trump n'est ni juste ni constructif.

L'homophilie

Comme nos préférences sont fortement influencées par les personnes avec qui nous nous lions, les divisions sociales sont extrêmement coûteuses. Elles rendent le mélange entre les gens plus difficile alors même que nous avons déjà tendance à nous lier avec des individus qui nous ressemblent. À l'école, aux États-Unis, les adolescents noirs se lient principalement avec des Noirs, et les adolescents blancs avec des Blancs[57]. Ce phénomène est appelé par les sociologues l'*homophilie*. Pour des raisons évidentes, il est particulièrement important pour le groupe social le plus large de l'école. Ceux qui font partie d'une petite minorité n'ont pas d'autre choix que de compter relativement plus d'amis en dehors de leur groupe[58].

Cela ne reflète pas nécessairement des antagonismes forts. Que les étudiants du groupe le plus nombreux ne s'ouvrent pas aux outsiders s'explique facilement par le fait qu'il leur est assez simple de rencontrer des gens comme eux ; tant qu'ils ont une légère préférence pour leur groupe, ils n'ont pas de raison d'aller voir ailleurs.

La source de cette légère préférence ne repose pas nécessairement sur une vision négative des autres. Il se peut simplement qu'il soit plus facile d'être avec des gens qui parlent la même langue, ont les mêmes gestes et le même sens de l'humour, regardent les mêmes émissions de télé et aiment la même musique, ou qui ont implicitement la même idée de ce qui se fait ou non. Abhijit, qui est né en Inde, est toujours étonné de la facilité avec laquelle il peut converser avec des natifs du Pakistan, malgré la vive hostilité entre les deux pays depuis soixante-dix ans. Le sens de ce qui est drôle ou de ce qui est privé (les Asiatiques du Sud sont plutôt indiscrets), de ce qui crée une intimité ou en détourne, dit-il, est quelque chose d'instinctif chez les gens originaires de cette région, et la partition de 1947 n'a pas réussi à le réduire à néant.

Le revers de la médaille de ce comportement naturel apparaît quand nous rencontrons des gens issus d'autres groupes. Nous nous retenons, nous marchons sur des œufs, nous tempérons notre chaleur humaine, de peur de ne pas être compris. Ou nous faisons, sans le vouloir, gaffe sur gaffe. Dans les deux cas, quelque chose d'essentiel est perdu, et c'est pourquoi nous communiquons moins facilement avec les personnes appartenant à d'autres groupes que le nôtre.

Pour la même raison, les gens se marient souvent avec quelqu'un qui leur ressemble. Un peu plus de cinquante ans après la décision fondatrice de la Cour suprême des États-Unis de 1967, *Loving v. Virginia*, qui invalidait toute interdiction de mariage reposant sur des raisons ethniques, seul 1 couple d'Américains nouvellement mariés sur 6 est ethniquement mixte[59]. En Inde, 74 % des familles se disent convaincues que le mariage doit se faire à l'intérieur de la même caste. Nos recherches expliquent ce chiffre par le fait que les hommes cherchent des femmes qui ressemblent à leurs sœurs, et les femmes des hommes qui ressemblent à leurs frères (autrement dit, du familier), et que le meilleur moyen d'y arriver est de prendre un conjoint dans le groupe auquel ils et elles appartiennent[60].

Chambres d'écho et hologrammes

Ce genre de comportement conduit à la ségrégation, généralement accidentelle et sans doute largement inconsciente. Si nous choisissons tous de fréquenter des amis qui nous ressemblent, nous finirons par former des îlots d'individus totalement séparés, ce qui aura pour effet d'intensifier des préférences apparemment bizarres ou/et des opinions politiques extrêmes. Un des inconvénients évidents de cette tendance est que nous ne nous exposons jamais à des points de vue différents du nôtre. Les désaccords tendent alors à persister, même sur des sujets factuels comme le lien de causalité entre les vaccins et l'autisme, ou la question de savoir si Obama est né à l'étranger ; cela est encore plus vrai pour les questions de goût. Nous avons vu que les gens pouvaient choisir rationnellement de taire leurs opinions pour se fondre dans la masse, mais, bien sûr, le fait de n'être jamais exposé à une opinion extérieure ne fait qu'aggraver les choses. On finit par se retrouver avec une multitude de petits groupes fermés, aux opinions opposées, et dont les capacités de communication avec un autre groupe sont très limitées. Cass Sunstein, un professeur de droit de Harvard, ancien membre de l'administration Obama, parle à ce propos de *chambres d'écho*, c'est-à-dire de lieux où les gens ayant les mêmes points de vue à force de ne discuter qu'entre eux deviennent frénétiques[61].

Il en résulte, entre autres, une polarisation extrême, même sur des sujets assez objectifs. Par exemple, 41 % des Américains pensent que le réchauffement climatique est dû à l'activité humaine, mais 21 % qu'il est l'effet d'un cycle naturel et 20 % qu'il n'existe tout simplement pas. Selon le Pew Research Center[62], l'opinion publique sur le sujet est fortement segmentée en fonction de clivages politiques : « Les démocrates sont plus nombreux que les républicains à dire que des données solides montrent que la température augmente (81 % contre 58 %) et que l'activité humaine en est la principale cause (54 % contre 24 %). » Cela ne veut pourtant pas dire que les démocrates sont nécessairement plus favorables à la science. Il existe par exemple un large consensus scientifique pour affirmer que les aliments OGM ne sont pas nuisibles à la santé ; or une forte majorité de démocrates pensent qu'ils sont dangereux et prônent leur étiquetage[63].

Parler toujours avec les mêmes personnes a généralement un autre effet : les membres d'un même groupe tendent à avoir les mêmes opinions sur la plupart des sujets. Il est donc de plus en plus difficile de tenir des positions politiques différentes face à un groupe résolu qui ne les partage pas, même quand celui-ci a manifestement tort. Les choses en sont venues au point où, aux États-Unis aujourd'hui, démocrates et républicains ne parlent même plus la même langue. En 2016, à propos des membres de la Chambre des représentants, Matthew Gentzkow et Jesse Shapiro, deux économistes spécialistes des médias, écrivaient ceci : « Les démocrates parlent de "taxe foncière", de "travailleurs sans papiers" et de "niches fiscales pour les riches", alors que les républicains parlent d'"impôt sur la mort", d'"étrangers illégaux" et de "réforme fiscale". L'Obamacare [Affordable Care Act] de 2010 était pour les démocrates une "réforme générale de santé publique" et pour les républicains "une mainmise de Washington sur la santé"[64]. » Il est désormais possible de deviner l'affiliation politique d'un membre du Congrès simplement en écoutant les mots qu'il emploie. Sans surprise, l'appartenance partisane (définie ici par la facilité avec laquelle un observateur peut déduire le parti d'un membre du Congrès à partir d'une seule phrase prononcée par celui-ci) a explosé depuis une trentaine d'années. Entre 1873 et le début des années 1990, elle n'avait pratiquement pas changé, passant de 54 % à 55 %. Elle a ensuite fortement augmenté : à la fin de la 110e législature du Congrès (2007-2009), elle était de 83 %.

Cette convergence d'opinion et de vocabulaire est précisément une des raisons pour lesquelles les données de Facebook ont été si utiles à Cambridge Analytica et dans les récentes campagnes électorales aux États-Unis et au Royaume-Uni. Comme la plupart des démocrates du Massachussetts, par exemple, ont plus ou moins les mêmes opinions sur un grand nombre de sujets et emploient les mêmes mots, il suffit de quelques échantillons de nos opinions pour prédire les politiques que nous défendons, pour savoir comment nous cibler et quelles sont les histoires que nous aimons ou n'aimons pas entendre. Et, bien sûr, une fois que des « vrais gens » se fient à cette prévisibilité grossière, il devient beaucoup plus facile d'inventer des personnages, de créer de faux profils et de les introduire dans le débat en ligne[65].

Cette insularité offre également la possibilité à d'habiles entrepreneurs politiques de se présenter très différemment à des gens très différents. Pendant la campagne législative de 2014 en Inde, qui le porta de justesse au poste de Premier ministre, Narendra Modi put participer à plusieurs rassemblements en même temps grâce à des hologrammes grandeur nature en 3D, que beaucoup d'électeurs crurent réels. Son ubiquité se manifestait également sur le plan idéologique. À la génération des jeunes Indiens urbains, ambitieux et connectés mondialement, il s'est présenté comme l'incarnation de la modernité politique (mettant en avant l'innovation, le capital-risque, l'esprit d'entreprise, etc.) ; les nouveaux entrants dans la classe moyenne en expansion virent quant à eux en lui l'homme le plus à même de défendre un nationalisme enraciné dans la tradition hindouiste ; pour les castes supérieures économiquement menacées, enfin, il a joué la carte du rempart contre l'influence croissante (et largement imaginaire) des musulmans et des castes inférieures. Si on avait réuni des personnes appartenant à ces groupes et qu'on leur avait demandé de faire le portrait de « leur » Modi, elles auraient eu l'impression qu'il s'agissait de trois personnes différentes. Mais les réseaux au sein desquels ces trois groupes opéraient étaient suffisamment séparés pour qu'il soit superflu d'être cohérent.

Le nouvel espace public ?

La forte segmentation de l'électorat est loin de se limiter à des désaccords sur les politiques à suivre. Les Américains de différentes tendances partisanes ont commencé à se haïr réellement. En 1960, 5 % environ des républicains et des démocrates disaient qu'ils seraient « "mécontents" si leur fils ou leur fille se mariait en dehors de leur parti politique » ; en 2010, près de 50 % des républicains et plus de 30 % des démocrates « seraient plutôt ou très malheureux » à la pensée d'un tel mariage. En 1960, 33 % des démocrates et des républicains pensaient qu'un membre « moyen » de leur camp était quelqu'un d'intelligent, contre 27 % pour un membre de l'autre camp ; en 2008, les chiffres étaient respectivement de 62 % et 14 %[66] !

Comment expliquer pareille polarisation ? Un des changements les plus importants observés depuis le début des années 1990, quand l'esprit de parti a commencé sa forte progression, est l'expansion d'Internet et l'explosion des médias sociaux. En janvier 2019, Facebook comptait chaque mois 2,27 milliards d'utilisateurs actifs dans le monde et Twitter, 326 millions[67]. En septembre 2014, aux États-Unis, plus de 58 % de tous les adultes et 71 % des internautes utilisaient Facebook[68]. (Nous n'en faisons pas partie, aussi tout ce que nous disons ici de ces réseaux est-il de seconde main.)

À l'origine, les réseaux sociaux virtuels étaient considérés comme la nouvelle place publique, un nouveau moyen de créer des liens, et donc comme un espace qui pourrait réduire l'homophilie. En principe, ils offraient en effet la possibilité d'entrer en relation avec des personnes qui vivent très loin de nous et avec qui nous pouvons cependant partager certains centres d'intérêt, disons, les films de Bollywood, les cantates de Jean-Sébastien Bach ou la bonne manière d'élever des enfants. Peut-être étaient-elles pour le reste très différentes de nous, mais cela offrait un choix d'amis plus varié que ne le promet la seule proximité géographique. Toutes ces personnes pouvaient n'avoir presque aucun rapport les unes avec les autres, aussi, dans la mesure où nous échangions des idées sur d'autres choses que les centres d'intérêt qui nous avaient réunis, leur fréquentation nous exposait-elle à une grande diversité d'opinions. Sur Facebook, 99,91 % de ses 2 milliards d'utilisateurs relèvent de la « composante géante » de la plate-forme, ce qui signifie que chacun est l'ami d'un ami d'un ami de chacun[69]. Il n'y a que 4,7 « degrés de séparation » (le nombre de « nœuds » qu'il leur faut franchir) entre deux éléments de cette composante, quels qu'ils soient. En principe, on devrait aisément pouvoir être exposé aux idées d'à peu près tous les autres en naviguant sur ce réseau social.

Et pourtant, les réseaux sociaux virtuels ont largement échoué à rassembler leurs utilisateurs sur les questions qui divisent l'opinion. Une étude portant sur 2,2 millions d'utilisateurs américains de Twitter, tous engagés politiquement (au sens où ils ont suivi au moins un compte lié à un candidat à la Chambre des représentants pendant les élections de 2012), a montré que, s'il existait à peu près 90 millions de liens de réseau entre ces utilisateurs, 84 % des *followers* des utilisateurs conservateurs étaient des conservateurs et 69 % des *followers* des utilisateurs « libéraux » (au sens américain du mot, c'est-à-dire des progressistes) étaient des « libéraux »[70].

Facebook et Twitter fonctionnent comme des chambres d'écho. Les démocrates communiquent et transmettent les informations produites par des candidats démocrates ; les républicains, celles produites par des candidats républicains. Sur les premiers retweets des tweets des candidats démocrates, 86 % viennent d'électeurs démocrates ; côté républicain, le chiffre est de 98 % ! Si l'on prend en compte les retweets, les « libéraux » obtiennent 92 % de leurs messages d'une source « libérale » (progressiste), et les conservateurs 93 % d'une source conservatrice. Et cela n'est pas vrai que des tweets politiques : pour les individus engagés politiquement, l'exposition est tout aussi biaisée pour les tweets d'une autre nature. Apparemment, même pour discuter sur Twitter de pêche à la mouche, les gens préfèrent suivre quelqu'un qui vote pour le même parti qu'eux. La communauté virtuelle n'est, au mieux, qu'un espace public fragmenté.

Les médias sociaux ont-ils quelque chose de spécifique qui explique cette polarisation ? Les stratégies politiques faites pour diviser et répandre des mensonges ont été inventées bien avant Facebook. Les journaux, par exemple, ont toujours été extrêmement partisans. Dans l'Amérique coloniale, le dénigrement des hommes politiques était le gagne-pain des médias imprimés, et c'était encore le cas aux premiers jours de la jeune République américaine (dans la récente comédie musicale *Hamilton : An American Musical*, c'est la menace d'une diffamation par voie de presse qui contraint Alexander Hamilton, un des « Pères fondateurs » des États-Unis, à avouer sa liaison extra-conjugale). La « machine à cancan des républicains » *(republican noise machine)* a été perfectionnée sur le câble et à la radio dans les années 1990, comme le montre de façon très documentée David Brock dans son livre éponyme[71].

Le potentiel destructeur des médias anciens s'est manifesté de manière encore plus flagrante au moment du génocide au Rwanda. Avant et pendant le génocide, Radio-télévision libre des mille collines (RTLM) appelait à exterminer les Tutsis, systématiquement qualifiés de « cafards ». Elle justifiait ces injonctions en invoquant l'auto-défense et parlait de prétendues atrocités commises par le Front patriotique rwandais (FPR), la milice tutsie. Il y eut bien plus de meurtres dans les villages couverts par RTLM que dans les autres, où les montagnes bloquaient la réception des ondes. Au total, une étude estime que la propagande diffusée sur RTLM fut responsable de 10 % des violences, soit près de 50 000 Tutsis tués[72].

Gentzkow et Shapiro ont calculé un « indice d'isolement » pour l'année 2009 (ce qui paraît dater de Mathusalem, mais Internet était déjà, en réalité, en pleine explosion) concernant les informations en ligne et hors ligne. Il était défini comme la différence entre la part des informations de tendance conservatrice auxquelles était exposé un conservateur et la part de celles auxquelles était exposé un « libéral ». Leurs résultats semblaient montrer que la polarisation était aussi grande en ligne et hors ligne. L'exposition moyenne d'un conservateur à des positions conservatrices en ligne était de 60,6 % (sur sa consommation totale d'informations), soit l'équivalent d'une personne s'informant exclusivement sur usatoday.com. L'exposition moyenne d'un « libéral » était de 53,1 %, au même niveau que cnn.com. L'indice d'isolement pour Internet (la différence entre les deux) n'était donc que de 7,5 points de pourcentage, un peu plus que l'indice d'isolement observé pour les informations des journaux télévisés et des chaînes de télévision câblée, mais en dessous de celui de la presse nationale. Et il était très inférieur à la ségrégation dans les contacts interpersonnels. Cela était déjà vrai en 2009, quand les conservateurs avaient principalement des amis conservateurs (et les « libéraux », des amis « libéraux »). L'indice d'isolement est bas parce que, dans leurs données, les utilisateurs conservateurs et « libéraux » allaient surtout sur des sites « centristes », et ceux qui avaient le plus tendance à visiter des sites extrémistes (comme Breitbart) en visitaient aussi beaucoup d'autres, y compris des sites ayant des points de vue contraires[73].

La polarisation a augmenté chez les internautes, mais aussi dans d'autres sphères de la vie. Ainsi, alors qu'elle a progressé dans tous les groupes démographiques depuis 1996, c'est chez les personnes âgées d'au moins soixante-cinq ans que cette progression a été la plus forte, c'est-à-dire dans la population la moins susceptible d'utiliser Internet, et chez les personnes âgées de dix-huit à trente-neuf ans qu'elle a été la plus faible[74]. La polarisation a aussi augmenté dans les médias d'information traditionnels. Une analyse textuelle du contenu des informations diffusées sur les chaînes câblées montre que, depuis 2004, le langage utilisé sur Fox News penche de plus en plus à droite, et celui utilisé sur MSNBC de plus en plus à gauche[75]. Les publics ont également divergé. Jusqu'en 2008, Fox News comptait une part, stable, de 60 % de républicains parmi ses spectateurs ; cette part était passée à 70 % en 2012. Au fil des ans, la chaîne est devenue de plus en plus conservatrice, ce qui attira davantage d'électeurs conservateurs, qui l'ont poussée à leur tour à accentuer la tendance. Cela a commencé à avoir un effet sur les votes. Nous le savons parce que dans certains comtés des États-Unis, pour des raisons purement accidentelles, Fox News a un numéro plus difficile à atteindre sur la télécommande, et est donc moins regardée[76]. On y vote moins pour les républicains.

Alors, qu'est-ce qui a changé ? Au Congrès, d'après Gentzkow et Shapiro, le tournant semble s'être produit en 1994, l'année où Newt Gingrich a pris le contrôle du Parti républicain avec son « contrat avec l'Amérique »[77]. C'est aussi la première année où les consultants politiques ont joué un rôle essentiel dans la conception et l'évaluation des messages, ce qui, en tant que chercheurs en sciences sociales qui s'attachent à concevoir et évaluer des innovations, nous paraît quelque peu inquiétant.

Quand le réseau ne réseaute pas

Même si la polarisation n'a pas attendu Internet, il est difficile d'être très optimiste quant à ses effets et à ceux des réseaux sociaux sur nos préférences politiques comme sur la manière dont elles sont exprimées. Bien sûr, nous n'avons pas de point de comparaison contrefactuel : à quoi le monde ressemblerait-il sans ces innovations ? Comparer les personnes qui ont accès à Internet et celles qui n'y ont pas accès, comme les jeunes et les vieux par exemple, ne répond pas à la question, pour de nombreuses raisons. En particulier, Internet est souvent le lieu où les rumeurs sont lancées et diffusées avant d'être reprises par Fox News, où les populations plus âgées peuvent les entendre. Il se peut que les plus jeunes soient moins émus par ces rumeurs parce qu'ils savent qu'Internet fourmille d'erreurs et d'exagérations, et qu'on peut les y corriger, tandis que les personnes plus âgées, habituées à faire confiance à l'autorité des présentateurs de télévision, sont souvent plus crédules.

Mais il y a d'autres sujets d'inquiétude. Le premier est que la circulation des informations sur les médias sociaux étouffe la production d'analyses et d'informations fiables. La production de fausses nouvelles ne coûte pas cher et peut rapporter économiquement beaucoup, car, sans les contraintes de la vérité, il est facile de fournir à son lectorat exactement ce qu'il a envie de lire – et à son public ce qu'il envie de voir et d'entendre. Et si vous ne voulez pas inventer purement et simplement, vous pouvez vous contenter de reprendre des contenus ailleurs et de les copier. Une étude réalisée en 2017 montre que 55 % de ce qui est diffusé par les sites et les médias d'information en France est presque entièrement copié-collé, mais que la source n'est indiquée que dans moins de 5 % des cas[78]. Si une information produite par une équipe de journalistes est immédiatement copiée-collée sur d'autres sites, comment la source originale pourra-t-elle être récompensée pour l'avoir produite ? Il n'est pas étonnant que le nombre de journalistes aux États-Unis se soit effondré ces dernières années, passant de près de 57 000 en 2007 à environ 33 000 en 2015[79]. Il y a, à la fois, moins de journalistes au total et moins de journalistes par journal. Le modèle économique qui soutenait le journalisme, et en faisait le lieu d'un « espace public » (et de l'information correcte), est en train de s'effondrer. Sans accès à des faits véridiques et vérifiés, il est plus simple de se complaire dans des sottises.

Deuxième sujet d'inquiétude : Internet permet une répétition sans fin. Le problème des chambres d'écho est à la fois que nous n'y sommes exposés qu'aux idées qui nous plaisent, et que nous y sommes exposés encore et encore, à longueur de journée. Les faux utilisateurs habitués à « booster » les histoires sur Facebook et les gens payés pour « liker » le contenu accentuent la tendance naturelle de certains messages à être répétés et à mener une vie propre. Ce perpétuel retour rend les gens fous (un peu à la façon des chants que l'on reprenait naguère en chœur dans les manifestations politiques) ; il leur devient de plus en plus difficile de s'arrêter et de vérifier les histoires qu'on leur raconte.

Et même si la vérité finit par sortir, le fait qu'un mensonge ait été martelé aiguise les aspérités du débat et durcit les positions extrémistes. Nous gardons en mémoire les médisances sur les Mexicains (à qui nous n'avons jamais fait confiance, de toute façon) mais pas le fait que les immigrés de première génération, légaux ou non, ont moins de probabilité que les Américains autochtones de devenir délinquants[80]. C'est bien sûr une très bonne raison pour inonder le marché de faits alternatifs ; 115 fausses informations pro-Trump diffusées avant l'élection présidentielle de 2016 ont été vues 30 millions de fois (il y avait aussi de fausses informations pro-Clinton, mais elles n'ont été vues que 8 millions de fois)[81].

Troisième inquiétude : le langage cryptique de la communication en ligne (que Twitter pousse à l'extrême) encourage les abréviations et les raccourcis, ce qui contribue à affaiblir les normes du débat civique. Twitter s'est même mué en laboratoire de l'outrance. Les entrepreneurs politiques se plaisent à poster leurs déclarations les plus délirantes sur Twitter et à observer ce qu'elles déclenchent, tout en veillant à ce que cela n'aille pas trop loin. Quand leur propos semble prendre, au moins auprès du groupe ciblé (ce qui est mesuré par le nombre de retweets ou de *likes*, par exemple), ils l'ajoutent à la panoplie des stratégies possibles pour l'avenir.

La quatrième inquiétude est la personnalisation automatique. En 2001, quand Cass Sunstein écrivait sur les chambres d'écho, il craignait que les utilisateurs occasionnels soient en mesure de choisir les informations qu'ils allaient consommer. Désormais, il n'y a plus besoin de choisir. Des algorithmes sophistiqués utilisent les techniques de prédiction de l'intelligence artificielle pour déterminer ce qui pourrait vous plaire, en s'appuyant sur qui vous êtes, sur ce que vous avez cherché auparavant sur le Web, etc. L'objectif, assez explicitement, est de procurer aux gens ce qu'ils aiment pour qu'ils y consacrent plus de temps.

Facebook a été critiqué pour l'algorithme qu'il utilise pour déterminer la priorité entre les sujets qu'il diffuse à ses utilisateurs et, en 2018, l'entreprise a promis de le changer et notamment de mettre en avant les posts des amis et de la famille. Mais cette « customisation » systématique ne se produit pas que sur Facebook. Le 2 juillet 2018, sur la page d'accueil Google d'Esther, on trouvait les liens suivants : un article du magazine *The Atlantic*, « The Trade Deficit Is China's Problem », le dernier éditorial de Paul Krugman dans le *New York Times*, un article du même journal sur les socialistes de la génération Y, un article sur la Coupe du monde de football, un article du *Boston Globe* sur Lawrence Bacow, le nouveau président de Harvard, un article sur l'entrée de Simone Veil au Panthéon, un article du *Huffington Post* sur l'opinion de la sénatrice Susan Collin à propos du départ à la retraite d'un juge de la Cour suprême, et l'inévitable article sur la Pixel Watch. Seuls deux articles n'étaient pas immédiatement liés à ses centres d'intérêt et ses opinions politiques : un premier sur un criminel qui s'était échappé d'une prison française en hélicoptère (qui s'est avéré, à la lecture, très amusant) et un second, issu de Fox News, sur le combat de l'actrice Busy Philipps contre la compagnie Delta Air Lines qui avait changé la réservation de ses enfants sur un vol différent du sien. Ce fut d'ailleurs là, de toute la journée, la seule exposition d'Esther à un média de droite. Cette personnalisation est omniprésente. Même l'application de la National Public Radio (« NPR One » pour les connaisseurs) s'appelle Pandora for Public Radio, en référence à une application de musique qui diffuse la musique que vous aimez, à partir de ce que vous avez écouté dans le passé. Y compris au sein de cette chambre d'écho pour idées « libérales » qu'est la NPR, un algorithme se charge de filtrer pour l'auditeur exactement ce qu'il veut entendre.

Cela a une grande importance, car quand nous choisissons de façon active ce que nous lisons, nous sommes au moins conscients de ce que nous faisons. Nous pouvons préférer lire des articles issus de sources connues, tout en ayant suffisamment de recul pour être avertis des biais auxquelles elles sont sujettes. En Corée du Sud, une expérience originale a démontré la chose. De février à novembre 2016, deux jeunes Coréens ont proposé une application qui offrait aux utilisateurs un accès à une sélection d'articles de presse sur des sujets d'actualité, et qui leur demandait régulièrement leur opinion sur ces articles et sur ces sujets. Au début, tous les utilisateurs recevaient sur chaque sujet un article sélectionné de façon aléatoire. Après quelque temps, certains utilisateurs, sélectionnés au hasard, ont pu choisir la provenance de leurs articles, tandis que les autres ont continué de recevoir des articles au hasard. L'expérience a produit trois résultats intéressants. Tout d'abord, les utilisateurs réagissaient à ce qu'ils lisaient : ils revoyaient leurs opinions à la lumière de ce qui leur était présenté. Ensuite, comme c'était attendu, ceux qui avaient eu la possibilité de choisir leurs articles suivaient en général leurs préférences partisanes. À l'issue de l'expérience, enfin, ceux qui avaient eu la possibilité de choisir leurs articles avaient davantage revu leurs préférences que ceux qui n'avaient pas pu le faire, et généralement ils avaient progressé vers le centre du spectre politique ! Nous avons ici l'effet opposé de la chambre d'écho. La possibilité de choisir un contenu tendancieux rendait les utilisateurs *moins* partisans. La raison en est qu'ils comprenaient parfaitement le biais de la source choisie, et qu'ils le compensaient en partie, tout en étant plus réceptifs aux informations. En revanche, avec les articles sélectionnés au hasard, les utilisateurs, ne reconnaissant pas le biais, restaient prudemment sceptiques sur leur contenu et ne se laissaient pas influencer[82].

Il serait très intéressant de reproduire l'expérience aux États-Unis. L'effet dépend sans doute du degré d'engagement politique du lecteur. Il n'est pas certain qu'un grand nombre d'internautes aux États-Unis fassent un effort conscient pour corriger les biais des informations qu'ils reçoivent. Cette étude souligne cependant un des principaux problèmes de la personnalisation permanente : sa permanence elle-même. Pour corriger un biais politique, il faut en comprendre la source. Quand on lit toujours des informations issues d'une même source, elle devient familière. Mais quand un algorithme nous livre des articles pris un peu partout sur Internet, qui proviennent à la fois de sources connues de nous et de sources qui nous sont étrangères, et dont certains peuvent être totalement faux, nous ne savons plus comment interpréter ces signaux. Et comme nous n'avons pas nous-mêmes procédé au choix, nous pouvons même oublier de faire la correction.

Courir ensemble

À mesure que nous perdons la capacité de nous écouter les uns les autres, la démocratie perd de sa réalité et se met à ressembler à un recensement de tribus disparates, chacune votant moins sur la base d'un équilibre judicieux de ses priorités qu'à partir de son allégeance tribale. De ce fait, la plus grande coalition de tribus l'emporte, même, comme s'en vantait Donald Trump, si son candidat a tiré sur quelqu'un au milieu de la Cinquième Avenue. Le vainqueur de l'élection n'a pas même besoin d'obtenir des améliorations économiques ou sociales pour ses partisans, tant ces derniers craignent que l'autre camp l'emporte. Sachant cela, le vainqueur fait dès lors de son mieux pour alimenter cette peur. Dans le pire des cas, il pourra utiliser le pouvoir qu'il aura ainsi obtenu pour prendre le contrôle des médias et faire taire toute expression alternative, de sorte que la concurrence ne sera plus à craindre. Le Premier ministre Viktor Orbán y est parvenu en Hongrie, et d'autres n'en sont pas loin.

Par ailleurs, on observe une spirale de violence grandissante – contre les Noirs, les femmes et les juifs aux États-Unis, contre les musulmans et les castes inférieures en Inde, contre les immigrés en Europe – qui n'est probablement pas sans relation avec l'expression désinhibée de vitupérations permise par l'actuel climat de polarisation, y compris de la part de chefs d'État ou de responsables de gouvernement. Les foules meurtrières en Inde et au Brésil, de même que les récents tueurs et poseurs de bombe artisanale aux États-Unis ou en Nouvelle-Zélande semblent tous sortis des bas-fonds de la pensée paranoïaque, où les mêmes mensonges tournent en rond. Cela n'a pas encore atteint les dimensions d'une guerre civile ou d'un génocide, mais l'histoire montre que rien n'est impossible.

Comme nous l'avons vu, notre réaction à autrui est étroitement liée à la confiance que nous avons en nous. Seule une politique sociale fondée sur le respect de la dignité de l'individu permettrait de rendre le citoyen ordinaire plus ouvert aux idées de tolérance.

Il est aussi possible d'intervenir au niveau du groupe. Le racisme, l'hostilité aux immigrés et le manque de communication entre les gens qui votent pour des partis opposés trouvent leur origine, pour beaucoup, dans l'absence de contacts. Gordon Allport, un professeur de psychologie à Harvard, formula en 1954 ce qu'il appelait l'*hypothèse du contact*[83]. C'est l'idée que, dans des conditions appropriées, le contact interpersonnel est un des moyens les plus efficaces pour affaiblir les préjugés. En passant du temps avec les autres, nous apprenons à les comprendre et à les apprécier, et les antagonismes ethniques, grâce à cette appréciation et cette compréhension nouvelles, peuvent diminuer.

L'hypothèse du contact a fait l'objet d'études approfondies. Une synthèse récente fait état de 27 essais randomisés contrôlés sur l'idée d'Allport. Ils montrent, au total, que le contact diminue les préjugés, mais ils attirent l'attention sur l'importance de la nature du contact[84].

L'école et l'université sont évidemment la clef. Elles rassemblent en un même lieu des jeunes issus de milieux différents, à un âge où tout le monde est encore malléable. Dans une grande université américaine, où les coturnes sont désignés au hasard, une étude a montré que les étudiants blancs qui se retrouvaient avec des coturnes afro-américains avaient beaucoup plus tendance à être favorables à la discrimination positive que les autres, et que ceux qui se retrouvaient avec un coturne issu d'un groupe minoritaire tendaient davantage à continuer d'interagir socialement avec des membres issus d'autres groupes ethniques que le leur après leur première année d'université, quand ils avaient toute liberté de choisir qui fréquenter[85].

Ce processus de socialisation pourrait même commencer plus tôt. Un changement de politique éducative à Delhi a montré l'impact qu'avait le rassemblement d'enfants d'origines très différentes. Depuis 2007, les écoles privées de l'élite sont obligées d'offrir des places aux élèves pauvres. Une étude ingénieuse sur l'effet de cette réforme a été réalisée. Des enfants choisis au hasard ont pu choisir leur partenaire pour une course de relais[86]. Certains d'entre eux fréquentaient une école qui admettait déjà des enfants pauvres, d'autres dans une école qui ne le faisait pas encore. Par ailleurs, au sein des écoles, certains enfants faisaient partie d'un groupe de travail comprenant des enfants plus pauvres (choisis à partir de la première lettre de leur prénom) et d'autres non. Pour les aider à choisir leur partenaire pour la course de relais, tous les enfants ont eu d'abord l'occasion de voir courir les autres dans une course-test. Mais il y avait une condition. Ils devaient accepter de passer un peu de temps à jouer avec l'enfant qu'ils choisiraient pour leur équipe. L'étude montrait que les élèves des familles riches qui n'avaient pas été exposés à des élèves pauvres dans leur école évitaient de choisir des enfants pauvres, même s'ils couraient plus vite, pour éviter de passer du temps avec eux. Ceux, en revanche, qui avaient déjà été exposés à des enfants de familles moins aisées dans leur école, grâce à la réforme, avaient beaucoup plus tendance à choisir le meilleur coureur même s'il était d'une famille pauvre, car l'idée de passer du temps avec lui ne les dérangeait plus. Et ceux qui étaient dans un groupe de travail avec des enfants pauvres avaient plus tendance à inviter des enfants pauvres à courir et à jouer avec eux. La magie de la familiarité opérait.

« Students for Fair Admissions v. Harvard »

Une des implications de ces recherches est que la diversité des étudiants ou des élèves au sein des institutions éducatives est importante, car elle a un effet durable sur leurs préférences. La politique de discrimination positive a été introduite aux États-Unis à la fois pour réparer une injustice historique et pour égaliser les chances entre les Blancs, qui avaient l'avantage d'avoir été précédés par plusieurs générations ayant reçu une éducation poussée, et le reste de la population. Ses effets vont bien au-delà cependant. Les 27 essais randomisés sur l'effet du contact montrent que la mixité sociale est un des instruments les plus puissants que nous ayons à notre disposition pour rendre la société plus tolérante et plus inclusive.

Le problème, c'est que la discrimination positive est elle-même un sujet qui divise l'opinion.

Au printemps 2018, la ville de New York s'est efforcée de réformer son système d'admission dans les lycées d'élite, qui repose sur un examen et ne laisse entrer qu'un petit nombre de jeunes Latinos et d'Afro-Américains. Au même moment, des Américains d'origine asiatique attaquaient l'université de Harvard pour discrimination à leur encontre, au motif que, pour favoriser la diversité, l'université limitait artificiellement leur nombre. Parallèlement, l'administration Trump demande aux écoles de ne plus prendre en considération la « race » dans leurs choix d'admission. La Cour suprême des États-Unis a résisté jusqu'à présent aux pressions visant à interdire la discrimination positive reposant sur la « race », mais nul ne sait combien de temps cela va durer.

En Inde, le débat se pose en d'autres termes, ceux des quotas existant dans les institutions éducatives et l'administration pour les membres des castes ayant souffert de discrimination par le passé. Ces quotas suscitent une grande hostilité de la part des castes supérieures, qui se traduit par des manifestations et de fréquents procès qui contestent la validité de la loi, notamment au motif qu'une part disproportionnée des places réservées revient aux plus privilégiés des membres des castes inférieures, qui en ont peut-être moins besoin (on les appelle, métaphoriquement, la « crème de la crème »). Le système judiciaire indien n'a encore jamais instruit ces plaintes, et a soumis le droit aux quotas à une condition de revenu : il faut être suffisamment pauvre pour y avoir droit. En même temps, d'autres groupes sociaux font du lobbying pour être inclus dans les quotas, ce qui aurait pour effet de les diluer. De ce fait, ce système ne cesse d'être contesté dans le pays, non sans de fréquents accès de violence.

L'idée de « mérite » joue un rôle clef dans ce débat. Le cœur de la contestation est l'idée que les résultats aux examens sont un critère objectif du mérite, permettant de mesurer la qualification du candidat pour un emploi public ou une place à l'université ; par conséquent, la discrimination positive discrimine de façon négative les candidats « méritoires », comme on dit en Inde. Compte tenu de tout ce que nous avons vu dans ce chapitre, la proposition paraît très improbable. L'auto-discrimination affaiblit la confiance en soi et affecte les résultats aux examens. Le fait d'avoir été longtemps sous-estimé, traité avec condescendance, ignoré et méprisé par les professeurs et les supérieurs parce que l'on appartient à tel ou tel groupe rend la réussite plus difficile. Et, comme nous le savons tous, grandir dans une famille où il y a des livres partout, où l'on parle souvent de mathématiques ou de philosophie à table, qu'on l'apprécie ou non en tant qu'enfant, procure un avantage évident au moment où il faut rédiger une dissertation. Un candidat d'une caste inférieure qui a réussi à l'examen de fin de lycée aussi bien qu'Abhijit a dû franchir bien des obstacles pour y arriver, et il est probable, pour cette raison même, qu'il soit plus talentueux.

L'approximation de l'idée de mérite a été un sujet important de désaccord entre deux grands économistes empiriques, David Card et Peter Arcidiacono, qui ont été sollicités par l'une et l'autre partie dans l'affaire *Students for Fair Admissions v. Harvard*. Du côté des plaignants, Arcidiacono affirmait que les Asiatiques étaient forcément discriminés puisque les Asiatiques admis avaient de meilleures notes et de meilleurs résultats que les autres, en particulier les Blancs. Autrement dit, à notes égales, un étudiant d'origine asiatique a moins de probabilité d'être admis à Harvard qu'un étudiant blanc (ou afro-américain).

Du côté de l'université de Harvard, Card faisait plusieurs objections à l'argumentation d'Arcidiacono, à commencer par celle que l'objectif de diversité de l'origine des parents et des étudiants était légitime. Mais la différence la plus frappante entre les deux points de vue venait de leur interprétation respective de la notion d'« évaluation de la personnalité », censée rendre compte des qualités de leadership et d'intégrité des candidats. Les étudiants d'origine asiatique ont des résultats scolaires et des appréciations parascolaires systématiquement plus élevés ; s'agissant de l'évaluation de la personnalité, en revanche, ils sont systématiquement moins bien notés. Et, malgré cela, ils n'ont pas moins de probabilité d'être admis que les étudiants blancs.

Pour Card, cela prouve qu'il n'y a pas de discrimination. Arcidiacono soutient que l'évaluation de la personnalité est précisément le critère utilisé par Harvard pour discriminer les candidats d'origine asiatique. Au cours du débat, un parallèle ironique avec l'histoire n'est pas passé inaperçu. Dans les années 1920, le président de l'université de Harvard, Abbott Lawrence Lowell, avait essayé d'introduire des quotas pour limiter le nombre de juifs à l'université. N'ayant pas réussi, il avait institué le système de l'admission dite « holistique », qui plaçait la personnalité au-dessus des notes, et qui était utilisé en réalité pour limiter le nombre de juifs. Students for Fair Admissions veut démontrer que la même chose se répète, près d'un siècle plus tard.

Le débat illustre le caractère éminemment fallacieux de l'idée de mérite, et de la notion même de qualité. D'un côté, les « qualités personnelles » peuvent refléter (peut-être inconsciemment) une forme d'appartenance à un club, avec des rites secrets qui ne sont pas enseignés dans le lycée moyen. L'évaluation de la personnalité serait alors un moyen subtil pour empêcher l'entrée d'un certain type d'étudiant (selon qu'il est ou non d'origine asiatique, par exemple), et pour assurer sans heurt la transmission intergénérationnelle des privilèges de l'élite. D'un autre côté, le fait que, dans l'ensemble des candidats, les Afro-Américains aient systématiquement de meilleures évaluations de la personnalité que les Blancs ou les Asiatiques pourrait bien être le reflet de ce dont nous venons de parler : comme l'admission à Harvard nécessite de très bons résultats scolaires, un élève issu d'un milieu défavorisé doit posséder des talents personnels assez exceptionnels ne serait-ce que pour être pris en considération, d'autant qu'il lui a peut-être fallu survivre dans des écoles et un milieu familial très difficiles.

Il n'y a pas de solution simple au problème. Producteur emblématique de la prochaine génération de leaders, Harvard doit clairement faire une place aux étudiants de tous les groupes sociaux, et une surreprésentation massive d'un groupe particulier par rapport à son poids dans la population non seulement n'est pas souhaitable dans une démocratie mais peut faire naître des problèmes politiques. Nous avons cependant besoin d'un débat public plus transparent sur la définition de la discrimination positive. Les politiques mises en place aujourd'hui dans ce domaine, et qui tournent autour de la notion d'appartenance ethnique sans s'y confronter directement, sont sans doute loin d'être idéales. Le défi qui se pose à Harvard est à la fois inévitable et souhaitable en ce qu'il peut permettre à l'ensemble de la société américaine de faire face à ses incohérences.

Du point de vue de l'objectif, plus modeste, qui vise à modifier les préférences en augmentant les contacts entre les groupes sociaux, l'hostilité croissante que suscite la discrimination positive pose un problème réel. L'hypothèse initiale d'Allport était que le contact faisait reculer les préjugés, mais seulement si un certain nombre de conditions étaient réunies. Allport soutenait, en particulier, qu'il fallait qu'existent entre les groupes concernés une certaine égalité de statut, des objectifs communs, une coopération, et pouvoir compter sur le soutien des pouvoirs publics, de la loi ou de la coutume. Or une intégration très controversée ne permet pas de faire émerger ces conditions. Si, par exemple, des lycéens ont le sentiment de se trouver en compétition pour une place à l'université et, pire encore, s'ils ont l'impression que cette compétition est faussée en leur défaveur, leur hostilité contre l'autre groupe peut encore augmenter.

Les leçons de cricket

Une étude récente, très intéressante, montre que le contact entre les groupes peut se révéler contre-productif s'il est compétitif[87]. Dans l'État indien de l'Uttar Pradesh, un chercheur a organisé, sur huit mois, un championnat de cricket impliquant 800 joueurs, tous choisis au hasard dans un groupe de 1 261 jeunes hommes. Un tiers environ d'entre eux furent placés dans des équipes dont tous les membres étaient issus d'une même caste ; le reste, dans des équipes où les castes étaient mélangées. Comme beaucoup d'autres, l'étude fit apparaître les nombreux effets positifs du contact collaboratif. Comparés à ceux des équipes présentant une homogénéité de caste, les jeunes qui jouaient dans les équipes mélangées étaient plus nombreux à avoir, après l'expérience, des amis issus d'autres castes, et qui n'étaient pas seulement issus de leur équipe. Quand la possibilité leur fut donnée de choisir leurs équipiers, les équipes qu'ils formèrent s'avérèrent meilleures, car leurs choix ne reposaient pas sur la caste mais sur le talent.

Cependant, la nature de leur adversaire avait également une importance. Les joueurs placés de façon aléatoire dans des équipes qui devaient jouer contre une équipe dont les joueurs étaient issus d'une autre caste avaient tendance à moins avoir d'amis issus des autres castes que les joueurs qui ne jouaient que contre des équipes de leur propre caste, ou que les joueurs qui n'eurent jamais à jouer contre personne. La compétition nuisait au contact.

Ces résultats moins optimistes montrent que le contact n'est pas toujours suffisant pour produire de la tolérance et qu'il peut être nécessaire d'avoir aussi des objectifs communs. En 1998 et en 2018, la victoire de l'équipe de France à la Coupe du monde de football a eu ce type d'effet sur le pays dans son ensemble. En particulier, le fait que certains joueurs de l'équipe aient grandi et acquis leurs talents de footballeur dans des banlieues connues pour leurs cités délabrées, leurs émeutes et leurs voitures incendiées créa un sentiment de bonne volonté et d'objectif partagé. Tout le monde put se rendre compte que les jeunes du « 9-3 » ou d'ailleurs n'étaient pas tous des racailles qui séchaient l'école pour voler des scooters ou dealer du cannabis. Derrière la victoire de l'« équipe black-blanc-beur » se dessinaient l'effort et la discipline de dizaines de milliers de jeunes qui travaillaient dur pour s'en sortir.

La paix par le zonage

Puisqu'il y a des limites évidentes à l'intégration par l'université, la mixité des quartiers est une solution alternative. Mais, malheureusement, les quartiers mixtes ont tendance à connaître une certaine instabilité, comme l'a démontré le prix Nobel d'économie Thomas Schelling[88]. Imaginons que des personnes propriétaires d'un logement dans un quartier mixte s'y plaisent, mais qu'elles n'aient pas envie qu'il soit dominé par un autre groupe que celui auquel elles appartiennent. Elles vivent dans la crainte qu'un jour des gens de leur groupe partent et soient remplacés par des gens de l'autre groupe. Le quartier devient alors moins attractif pour ces propriétaires qui ont peur d'être contraints de partir si d'autres partent, soit que ces derniers commencent à tenir le même raisonnement, soit qu'ils deviennent moins tolérants. La tension liée au fait de ne pas savoir si et quand cette spirale s'activera peut devenir tellement insupportable que tous ceux qui auront la possibilité de partir le feront. C'est ce que Schelling appelle le « *tipping point* » ou *point de basculement*.

David Card a étudié l'accroissement de la ségrégation aux États-Unis dans les années 1970, 1980 et 1990, et il semble en effet que ce point de basculement ait été une réalité[89]. Quand la proportion de Noirs dans un quartier était inférieure à un certain chiffre, la situation restait stable ; si elle passait au-dessus, on observait dans les années suivantes un exode de la population blanche. À Chicago, le point de basculement était particulièrement bas. En 1970, quand la part de la population noire dans un quartier était de moins de 5 %, rien ne changeait les années suivantes ; quand elle dépassait les 5 %, la part de Blancs ne tardait pas à fondre. Sur l'ensemble des villes américaines, Card et ses collègues ont trouvé, en moyenne, des points de basculement allant de 12 % à 15 %.

Il existe un moyen de lutter contre la discrimination qu'implique la logique du point de basculement : construire des logements sociaux pour les bas revenus et les répartir dans toute la ville, pour qu'il n'y ait pas de quartiers ethniquement ou socialement « purs ». Dans un quartier chic de Paris où nous avons passé un an, l'immeuble voisin du nôtre était un HLM. Tous les enfants allaient à l'école du quartier et jouaient dans le même jardin et, à l'âge qui était le leur, ils vivaient dans le même univers. Certes, il n'est peut-être pas possible d'être aussi audacieux qu'à Singapour, où des quotas sévères assurent une certaine mixité entre les groupes ethniques au sein de chaque immeuble résidentiel, mais il devrait être possible de réserver une certaine part au logement social dans tous les quartiers.

Les difficultés qui entourent l'application d'une telle mesure sont surtout d'ordre politique. Car, si la volonté existe, son application est assez simple. Il suffit de répartir un peu partout les logements sociaux, de donner à chacun un numéro de loterie, de procéder à un tirage au sort chaque fois qu'un logement se libère et de vérifier que les gagnants l'obtiennent effectivement. La difficulté est qu'il est tentant pour les politiciens locaux de distribuer à leur clientèle les logements sociaux des beaux quartiers ; mais rien qui ne soit insurmontable avec suffisamment de volonté politique[90].

À court terme, cependant, tant que la plupart des pauvres continuent de vivre dans des quartiers pauvres, l'école partagée est un autre moyen d'unir la population. Mais déplacer les enfants pour favoriser la diversité scolaire, comme cela a été fait à Boston à une époque, n'est pas populaire, notamment pour cette excellente raison que les jeunes enfants n'aiment pas prendre le bus. Une meilleure idée pourrait être de permettre aux enfants des quartiers à bas revenu d'aller à l'école en dehors de leur quartier. Le programme Metco, aux États-Unis, qui organisait le ramassage en car d'enfants issus de minorités ethniques pour les conduire dans des écoles d'enfants issus du groupe ethnique majoritaire, s'est avéré bénéfique aux premiers sans nuire aux résultats scolaires des seconds. Ces derniers, qui auraient sans cela passé l'essentiel de leur vie dans des enclaves largement blanches, ont été ainsi exposés à une population bien plus diversifiée, ce qui, comme nous l'avons vu, n'est pas sans effets durables sur la vision du monde et sur les préférences[91].

Déplacer les chaises sur le « Titanic » ?

La somme totale de nos propositions peut sembler modeste au regard de ce qui s'apparente à une avalanche de sentiments xénophobes ou racistes. Mais ce serait passer à côté de l'idée phare de ce chapitre, à savoir que les préférences sont au moins autant le symptôme que la cause du malaise actuel. Le préjugé est souvent une réaction de défense contre notre vision sombre du monde, nos difficultés économiques et le sentiment que nous ne sommes plus respectés à notre juste valeur.

Cela a quatre implications importantes. La première, et la plus évidente, est que le mépris exprimé vis-à-vis des gens qui manifestent des sentiments racistes, qui fraternisent avec des gens racistes ou qui votent pour des gens racistes ne fait que renforcer ces sentiments, qui naissent justement du soupçon que le monde ne nous respecte plus. Deuxièmement, le préjugé n'est pas une préférence absolue : même les électeurs dits racistes ont d'autres préoccupations. Dans les années 1990 et 2000, l'Inde du Nord a connu une période de forte polarisation, principalement fondée sur la caste. Mais, en 2005, elle était arrivée à son terme. Les castes inférieures qui s'étaient alignées sur des partis reposant explicitement sur l'appartenance à telle ou telle caste (par opposition au parti du Premier ministre Modi, le BJP, lui aussi assis sur la caste, mais de façon plus implicite) ont commencé à se demander si leurs propres partis servaient leurs intérêts. Mayawati Kumari, la responsable d'un de ces partis, a décidé de se présenter sous une nouvelle étiquette, celle de chef de tous les pauvres, y compris des castes supérieures, et elle a remporté sur cette base les élections de 2007 dans l'État de l'Uttar Pradesh. Elle ne militait plus pour un sectarisme étroit mais pour une plus large inclusivité.

Plus récemment, aux États-Unis, nous sommes frappés par l'étonnant retour en grâce d'un Obamacare hier abhorré. Projet politique emblématique de celui qui était vu comme un Kenyan noir, musulman et ayant pour nom Barack Obama, il avait été ignoré de nombreux gouverneurs républicains ; beaucoup même refusaient les subventions fédérales permettant l'extension de Medicaid, le principal mécanisme chargé d'étendre la couverture de santé dans le cadre de l'Obamacare. Pourtant, lors des élections de mi-mandat en 2018, des initiatives visant précisément à étendre Medicaid ont été proposées au vote dans les États acquis aux républicains de l'Utah, du Nebraska et de l'Idaho, et elles ont été approuvées dans les trois. Le Kansas et le Wisconsin ont, quant à eux, élu de nouveaux gouverneurs démocrates qui, contrairement à leurs prédécesseurs républicains, voulaient étendre Medicaid. Ce n'est pas que les citoyens de ces États soient devenus démocrates : ils votent encore pour des représentants et des sénateurs républicains, souvent même très conservateurs. Mais, sur cette question, beaucoup semblent avoir choisi d'ignorer les avertissements de l'establishment républicain et suivi leur propre idée de ce qui était bon pour eux. L'intérêt économique bien compris l'a emporté sur Trump.

Cela n'est pas sans lien avec notre troisième point. Le fait que les électeurs prêtent une importance particulière au groupe ethnique, racial ou religieux, ou même à l'expression d'idées racistes, ne signifie pas que ces sujets les exaltent. Ils sont tout à fait conscients que les dirigeants politiques peuvent choisir de jouer la carte de la « race » ou de l'immigré quand cela les arrange. S'ils continuent de voter pour eux, c'est qu'ils considèrent le système politique avec un grand cynisme, et qu'ils sont convaincus que tous les politiciens se valent à peu près. Sachant cela, ils sont prêts à voter pour le type qui a une bonne tête ou qui parle comme eux. Autrement dit, leur vote ethnique ou raciste n'est bien souvent qu'une expression d'indifférence. Aussi peut-il être étonnamment facile de leur faire changer d'opinion en soulignant ce qui est réellement en jeu dans l'élection. En 2007, dans l'Uttar Pradesh, État connu en Inde pour sa politique centrée sur l'appartenance de caste, Abhijit et ses collègues ont réussi à détourner 10 % d'électeurs du parti de leur propre caste grâce à un mélange de chansons, de marionnettes et de théâtre de rue qui diffusaient un seul et même message : « Votez pour le développement, pas en fonction de la caste[92]. »

Ce qui nous amène à notre dernier point, peut-être le plus important. Le moyen le plus efficace pour combattre les préjugés n'est pas d'affronter directement les opinions des gens. Il nous paraît préférable d'essayer de les convaincre qu'il vaut la peine de s'intéresser à d'autres questions politiques. Les dirigeants qui lancent de grandes promesses en s'agitant beaucoup ne font souvent guère plus que gesticuler, notamment parce que agir est difficile. Nous devons restaurer la crédibilité du débat politique, et montrer qu'il ne se réduit pas à prononcer de grands discours pour aboutir à de petites choses. Et, bien sûr, nous devons essayer d'apaiser la colère et le sentiment de dépossession que beaucoup ressentent, en sachant que ce ne sera ni aisé, ni rapide.

Tel est le voyage que nous avons entrepris dans ce livre. Nous avons commencé par les questions que nous connaissons et comprenons le mieux : l'immigration et le commerce. Même sur ces sujets, cependant, les économistes ont tendance à répondre de façon catégorique (« l'immigration, c'est bien », « le libre-échange, c'est mieux »), sans les explications et les mises en garde qui s'imposent, ce qui nuit à leur crédibilité. Nous allons maintenant nous tourner vers des questions beaucoup plus controversées, y compris chez les économistes : l'avenir de la croissance, les causes des inégalités, le problème du réchauffement climatique.

Nous essaierons de faire le même exercice de démythification pour ces sujets, tout en reconnaissant que ce que nous avons à dire reposera parfois sur des arguments plus abstraits que ceux que nous avons présentés jusqu'ici et s'appuiera moins sur des données. Ces questions sont cependant si importantes pour notre vision de l'avenir (et du présent) qu'on ne peut espérer concevoir de meilleures politiques économiques sans tenter d'y répondre.

Dans ces domaines, le rôle des préférences est fondamental. Il est évidemment impossible de parler de la croissance, des inégalités et de l'environnement sans méditer sur les besoins et sur les désirs, c'est-à-dire sur les préférences. Nous avons vu que les désirs ne sont pas forcément des besoins : les gens peuvent donner un prix à des bouteilles de vin en partant non pas du plaisir qu'ils ont de boire mais de leur numéro de sécurité sociale ; et les besoins peuvent ne pas être des désirs : la télévision est-elle un désir ou un besoin ? Dans les prochains chapitres, la question des préférences sera donc, de façon implicite et parfois explicite, au cœur des thèses que nous défendrons et de la vision du monde que nous esquisserons.

5.

La fin de la croissance ?

La croissance a pris fin le 16 octobre 1973, ou à peu près, et nous ne la reverrons plus, au moins si l'on en croit le livre décisif de Robert Gordon[1].

Ce jour-là, les membres de l'Organisation des pays exportateurs de pétrole (OPEP) ont annoncé un embargo sur le pétrole. Quand cet embargo a été levé, en mars 1974, le prix de l'or noir avait quadruplé. À cette époque, l'économie mondiale était très dépendante de cette source d'énergie et généralement confrontée à des pénuries de matières premières qui faisaient monter les prix. Il s'en est suivi, dans les riches pays occidentaux, dix moroses années de « stagflation » (une stagnation économique accompagnée d'inflation). Cette croissance lente était supposée prendre fin un jour ; elle ne nous a jamais quittés.

C'est arrivé dans un monde où la plupart des habitants des pays riches avaient grandi dans la perspective d'une prospérité grandissante, où les dirigeants politiques s'étaient habitués à mesurer leurs succès à l'aune d'un critère unique : le taux de croissance du PIB de leur pays. C'est encore, dans une large mesure, le monde dans lequel nous vivons, et nous sommes toujours en train de parler du tournant historique des années 1970. Qu'est-ce qui a mal tourné ? Des erreurs politiques ont-elles été commises ? Est-il possible de faire revenir la croissance de façon durable ? Et, si oui, sur quel bouton magique faut-il appuyer ? Quant à la Chine, est-elle immunisée contre ce ralentissement ?

Les économistes se sont efforcés de répondre à ces questions. D'innombrables livres et articles ont été écrits sur le sujet. Maints prix Nobel ont été décernés. Mais avons-nous acquis quelque assurance sur ce qu'il faudrait faire pour que les économies riches croissent plus vite ? Ou le fait qu'il ait été autant écrit sur la question indique-t-il simplement que nous n'en avons, en réalité, pas la moindre idée ? Et cela vaut-il même la peine de s'en inquiéter ?

Les Trente Glorieuses

Jamais la croissance économique en Europe de l'Ouest, aux États-Unis et au Canada n'a été aussi rapide que pendant la trentaine d'années qui séparent la fin de la Seconde Guerre mondiale de la crise de l'OPEP.

Entre 1870 et 1929, le taux de croissance du PIB par tête aux États-Unis était en moyenne de 1,76 % par an. Entre 1930 et 1933, il a baissé, de manière catastrophique, de 20 % (ce n'est pas pour rien que ces années ont été appelées par les historiens la Grande Dépression), mais il a retrouvé son niveau assez rapidement. Le taux de croissance annuel moyen entre 1929 et 1950 fut même, en réalité, un peu supérieur à ce qu'il avait été au cours de la période précédente. Mais, entre 1950 et 1973, il remonta à 2,5 %[2]. La différence entre ce 1,76 % et ce 2,5 % est bien plus grande qu'il n'y paraît : avec un taux de croissance annuel de 1,76 %, il faut quarante ans pour que le PIB double ; avec 2,5 %, vingt-huit ans suffisent.

L'histoire économique de l'Europe jusqu'en 1945 est en dents de scie, notamment en raison des guerres. L'explosion date d'après. Quand Esther est née, à la fin de l'année 1972, le PIB par tête de la

France était quatre fois supérieur à celui de l'année de naissance de sa mère, Violaine, en 1942[3]. La progression est caractéristique de ce qui s'est passé en Europe de l'Ouest à l'époque : le PIB par tête a augmenté de 3,8 % chaque année entre 1950 et 1973[4]. Ce n'est pas pour rien que les Français ont surnommé les trois décennies qui ont suivi la guerre les « Trente Glorieuses ».

Cette croissance économique a été permise par une hausse rapide de la productivité du travail, c'est-à-dire de la quantité produite par heure travaillée. Aux États-Unis, la productivité du travail a augmenté de 2,82 % par an, ce qui la mettait sur une trajectoire de doublement tous les vingt-cinq ans[5]. Cette hausse de la productivité du travail a été assez importante pour compenser la *baisse* du nombre d'heures travaillées par travailleur qui est intervenue en même temps. Pendant la seconde moitié du XXe siècle, le nombre d'heures travaillées par semaine a diminué de vingt heures aux États-Unis et en Europe. Et le baby-boom de l'après-guerre a fait baisser la part des adultes en âge de travailler dans la population, car les baby-boomers n'étaient alors que… des bébés.

Pourquoi les travailleurs sont-ils devenus plus productifs ? Le niveau d'instruction a beaucoup compté. Une personne née dans les années 1880 n'allait à l'école, en moyenne, que jusqu'à la cinquième ; une personne née un siècle plus tard faisait, en moyenne, deux années d'études après le lycée[6]. Et ces travailleurs ont travaillé avec des machines plus efficaces et plus nombreuses. C'était l'époque où l'électricité et le moteur à combustion interne se sont mis à jouer un rôle essentiel.

Si l'on s'autorise quelques hypothèses audacieuses, il est possible d'évaluer la contribution respective de ces deux facteurs. Robert Gordon estime ainsi que le progrès de l'éducation expliquerait environ 14 % de l'augmentation de la productivité du travail pendant cette période, tandis que les investissements en capital ayant permis de travailler sur des machines plus efficaces et plus nombreuses, environ 19 %.

Pour le reste, l'amélioration de la productivité observée ne peut être expliquée par des changements mesurables par les économistes.

Pour se donner bonne conscience, ils lui ont trouvé un nom : la *productivité totale des facteurs* ou PTF. (Le grand économiste de la croissance qu'était Robert Solow définissait la PTF comme « une mesure de notre ignorance ».) La croissance de la productivité totale des facteurs est ce qui reste une fois pris en compte tout ce que nous savons mesurer. Elle traduit le fait que des travailleurs ayant le même niveau d'instruction et qui utilisent des machines et des inputs identiques (ce que les économistes appellent le « capital ») produisent aujourd'hui davantage d'outputs par heure travaillée que l'année précédente. En soi, cela s'explique très bien : on n'arrête jamais de chercher des moyens d'utiliser plus efficacement les ressources existantes. C'est en partie le résultat du progrès technologique : les puces informatiques sont de moins en moins chères et de plus en plus rapides, si bien qu'un ou une secrétaire peut aujourd'hui effectuer en quelques heures le travail qui nécessitait naguère une petite équipe ; on invente de nouveaux alliages ; on introduit de nouvelles variétés de blé qui poussent plus vite et consomment moins d'eau. Mais la productivité totale des facteurs augmente également quand on trouve la bonne façon de réduire le gaspillage ou le temps pendant lequel les matières premières ou les travailleurs restent inutilisés. Les innovations dans les méthodes de production, comme la production à la chaîne ou le « lean management », y contribuent également, de même que, par exemple, la création d'un marché de location de tracteurs.

Ce qu'il y a eu d'exceptionnel pendant les décennies qui ont précédé 1970, c'est que la productivité totale des facteurs a augmenté de façon particulièrement rapide. Aux États-Unis, la croissance de la PTF a été quatre fois plus rapide entre 1920 et 1970 qu'entre 1890 et 1920[7]. C'est cela, plus que le progrès de l'instruction ou du capital par travailleur, qui a donné son dynamisme extraordinaire à la période 1920-1970. En Europe, la croissance de la PTF a même été encore plus rapide qu'aux États-Unis, surtout après la Seconde Guerre mondiale, en partie parce que l'Europe a adopté pendant cette période des innovations déjà développées aux États-Unis[8].

La croissance rapide ne s'est pas manifestée uniquement dans les statistiques du revenu national. De quelque façon qu'on la mesure, la qualité de la vie en 1970 est sans comparaison avec celle de 1920. En moyenne, une personne vivant en Occident mangeait mieux, avait moins froid l'hiver et moins chaud l'été, consommait une variété plus grande de produits et vivait plus longtemps et en meilleure santé[9]. Grâce à une semaine de travail plus courte et à un âge de départ à la retraite plus précoce, la vie n'était plus dominée par un travail asservissant. Le travail des enfants, omniprésent au XIXe siècle, avait pour l'essentiel disparu en Occident : au moins, dans ces pays, ils pouvaient profiter de leur enfance.

Les « quarante moins glorieuses »

Mais, en 1973 (ou à peu près), tout cela s'est arrêté. En moyenne, au cours des vingt-cinq années qui ont suivi, le rythme de croissance de la PTF aux États-Unis a été inférieur des deux tiers à celui des années 1920-1970[10]. Ce qui avait commencé par une crise économique, avec une date de début bien identifiée, et dont la responsabilité pouvait être clairement attribuée à quelques puissances étrangères, est devenu la nouvelle norme. La persistance du ralentissement ne fut pas immédiatement perceptible. Nés et éduqués pendant l'âge d'or de la croissance économique, les universitaires et les décideurs politiques ont d'abord cru qu'il s'agissait d'une éclipse temporaire, qui prendrait fin d'elle-même. Quand il est devenu manifeste que cette croissance lente n'était pas qu'une aberration, ils ont placé leurs derniers espoirs dans l'idée qu'une nouvelle révolution industrielle, aiguillonnée par la puissance de l'informatique, était sur le point d'éclater. La puissance informatique augmentait de plus en plus rapidement, et l'ordinateur s'introduisait partout, comme jadis l'électricité et le moteur à combustion interne. Ils étaient convaincus que cela se traduirait par une nouvelle période de croissance de la productivité, qui tirerait après elle l'ensemble de l'économie. Et c'est ce qui a fini par arriver. À partir de 1995, plusieurs années de forte croissance de la PTF ont été observées (elle est cependant restée très en dessous de ce qu'elle avait été pendant la période de boom économique). Mais celle-ci s'est rapidement tarie. Depuis 2004, la croissance de la PTF et du PIB aux États-Unis et en Europe semble revenue aux mauvais jours de 1973-1994[11]. Aux États-Unis, la croissance du PIB a repris au milieu de l'année 2018, mais celle de la PTF reste lente : sur l'année, elle n'a augmenté en moyenne qu'au rythme de 0,94 %[12], à comparer aux 1,89 % de la période 1920-1970.

Ce nouveau ralentissement a suscité un vif débat parmi les économistes, tant il semble inconciliable avec ce que nous entendons dire autour de nous. La Silicon Valley ne cesse de nous raconter que nous vivons dans un monde d'innovation et de disruption permanentes : le PC, le smartphone, l'apprentissage automatique. L'innovation semble présente partout. Comment une innovation d'une telle ampleur est-elle compatible avec cette absence de tout signe de croissance économique ?

Ce débat porte principalement sur deux questions. Allons-nous retrouver une croissance soutenue de la productivité ? La mesure du PIB – qui implique une certaine divination – ne passerait-elle pas à côté du bonheur et de la joie que nous apporte la nouvelle économie ?

La croissance est-elle terminée ?

Deux historiens de l'économie, professeurs à la Northwestern University de Chicago, occupent le centre de ce débat.

D'un côté, Robert Gordon défend l'idée qu'une période de forte croissance ne reviendra probablement pas. Nous n'avons eu qu'une fois l'occasion de rencontrer Gordon. S'il donne l'impression d'une personnalité plutôt réservée, son livre est tout l'opposé. De l'autre côté se trouve Joel Mokyr, que nous connaissons beaucoup mieux. C'est un homme vivant, au regard brillant, qui a toujours un mot gentil pour tout le monde. Il écrit avec une énergie contagieuse, qui correspond à sa vision généralement positive de l'avenir.

Gordon a pris le risque de prédire une croissance économique moyenne de 0,8 % par an pour les vingt-cinq prochaines années[13]. « Où que je regarde », déclara-t-il un jour dans un débat avec Mokyr, « je vois les choses stagner. Je vois les entreprises travailler encore avec des ordinateurs et des logiciels à peu près comme on le faisait il y a dix ou quinze ans. Je vois des commerces où l'on passe les mêmes codes-barres à la caisse, des rayons toujours garnis par des humains et non des robots, et toujours, derrière le comptoir, des gens pour découper la viande et le fromage ». Selon lui, les innovations d'aujourd'hui ne sont pas aussi radicales que ne l'avaient été, en leur temps, l'électricité et le moteur à combustion interne. Le livre de Gordon est particulièrement ambitieux. Il considère une à une, avec jubilation, chacune des innovations prédites par les futurologues et explique pourquoi, à son avis, aucune ne transformera le monde aussi profondément que l'ascenseur ou l'air conditionné, et par conséquent pourquoi aucune ne nous ramènera dans une période de croissance rapide. Les robots ne savent pas plier le linge. L'impression 3D n'aura pas d'impact sur l'industrie manufacturière à grande échelle. L'intelligence artificielle et l'apprentissage automatique n'ont « rien de nouveau[14] » : ils existent depuis au moins 2004 et n'ont rien fait pour la croissance. Et ainsi de suite.

Bien sûr, ce qu'affirme Gordon n'exclut pas la possibilité que quelque chose de totalement inattendu, quelque combinaison nouvelle d'ingrédients connus, par exemple, s'avère capable de tout bouleverser. Mais il estime tout simplement que cela n'arrivera pas.

Mokyr, en revanche, voit un bel avenir à la croissance économique. À ses yeux, elle sera stimulée concomitamment par la concurrence que se livreront les nations pour prendre la tête du progrès scientifique et technique et par la diffusion rapide de l'innovation dans le monde, qui devrait résulter de cette lutte. Il voit d'immenses possibilités de progrès dans la technologie du laser, la science médicale, le génie génétique et l'impression 3D. À l'affirmation de Gordon selon laquelle rien n'a beaucoup changé dans notre manière de produire depuis quelques dizaines d'années, il répond : « À côté de ce que font les outils qui sont les nôtres aujourd'hui, tous les objets que nous avions dans les années 1950 font penser à des jouets mal conçus[15]. » Surtout, Mokyr pense que la façon dont l'économie mondiale a changé et s'est mondialisée a fait naître un environnement où l'innovation pourra fleurir et changer le monde dans des dimensions qu'il ne nous est même pas possible de concevoir. Un facteur à lui seul, prédit-il, sera à même d'accélérer la croissance : le ralentissement du vieillissement du cerveau. Cela nous donnera plus de temps pour avoir de meilleures idées. Mokyr, plus enthousiaste et créatif que jamais à l'âge de soixante-douze ans, est lui-même une parfaite incarnation de la thèse qu'il défend.

Le fait que deux esprits aussi brillants arrivent à des conclusions si différentes à propos de la croissance manifeste la difficulté du sujet. De toutes les choses que nous, les économistes, avons essayé de prévoir (pour la plupart en vain), la croissance est l'une de celles pour lesquelles nous avons été particulièrement pathétiques. Pour ne donner qu'un exemple : en 1938, alors que l'économie des États-Unis, après la Grande Dépression, revenait à une forte croissance, Alvin Hansen, qui n'était pas n'importe qui – ce professeur à Harvard était, avec John Hicks, l'inventeur du modèle IS/LM, que la plupart des étudiants étudient lors de leur premier cours de macroéconomie –, a inventé l'expression « stagnation séculaire » pour décrire l'état de l'économie à l'époque. Il estimait que l'économie des États-Unis ne connaîtrait plus jamais la croissance parce que tous les ingrédients en étaient épuisés. Le progrès technologique et la croissance démographique, en particulier, étaient terminés, pensait-il[16].

Aujourd'hui, la plupart des personnes qui ont grandi en Occident ont connu la croissance rapide, soit directement dans leur enfance, soit par le biais de leurs parents. Gordon nous renvoie à une histoire plus longue. Ce sont les cent cinquante ans écoulés entre 1820 et 1970 qui ont été exceptionnels, non la période de croissance lente qui a suivi. La croissance forte était pratiquement inconnue jusqu'aux années 1820. Entre 1500 et 1820, le PIB annuel par tête en Occident est passé de 780 dollars à 1 240 dollars (en dollars constants), soit une dérisoire croissance annuelle de 0,14 %. Entre 1820 et 1900, la croissance annuelle a été de 1,24 %, soit neuf fois plus qu'au cours des trois siècles précédents, mais beaucoup moins que les 2 % de la période qui a suivi[17]. Si Gordon a raison et que nous nous retrouvons avec un taux de croissance de 0,8 %, nous ne ferons que revenir au taux de croissance moyen sur une très longue période (1700-2012)[18]. Ce n'est pas une nouvelle normalité, simplement la normalité.

Bien sûr, le fait que la croissance soutenue sur une longue période ait été sans précédent ne signifie pas qu'elle ne puisse pas se produire à nouveau. Le monde est plus riche et la population mondiale plus instruite que jamais, les incitations à l'innovation sont au plus haut, et la liste des pays susceptibles de prendre la tête d'un boom de l'innovation s'allonge tous les jours. Il se pourrait donc bien, comme le croient les zélateurs de la technologie, que la croissance explose à nouveau dans les années qui viennent, alimentée par une quatrième révolution industrielle, elle-même stimulée par des machines intelligentes capables, mieux que les humains, d'apprendre toutes seules à rédiger des recours en justice impeccables et de faire des blagues irrésistibles. Mais il est également possible, comme le croit Gordon, que l'électricité et le moteur à combustion interne aient provoqué une transformation unique dans notre manière de produire et de consommer. Il nous a fallu un peu de temps pour atteindre ce nouveau plateau, et nous avons bénéficié tout du long d'une croissance rapide, mais rien ne laisse penser que cet épisode doive se répéter. De même, nous n'avons pas de preuve définitive qu'il ne se répétera pas. Ce qui est clair, au bout du compte, c'est que nous ne savons pas – et que le seul moyen de savoir est d'attendre.

La guerre des fleurs

Les parents d'Abhijit n'ont jamais vraiment cru aux jouets. Enfant, il a donc passé de longues après-midis à jouer à la guerre avec des fleurs. Les fleurs d'ixora, avec leurs grandes tiges et leurs têtes pointues, étaient l'ennemi : elles lançaient des pierres sur ses soldats, les feuilles longues et charnues du pourpier. Les tubéreuses étaient ses chirurgiens : elles opéraient les blessés avec des cure-dents et les pansaient avec de tendres pétales de jasmin.

Abhijit se souvient de ces jeux comme des heures les plus agréables de son enfance. Incontestablement, cette expérience lui a procuré du bien-être. Or ces heures de bonheur ne comptent pour rien dans la définition conventionnelle du PIB. Les économistes l'ont toujours su, mais il est bon de le rappeler. Chaque fois qu'un tireur de pousse-pousse de Kolkata, la ville natale d'Abhijit, prend son après-midi pour retrouver l'élue de son cœur, le PIB diminue, mais comment le bien-être ne pourrait-il pas augmenter ? Quand un arbre est coupé à Nairobi, le PIB compte le travail fourni et le bois produit, mais ne déduit pas l'ombre et la beauté perdues. Le PIB n'accorde de valeur qu'aux choses qui peuvent avoir un prix et être mises sur le marché.

Cela a une grande importance, car la croissance est toujours mesurée en termes de PIB. Quand la croissance de la PTF, après avoir entamé un rebond en 1995, a de nouveau ralenti, nous étions en 2004, l'année où Facebook a commencé à prendre le rôle démesuré qu'il occupe aujourd'hui dans nos vies. Twitter allait suivre en 2006, puis Instagram en 2010. Ces plate-formes ont en commun d'être gratuites (en théorie), d'être peu coûteuses à exploiter et de connaître un immense succès. Quand on évalue la valeur du visionnage de vidéos ou de la mise à jour de profils en ligne comme on le fait aujourd'hui pour le calcul du PIB, c'est-à-dire par le prix que paient les gens, qui est souvent égal à zéro, ou même par le coût d'installation et d'exploitation de Facebook, il se pourrait que l'on sous-estime grandement la contribution de ce réseau social au bien-être. Bien sûr, si vous pensez qu'attendre anxieusement que quelqu'un « like » votre dernier post n'a rien d'amusant, mais que vous êtes incapable de vous débarrasser de votre addiction à Facebook, le PIB pourrait aussi, inversement, surestimer le bien-être apporté par la plate-forme.

Dans l'un et l'autre cas, le coût d'utilisation de Facebook, puisque c'est ainsi que Facebook est intégré dans le PIB, n'a pas grand-chose à voir avec le bien-être (ou le mal-être) généré par la plate-forme. Que le ralentissement récent de la croissance de la productivité *mesurée* coïncide avec l'explosion des médias sociaux pose un problème, car il est tout à fait concevable que l'écart entre ce qui est compté dans le PIB et ce qui devrait l'être se soit creusé exactement au même moment. Se pourrait-il qu'il y ait une croissance réelle de la productivité, au sens où le bien-être se serait réellement accru, mais que nos statistiques du PIB n'aient pas su le mesurer ?

Gordon en exclut totalement la possibilité. Il pense au contraire que Facebook est responsable, pour partie, du ralentissement de la productivité : trop de gens perdent du temps, au travail, à mettre à jour leur profil. Mais cet argument tombe à plat. Si les gens sont réellement beaucoup plus heureux aujourd'hui qu'ils ne l'étaient hier, qui sommes-nous pour porter un jugement de valeur sur la façon dont ils occupent leur temps, et décider que cela doit entrer ou non dans le mode de calcul du bien-être[19] ?

Une joie infinie

La valeur, non comptabilisée, des médias sociaux peut-elle compenser le ralentissement apparent de la croissance de la productivité dans les pays riches ? La difficulté, bien sûr, est que nous n'avons aucune idée de la valeur qu'il faut attribuer à ces produits gratuits. Mais nous pouvons essayer d'estimer ce que les gens seraient prêts à payer. Cela a déjà été tenté, par exemple en calculant la quantité de temps que les gens passent sur Internet et en la considérant comme une approximation de la valeur qu'ils lui prêtent. L'idée est qu'ils pourraient, au lieu de surfer en ligne, travailler et gagner de l'argent. Si nous suivons cette approche, la valeur annuelle moyenne d'Internet pour un Américain serait passée de 3 000 dollars en 2004 à 3 900 dollars en 2015[20]. Si l'on ajoutait cette part manquante au PIB de 2015, cela permettrait d'expliquer un tiers des 3 000 milliards de dollars d'« output perdu » cette année-là (par rapport à ce qu'aurait été le PIB en l'absence d'un ralentissement à partir de 2004)[21].

Le problème de cette manière d'évaluer les répercussions d'Internet est qu'elle prend pour hypothèse que les gens auraient le choix de travailler un plus grand nombre d'heures pour gagner davantage au lieu de passer du temps sur Internet. Mais cela n'est pas vrai pour la grande majorité des individus, qui ont une journée de travail de sept ou huit heures. Ils ont plutôt besoin de trouver chaque jour de quoi se distraire (ou du moins de quoi ne pas s'ennuyer) pendant environ huit ou neuf heures. S'ils passent leur temps sur Internet, c'est qu'ils préfèrent cette activité à la lecture ou à une sortie en famille ou avec des amis. S'ils ne sont pas particulièrement sociables et n'aiment pas les livres, ce ne serait pas la preuve d'une adhésion fervente à Internet, et cela pourrait valoir bien moins que 3 900 dollars.

Mais il se pose aussi le problème inverse. Prenons une personne qui ne peut imaginer sa vie sans Internet et a besoin chaque matin de sa dose de Twitter. La première heure qu'elle y consacre lui procure une joie presque infinie. Mais, au bout de l'heure dite, quand tous les méchants ont été cloués au pilori, que tous les jeux de mots et les formules malignes ont fait leur petit effet, ce qu'il reste pour passer la deuxième est tellement plan-plan, en comparaison, qu'il n'y aura pas de troisième heure. Prenons maintenant l'exemple d'une personne qui, sans y trouver de plaisir particulier, passe deux heures à répondre à des posts sur Facebook envoyés par (ou portant sur) des « amis » largement oubliés ou qu'elle aimerait oublier. Dans les données, les deux individus vont apparaître dans la même case : Internet sera évalué au prix de deux heures de leur temps. Mais, à l'évidence, leur situation est différente. Les traiter de la même façon peut aboutir à sous-estimer grandement la valeur d'Internet.

Les chercheurs, envisageant la possibilité que les méthodes traditionnelles puissent soit surévaluer soit sous-évaluer fortement Internet, ont essayé de trouver d'autres moyens d'en mesurer la valeur pour le consommateur. Plusieurs essais randomisés ont été réalisés pour observer ce qui se passe quand l'expérimentateur (avec la permission du participant) bloque l'accès à Facebook (ou plus généralement aux médias sociaux) d'un groupe d'individus choisis au hasard, sur une période de temps relativement courte. La plus ambitieuse de ces expériences a consisté à payer plus de 2 000 participants pour qu'ils désactivent Facebook pendant un mois. Elle montre que ceux qui arrêtent d'utiliser la plate-forme sont plus heureux, selon leur propre définition du bonheur ; par ailleurs, ils ne s'ennuient pas davantage (peut-être même moins). Ils ont trouvé d'autres moyens de se distraire, par exemple en passant plus de temps en famille ou avec des amis[22].

Après l'expérience, quand ils ont retrouvé l'accès à Facebook, les gens qui s'en étaient passés pendant un mois ont mis du temps à reprendre leurs habitudes sur la plate-forme, et, au bout de plusieurs semaines, ils y consacraient encore 23 % de temps en moins. Un autre résultat vient conforter ces résultats : le montant qu'il a fallu leur donner pour qu'ils acceptent de bloquer Facebook pendant un second mois était beaucoup moins élevé que celui qu'ils avaient exigé pour bloquer l'accès pendant le premier mois.

Tout cela est cohérent avec l'idée que Facebook est addictif, au sens où il est difficile d'imaginer s'en passer, mais qu'une fois qu'on arrête la vie n'est manifestement pas plus mauvaise. Cela dit, après un mois d'abstinence, les sujets de l'expérience, au lieu d'être reconnaissants de s'en être débarrassés, demandaient toujours à être payés pour arrêter Facebook. Les chercheurs en concluent que, si la plate-forme leur avait moins manqué qu'ils ne l'auraient imaginé, elle leur avait manqué tout de même : cela les conduit à la conclusion que Facebook génère plus de 2 000 dollars de bien-être par utilisateur.

Mais comment concilier ce résultat avec le fait que les personnes privées de l'accès à Facebook étaient, en moyenne, plus heureuses, d'après leur propre rapport ? D'abord, il s'agit d'une moyenne, qui dissimule de grandes variations entre peu de gens qui adorent la plate-forme et une majorité qui peut faire sans. En outre, ce qui était probablement coûteux pour les participants était d'être les seuls, parmi leurs amis, à être privés de Facebook, et cet inconvénient s'est forcément aggravé avec la durée de leur absence sur la plate-forme (prendre brièvement congé de ses connaissances est une chose ; en être totalement coupé, une autre). Si Facebook n'existait pas, le problème ne se poserait pas.

Où tout cela nous mène-t-il ? Certainement pas à une conclusion définitive. Ce que nous pouvons dire avec certitude est que Facebook n'est sans doute pas un bienfait pour l'ensemble de l'humanité, comme le prétendent ses adeptes, même si les utilisateurs accordent au réseau social plus de valeur que ce qu'il coûte (du moins dans la configuration actuelle, où tous leurs amis se trouvent également sur Facebook, Instagram et/ou Twitter). Est-ce à dire que, si nous évaluions ces nouvelles technologies à leur « valeur réelle », la croissance apparaîtrait beaucoup plus rapide ? D'après les données dont nous disposons, probablement pas.

Ce que nous pouvons dire également, c'est que rien, dans les données dont nous disposons aujourd'hui, ne promet le retour d'une croissance rapide du *PIB mesuré* s'approchant de celle qui a caractérisé les Trente Glorieuses en Europe et l'âge d'or aux États-Unis.

L'intuition de Solow

Cela ne devrait pas nous étonner. De façon remarquable, en 1956, au moment où la croissance de l'après-guerre était à son sommet, Robert Solow publiait un article affirmant que la croissance finirait par ralentir[23]. Son principal argument était qu'à mesure que le PIB par tête augmente les gens épargnent davantage, et il y a donc plus d'argent pour investir et plus de capital disponible par travailleur. Cela fait donc baisser la productivité du capital : s'il y a deux machines dans une usine où il n'y en avait qu'une, les mêmes travailleurs devront les faire fonctionner toutes les deux en même temps. Bien sûr, une usine qui achète davantage de machines peut aussi embaucher davantage de travailleurs. Mais l'ensemble de l'économie ne pourra plus le faire (à supposer que les flux migratoires restent inchangés) dès lors que sa réserve de travailleurs inutilisés sera épuisée. Les machines supplémentaires achetées avec l'épargne supplémentaire devront donc fonctionner avec moins de travailleurs. Chaque nouvelle machine et, par conséquent, chaque unité de capital supplémentaire contribuera de moins en moins au PIB. La croissance ralentira. De surcroît, la productivité plus faible du capital diminuera son rendement financier, ce qui découragera à son tour l'épargne. Les gens finiront alors par cesser d'épargner et la croissance ralentira.

Cette logique fonctionne dans les deux sens. Les économies où le capital est rare croissent plus vite parce que tout nouvel investissement y est très productif. Les économies riches, où le capital est généralement abondant, ont tendance à croître de façon plus lente parce que les investissements nouveaux n'y sont pas aussi productifs. Cela a pour implication que tout déséquilibre important entre le travail et le capital devrait se corriger automatiquement. Les économies surabondantes en travail croissent plus vite et, comme le revenu augmente plus rapidement, l'épargne le fait aussi. Ces économies accumulent donc le capital plus rapidement et deviennent plus abondantes en capital. Inversement, les économies où il y a trop de capital par rapport au travail accumulent le capital plus lentement.

De ce fait, une forte divergence entre le taux de croissance du capital et le taux de croissance de la force de travail n'est pas soutenable à long terme, car si, par exemple, le capital croît plus vite que le travail, l'économie aura trop de capital par rapport au travail, ce qui ralentira la croissance. Il peut y avoir un déséquilibre à court terme (comme nous le constatons aujourd'hui aux États-Unis, où la part du PIB versée à la population active diminue[24]), mais, à long terme, les économies ont tendance à rester proches d'un « sentier de croissance équilibrée », selon l'expression de Solow, où le travail et le capital croissent à peu près au même rythme, ce qui est aussi le cas du capital humain – la part du capital investie dans les compétences des travailleurs –, pour *grosso modo* les mêmes raisons. Solow en concluait que le PIB (qui, après tout, n'est que le produit du travail, des compétences et du capital) augmenterait lui aussi au même rythme.

Par ailleurs, la croissance de la force de travail effective est déterminée par la fécondité des générations passées et par la quantité de travail que les gens sont prêts à fournir. Selon Solow, ces deux facteurs dépendent davantage de la démographie que de l'économie, c'est-à-dire de l'histoire et de la culture d'un pays que de l'état de son économie ou des politiques économiques choisies. Mais il faut aussi prendre en considération l'amélioration de la PTF : si, en raison des progrès de la technologie, un travailleur devient tellement productif qu'il peut accomplir le travail de deux personnes, alors la force de travail effective va doubler. Solow considérait que ces transformations n'étaient pas non plus liées aux économies et aux politiques économiques des pays ; il plaçait donc le taux de croissance de la force de travail effective en dehors du domaine de la science économique. C'est pourquoi il parlait de « taux naturel de croissance ». Selon sa théorie, le PIB doit croître au même rythme que la force de travail effective à long terme, c'est-à-dire au taux naturel.

La théorie de Solow a plusieurs implications. Premièrement, après une grande transformation suivie d'une phase de croissance rapide, une fois que l'économie a retrouvé son sentier de croissance équilibrée, cette dernière aura tendance à ralentir. C'est ce qui s'est passé en Europe à partir de 1973. Après les destructions dues à la guerre, le capital était rare et l'Europe avait un énorme retard à rattraper. En 1973, la période de rattrapage de la croissance était terminée. Aux États-Unis, la croissance tirée par les investissements à laquelle songeait Solow a nettement ralenti après la guerre, mais, heureusement, elle a été remplacée par une croissance rapide de la PTF jusqu'en 1973. Depuis, ainsi que nous l'avons vu, on observe une tendance au ralentissement même aux États-Unis. Les taux d'intérêt ont baissé dans tout l'Occident, témoignant, semble-t-il, d'une abondance du capital, exactement comme dans le modèle de Solow.

Convergence ?

La deuxième implication de la théorie de Solow, peut-être la plus frappante, est ce que les économistes appellent la *convergence*. Les pays où le capital est rare et le travail relativement abondant, comme c'est le cas de la plupart des pays pauvres, sont appelés à croître plus rapidement parce qu'ils n'ont pas encore atteint leur sentier de croissance équilibrée. Ils peuvent encore croître en améliorant l'équilibre entre le travail et le capital. C'est pourquoi la différence de PIB par tête entre les pays devrait se réduire avec le temps. Toutes choses étant égales par ailleurs, les pays plus pauvres vont rattraper les pays plus riches.

Solow lui-même a pris soin de ne rien promettre. Si un pays a beaucoup de travail et très peu de capital (la situation de départ de la plupart des pays les plus pauvres), alors seule une partie de la force de travail sera employable à un salaire suffisant pour assurer sa subsistance (il n'y aura peut-être pas de travail pour les autres) ; aussi le pays ne bénéficiera-t-il guère de son abondance de travail. La convergence, si elle se produit un jour, pourrait être très lente.

Malgré les mises en garde de Solow, cette vision d'une transition ordonnée de la misère vers une richesse relative à mesure que les pays rattrapent leur retard puis atteignent le nirvana de la croissance équilibrée, combinée à la promesse d'une convergence mondiale des niveaux de vie, constituait une image si rassurante et réconfortante du progrès en régime capitaliste qu'il a fallu trente ans aux économistes pour remarquer que le modèle ne correspondait pas tout à fait à la réalité.

Pour commencer, *il n'est pas vrai qu'en règle générale les pays pauvres croissent plus rapidement que les pays plus riches*. La corrélation entre le PIB par tête en 1960 et la croissance qui a suivi est proche de zéro[25]. Comment concilier cela avec le fait qu'après la guerre l'Europe de l'Ouest a rattrapé son retard sur les États-Unis ? Solow a répondu en avançant que, dans son modèle, ce sont les pays *qui sont pour le reste identiques* qui tendent à converger. Or l'Europe de l'Ouest et les États-Unis sont très similaires à bien des égards. Par ailleurs, dans le monde de Solow, les pays naturellement économes, qui investissent une partie importante de leur production, auront tendance à être plus riches à long terme. Quant aux pays pauvres au départ et qui font l'effort d'investir, ils auront aussi, avant de retrouver leur taux de croissance naturel, tendance à croître plus rapidement au fur et à mesure qu'ils convergeront vers ce niveau plus élevé de PIB par tête.

Le manque d'investissement pourrait-il être la raison pour laquelle le monde en développement diffère de l'Europe de l'Ouest et des États-Unis ? Comme nous le verrons, il semble que non.

La croissance arrive d'elle-même

Solow prédit aussi, dans son modèle – c'est sa troisième proposition, et la plus radicale –, que les taux de croissance du PIB par tête des pays relativement riches, une fois que les économies auront atteint un sentier de croissance équilibrée, ne devraient plus différer beaucoup. Pour l'essentiel, dans le monde de Solow, les différences, s'il y en a, ne pourraient provenir que des différences de croissance de la PTF. Or Solow pensait, au moins pour les pays riches, que cette dernière serait plus ou moins identique pour tous.

Pour Solow, comme on l'a vu, la croissance de la PTF se produit d'elle-même, tout simplement, et les décideurs politiques n'y peuvent pas grand-chose. Beaucoup d'économistes trouvent cette idée peu satisfaisante. Sachant que les taux de croissance sont les principaux critères de classement de la compétition internationale, il y avait quelque chose d'un peu décourageant dans le refus de Solow de considérer que la PTF serait plus élevée dans les pays appliquant de « bonnes » politiques économiques. Après tout, n'est-ce pas dans les pays riches que les technologies les plus récentes se sont le plus largement déployées ?

Cette réticence à considérer que le sentier de croissance équilibrée dépend très peu de la politique économique n'a rien d'étonnant. Mais elle passe à côté de la subtilité de la pensée de Solow. D'abord, Solow se demande ce qui stimule le progrès technologique dans les pays *qui sont déjà à la pointe des technologies existantes.* L'apport d'idées nouvelles est une source importante de croissance, et l'on ne voit pas bien pourquoi les idées s'arrêteraient aux frontières entre pays. Un produit inventé en Allemagne pourrait être développé à la production dans plusieurs autres pays en même temps, par exemple par des filiales locales de la société mère. La productivité augmenterait alors de façon plus ou moins équivalente dans tous ces pays, alors même que l'invention ne viendrait que de l'un d'entre eux.

Ensuite, Solow parle de la croissance une fois que les pays ont atteint leur sentier de croissance équilibrée. Certains des pays les plus riches y sont déjà parvenus, mais ceux où le capital demeure rare en sont encore loin. Quand l'Inde ou le Kenya auront atteint le sentier de croissance équilibrée de Solow, ils seront nécessairement devenus beaucoup plus riches et ils utiliseront la plupart sinon la totalité des technologies les plus modernes. Leur retard technologique actuel pourrait n'être qu'un symptôme d'une insuffisance de capital.

Enfin, et c'est peut-être là l'élément le plus difficile à comprendre, les pays qui se rapprochent de leur sentier de croissance équilibrée pourraient moderniser leurs technologies plus rapidement que ceux qui se trouvent déjà dessus. Bien sûr, les avancées les plus spectaculaires, des voitures autonomes aux imprimantes 3D du jour, s'effectueront toujours dans les pays les plus riches, mais le progrès technique se résume souvent au passage d'une technologie d'avant-hier à une technologie d'hier. Or c'est souvent bien plus facile que de faire avancer le front des connaissances, puisque d'autres l'ont déjà fait auparavant : il ne s'agit plus de trouver quelque chose d'entièrement nouveau, mais simplement de substituer une technologie existante à une autre.

Pour toutes ces bonnes raisons, Solow a délibérément choisi de botter en touche sur la question de la source des différences entre les taux de croissance équilibrée des différents pays. Il pensait que le taux de croissance de la PTF était le résultat de forces mystérieuses qui n'avaient rien à voir avec les pays, leur culture, la nature de leur régime politique, etc. Si bien qu'il avait très peu de choses à dire sur ce que nous pouvons faire pour la croissance à long terme une fois que le processus d'accumulation du capital est allé à son terme et que le rendement du capital a atteint un niveau assez bas. Le modèle de Solow est ce que les économistes appellent un modèle de croissance *exogène*, où le mot « exogène », qui signifie mû par des effets ou des forces extérieurs, témoigne de l'incapacité humaine à avoir la moindre influence sur le taux de croissance à long terme. La croissance, en un mot, échappe à notre contrôle.

Donnez-moi un levier[26]

La combinaison de la croissance faible dans les pays pauvres (malgré leur faible niveau de capital) et de l'incapacité du modèle de Solow à expliquer la croissance à long terme ont fini par amener les économistes à chercher ailleurs. Ils voulaient absolument avoir quelque chose à conseiller aux pays pour les aider à stimuler leur croissance. Comme le confiait Robert Lucas, un des économistes les plus influents de notre temps, doyen de l'École de Chicago et fervent antikeynésien, lors d'une conférence Marshall de 1985, souvent citée, la question était de savoir « s'il existe une mesure que le gouvernement de l'Inde devrait prendre pour permettre à l'économie indienne de connaître le niveau de croissance de l'Égypte ou de l'Indonésie. Si oui, laquelle ? Et, si non, y aurait-il dans la "nature de l'Inde" quelque chose qui l'empêche ? Les conséquences de questions comme celles-ci, en termes de bien-être humain, sont absolument gigantesques ; une fois qu'on se met à y réfléchir, il est difficile de penser à autre chose[27] ».

Lucas n'en est pas resté au désir. Il pensait aussi qu'avec le modèle de Solow nous passions à côté de quelque chose d'important. La raison pour laquelle l'Inde était pauvre ne pouvait être une pénurie de capital et de compétences. Certes, l'Inde en possédait moins que les États-Unis, peut-être à cause de son histoire coloniale ou du système de caste. Mais, pour pouvoir expliquer la différence énorme de PIB par tête entre deux pays par le seul manque de ressources, il aurait fallu que cette différence soit réellement abyssale. De plus, si les ressources étaient vraiment rares, elles auraient dû être extraordinairement précieuses. Par exemple, l'unique tracteur disponible serait utilisé de façon très intensive sur des centaines de champs préparés par des milliers de travailleurs ; le taux de location de ce tracteur serait donc très élevé. En suivant cette logique, Lucas a calculé que, si la différence de PIB par tête entre l'Inde et les États-Unis devait être expliquée uniquement par la rareté du capital en Inde, ce dernier y serait si rare que son prix (ce qui est payé au propriétaire des ressources qui financent les machines utilisées dans l'économie) aurait dû être 58 fois plus élevé qu'aux États-Unis[28]. Mais, si c'était le cas, pourquoi la totalité du capital aux États-Unis ne partait-elle pas en Inde ? Et, comme, manifestement, cela ne se produisait pas, il en a conclu que le prix du capital en Inde ne pouvait être aussi élevé. Autrement dit, pour expliquer pourquoi le capital, malgré sa rareté évidente, n'obtenait pas en Inde les rendements astronomiques prédits par ses calculs, il était nécessaire que la productivité intrinsèque du capital soit bien plus faible en Inde qu'aux États-Unis – ou, pour le dire avec les mots de Solow, il fallait que la PTF soit bien moins élevée en Inde.

Lucas faisait trop confiance au fonctionnement des marchés (ce qui n'est pas entièrement surprenant, venant de lui). Nous savons aujourd'hui que nous vivons dans une économie rigide, où rien ne se déplace rapidement, et les ressources ne vont pas facilement des États-Unis vers l'Inde. Néanmoins, une variante de cette idée a été redécouverte par de nombreux économistes qui continuent de se heurter à l'énigme de la PTF. Pour commencer, ils ont montré que, si l'on essaie simplement d'expliquer les variations de PIB entre pays par la quantité de ressources, on se rend vite compte que, même si les pays pauvres manquent cruellement de capital et de compétences, leur PIB par tête est encore plus faible que ce que ce maigre niveau de ressources prédirait[29]. Autrement dit, les pays pauvres sont pauvres en grande partie parce qu'ils font un moins bon usage des ressources qu'ils possèdent. Par ailleurs, parmi les pays pauvres, certains font mieux que d'autres avec les mêmes ressources. Toute la question est de savoir pourquoi.

Paul Romer, un ancien étudiant de Lucas, fait partie des économistes qui ont voulu répondre à son appel et trouver un meilleur moyen d'expliquer la croissance. Ce n'était pas simple, car la réponse de Solow reposait sur les deux principes les plus fondamentaux de la science économique : un, les capitalistes investissent dans l'espoir de rendements élevés, et, une fois que ces rendements baissent, l'accumulation du capital tend elle aussi à diminuer ; deux, à mesure que la classe des capitalistes accumule de plus en plus de capital, la productivité de celui-ci tend à diminuer car les travailleurs ne sont pas assez nombreux pour l'utiliser. La théorie économique parle à ce sujet de *rendements décroissants*. Cette notion a une longue histoire. Éphémère ministre des Finances de Louis XVI, Turgot, qui compta parmi les nombreux experts ayant vainement tenté d'empêcher la France de plonger dans le chaos économique qui finirait par précipiter la Révolution française, écrivait déjà sur le sujet en 1767[30]. Quant à Karl Marx, il en faisait une prémisse essentielle de sa théorie. À ses yeux, c'était même la raison pour laquelle le capitalisme était condamné : l'insatiable voracité de la classe capitaliste, toujours à la recherche de toujours plus de capitaux, allait faire plonger les rendements du capital (en jargon marxiste, on parle de « baisse tendancielle du taux de profit ») et précipiter les crises qui mettraient un jour fin au capitalisme[31].

Intuitivement, l'hypothèse des rendements décroissants semble faire sens. À quoi bon acquérir de nouvelles machines si les nouveaux ouvriers manquent pour les faire fonctionner (ou les nouveaux ingénieurs pour les programmer et les nouveaux commerciaux pour vendre les produits) ? Bien sûr, il existe des contre-exemples. La capacité d'Amazon de réduire les coûts vient largement du volume de ses ventes. La firme n'aurait aucun intérêt à mettre en place les systèmes de stockage et de livraison qui l'ont rendue célèbre s'il n'y avait pas un flux constant de demande pour tout ce qu'elle vend, et elle a besoin de beaucoup de capital pour financer tout cela. Cent fois plus petite, Amazon ne pourrait pas gagner d'argent. D'ailleurs, elle n'a pas gagné grand-chose avant d'atteindre une très grande taille, après quoi les profits se sont envolés. En juillet 2018, les bénéfices d'Amazon se montaient à 2,5 milliards de dollars[32].

Les économistes de la génération de Solow comprenaient bien la notion de rendements croissants (la terminologie utilisée pour décrire une situation où plus on est gros, plus on est efficace). Mais l'hypothèse des rendements croissants implique que les entreprises les plus grandes soient aussi les plus rentables, et qu'elles se retrouvent donc mieux placées pour supplanter les autres et les chasser du marché. Ce type de marché est alors condamné à être contrôlé par un monopole. C'est d'ailleurs ce qui est en train de se passer avec le commerce en ligne. Mais, si certains secteurs d'activité sont en effet dominés par un petit nombre d'acteurs (les réseaux sociaux et la vente de matériel informatique, par exemple), les marchés les plus importants – l'automobile, le vêtement, le chocolat, pour n'en citer que quelques-uns – comptent toujours un grand nombre d'entreprises. Pour cette raison, les économistes ont tendance à se méfier des théories qui s'appuient trop sur les rendements croissants.

Romer voulait conserver l'idée que chaque entreprise, prise individuellement, reste soumise à la loi des rendements décroissants. Mais son coup de génie fut de réaliser que, pour annuler l'effet Solow, il suffisait de prendre pour hypothèse que *dans sa globalité* une économie ayant plus de capital possède aussi un stock de capital plus productif. Cela peut être le cas même si toutes les entreprises sont confrontées à des rendements décroissants et qu'aucune ne risque donc de devenir un monstrueux monopole. Pour expliquer cela,

Romer nous a invités à réfléchir à la production d'idées nouvelles dans un endroit comme la Silicon Valley – même si son article avait été écrit plusieurs années avant que celle-ci ne devienne un symbole[33]. Les entreprises de la Silicon Valley ressemblent beaucoup à celles du monde de Solow, sauf sur un point important : elles utilisent moins de capital au sens où nous l'entendons habituellement (des machines et des bâtiments) et davantage de ce que les économistes appellent le *capital humain* (pour l'essentiel, différents types de compétences spécialisées). Beaucoup d'entreprises de la Silicon Valley investissent dans des gens intelligents dans l'espoir qu'ils trouveront des idées brillantes et commercialisables, ce qui arrive effectivement parfois.

Les forces habituelles des rendements décroissants sont présentes aussi dans ces entreprises. Quand il y a trop de génies caractériels et pas assez de besogneux pour tenir les comptes et s'assurer que les employés ne passent pas leur temps de travail à jouer sur leurs écrans, la catastrophe n'est jamais loin. Ce qui est différent, affirme Romer, c'est l'environnement global de la Silicon Valley. Les idées y jaillissent de partout, dans les cafés, dans les bars bios, dans les soirées, dans les transports en commun. Une pensée originale exprimée par quelqu'un que vous ne reverrez peut-être jamais peut en faire naître une chez vous, et tout cela finit par former un ensemble d'idées qui changent le monde. Ce qui compte, ce n'est pas seulement le nombre de personnes intelligentes avec qui vous travaillez, mais aussi le nombre de personnes intelligentes avec qui vous vous trouvez en concurrence, ou qui sont simplement présentes autour de vous. Pour Romer, la Silicon Valley est ce qu'elle est parce qu'elle rassemble les meilleurs cerveaux du monde dans un environnement où ils peuvent se polliniser les uns les autres. Les rendements croissants, ici, se font au niveau du secteur d'activité, de la ville ou même de la région. Même si chaque entreprise individuellement doit faire face à des rendements décroissants, il suffira de doubler le nombre de gens très qualifiés dans la Valley pour les rendre toutes plus productives.

Romer propose l'idée que toutes les villes industrielles ayant réussi ont suivi ce modèle : Manchester au milieu du XIXe siècle, New York et Londres à différentes époques d'innovation financière, Shenzhen ou la Bay Area (San Francisco) aujourd'hui. Dans tous ces endroits, explique-t-il, la force des rendements décroissants, due à la rareté de la terre et du travail (le travail devient rare parce que la terre est rare, et il coûte donc très cher de vivre dans ces endroits), a été vaincue par cette énergie exubérante que produit le fait d'apprendre mutuellement les uns des autres et de trouver sans cesse des idées nouvelles. En conséquence, la croissance pourra se maintenir à un rythme élevé, même sans l'aide de la mystérieuse croissance de la productivité exogène de Solow, à mesure que s'y rassembleront de plus en plus de gens très qualifiés.

Dès lors qu'on parvient à se débarrasser des rendements décroissants au niveau d'une économie nationale, on peut également expliquer pourquoi le capital ne part pas en Inde. Dans le monde de Romer, si le capital rapporte à peu près autant en Inde qu'aux États-Unis, alors même qu'il y est beaucoup moins abondant, c'est parce que la loi standard des rendements décroissants qui aide l'Inde dans le modèle de Solow est compensée par le flux plus rapide des idées aux États-Unis, et dans les économies plus riches en général.

Tout cela fait sens, logiquement. Mais cette thèse est-elle seulement une habile manœuvre intellectuelle, une histoire rassurante que nous nous plaisons à nous raconter, ou bien la force mise en avant par Romer occupe-t-elle une place importante dans le monde réel ?

Histoires de croissance

Avant de répondre à cette question essentielle, il convient de souligner une chose que le lecteur attentif a peut-être déjà notée : sitôt que nous avons commencé à parler de la théorie de la croissance économique, le débat est devenu beaucoup plus abstrait. Solow et Romer racontent tous les deux des *histoires* sur ce qui, à leur sens, se produit dans des économies nationales sur de longues périodes de temps. Pour ce faire, ils simplifient un niveau incroyable de complexité – la complexité du monde réel – pour le réduire à un nombre d'éléments aussi petit que possible. Solow, par exemple, fait jouer un rôle central à l'idée de rendements décroissants agissant au niveau de toute une économie. Romer, de son côté, insiste sur les flux d'idées entre entreprises, mais nous ne pouvons jamais observer les idées elles-mêmes ; nous ne voyons que leurs effets positifs (supposés) au niveau de toute l'économie. Compte tenu de la grande diversité des métiers, des entreprises et des compétences qui constituent une économie, il est très difficile de se faire une idée précise (et moins encore une appréciation empirique) de ces concepts très généraux. Solow voudrait que nous réfléchissions à ce qui se passe dans une économie quand la quantité totale de capital disponible augmente. Or ce sont des individus qui accumulent généralement le capital, pas des économies. Et ce sont également des individus qui décident de ce qu'ils veulent en faire : le prêter, créer une boulangerie, acheter une maison, etc. Chacune de ces décisions peut changer beaucoup de choses. Le prix du logement peut grimper, celui du pain baisser, les bons boulangers devenir plus difficiles à trouver, etc. Solow veut réduire toute cette complexité à un seul changement : celui de la disponibilité du travail par rapport au capital. De la même façon, quand une ville reçoit un apport de travailleurs spécialisés dans les nouvelles technologies, beaucoup de choses changent : entre autres, on trouve de meilleurs espressos… et un grand nombre d'habitants à bas revenu sont obligés de se loger ailleurs. Romer s'attache à un seul élément clef : les échanges d'idées. Il est tout à fait possible que Romer et Solow aient raison tous les deux sur ce qui a vraiment de l'importance, mais il est difficile de trouver une correspondance entre leurs abstractions et le monde réel.

De surcroît, les données, qui ont été jusqu'à présent notre principal secours, ne peuvent guère nous aider ici. Comme les théories opèrent au niveau d'économies entières, nos tests devront comparer des économies différentes (des pays ou, au mieux, des villes) plutôt que des entreprises ou des individus. Mais, comme nous l'avons vu dans le chapitre sur le commerce international, il s'agit d'une opération difficile, car les économies ont tendance à différer les unes des autres de mille et une façons, ce qui rend les comparaisons malaisées.

Et, à vrai dire, même si nous étions prêts à tirer des conclusions de la comparaison entre des économies nationales, nous ne savons pas très bien ce qu'elles nous apprendraient. Appliquons par exemple l'idée des rendements décroissants au niveau de l'économie d'un pays. Nous voulons examiner si le capital est moins productif dans un pays qui dispose de capital supplémentaire. Le problème, encore une fois, est que ce ne sont pas les pays qui accumulent du capital mais les individus. Ces individus peuvent ensuite investir ce capital dans des entreprises. Celles-ci peuvent acheter des machines et des bâtiments, etc., puis embaucher des travailleurs pour utiliser le capital nouvellement installé. Cela accroît la concurrence sur le marché du travail, obligeant les entreprises à travailler avec moins d'employés qu'elles le voudraient, ce qui réduit la productivité du capital. Supposons maintenant que nous observions qu'un afflux de capital ait pour effet de diminuer la productivité du capital. Comment pourrons-nous être certains que la raison pour laquelle cela est arrivé est celle imaginée par Solow ? Après tout, il se pourrait que le capital ait été mal investi et qu'il soit devenu, pour cela, improductif. Ou qu'il n'ait jamais été investi. Peut-être, s'il avait été investi intelligemment, les rendements du capital auraient-ils même augmenté (et pas diminué, comme le voudrait Solow).

Enfin, nombre de théories en matière d'économie de la croissance portent sur ce qui se produit sur la longue durée. À long terme, dans le monde de Solow, la croissance ralentit ; pas dans le monde de Romer. Mais où commence le long terme ? Et suffit-il d'observer un ralentissement pour penser que Solow a raison ? Ne pourrait-il s'agir d'une anomalie temporaire, d'une mauvaise passe avant une nouvelle accélération ?

Au bout du compte, même en essayant de synthétiser les meilleurs éléments de preuve à l'appui de ces théories, nous n'arrivons à aucune certitude. Nous avons déjà vu que la croissance était difficile à mesurer. Il est encore plus difficile de savoir quel en est le ressort, et donc quelle politique économique appliquer pour qu'elle se produise. Aussi, nous pensons qu'il est temps, pour les économistes, de se débarrasser de leur obsession de la croissance. D'autant que la question la plus importante à laquelle nous puissions répondre dans les pays riches n'est pas comment les faire croître encore, mais comment améliorer la qualité de la vie du citoyen moyen. En revanche, dans le monde en développement, où la croissance est parfois bridée par des insultes flagrantes à la logique économique, nous sommes en mesure d'apporter des éléments de réflexion plus utiles, même si, comme nous le verrons, notre capacité à éclairer les ressorts de la croissance reste très limitée.

L'usine à 1 million de dollars

Le principal ingrédient du récit optimiste de Romer est l'effet de *spillover*, c'est-à-dire de contagion : l'idée que les compétences sont cumulatives, et que réunir des personnes compétentes dans un même endroit peut faire une différence pour tous. À l'évidence, les gens de la Silicon Valley y croient. Il existe en Californie des régions bien plus belles que la Silicon Valley et où la vie est beaucoup moins chère. Pourquoi les entreprises continuent-elles alors de s'y installer ? Aux États-Unis et ailleurs, les villes et les États proposent des subventions importantes pour attirer les entreprises. En septembre 2017, le Wisconsin a offert au moins 3 milliards de dollars d'avantages fiscaux à Foxconn pour qu'elle en investisse 10 dans une usine fabriquant des écrans à cristaux liquides[34], soit 200 000 dollars par emploi promis. De même, Panasonic obtint plus de 100 millions de dollars pour déplacer son siège nord-américain à Newark, dans le New Jersey (125 000 dollars par emploi promis), et Electrolux bénéficia de 180 millions de dollars de crédits d'impôt pour installer une nouvelle usine à Memphis (Tennessee, 150 000 dollars par emploi promis)[35]. L'exemple le plus récent de cette compétition est la bataille à laquelle a donné lieu le second siège d'Amazon, HQ2.

Amazon a reçu 238 propositions de différentes villes avant de choisir Arlington, en Virginie, et New York[36]. Ces 237 ou 238 villes (selon que New York décide finalement de se retirer ou non) pensent visiblement qu'il existe un effet de *spillover*.

Amazon semble y croire aussi. Pour choisir l'emplacement du HQ2, la firme dressa la liste (entre autres) des « zones métropolitaines de plus de 1 million d'habitants » et des « zones urbaines ou périurbaines susceptibles d'attirer et de retenir de grandes compétences techniques »[37].

La théorie d'Amazon paraît être la suivante : mieux vaut être présent sur un marché « épais », c'est-à-dire où il existe beaucoup de vendeurs – dans ce cas, des vendeurs de main-d'œuvre qualifiée –, parce qu'il sera plus facile de trouver, de conserver et de remplacer des travailleurs.

La théorie de Romer, rappelez-vous, s'appuyait plutôt sur l'existence de ces discussions informelles qui ne manquent pas de survenir quand sont rassemblées en un même lieu un grand nombre de personnes qui travaillent sur un même sujet. Ces effets de *spillover* sont attestés, du reste, par un certain nombre de données. Nous savons, par exemple, que les inventeurs ont tendance à citer davantage des brevets déposés par des inventeurs qui travaillent dans la même ville, ce qui suggère qu'ils ont eu plus de probabilité d'être informés de leur existence[38].

Il existe une variante de l'hypothèse de Romer moins centrée sur la Silicon Valley et les lieux qui s'en sont inspirés. Dans cette variante, la présence de gens plus éduqués rend tout le monde plus productif. Il est difficile d'apporter des preuves empiriques à cette théorie. Il est vrai que tout le monde gagne plus dans les villes où sont réunis des gens plus éduqués, mais cela pourrait s'expliquer par d'autres facteurs. Les villes qui comptent beaucoup de personnes diplômées sont à même d'attirer des entreprises où les salaires sont en général plus élevés (des entreprises high-tech, des entreprises plus rentables ou des entreprises qui se soucient particulièrement de la qualité du travail, etc.), séduites par la perspective d'y trouver les travailleurs qui les intéressent. La difficulté pour prouver l'effet direct de l'éducation sur la productivité de tous dans une économie est de trouver des exemples dans lesquels le niveau d'éducation de la population en général s'élèverait de façon significative sans que d'autres facteurs (les politiques publiques mises en place, les investissements, etc.) ne changent simultanément.

Des exemples clairs montrent que les villes peuvent tirer profit d'un gros investissement. Michael Greenstone, Rick Hornbeck et Enrico Moretti (l'auteur de *The New Geography of Jobs*[39], un livre qui explique que les effets de *spillover* sont la raison pour laquelle les centres urbains se développent plus rapidement que les zones rurales) se sont ainsi demandé si les villes bénéficiaient réellement de l'installation d'une grosse entreprise très en vue (à l'instar du HQ2 d'Amazon)[40]. Pour le savoir, ils ont comparé les villes gagnantes des guerres des enchères auxquelles s'étaient livrées certaines villes pour attirer des entreprises aux villes qui était arrivées secondes. Ils constatèrent que, lorsque l'usine était installée, la PTF du comté gagnant avait connu une très forte croissance, ce qui était cohérent avec l'existence d'importants effets de *spillover* : cinq ans après l'implantation, la PTF était en moyenne supérieure de 12 % dans les comtés où une usine s'était installée par rapport à ceux qui n'avaient pas été choisis, ce qui se traduisait, pour le comté gagnant, par 430 millions de dollars de revenu supplémentaire par an. On y observait aussi une hausse des salaires et de l'emploi. Si, dans de nombreux cas, nous ne savons pas combien l'État ou la ville a dépensé en moyenne pour attirer l'usine, nous disposons toutefois d'un certain nombre d'exemples. Ainsi, s'agissant de l'usine BMW, qui a fini par s'installer à Greenville-Spartanburg (Caroline du Sud), de préférence à Omaha (Nebraska), la subvention offerte était de 115 millions de dollars. En supposant une augmentation de la profitabilité de 12 %, alors l'investissement a été largement remboursé. C'est l'argument qui fut mis en avant à New York pour justifier le subventionnement d'Amazon : en tant qu'investissement, le HQ2 serait une très bonne affaire[41].

L'autre moyen d'attirer des entreprises à un emplacement est d'y bâtir des infrastructures. C'est ce qu'a fait la Tennessee Valley Authority (TVA) pour le Tennessee et les États voisins entre 1930 et 1960, utilisant des fonds publics pour construire des routes, des barrages, des centrales hydroélectriques, etc. Elle pensait que les infrastructures attireraient des entreprises, que celles-ci en attireraient d'autres, etc. Jane Jacobs, une des urbanistes les plus influentes du XXe siècle aux États-Unis, était plutôt sceptique. Elle a écrit un article sur le sujet en 1984, intitulé simplement : « Why TVA Failed[42]. »

Mais ce ne fut pas un échec. Enrico Moretti et un collègue ont comparé la région de la Tennessee Valley Authority aux six autres qui auraient dû bénéficier du même type d'investissement, mais où, pour diverses raisons politiques, ce ne fut pas le cas. Ils constatèrent qu'entre 1930 et 1960 les comtés de la Tennessee Valley Authority avaient réalisé des gains en matière d'emploi dans l'agriculture et dans l'industrie par rapport à ces six régions. Il est vrai que, quand le programme cessa de bénéficier de financements extérieurs, à partir de 1960, les gains dans l'agriculture cessèrent également, mais les gains dans l'industrie, eux, continuèrent, et ils se sont même accrus jusqu'en 2000 : le fait est cohérent avec l'idée largement admise que les effets de *spillover* sont plus importants dans l'industrie que dans l'agriculture. Ces effets sont substantiels : les auteurs estiment que, sur la durée, les gains en termes de revenu, grâce à l'action de la Tennessee Valley Authority dans la région, seront supérieurs de 6,5 milliards de dollars à ce qu'aura coûté sa mise en place[43].

Cela signifie-t-il que les pays peuvent créer les conditions d'une croissance économique durable et rapide en favorisant le développement régional, peut-être même en agissant dans de nombreuses régions en même temps ? La réponse est non, et ce pour deux raisons. La première est qu'il ne suffit pas que les entreprises réalisent des gains grâce à l'investissement initial. Encore faut-il qu'elles gagnent assez pour triompher des forces qui freinent habituellement la croissance : la pénurie de terre, de travail et de capital. Moretti estime qu'augmenter l'emploi de 10 % aujourd'hui permet de l'augmenter de 2 % à la période suivante, ce qui est insuffisant pour produire une croissance soutenue à long terme : l'effet du coup de fouet initial se dissipera très vite[44].

La seconde raison est que la croissance au niveau d'une région est une chose, celle au niveau d'un pays, une autre. Car la première peut se produire en cannibalisant la croissance du reste de l'économie, c'est-à-dire en captant le capital, les compétences et le travail des autres régions. Les villes où Amazon choisira de s'installer vont très probablement prospérer, mais en partie au détriment d'autres villes des États-Unis. Moretti estime que les deux effets pourraient s'annuler ; la croissance au niveau national ne serait donc, *grosso modo*, pas affectée[45].

Moretti conclut de toutes ses lectures que le développement régional n'est probablement pas le meilleur levier pour éviter le ralentissement de la croissance[46]. Sa conclusion est peut-être un peu trop pessimiste, mais l'avertissement est certainement valable. S'il y a du sens pour une ville à essayer de prendre les emplois d'une autre ville, le pays dans son ensemble n'a pas grand-chose à y gagner, à moins qu'il ne s'agisse d'un tout petit pays (la ville-État de Singapour, par exemple), qui peut croître aux dépens d'autres.

Les villes à charte

Il faut souligner cependant que les données fiables dont nous disposons viennent principalement des États-Unis ou d'Europe. Il est possible que le monde en développement fonctionne différemment. Dans la plupart de ces pays, les infrastructures urbaines de haute qualité sont concentrées dans un petit nombre de villes, et l'on pourrait défendre l'idée de construire un plus grand nombre de centres urbains de « haute qualité » et rendre les quelques grandes villes existantes plus vivables afin de favoriser la croissance économique. C'est d'ailleurs une des principales priorités politiques de la Banque mondiale. En 2016, un rapport sur l'urbanisation en Inde a dénoncé par exemple l'urbanisation « anarchique » et « cachée », dominée par les bidonvilles et l'étalement[47]. Généralement, les villes se développent à l'horizontale en débordant de leurs limites, plutôt qu'à la verticale avec la construction de bâtiments plus hauts et de meilleure qualité. En Asie du Sud, au total 130 millions de personnes (plus que la population du Mexique) vivent dans des agglomérations urbaines informelles. Les distances y sont gigantesques, la circulation est impossible, le niveau de pollution épouvantable. De ce fait, il est plus difficile d'y attirer des talents, ce qui limite leur efficacité comme lieux de production et d'échanges. Les villes mieux conçues et mieux organisées peuvent en revanche faire naître des opportunités de croissance entièrement nouvelles pour les pays, sans prendre de la croissance ailleurs.

Pendant plusieurs années, Romer s'est intéressé aux villes du tiers-monde (c'était déjà le cas avant son bref et houleux passage au poste d'économiste en chef de la Banque mondiale). Il souhaitait que ces pays construisent des villes où des gens créatifs auraient envie de s'installer et où des idées nouvelles naîtraient par pollinisation croisée, des lieux accueillants pour les entreprises mais où il ferait aussi bon vivre : Shenzhen, en Chine, par exemple, moins la pollution et la circulation anarchique. De façon assez inhabituelle pour un universitaire, Romer croyait suffisamment dans son message pour fonder un think tank avec pour objectif de créer ce qu'il appelait des « villes à charte ». Il s'agissait d'enclaves à la fois géantes et protégées (Romer en imaginait plusieurs centaines partout dans le monde, chacune accueillant au moins 1 million de personnes), vivant selon des règles romérienne, à l'intérieur de pays qui ne les respectent pas. Dans son idée, le gouvernement national devait consentir, par contrat, à ce qu'un gouvernement tiers, d'un pays développé, veille au respect de ces règles. Jusqu'à présent, il n'a trouvé qu'un seul preneur, le gouvernement du Honduras, qui envisageait de créer vingt zones pour l'emploi et le développement économique (ZEDE). Malheureusement, tout en prétendant s'inspirer des idées de Romer, la vision hondurienne semblait plus proche des enclaves bananières que l'entreprise américaine United Fruit

Company et ses concurrents ont gérées pendant une bonne moitié du siècle dernier, et où les desiderata de l'entreprise faisaient loi. Le Honduras s'est écarté de l'esprit du projet dès le départ, quand il a décidé de ne pas demander à un gouvernement tiers d'assurer la veille. Il s'est avéré finalement que le gouvernement hondurien s'intéressait davantage au nom et au renom de Romer qu'à ses recommandations, et quand, dans le but prétendu de développer des ZEDE, il a signé un accord avec un entrepreneur américain ayant un goût prononcé pour le capitalisme totalement dérégulé, Romer a quitté le projet. Cette histoire montre que les villes à charte ne sont probablement pas la clef de la croissance soutenue dans les pays en développement, pour la très bonne raison que les pressions politiques internes que la charte a pour but de tenir à distance n'ont jamais fini de dire leur mot.

La destruction créatrice

Pour résumer ce qui précède, nous dirons que les effets de *spillover* semblent bien réels au niveau régional, mais que, si l'on s'appuie sur les preuves limitées en notre possession, ils sont sans doute insuffisamment puissants pour permettre à la croissance de se maintenir sur la durée au niveau national. Anticipant peut-être cette conclusion, Romer avait en réserve un second scénario. Dans celui-ci, la croissance est tirée par les entreprises qui développent des idées nouvelles, lesquelles débouchent sur des technologies plus productives[48].

Romer décrivait dans ce nouveau modèle la force censée assurer l'amélioration constante des technologies, en particulier dans les pays ayant adopté des politiques favorables à l'innovation. Contrairement à ce qui se passait dans le monde de Solow, le progrès technique n'était plus, dans ce scénario, une puissance mystérieuse sur laquelle nous n'avons aucun contrôle.

Pour construire un modèle où l'innovation est permanente et la croissance sans entrave, Romer avait besoin d'une force permettant de contrebalancer le phénomène que connaissent bien tous les scientifiques et tous les ingénieurs : plus il y a eu d'inventions dans le passé, plus il est difficile de trouver une idée originale. Pour ce faire, Romer a imaginé qu'une fois produites les idées nouvelles, tout le monde pourrait librement les exploiter : le savoir est contagieux. De plus, tout nouvel ingénieur est installé sur les épaules de géants : il n'a pas besoin d'inventer quelque chose d'entièrement nouveau, mais seulement de bidouiller ce qui existe déjà. Ainsi, le processus de croissance peut se poursuivre sans interruption.

Romer est un véritable optimiste. Si ce n'était pas le cas, il n'aurait pas eu l'espoir de pouvoir protéger totalement ses villes à charte de la politique du Honduras. Sa vision du processus d'innovation est colorée par le même optimisme. Dans son monde, une idée nouvelle est comme un parfum de rose porté par une brise d'été.

Mais, dans le monde réel, la production d'idées est une affaire autrement plus ardue. Beaucoup d'idées susceptibles d'être commercialisées sont produites par des entreprises qui conservent jalousement leurs découvertes. Les firmes pharmaceutiques et informatiques, par exemple, s'activent beaucoup – et pas toujours en parfaite légalité – pour acquérir des idées nouvelles et en garder le contrôle. L'espionnage industriel est aujourd'hui un secteur d'activité mondial, tout comme un de ses bras armés : le droit des brevets. Dans un article devenu classique, publié quelques années après celui de Romer, Philippe Aghion et Peter Howitt ont montré que, même dans cet environnement de concurrence très féroce, une croissance tirée par l'innovation était possible[49]. Dans le monde qu'ils décrivent, les entreprises innovent moins par désir de connaissance que pour passer devant la concurrence. Néanmoins, des idées nouvelles continuent d'émerger tant que la protection offerte par le droit des brevets n'interdit pas complètement de construire sur des idées anciennes.

Ce changement de perspective n'est pas sans conséquences. Chez Romer, l'innovation est une aubaine dont les innovateurs font en quelque sorte cadeau au reste du monde. Ils gagnent un peu d'argent, mais ce que gagne l'économie en retour est incomparablement plus précieux, car les futures générations d'innovateurs pourront s'en inspirer gratuitement. De ce fait, Romer en particulier voudrait que nous fassions tout ce qui est en notre pouvoir pour que le monde soit favorable aux innovateurs : une fiscalité allégée sur les profits et les gains en capital, les incubateurs et les cellules d'innovation ; des brevets qui protègent les droits des innovateurs aussi longtemps que possible, etc.

Aghion et Howitt ont une vision bien moins romantique des innovateurs. On notera avec intérêt qu'Aghion est un des rares économistes qui aient eu la chance d'observer le processus d'innovation de près. Sa mère, qui était issue d'une famille juive francophone, a créé la maison de mode Chloé quand elle s'est installée en France après avoir dû quitter son Égypte natale, au début des années 1950. Pendant son enfance, Philippe a vu la maison Chloé grandir et devenir une marque mondiale. Cela ne l'empêche pas, inspiré par Joseph Schumpeter (économiste de Harvard du milieu du XXe siècle et grand vantard[50]), de définir l'innovation comme un processus de *destruction créatrice*, dans lequel l'innovation implique de détruire de l'ancien pour créer du neuf[51]. Dans ce monde, la création l'emporte parfois, mais pas toujours : à certains moments, c'est la destruction qui prévaut. On ne crée pas quelque chose de nouveau parce que c'est utile en soi, mais pour évincer le brevet déjà existant d'un concurrent. Récompenser davantage l'innovation peut donc avoir des effets pervers. Les innovateurs peuvent craindre que l'intervalle de temps entre le moment où ils remplacent le détenteur précédent d'un brevet et le moment moins heureux où leur propre brevet se fera évincer soit très court. Mais, s'il est important de protéger les brevets pour que les gens aient envie d'innover, il faut prendre garde à ne pas aller trop loin dans ce domaine, et à ne pas permettre aux détenteurs de se reposer trop longtemps sur leurs lauriers. Il faut donc trouver un équilibre entre favoriser l'innovation *sui generis* et conserver la possibilité de s'inspirer des idées d'autrui.

Baisser les impôts

Vous vous rappelez sans doute qu'une des raisons pour lesquelles les économistes comme Lucas étaient mécontents du modèle de Solow est que ce dernier ne donnait aucune indication à suivre aux décideurs politiques. Ce n'est pas le cas de Romer. Peut-être pas entièrement par hasard, ses conseils sont loin d'être révolutionnaires : le gouvernement doit ne rien faire qui puisse gêner ce qui incite les gens à travailler dur et à inventer ces technologies nouvelles capables de rendre le monde plus productif. En d'autres termes, il doit baisser les impôts.

Romer est un démocrate. Du moins est-ce la rumeur qui court parmi les économistes (son père fut un gouverneur démocrate du Colorado). Mais l'idée que de faibles taux d'imposition puissent avoir un impact sur la croissance à long terme en encourageant l'innovation est une idée qui plaît désormais beaucoup aux républicains. De Reagan à Trump, les politiciens de ce parti n'ont cessé de promettre de baisser les impôts, avec la sempiternelle justification que cela favoriserait la croissance. Les faibles taux d'imposition sont nécessaires pour les plus riches, disent-ils, parce que les gens comme Bill Gates ont besoin d'incitations pour travailler dur, être créatifs et inventer un nouveau Microsoft qui nous rendra tous plus productifs.

Il n'en est pas toujours allé ainsi. Entre 1936 et 1964, les taux des tranches supérieures d'impôt dépassaient 77 %, et même 90 % dans la seconde moitié de cette période, principalement dans les années 1950, quand le pays était pourtant dirigé par une administration républicaine par ailleurs tout à fait de droite. Ramenés à 70 % par une administration démocrate en 1965, ces taux n'ont cessé de baisser depuis pour s'établir à un peu plus de 30 %. Toutes les administrations républicaines ont essayé de les réduire encore, et toutes les administrations démocrates de les augmenter un peu, mais toujours avec beaucoup d'appréhension. Il est intéressant de noter qu'en 2018, pour la première fois depuis un demi-siècle, l'idée d'un taux marginal d'imposition sur le revenu de plus de 70 % suscite un regain d'intérêt chez les démocrates.

Cependant, si l'on observe les taux de croissance depuis les années 1960, il est clair que la période de faibles taux d'imposition ouverte par Reagan ne s'est pas traduite par une croissance plus rapide, bien au contraire. Il y a eu une récession au début de l'administration Reagan, suivie d'une phase de rattrapage pendant laquelle le taux de croissance est revenu à la normale. Les taux de croissance ont été un peu plus élevés pendant les années Clinton, avant de baisser à nouveau. Au total, si l'on considère le long terme (la moyenne sur dix ans, qui permet de lisser les hauts et les bas du cycle économique), la croissance économique a été relativement stable depuis 1974, demeurant entre 3 % et 4 % sur l'ensemble de la période. Rien ne permet donc d'affirmer que les baisses d'impôt sous Reagan, la hausse du taux marginal d'imposition sous Clinton ou les baisses d'impôt de George W. Bush ont modifié le taux de croissance à long terme[52].

Bien sûr, comme le soulignait le républicain Paul Ryan, ancien speaker de la Chambre des représentants, rien ne permet d'affirmer non plus que les unes et les autres n'ont pas eu d'effet. Tant d'autres choses sont intervenues au même moment qu'on ne peut rien affirmer. En septembre 2012, Ryan avait bien du mal à expliquer à un journaliste comment tout s'était aligné pour donner l'impression que les hausses d'impôt avaient l'air d'une bonne chose et les baisses d'une mauvaise :

> Je ne dirais pas que corrélation vaut causalité. Je dirais que Clinton a bénéficié du boom de productivité des nouvelles technologies, qui a été énorme. Sous Clinton, les barrières au commerce ont été abaissées. Il a bénéficié aussi des dividendes de la paix. [...] Dans les années Bush, en revanche, l'économie a dû faire face à l'éclatement de la bulle Internet, au 11-Septembre, à plusieurs guerres, à la débâcle financière [...] Tout cela est en partie lié au *timing*, pas à

> la personne. [...] De même que les keynésiens disent que l'économie se serait plus mal portée sans le plan de relance [décidé par Obama], l'inverse est vrai de notre point de vue[53].

Paul Ryan a raison sur une chose. La seule observation des variations dans le temps ne suffit pas à déterminer si les taux d'imposition ont ou non un effet de causalité sur la croissance. Une relation réelle est possible, obscurcie par la multitude de choses qui se produisent en même temps. Mais on constate cependant la même absence de corrélation entre les taux de croissance et les taux d'imposition quand on regarde les changements de fiscalité dans différents pays. Il n'existe aucun rapport entre l'ampleur des réductions d'impôt dans un pays entre les années 1960 et les années 2000 et l'évolution du taux de croissance dans ce même pays pendant la même période[54].

Aux États-Unis, l'expérience des différents États est elle aussi éloquente. En 2012, les dirigeants républicains du Kansas ont adopté de fortes réductions d'impôts, en promettant qu'elles stimuleraient l'économie. Il ne s'est rien passé de tel. Au lieu de cela, le budget du Kansas a sombré, et l'État s'est trouvé contraint de couper dans les dépenses d'éducation. La semaine d'école fut ramenée à quatre jours, et les enseignants se mirent en grève[55].

Une étude récente de la Booth School of Business de l'université de Chicago (qui n'est pas connue pour ses sympathies socialistes) utilise un moyen astucieux pour savoir si les baisses d'impôt qui bénéficient aux riches ont un effet plus faible ou plus important sur la croissance que les baisses d'impôt qui bénéficient au reste de l'économie. Aux États-Unis, la distribution du revenu est très différente selon les États. Par conséquent, les baisses d'impôt pour les riches devraient avoir des conséquences très différentes selon les États. Le Connecticut, par exemple, compte beaucoup plus de riches que le Maine. En examinant les 31 réformes fiscales adoptées depuis 1945, l'étude montre que les baisses d'impôt qui bénéficient aux 10 % les plus riches n'ont produit aucune augmentation significative du revenu et de l'emploi, au contraire des baisses d'impôt pour les 90 % restants de la population[56].

On peut aussi regarder directement si les personnes à hauts revenus ont tendance à moins travailler quand les impôts sont plus élevés. Il est plus facile de répondre à cette question de façon précise qu'à celle sur les effets sur la croissance en général : les différents contribuables n'étant pas touchés de la même façon par les réformes fiscales, il est possible de comparer leurs changements de comportement selon qu'ils sont plus ou moins concernés. La principale conclusion de l'abondante littérature sur le sujet, telle qu'elle a été synthétisée par Emmanuel Saez et Joel Slemrod, deux des experts les plus respectés dans ce domaine, est la suivante : « Rien ne permet de montrer de façon convaincante à ce jour qu'il y ait, au sommet de la distribution des revenus, des réactions économiques *réelles* aux taux d'imposition[57]. »

Aujourd'hui, il semble que le consensus partagé par une grande majorité d'économistes est que les faibles taux d'imposition sur les hauts revenus ne garantissent nullement, à eux seuls, la croissance économique. Cela apparaît clairement dans la réaction des économistes du panel IGM Booth à la baisse des impôts décidée par Donald Trump en 2017. La mesure réduit fortement et durablement les impôts pour les entreprises, avec notamment une baisse importante de l'impôt sur les sociétés, qui passe de 35 % à 21 %. Elle prévoit aussi un impôt maximum de 37 % pour les particuliers les plus riches (contre 39,6 % précédemment), l'élévation du seuil pour la tranche supérieure d'imposition et la suppression de la taxe foncière. Elle prévoit enfin des baisses beaucoup plus modestes pour le reste de la population, et la plupart temporaires. À la question « si les États-Unis adoptent une loi similaire à celle examinée actuellement par la Chambre et le Sénat – et à supposer qu'il n'y ait pas d'autres modifications de la politique fiscale ou budgétaire –, le PIB des États-Unis sera-t-il significativement plus élevé d'ici dix ans que si l'on restait au *statu quo* ? », un seul économiste répondait par l'affirmative, 52 % disaient n'être pas d'accord ou pas du tout d'accord, les autres ne sachant pas ou ne répondant pas[58].

Malgré ce consensus, un mémo du département du Trésor portant sur l'impact fiscal de la loi affirmait (sans donner la moindre justification) que ces baisses d'impôt se traduiraient par une hausse de 0,7 % du taux de croissance annuel[59]. Comment pouvait-il impunément sortir un chiffre n'ayant aucun rapport avec le consensus de la profession économique ? Ce n'est certes pas la première fois que l'administration justifie une décision par une contre-vérité. Nous pensons cependant que, si le public a mordu si facilement à l'idée que les baisses d'impôt pour les riches favorisent la croissance économique, c'est parce que cela fait des années que ce message leur est répété par des économistes éminents appartenant à une époque où les données empiriques étaient rares, et où il était normal de raisonner à partir de quelques « principes fondamentaux » reposant sur la seule intuition. La répétition de ce mantra par des générations d'économistes établis lui a donné la douce familiarité d'une comptine pour enfants. Et nous l'entendons encore chaque jour dans la bouche d'une pléthore d'experts du monde des affaires, qui, même aujourd'hui, ne se sentent absolument pas tenus de présenter la moindre preuve à l'appui de leurs dires. L'idée fait désormais partie du « sens commun ». Quand nous avons posé à nos sondés la même question qu'au panel IGM Booth, ils furent 42 % à répondre qu'ils étaient d'accord ou tout à fait d'accord avec l'idée que les baisses d'impôt allaient permettre d'augmenter la croissance d'ici cinq ans (rappelons qu'un seul économiste du panel était de cet avis). Et ils n'étaient que 20 % à être en désaccord ou fortement en désaccord avec cette idée.

Nous n'avons évidemment pas été aidés quand neuf économistes de métier, tous conservateurs, jouissant pour la plupart d'une réputation établie, mais appartenant eux aussi à la vieille garde, publièrent une lettre de soutien à l'administration Trump pour dire que la croissance augmenterait et que « le gain en termes de niveau de PIB à long terme serait d'un peu plus de 3 %, soit 0,3 %

par an pendant dix ans[60] ». Il a été aussitôt souligné par d'autres économistes que cette lettre ne reposait, une fois de plus, que sur des « principes fondamentaux » et une lecture très sélective de la littérature empirique[61]. Mais elle correspondait si bien à ce que le public et les médias attendent généralement des économistes qu'elle a semblé parfaitement légitime.

Cela souligne, à nouveau, l'urgente nécessité de mettre l'idéologie de côté et de défendre ce sur quoi la plupart des économistes qui s'appuient sur les résultats des recherches les plus récentes sont d'accord. Dans un monde politique qui a largement tourné le dos à la raison, nous risquons de perdre toute légitimité si nous n'intervenons pas. Alors, que les choses soient claires : les baisses d'impôt pour les riches ne produisent pas de croissance économique.

Une déformation cachée

Si les réformes fiscales se passent au moins au vu de tous, l'économie des États-Unis a connu une autre transformation majeure, beaucoup plus discrète, mais qui pourrait avoir un impact direct sur la croissance : la concentration accrue de l'activité économique aux mains d'un petit nombre d'entreprises. Dans les modèles de Solow et de Romer, l'innovation technologique est le moteur de la croissance à long terme. C'est parce que des individus investissent constamment dans des produits nouveaux ou dans des processus de production plus efficaces qu'il y a croissance de la PTF, et avec elle de l'économie. Or, comme le rappellent Aghion et Howitt, l'innovation ne vient pas de nulle part : les gens ont besoin d'une incitation financière pour inventer quelque chose de nouveau.

Les entreprises qui innovent doivent pouvoir accéder aux marchés pour vendre leurs produits. Or les données montrent que cela semble devenir de plus en plus difficile pour les nouveaux entrants. Au niveau national, la plupart des secteurs d'activité (y compris la technologie, mais pas uniquement) sont de plus en plus dominés par un petit nombre d'entreprises. En 2016, un rapport du Council of Economic Advisers montrait par exemple qu'aux États-Unis la part des 50 premières entreprises dans le revenu national de leurs secteurs respectifs avait, dans la plupart d'entre eux, augmenté entre 1997 et 2012[62]. Cette concentration s'explique largement par la part croissante des « superstars », le résultat en partie d'une attitude plutôt accommodante dans ce pays en matière de fusion d'entreprises[63]. Ainsi, la part des 4 premières sociétés dans le revenu national de leurs secteurs respectifs a partout augmenté. Dans l'industrie manufacturière, les 4 premières entreprises représentaient 38 % du revenu en 1980 et 43 % en 2012. Dans le commerce de détail, leur part a plus que doublé, passant de 14 % à 30 %[64].

On ne sait pas avec certitude si cette concentration accrue a été une bonne ou une mauvaise chose pour le consommateur. Selon les sources des données et les méthodes de calcul, certains économistes observent des hausses énormes des marges bénéficiaires[65] (la différence entre ce qu'une entreprise facture et ce qu'elle dépense). Un des éléments qui a protégé le consommateur, c'est que dans le secteur du commerce la concentration s'est effectuée au niveau national mais pas au niveau local. Quand Walmart et d'autres grandes surfaces s'installent en ville, elles font disparaître un grand nombre de petits commerces. Mais cela ne rend pas le marché moins concurrentiel pour le client, et les grandes surfaces proposent une variété plus grande de produits, souvent à des prix plus bas[66]. Et Amazon, en réalité, a favorisé une concurrence intense entre les vendeurs de sa plate-forme[67].

Mais la concentration accrue au niveau national pose un problème : la concurrence à laquelle ces géants doivent faire face a tendance à diminuer, ce qui peut faire baisser l'innovation dans la mesure où cela crée des barrières plus élevées pour de nouveaux entrants qui voudraient révolutionner un secteur. Dans la logique d'Aghion et de Howitt, la promesse d'un monopole (temporaire), grâce à un brevet, stimule l'innovation, et cette innovation se traduit à son tour par de nouvelles technologies que tout le monde pourra un jour utiliser. C'est ce qui produit la croissance. Mais, si le monopole a l'assurance de durer pour toujours, l'innovation et la croissance risquent d'en pâtir : le monopole peut se reposer sur ses lauriers et ne plus rien inventer. Certains travaux montrent que c'est ce qui se passe aujourd'hui. Une étude, en particulier, a constaté que, lorsqu'un grand projet de fusion-acquisition échouait de peu pour une raison qu'on n'avait pu prévoir (un juge trop regardant, une négociation qui n'aboutit pas), le secteur restait plus compétitif pendant les années qui suivaient. Les secteurs où ce genre de projet « rate de peu » voient arriver davantage de nouvelles entreprises et de nouveaux investissements, ainsi que davantage d'innovations. Ce résultat montre que la croissance relativement lente de la PTF peut s'expliquer, en partie, par une concentration accrue[68].

Se mondialiser

Même si la concentration accrue de l'industrie est en partie responsable du ralentissement de la croissance aux États-Unis, on ne peut en conclure qu'il suffirait de casser les monopoles pour retrouver une croissance rapide. Après tout, la croissance a été très molle en Europe, bien que les régulateurs européens aient été beaucoup plus agressifs envers les monopoles. Cela montre, une fois encore, qu'il n'y a pas de leçon claire à tirer des dernières décennies : nous ne savons pas très bien ce qu'il faudrait faire pour produire une croissance rapide et durable. Elle se produit, ou pas.

Mais, si les pays riches ne sont pas près de connaître un boom de la croissance, que vont-ils faire de leur capital toujours plus abondant (et, très bientôt, la question se posera aussi aux pays à revenu moyen comme la Chine ou le Chili) ? Les milieux d'affaires, qui sont parfois suffisamment malins pour ne pas avaler les messages idéologiques que l'on sert quotidiennement à la population, s'intéressent depuis quelques années à un autre moyen d'utiliser le capital dont ils disposent en abondance. Nous l'avons remarqué il y a une vingtaine d'années, quand tout à coup, sentant peut-être qu'ils ne pourraient plus compter sur une croissance économique durable en Occident, les hommes d'affaires ont commencé à nous poser des questions sur les pays que nous connaissions le mieux, et qui se trouvent tous dans le monde en développement. Auparavant, nous nous étions habitués au léger malaise qui voilait le visage de la plupart d'entre eux sitôt qu'ils saisissaient notre cœur de métier : étudier les pays pauvres. De toute évidence, ils auraient préféré discuter avec des gens possédant des savoirs à leurs yeux plus utiles, et ils essayaient de trouver le moyen de s'esquiver sans nous vexer. Puis soudainement, il y a une vingtaine d'années, les pays pauvres ont commencé à les intéresser.

Certains de ces derniers jouissaient alors d'une croissance très rapide. Or toute région où la croissance est rapide a besoin d'investissements, et les investissements sont l'antidote contre le spectre des rendements décroissants qui hante les financiers des pays riches. Un des moyens d'empêcher le ralentissement de la croissance est d'envoyer le capital dans les pays où la productivité est élevée. Bien sûr, cela n'aidera pas les travailleurs des pays riches, puisque la production ne se fera pas dans leur pays, mais au moins le revenu national continuera-t-il de croître puisque les détenteurs de capital seront bien rémunérés pour leurs investissements à l'étranger.

Quelques bonnes nouvelles

Bien entendu, pour la plupart des économistes et pour de nombreux hommes d'affaires, la croissance dans les pays pauvres est importante, aussi, en raison de ses implications en matière de bien-être humain. Les dernières décennies ont plutôt été favorables pour les populations pauvres dans le monde. Entre 1980 et 2016, les revenus des 50 % les plus pauvres de la population mondiale ont augmenté beaucoup plus vite que ceux des 49 % se situant au-dessus, ce qui inclut la quasi-totalité de la population en Europe et aux États-Unis. Le seul groupe qui ait fait mieux est le 1 % supérieur, les riches des pays déjà riches (ainsi qu'un nombre croissant de super-riches dans les pays en développement), qui ont capté à eux tous – chiffre stupéfiant – 27 % de la croissance totale du PIB mondial ! (Les 50 % les plus pauvres n'en ont reçu que 13 %[69].)

Cependant, trompés peut-être par le fait qu'ils voient seulement les riches être de plus en plus riches, 95 % des Américains pensent que la pauvreté dans le monde a augmenté ou est restée au même niveau entre 1980 et 2016[70]. En fait, les taux de pauvreté absolue (la part des personnes vivant avec moins de 1,90 dollar par jour en parité de pouvoir d'achat) ont diminué de moitié depuis 1990[71].

Cela s'explique, pour une part, par la croissance économique. Quand les gens sont très pauvres, il suffit d'un tout petit peu de croissance pour que leurs revenus augmentent. Ainsi, même s'ils ne ramassent souvent que les miettes, ces miettes suffisent à les faire passer au-dessus d'1,90 dollar par jour.

Peut-être aussi la définition de la pauvreté extrême que nous utilisons met-elle la barre trop bas. Mais l'histoire des trente dernières années n'est pas juste celle du recul de la pauvreté : nous observons également des améliorations importantes de la qualité de vie des pauvres. Depuis 1990, le taux de mortalité infantile et le taux de mortalité maternelle ont été réduits de moitié[72] ; de ce fait, plus d'une centaine de millions de morts d'enfants en bas âge ont été évitées depuis 1990[73]. Aujourd'hui, sauf bouleversement social majeur, presque tous les enfants de la planète, garçons et filles, ont accès à l'instruction primaire[74]. Et 90 % des adultes savent lire, écrire et compter[75]. Même le nombre de morts du sida a diminué depuis le pic du début des années 2000[76]. Les gains de revenus des pauvres se sont traduits en améliorations réelles.

Les nouveaux « objectifs de développement durable » des Nations unies proposent de mettre fin à la pauvreté extrême (les personnes vivant avec moins de 1,25 dollar par jour) d'ici 2030, et il est tout à fait concevable qu'ils soient atteints, ou du moins que nous nous en approchions, si la croissance au niveau mondial se poursuit à peu près à son rythme actuel.

À la recherche de la potion magique de la croissance

Cela montre à quel point la croissance économique est déterminante pour les pays très pauvres. Pour les économistes qui croient soit au modèle de Solow, soit au modèle de Romer, la pauvreté extrême, du type de celle que nous observons encore dans le monde, est un gâchis tragique, car il existe des moyens simples d'en sortir. Du côté de Solow, les pays pauvres ont la possibilité d'accélérer leur croissance en épargnant et en investissant. Et si les pays pauvres ne croissent pas plus vite que les pays riches, cela s'explique par de mauvaises politiques économiques, nous dit Romer.

Comme l'écrivait Romer en 2008, « les savoirs nécessaires pour apporter aux habitants des pays les plus pauvres un standard de vie nettement amélioré existent déjà dans les pays avancés ».

Et voici quelle était sa recette magique pour la croissance :

> Si un pays pauvre investit dans l'éducation et ne détruit pas tout ce qui peut inciter ses citoyens à s'approprier des idées venant du reste du monde, il peut rapidement tirer profit de la part du savoir mondial qui est déjà publiquement accessible. S'il propose en plus des incitations pour que des idées existantes soient mises en application à l'intérieur de ses frontières – par exemple, en protégeant les brevets, les licences et les droits d'auteurs étrangers, en autorisant l'investissement direct des entreprises étrangères, et en évitant les réglementations étouffantes et les taux marginaux d'imposition trop élevés –, alors ses citoyens pourront bientôt travailler dans des activités productives qui seront à la pointe[77].

Cela ressemble fort au mantra bien connu de la droite : moins d'impôts, moins de réglementation, moins d'intervention de l'État en général, sauf peut-être en matière d'éducation et de protection de la propriété privée. Pourtant, en 2008, quand Romer écrivait ce texte, nous en savions déjà assez pour être plutôt sceptiques.

Dans les années 1980 et 1990, les *régressions empiriques de croissance* sont devenues un des exercices favoris des économistes. Le jeu consiste à utiliser les données dont nous disposons pour prédire la croissance à partir d'à peu près tout et n'importe quoi, de l'éducation à l'investissement, en passant par la corruption et les inégalités, la culture et la religion, la distance à la mer ou à l'équateur. L'idée était de trouver ce qui, dans les politiques d'un pays, pouvait aider à prévoir (et, espérait-on, affecter) sa croissance économique. Mais cette littérature a fini par se heurter à un mur.

Il y avait deux problèmes. Le premier, comme l'a montré de façon convaincante Bill Easterly, un économiste qui n'a jamais tu son scepticisme quant à la capacité des « experts » à donner la moindre recette efficace en la matière, c'est que les taux de croissance d'un même pays fluctuent fortement d'une décennie à une autre en l'absence de raison évidente[78]. Dans les années 1960 et 1970, le Brésil était au premier plan dans les statistiques ; mais, à partir de 1980, sa croissance s'est arrêtée pendant une vingtaine d'années, avant de repartir en 2000 et de s'arrêter de nouveau à partir de 2010. L'Inde, l'exemple emblématique de la croissance impossible selon Lucas, a commencé à croître plus rapidement à peu près au moment où celui-ci écrivait l'article fameux que nous citions plus haut, dans lequel il s'interrogeait sur les raisons pour lesquelles la croissance indienne était si lente. Depuis une trentaine d'années, l'Inde est une des grandes stars de la croissance mondiale. En revanche, la croissance des pays que Lucas donnait en modèles, l'Égypte et l'Indonésie, s'est effondrée. Quant au Bangladesh, que Henry Kissinger qualifiait de « cas désespéré » dans les années 1970, il a connu un taux de croissance annuel d'au moins 5 % pendant une très grande partie des années 1990 et 2000, et il dépassait les 7 % en 2016 et 2017, ce qui le place, sous cet angle, dans les 20 premiers pays au monde.

Le second problème, peut-être plus fondamental encore, est que s'évertuer à trouver des moyens de prévoir la croissance n'a guère de sens. À l'échelle d'un pays, tout est cause et tout est effet en même temps. Prenons l'éducation, une variable fréquemment mise en avant. Le niveau d'éducation d'une population résulte en partie de la capacité du gouvernement à gérer des écoles et financer l'éducation. Mais un gouvernement qui réussit dans ce domaine réussit probablement dans d'autres aussi : sans doute les routes sont-elles en meilleur état dans les pays où les enseignants et les élèves sont présents dans les classes. Si nous trouvons que la croissance est plus rapide là où l'éducation est d'un meilleur niveau, il se peut que cela s'explique par toutes les autres politiques qui y sont liées. Et il est bien sûr probable que les gens aient davantage envie d'investir dans l'éducation de leurs enfants quand l'économie va bien. Alors peut-être est-ce la croissance qui favorise l'éducation, et non l'inverse.

De manière générale, les pays et les politiques qui y sont menées diffèrent à tel point qu'il y a davantage de facteurs explicatifs qu'il n'existe de pays, sans oublier tous ceux auxquels nous n'avons pas pensé ou que nous ne savons pas mesurer[79]. Du même coup, l'intérêt de ces exercices dépend entièrement de la confiance que nous avons dans les facteurs explicatifs que nous choisissons nous-mêmes d'y mettre. Conscients que nous n'avons pas de quoi justifier ces choix, nous pensons que la seule position raisonnable est de renoncer entièrement au projet d'identifier les facteurs de la croissance en comparant les différents pays.

Cela ne veut pas dire que nous n'avons rien appris. Certains résultats très surprenants viennent des tentatives faites par certains économistes pour distinguer clairement causes et effets. Les résultats les plus frappants se trouvent regroupés dans une série d'articles devenus classiques de Daron Acemoglu, Simon Johnson et Jim Robinson[80]. Ce trio, surnommé affectueusement « AJR », a montré que les pays où, pendant les premières années de la colonisation européenne, la mortalité (due notamment au paludisme et à d'autres maladies) était élevée chez les colons ont aujourd'hui tendance à avoir de mauvais résultats économiques. L'explication donnée par AJR est que les Européens, préférant ne pas s'installer nombreux dans ces pays, y ont créé des colonies d'exploitation dont les institutions étaient conçues pour permettre à un petit nombre d'entre eux de contrôler une multitude d'autochtones. Le travail forcé de ces derniers permettait de faire pousser de la canne à sucre ou du coton, ou d'extraire des diamants, vendus ensuite par les Européens. À l'inverse, les contrées qui étaient au départ relativement vides (la Nouvelle-Zélande et l'Australie, par exemple) et où la mortalité des colons était faible sont celles où les Européens se sont installés en nombre. Ces contrées ont ainsi pu bénéficier des institutions qui se développaient en Europe à la même époque et qui allaient fournir la base du capitalisme moderne. AJR montre ainsi que la mortalité des colons il y a plusieurs centaines d'années est un excellent indicateur dans tel ou tel pays d'une réglementation favorable aux entreprises. Les pays où le taux de mortalité des colons était faible autrefois, et qui sont aujourd'hui favorables à l'entreprise privée, ont tendance à être beaucoup plus riches que les autres.

Si cela ne prouve pas qu'un environnement favorable à l'entreprise privée soit la cause de la croissance (elle pourrait s'expliquer aussi par la culture apportée par les Européens, les traditions politiques ou tout autre chose encore), cela suggère que certains facteurs de long terme peuvent avoir un impact de long terme sur la réussite économique. C'est une idée qu'on retrouve dans d'autres études, et que les historiens défendent depuis longtemps.

Mais quelle conclusion en tirer sur ce que les pays peuvent faire ici et maintenant ? Ce que ces études nous disent, c'est que, pour avoir une forte croissance aujourd'hui, il vaut mieux qu'un pays ait été très peu habité, que le paludisme n'y ait pas sévi entre 1600 et 1900 et qu'un grand nombre de colons européens s'y soient installés (dommage si vous étiez à l'époque un habitant autochtone de ce pays). Cela signifie-t-il que les pays devraient essayer d'attirer des colons européens aujourd'hui ? Certainement pas. L'indifférence brutale aux us et coutumes locaux qui permit aux colons d'imposer leurs institutions dans la période prémoderne n'existe plus aujourd'hui (Dieu merci).

Cela ne nous dit pas *non plus* si la solution serait de mettre en place aujourd'hui certaines institutions, car l'effet des différences institutionnelles est mesurée dans ces études sur un temps très long.

Est-ce à dire que les institutions doivent exister et évoluer pendant plusieurs siècles pour devenir efficaces ? (Après tout, la Constitution des États-Unis est très différente aujourd'hui de ce qu'elle était à l'origine, en 1787, car en plus des amendements qui y ont été apportés, le texte a aussi été enrichi par deux cents ans de jurisprudence, de débat public et d'implication des citoyens.) Si c'est le cas, les citoyens du Kenya ou du Venezuela doivent-ils se contenter d'attendre ?

Il s'avère en outre que, dans les pays où l'environnement est également favorable à l'entreprise privée, aucun des critères de ce qui constitue conventionnellement une « bonne » politique économique (ouverture au commerce, faible niveau d'inflation, etc., c'est-à-dire toutes les choses auxquelles Romer souhaiterait que les pays adhèrent) ne permet de prévoir le PIB par tête[81]. À l'inverse, s'il est vrai que les pays appliquant de « mauvaises » politiques croissent plus lentement, il est également plus probable que les institutions y soient, elles aussi, « plus mauvaises », à l'aune des critères retenus par cette littérature (moins bienveillantes pour l'entreprise privée, par exemple), et il est donc difficile de savoir si ces pays ont de mauvais résultats à cause de ces politiques ou à cause des effets collatéraux de la médiocrité de leurs institutions.

Alors, que devons-nous conclure ? Il est relativement clair qu'il y a des choix à éviter : l'hyperinflation, des taux de change fixe très surévalués, le modèle communiste dans ses versions soviétique, maoïste ou nord-coréenne, ou même un contrôle total de l'État sur l'entreprise privée, comme il était pratiqué en Inde dans les années 1970 où la propriété publique était omniprésente, de l'industrie de la chaussure aux chantiers navals. Cela ne nous aide guère à répondre aux questions que se posent la plupart des pays, sachant que personne, à l'exception peut-être de quelques fous au Venezuela, ne semble avoir très envie de tâter de ces formules extrêmes. Le Vietnam ou Myanmar ne se demandent pas, par exemple, s'ils doivent suivre l'exemple de la Corée du Nord, mais plutôt s'il leur faut imiter le modèle économique chinois, compte tenu de son succès étincelant.

Or tout le problème est que, si la Chine est à bien des égards une économie de marché, comme le Vietnam et Myanmar, l'approche chinoise du capitalisme est assez éloignée du modèle anglo-saxon classique, et même de ses variantes européennes. En 2014, sur les 95 entreprises chinoises de la liste de Fortune Global 500, 75 étaient nationales.[82]

La plupart des banques en Chine sont la propriété de l'État. Au niveau local et national, le gouvernement joue un rôle déterminant dans l'allocation de la terre et du crédit. C'est lui qui décide que tel type de population doit s'installer à tel endroit, et dans quelle offre de travail pourront puiser les différents secteurs d'activité. Le taux de change est resté sous-évalué pendant près de vingt-cinq ans (quitte à prêter des milliards de dollars aux États-Unis à des taux d'intérêt proches de zéro). Dans l'agriculture, les gouvernements locaux décident de l'attribution du droit d'exploitation de la terre, car elle appartient à l'État. Si c'est du capitalisme, il a des couleurs très chinoises.

D'ailleurs, malgré l'enthousiasme que suscite le miracle chinois, très peu d'économistes l'avaient prédit dans les années 1980 et même 1990. Il arrive souvent, pendant nos conférences, qu'une personne se lève et demande pourquoi tel pays dont nous avons parlé ne se contente pas d'imiter la Chine. Mais on ne sait pas très bien quelle partie de l'expérience chinoise il faudrait imiter. Faut-il commencer par la Chine de Deng Xiaoping, celle de la fin des années 1970, une économie misérable dans laquelle les systèmes publics d'éducation et de santé étaient comparativement excellents, et où la distribution des revenus était très horizontale ? Ou, en remontant le temps, par celle de la Révolution culturelle, une tentative hardie pour détruire tous les avantages culturels dont jouissaient les élites d'autrefois et mettre tout le monde sur un pied d'égalité ? Ou par l'invasion japonaise des années 1930 et son insulte à la fierté chinoise ? Ou par les cinq mille ans d'histoire de la Chine ?

Nous retrouvons la même difficulté dans le cas du Japon et de la Corée du Sud, où les gouvernements ont d'abord mené des politiques industrielles actives (et le font encore à certains égards), en choisissant les produits qui seraient aidés à l'exportation et plus généralement les secteurs où il conviendrait d'investir. Même cas de figure pour Singapour, où tous les citoyens doivent placer une part importante de leur épargne dans une caisse centrale de prévoyance, afin que l'État puisse l'utiliser pour construire des infrastructures de logement.

Dans chacun de ces cas de figure, les économistes débattent pour savoir si la croissance s'est produite grâce à ces choix originaux de politique économique ou malgré eux, sans parvenir à des conclusions convaincantes. Les pays d'Asie de l'Est ont-ils eu de la chance, ou peut-ont tirer des leçons de leurs réussites ? On peut souligner que ces pays ont été dévastés par la guerre avant de connaître une croissance rapide, et qu'une part de celle-ci pourrait donc provenir d'un effet naturel de rebond. Mais ceux qui mettent en avant l'expérience des pays d'Asie de l'Est pour démontrer la vertu de telle ou telle approche se font des illusions : il est impossible de rien prouver sur ce sujet.

Tout cela revient à dire que, tout comme pour les pays riches, nous ne connaissons pas la recette pour stimuler la croissance des pays pauvres. Même les experts semblent l'avoir admis. En 2006, la Banque mondiale a demandé au prix Nobel Michael Spence de diriger sa commission sur la croissance et le développement (plus connue sous le nom de Commission croissance). Spence avait commencé par refuser, puis, convaincu par l'enthousiasme de ses futurs collègues, un éminent groupe où figurait Robert Solow lui-même, il est revenu sur sa décision. Mais, à la fin de ses recherches, le groupe dut reconnaître, dans son rapport, qu'il n'existait pas de principes généraux et qu'aucun épisode de croissance n'est semblable à un autre. Voici comment Bill Easterly a commenté leurs conclusions, sans beaucoup de charité sans doute, mais touchant juste : « Après deux ans de travail d'une commission réunissant 21 dirigeants et experts mondiaux, un groupe de travail de 11 membres, 300 universitaires, 12 ateliers, 13 consultations et 4 millions de dollars de budget, la réponse à la question de savoir comment atteindre un niveau élevé de croissance était à peu près : nous ne savons pas, mais faites confiance aux experts pour le trouver[83]. »

Hacker un miracle ?

Les jeunes entrepreneurs sociaux qui baignent dans l'optimisme radieux de la Silicon Valley n'ont probablement pas lu le rapport Spence. À les en croire, nous savons parfaitement ce qui permettra au monde en développement de croître : il suffit d'adopter les dernières technologies, à commencer par Internet. Mark Zuckerberg, le P-DG de Facebook, est fermement convaincu que connecter tout le monde à Internet aura un impact positif énorme, et cette opinion se retrouve dans des centaines de rapports et d'articles sur le sujet. Un de ces rapports, réalisé par le cabinet de consultants Dalberg, affirme ainsi qu'en Afrique « Internet est un moteur formidable et *incontesté* de la croissance économique et du changement social [nos italiques][84] ».

Le fait est si incontestable en effet que le rapport ne se soucie guère de citer des données fiables à l'appui de ses conclusions – ce qui est raisonnable puisqu'il n'en existe pas ! Si on y réfléchit bien, même dans les pays développés, rien ne permet de montrer que l'arrivée d'Internet a ouvert une nouvelle période de croissance. La publication phare de la Banque mondiale, le *World Development Report*, dans son édition de 2016 sur les bénéfices du secteur numérique, concluait, après beaucoup de tergiversations, qu'en ce qui concerne l'impact d'Internet le jury était encore loin de pouvoir rendre son verdict[85].

Internet n'est que l'une des innovations qui, pour les disciples de la technologie, peuvent être à la fois un succès commercial et un moteur de la croissance pour les pays pauvres. La liste des innovations du « bas de la pyramide » censées transformer la vie des populations pauvres et alimenter la croissance jusqu'au sommet est incroyablement longue : fours (plus) propres, télémédecine, ordinateurs à pédale, kits rapides de test de détection d'arsenic dans l'eau, pour n'en citer que quelques-unes.

Un des points communs d'un grand nombre de ces technologies (mais pas d'Internet) est qu'elles ont été développées par des ingénieurs « frugaux », comme les étudiants du D-Lab du MIT ou les entrepreneurs financés par Acumen Fund, un important fonds de capital-risque « social ». Ce type de fonds repose sur l'idée, d'ailleurs crédible, qu'une des raisons pour lesquelles les pays en développement sont pauvres est que les technologies développées dans les pays du Nord ne leur sont pas adaptées. Elles utilisent trop d'énergie, trop de travailleurs qualifiés, trop de machines coûteuses, etc. De surcroît, elles sont souvent développées dans le Nord par des monopoles, et le Sud doit payer pour les utiliser. Le Sud a donc besoin d'avoir ses propres technologies et, pour cela, il lui faut trouver des capitaux en dehors des marchés. C'est une explication possible à l'absence de croissance spontanée dans de nombreux pays, et c'est ce déficit qu'Acumen Fund essaie de combler.

Si Acumen Fund se considère comme un type d'organisation entièrement nouveau, c'est-à-dire non comme un organisme d'aide mais comme un fonds de capital-risque pour les pays pauvres, sa vision d'une croissance tirée par la technologie remonte aux années 1960, quand les ingénieurs dominaient les institutions d'aide au développement qui s'efforçaient de combler le « fossé infrastructurel » en accordant d'énormes prêts aux pays pauvres pour construire des barrages et des voies ferrées afin qu'ils rattrapent leur retard sur les pays riches. Bien qu'il n'existe guère de données montrant que cela a véritablement aidé ces pays à croître, la fascination pour l'électricité comme moteur de la croissance et du développement ne s'est jamais réellement éteinte. L'Équateur est aujourd'hui soumis à une énorme pression financière à cause d'un prêt de la Chine pour la construction d'un gigantesque barrage qui n'a jamais été totalement opérationnel. Certes, les prêts d'Acumen Fund sont moins importants et ne sont pas destinés à des États mais à des acteurs privés, mais nous sommes bien dans le même fantasme d'un monde sauvé par les ingénieurs. L'électricité est un des secteurs clefs d'Acumen Fund, même si la source d'énergie idéale a changé : on est passé des grands barrages aux biocarburants et au soleil, et la dernière idée « branchée » est de développer des solutions moins chères « hors réseau » pour atteindre les communautés pauvres. Il n'empêche que la priorité donnée à l'électricité date déjà d'une cinquantaine d'années.

Il n'est pas simple d'inventer des technologies adaptées qui soient également rentables dans un pays pauvre. Une bonne partie des projets financés par Acumen Fund ne marchent pas. Dans le monde de l'investissement social, une estimation au doigt mouillé veut que sur 100 entreprises aidées, il y en ait 10 qui marchent (les autres disparaissent) et 1 seulement qui atteigne une taille significative. Identifier les nouveaux produits et les nouveaux services susceptibles de changer la vie reste difficile, et les efforts en ce sens suscitent parfois une indifférence assez frustrante de la part des populations pour lesquelles on les faits.

L'électricité est un cas d'école. Dans un récent essai randomisé, au Kenya, une équipe de chercheurs a noué un partenariat avec la Kenya Rural Electrification Authority pour proposer un raccordement au réseau d'électricité à différents prix dans différents villages. La demande diminuait très fortement quand le prix s'élevait, et les villageois n'étaient généralement prêts à payer qu'une somme très éloignée de ce qui aurait permis de couvrir les coûts de raccordement au réseau (sans même parler de construire celui-ci)[86].

Le monde de l'ingénierie frugale croule sous les échecs de ce genre, de l'ordinateur portable à 100 dollars pour éduquer le monde entier (qui coûte en fait 200 dollars et dont il a été prouvé qu'il n'avait aucun impact sur ce que les enfants apprennent réellement[87]) à la cuisinière propre dont personne ne veut[88], sans oublier les multiples technologies de filtrage de l'eau[89] et autres latrines innovantes[90]. Ces ratés s'expliquent en grande partie par le fait que toutes ces innovations sont faites hors-sol ; elles sont développées loin des vies qu'elles souhaitent changer. Les idées sont souvent ingénieuses, et il se peut que certaines rencontrent le succès, mais il est difficile de fonder sur elles de grands espoirs.

Pêcher avec un téléphone portable

Un des principes centraux des théories de la croissance que nous avons examinées jusqu'ici est que les ressources se dirigent spontanément vers leurs usages les plus productifs. C'est une hypothèse naturelle pour autant que les marchés fonctionnent de façon parfaite. Les meilleures entreprises attirent les meilleurs travailleurs. Les terres les plus fertiles doivent être exploitées de façon plus intensive, et les moins productives servir à l'industrie. Les gens qui ont de l'argent à prêter doivent le faire aux meilleurs entrepreneurs. Ce raisonnement est ce qui permet aux macroéconomistes de parler de stock de « capital » ou de « capital humain » dans une économie (en dépit du fait évident que l'économie réelle n'est pas une gigantesque machine) : tant que les ressources sont allouées à leur meilleur usage, chaque entreprise est comme un rouage dans une machine parfaitement huilée, qui fait tourner l'ensemble de l'économie.

Or ce n'est souvent pas le cas. Dans la même économie, on trouve des entreprises productives et des entreprises non productives, et les ressources ne sont pas toujours allouées à leur meilleur usage, loin s'en faut.

Il n'y a pas que les ménages pauvres qui n'adoptent pas les technologies modernes : c'est le cas aussi pour les industries dans les pays en développement. Bien souvent, les meilleures entreprises d'un secteur utilisent les technologies mondiales les plus en pointe, mais dans le même secteur de nombreuses firmes ne le font pas, même quand ces technologies sont en principe rentables[91]. Souvent, c'est parce que leur échelle de production est trop petite. Ainsi, récemment encore, les vêtements en Inde n'étaient généralement pas fabriqués en masse par une grosse entreprise, mais par une multitude d'artisans tailleurs qui confectionnaient des vêtements sur mesure dans un atelier dont ils étaient l'unique employé. La PTF est faible, non parce que les tailleurs ont fait le mauvais choix de technologie pour leurs entreprises, mais parce que leurs entreprises sont trop petites pour bénéficier des technologies les plus avancées. En quelque sorte, ce qui est surprenant, c'est que ces petites entreprises existent.

Le problème dans les pays en développement n'est donc pas tant que les technologies rentables ne sont pas disponibles et accessibles, mais bien plutôt que l'économie ne semble pas faire le meilleur usage des ressources. Et cela ne vaut pas uniquement pour les technologies, mais aussi pour la terre, le capital et les compétences. Certaines entreprises ont plus d'employés qu'il ne leur en faut et d'autres n'arrivent pas à embaucher. Certains entrepreneurs ont des idées géniales mais pas les moyens de les financer, et d'autres, qui ne sont pas particulièrement bons dans ce qu'ils font, continuent de sévir. C'est ce que les macroéconomistes appellent la *mauvaise allocation* des ressources.

L'impact de l'introduction du téléphone portable sur l'activité de la pêche dans l'État du Kerala, en Inde, fournit un parfait exemple de ce qu'est une mauvaise allocation des ressources. Les pêcheurs du Kerala partent en mer tôt le matin et rentrent en milieu de matinée vendre le produit de leur pêche. Avant le téléphone portable, ils accostaient à la plage la plus proche, où leurs clients venaient les retrouver. Le marché restait ouvert jusqu'à ce qu'il n'y ait plus de clients ou plus de poissons. Comme le produit de la pêche variait d'un jour à l'autre, il y avait parfois beaucoup de poissons invendus, parfois beaucoup de clients déçus. Cas exemplaire de mauvaise allocation des ressources ! Avec l'accès au réseau de téléphonie mobile, les pêcheurs ont utilisé leur téléphone pour décider de l'endroit où ils accosteraient : ils allaient là où un grand nombre de clients les attendaient et où la concurrence était peu nombreuse. Résultat : le gaspillage disparut, les prix se stabilisèrent, clients et vendeurs y gagnèrent[92].

Cette première histoire accoucha d'une seconde. Le bateau est le principal outil du pêcheur, et il est important qu'il tienne le plus longtemps possible. La technique de construction d'un bateau de pêche est toujours la même, mais certains artisans sont plus habiles que d'autres. Avant le téléphone portable, les pêcheurs avaient l'habitude d'acheter leur bateau chez le constructeur le plus proche. Mais, quand ils ont commencé à se rendre sur d'autres plages pour vendre leur poisson, ils se sont rendu compte qu'il existait de meilleurs constructeurs ailleurs, et ils ont commencé à s'adresser à eux. Résultat : les bons constructeurs ont eu davantage de travail et les moins bons n'en ont plus eu du tout. La qualité moyenne des bateaux s'est améliorée, et de plus, comme les meilleurs constructeurs de bateaux avaient plus de travail et donc utilisaient de façon plus efficace leurs infrastructures existantes, ils ont pu baisser les prix. L'allocation des ressources s'est améliorée. Les travailleurs, les équipements, le bois, les cordes et les clous : tout cela était utilisé de façon plus efficace[93].

Les deux histoires ont un point commun : une barrière à la communication conduisait à une mauvaise allocation des ressources. Dès que la communication s'est améliorée, les ressources ont été mieux utilisées. Cela s'est traduit par unc PTF plus élevée, une production plus élevée à partir des mêmes inputs.

Les pays en développement fourmillent d'exemples de mauvaise allocation des ressources. Prenons la ville de Tirupur, capitale indienne du tee-shirt, déjà évoquée dans le chapitre 3[94]. On y trouve deux types d'entrepreneurs : ceux qui viennent d'ailleurs pour créer une entreprise de fabrication de tee-shirts, et ceux qui sont nés et ont grandi dans la région. Ces derniers sont presque tous des enfants de riches familles locales de paysans, les gounders, qui veulent faire autre chose que de l'agriculture. Ceux venus spécifiquement pour faire des tee-shirts sont généralement meilleurs que les entrepreneurs locaux ; souvent ils ont de la famille dans le même secteur. C'est peut-être pour cette raison que les entreprises appartenant à ces « outsiders » fabriquent le même nombre de tee-shirts avec moins de machines et se développent beaucoup plus vite que celles des « insiders ».

Malgré cette différence de talent, Abhijit et Kaivan Munshi ont constaté dans une étude que, bien que plus productives, les entreprises dirigées par les migrants étaient de taille plus petite et utilisaient moins d'équipements que celles dirigées par les locaux. Les gounders préféraient investir de l'argent dans les entreprises dirigées par leurs enfants plutôt que, de manière plus « efficace », prêter de l'argent aux migrants et distribuer les intérêts ainsi perçus à leurs fils. Résultat : des entreprises efficaces et inefficaces pouvaient coexister dans la même ville[95].

Quand Abhijit leur a demandé pourquoi ils préféraient financer leurs fils plutôt que prêter de l'argent à des outsiders plus compétents et vivre des intérêts d'emprunt, les gounders ont expliqué qu'ils n'étaient pas certains de récupérer leur argent s'ils le prêtaient à un étranger. En l'absence de marché financier efficace, ils préféraient donner l'argent à leurs fils incapables et obtenir des rendements moins élevés mais plus sûrs. Il est aussi probable qu'ils se sentaient en devoir de donner à leurs fils non seulement de l'argent de poche, mais également le moyen de gagner décemment leur vie.

Les entreprises familiales sont très répandues dans le monde (de la petite exploitation agricole au grand groupe industriel) et elles ne s'adaptent pas toujours totalement aux incitations « économiques ». Certaines sont transmises aux fils alors que les filles les dirigeraient beaucoup mieux[96] ; tout l'engrais de la famille va sur la parcelle d'une seule personne (généralement un homme) alors qu'il vaudrait mieux le répartir sur l'ensemble des champs[97], etc. Cela n'est bien sûr pas vrai seulement des petites exploitations agricoles au Burkina Faso ou des affaires familiales en Inde et en Thaïlande, mais aussi d'un grand nombre d'entreprises aux États-Unis. Sur 335 successions au poste de P-DG dans des entreprises familiales, un chercheur a compté 122 « successions familiales » : le nouveau P-DG était soit un enfant soit un conjoint de l'ancien (lui-même souvent le créateur ou l'enfant du créateur de l'entreprise). Au moment de la succession, si le rendement boursier des entreprises qui ont nommé un P-DG choisi en dehors de la famille *a augmenté* fortement, ce n'est pas le cas des entreprises qui ont nommé un P-DG pris dans le giron familial. Le marché récompense la nomination d'un outsider, et il n'a visiblement pas tort : dans les trois ans qui suivent la succession, les entreprises qui ont choisi un P-DG dans la famille ont de très mauvais résultats par rapport aux autres : le rendement de leurs actifs diminue de 14 %[98].

Ainsi, on ne peut pas considérer comme allant de soi que les ressources seront spontanément utilisées le plus efficacement possible. Si ce n'est pas le cas même au sein d'une famille ou d'une ville, il n'y a pas de raison que ce soit le cas au niveau d'un pays. Or une mauvaise allocation des ressources se traduit par une moindre productivité totale. Une des raisons pour lesquelles les pays pauvres sont pauvres est que l'allocation des ressources y est moins efficace. L'avantage de ce constat est d'ouvrir la possibilité de la croissance si les conditions sont réunies pour que les ressources existantes soient allouées à des usages plus adaptés. Les macroéconomistes ont essayé de quantifier la part de la croissance qui pourrait être obtenue d'une meilleure allocation des ressources. Il est difficile de le faire avec une grande précision, mais les résultats sont très encourageants. Une estimation suggère par exemple que la réallocation dans un certain nombre de secteurs d'activité définis ici de façon étroite aurait pu, dans les années 1990, permettre d'augmenter la PTF de 40 % à 60 % en Inde et de 30 % à 50 % en Chine. Si l'on définissait les secteurs de façon plus large, les estimations seraient sûrement encore plus élevées[99].

Il y a enfin la mauvaise allocation qui passe inaperçue, les idées géniales qui ne voient jamais le jour. Sachant que le capital-risque est bien plus actif pour dénicher des idées nouvelles aux États-Unis qu'en Inde, cette dernière passe certainement à côté d'un nombre plus grand de génies.

Miser sur la banque ?

D'où vient la mauvaise allocation des ressources ? Les entreprises indiennes croissent beaucoup plus lentement que les entreprises américaines, mais elles ont aussi beaucoup moins de chances de disparaître[100]. Autrement dit, les États-Unis sont une économie de type « marche ou crève », où les gens qui se lancent soit réussissent et raflent la mise, soit échouent et disparaissent au bout de quelques années. L'économie indienne, à l'inverse, est excessivement rigide : les bonnes entreprises ne croissent pas et les mauvaises ne meurent pas.

Ces deux facteurs sont probablement étroitement liés : le fait que les bonnes entreprises ne puissent se développer assez rapidement explique pourquoi les mauvaises continuent de survivre. Si les meilleures entreprises avaient une croissance plus rapide, elles feraient baisser le prix de ce qu'elles vendent, évinçant ainsi toutes celles qui ne seraient pas assez bonnes pour gagner de l'argent à ce niveau de prix. De la même façon, elles tireraient vers le haut les salaires et le coût des matières premières, décourageant encore davantage les entreprises non performantes. En revanche, si elle reste petite et ne sert que la demande locale, une entreprise moins efficace peut facilement survivre sur son propre marché local.

Le marché des capitaux est un coupable tout trouvé pour cet état de fait. Il joue clairement un rôle dans l'exemple de Tirupur, où les entrepreneurs les plus productifs installés dans le cluster du tee-shirt le plus productif du pays ne peuvent même pas emprunter assez pour atteindre la taille des entreprises locales les moins productives. En Inde et en Chine, les estimations dont nous disposons disent que la seule réallocation du capital entre les entreprises suffirait à combler l'ensemble du déficit de la PTF lié à la mauvaise allocation des ressources[101].

Cette interprétation concorde avec le sentiment généralement partagé que le secteur bancaire en Chine et en Inde souffre de graves carences. Les banques indiennes sont connues pour tout faire afin de ne prêter qu'aux très grandes sociétés (oubliant généralement que les très grandes entreprises d'hier sont souvent les catastrophes financières de demain). Les banques chinoises ont fait l'objet de réformes importantes depuis les années 1990, dans le but de permettre l'entrée d'autres acteurs et d'améliorer la gouvernance des banques appartenant à l'État. Néanmoins, les « quatre grandes » banques nationales continuent de prêter sans sourciller à des projets douteux dès lors qu'ils bénéficient de bons appuis politiques[102]. Trouver de l'argent reste difficile pour un jeune entrepreneur ambitieux qui a une bonne idée mais aucun ami haut placé.

Les banques indiennes ont à peu près les mêmes défauts, mais elles sont connues, en plus, pour être largement en *sureffectif*. Cela signifie que, si elles ne veulent pas perdre d'argent et payer les salaires de tous leurs employés, elles doivent fixer un grand écart entre le taux auquel elles prêtent aux entreprises et le taux d'épargne qu'elles proposent aux déposants. En conséquence, les taux d'intérêt consentis aux créditeurs en Inde sont élevés par rapport au reste du monde[103], alors même que l'épargne ne rapporte pas grand-chose aux déposants[104]. Cela décourage les gens contraints d'emprunter pour investir et favorise ceux qui peuvent être aidés par un parent aisé, comme les gounders à Tirupur. Les mauvaises banques sont doublement nuisibles : à cause d'elles, les taux d'épargne sont inférieurs à ce qu'ils pourraient être et le peu d'épargne qui existe n'est pas bien géré.

En outre, les entreprises ont besoin de capital-risque, c'est-à-dire de financements qui, contrairement aux financements bancaires, les protègent en cas de coup dur. C'est ce que font les marchés financiers, mais le marché financier chinois inspire encore peu confiance et l'indien, quoique plus ancien et mieux organisé, reste largement dominé par les grandes sociétés cotées.

Le médiocre développement des marchés fonciers est une autre raison de la faible croissance des entreprises. Pour se développer, une entreprise productive doit pouvoir acquérir davantage de terrains et de bâtiments, qui lui permettront d'accueillir de nouvelles machines et de nouveaux employés. De plus, ces biens fonciers et immobiliers peuvent aussi servir de garanties d'emprunt. Aussi cela pose-t-il un grave problème quand les marchés fonciers et immobiliers fonctionnent mal. Prenons un exemple très courant. Dans nombre de pays, il arrive souvent que la propriété d'un terrain ou d'un immeuble soit contestée. A revendique la terre de B, laquelle est placée sous l'autorité du tribunal, dans l'attente du règlement du litige qui prendra plusieurs années. Une étude récente montre qu'en Inde la terre et l'immobilier constituent un facteur important de la mauvaise allocation des facteurs de production[105]. Dans une moitié des districts indiens environ, les entreprises les plus productives ont tendance à posséder *moins* de terrains et de bâtiments que les entreprises qui le sont moins ! Comme en Inde, ce problème est sûrement majeur dans les nombreux pays où les droits de propriété sur la terre ne sont pas clairement définis.

Une vie à vivre

Mais d'autres raisons, d'ordre plus psychologique, permettent d'expliquer pourquoi les meilleures entreprises ne prennent pas le dessus en Inde, au Nigeria ou au Mexique. Les propriétaires sont probablement contents à l'idée de laisser à leur fils une affaire qui tourne, et préfèrent éviter le risque d'en perdre le contrôle, ce qui se produit généralement quand des financements arrivent de l'extérieur : pour lever des fonds sur le marché financier, par exemple, il faut créer un conseil d'administration indépendant, qui pourra, le cas échéant, se mettre en travers des plans futurs de succession familiale.

Il est également possible que les propriétaires ne se soucient tout simplement pas assez de la croissance pour la mettre en tête de leurs priorités. Si aucun de leurs concurrents ne se développe rapidement, ils ne risquent pas d'être évincés du marché. Ils ont un train de vie convenable et un endroit où travailler. Pourquoi dès lors risquer un surcroît de stress en essayant de faire grandir leur entreprise ? Une étude récente, très intéressante, examine les insuffisances du management des entreprises indiennes[106]. À l'aune de ce qu'on appelle aux États-Unis les « bonnes pratiques de management », les entreprises des pays en développement sont très mal dirigées. On peut évidemment décider qu'il s'agit là d'un préjugé à l'encontre d'autres modes de management que celui issu des écoles de commerce américaines. Les Indiens, en particulier, sont très fiers de leur manière de faire des affaires avec des bouts de ficelle : ils appellent cela le « *jugaad* »[107]. Cette façon de procéder requiert une grande inventivité dans l'utilisation de ce qu'on a sous la main, et c'est peut-être ce que font aussi les dirigeants et les cadres d'entreprise. Mais ils pèchent par certains comportements qui n'ont pas de sens, de leur propre point de vue : laisser par exemple les détritus s'entasser sur le sol de la boutique ou de l'atelier, au point de provoquer des risques réels d'incendie, ou mettre les matériaux inutilisés dans des sacs et les stocker dans une pièce à part sans que personne ne les ait étiquetés et n'en ait fait la liste, si bien qu'il devient pratiquement impossible de les réutiliser. Quand des chercheurs, parmi lesquels un ancien consultant en management, ont envoyé une équipe de consultants très bien rémunérés travailler (gratuitement) durant cinq mois avec les managers d'entreprises choisies au hasard, les profits ont augmenté de 300 000 dollars par entreprise, ce qui, même pour des sociétés relativement importantes, n'était pas négligeable. La plupart des changements qui ont permis ces gains étaient tout simples, comme étiqueter les stocks et retirer les déchets. Il est difficile d'expliquer pourquoi les managers qui veulent augmenter les profits ont besoin de ce type d'aide extérieure plutôt coûteuse (le conseil leur aurait coûté 250 000 dollars s'il avait été facturé). D'autant plus qu'ils procéderont à ces changements uniquement si quelqu'un les leur indique, mais pas s'ils sont livrés à eux-mêmes. Il faut croire que les propriétaires ne sont pas habités par le sentiment de devoir faire tout ce qui est en leur pouvoir pour améliorer les affaires.

Éternelle attente

Les entreprises ont aussi besoin de main-d'œuvre. On pourrait penser que cela, au moins, ne poserait pas de problème dans un pays pauvre abondant en travail. Or ce n'est pas le cas. Dans l'Odisha, un des États les plus pauvres de l'Inde, les travailleurs non qualifiés demandent ce qu'ils considèrent comme un salaire juste et refusent d'accepter un salaire plus bas, quitte à ne pas travailler : les travailleurs qui acceptent l'embauche à un salaire inférieur sont punis par les autres[108].

D'après le National Sample Survey, une étude portant sur un échantillon représentatif au niveau national, en 2009 et 2010, 26 % des Indiens de sexe masculin âgés de vingt à trente ans ayant suivi une scolarité d'au moins dix ans ne travaillaient pas. Et l'explication n'est pas le manque de travail : seuls 1,3 % des hommes âgés de moins de trente ans ayant suivi une scolarité de moins de huit ans était sans emploi. Tandis que la part des hommes âgés de *plus de trente ans* ayant suivi une scolarité de dix ans et étant sans emploi était de 2 %[109]. On observe la même chose en 1987, 1999 et 2009 : cela ne s'explique donc pas par le fait que les jeunes d'aujourd'hui seraient moins employables[110].

Il y a pléthore d'emplois, mais ce ne sont pas ceux que veulent ces jeunes. S'ils finissent par accepter les emplois qu'ils refusent pendant un moment, c'est que les contraintes économiques deviennent plus fortes avec le temps (leurs parents, qui les hébergent et les nourrissent, prendront leur retraite ou décéderont ; ils voudront se marier, etc.) et parce que l'offre se raréfie (il existe, pour les emplois publics en particulier, une limite d'âge, souvent proche de la trentaine).

Esther a trouvé des résultats très similaires au Ghana. Il y a un peu plus de dix ans, ses collègues et elle ont identifié près de 2 000 adolescents des deux sexes qui avaient réussi l'examen obligatoire, et difficile, permettant d'accéder à l'enseignement secondaire (qui correspond à peu près au lycée en France) mais qui, faute d'argent, n'avaient pas effectué leur inscription pour le premier trimestre[111]. À un tiers d'entre eux, choisis au hasard, une bourse a été proposée pour trois ans. Avant de procéder au tirage au sort, Esther et ses collègues ont demandé aux parents les gains économiques qu'ils attendaient de l'entrée de leur enfant dans l'enseignement secondaire. Les parents étaient généralement très optimistes. Ils pensaient que leur enfant pourrait gagner, s'il allait jusqu'au bout de ce cycle, en moyenne quatre fois plus que s'il n'y entrait pas. Ils prêtaient ces gains à un accès plus large aux emplois publics, comme enseignant ou infirmier.

Au vu de ces croyances, il n'est pas étonnant que trois quarts des enfants à qui une bourse a été offerte aient sauté sur l'occasion et soient allés au bout du cycle d'enseignement secondaire, contre la moitié de ceux auxquels aucune bourse n'a été proposée. Esther et ses collègues ont suivi l'évolution de ces adolescents depuis lors et se sont entretenus avec eux une fois par an. L'accès au lycée a des impacts positifs importants dans plusieurs domaines. Les élèves ont appris à l'école des choses utiles qui ont changé leur vie de diverses manières : ils ont eu de meilleurs résultats à un test mesurant leur capacité à appliquer leurs connaissances à des situations concrètes ; les filles ont attendu plus longtemps avant de se marier et ont eu moins d'enfants.

En revanche, et c'est la mauvaise nouvelle, l'impact sur les revenus moyens n'a pas été très élevé, sauf pour ceux qui ont accédé par la suite à un emploi public. Les parents ne s'étaient pas trompés sur ce point : l'enseignement secondaire est une étape essentielle pour accéder à un diplôme universitaire qui permettra d'obtenir un emploi convoité. Les diplômés de l'enseignement secondaire sont en effet nombreux à devenir enseignants, à entrer dans la fonction publique ou à trouver un emploi dans le privé, avec un salaire fixe et divers avantages. Là où les parents se trompaient, en revanche, c'est que l'enseignement secondaire est *nécessaire*, mais pas *suffisant*. Les lauréats, et en particulier les lauréates, d'une bourse dans l'enseignement secondaire étaient plus nombreux à aller à l'université, mais la proportion restait faible (16 % chez les boursiers contre 12 % dans le groupe des adolescents n'ayant pas eu de bourse). Et peu d'entre eux devenaient fonctionnaires. La bourse multipliait la probabilité par deux, mais celle-ci ne passait que de 3 % à 6 %, c'est-à-dire de très très faible à très faible.

Aujourd'hui, bien qu'ils soient déjà âgés de vingt-cinq ou vingt-six ans, la plupart des jeunes qui ont suivi un enseignement secondaire attendent encore des jours meilleurs. Une part substantielle ne travaille pas : 70 % seulement des jeunes de l'échantillon (groupe traité et groupe témoin) ont gagné de l'argent le mois précédent.

Intrigués par ce que ces jeunes faisaient de leurs journées, nous avons rendu visite à plusieurs d'entre eux. Steve, un jeune homme affable et éloquent, nous a reçus chez lui. Il avait eu son diplôme de l'enseignement secondaire deux ans auparavant, mais n'avait pas travaillé depuis. Il espérait entrer à l'université pour étudier les sciences politiques dans le but de devenir un jour présentateur à la radio, mais ses notes au test d'admission n'avaient pas été, jusqu'alors, assez bonnes. Il continuait de se présenter à l'examen et, en attendant, il vivait sur la pension de retraite de sa grand-mère. Il ne voyait aucune raison de ne pas poursuivre son rêve. Un jour, il l'abandonnerait sans doute, mais, comme il le disait, il avait du temps devant lui.

L'inconvénient de ce genre d'attitude, c'est que, même dans les pays où les taux de chômage sont terriblement élevés, comme l'Afrique du Sud (où 54 % des personnes âgées de quinze à vingt-quatre ans disent être au chômage[112]), les entreprises se plaignent de ne pas trouver le personnel qu'elles recherchent : des travailleurs qui ont reçu une instruction, qui ont un bon rapport au travail et qui sont prêts à accepter les salaires proposés. En Inde, le gouvernement a investi des ressources publiques considérables pour former des travailleurs aux emplois créés par l'économie. Abhijit a collaboré il y a quelques années avec une de ces sociétés privées qui font de la formation professionnelle et du placement d'emploi pour le secteur des services. L'entreprise trouvait qu'elle ne faisait pas un bon travail pour placer les étudiants, et c'était ce que confirmaient les chiffres. Sur 538 jeunes hommes et jeunes femmes inscrits à une formation, 450 allaient jusqu'au bout. Sur ces 450, 179 recevaient des offres d'emploi et 99 en acceptaient une. Mais, au bout de six mois, 58 seulement étaient encore dans l'emploi que l'entreprise leur avait trouvé, soit un taux d'un peu plus de 10 % ; 12 autres travaillaient ailleurs[113]. Que faisaient les autres, s'ils ne travaillaient pas ? C'est la question que nous avons posée à un groupe composé des étudiants qui s'étaient vu offrir un emploi, mais ne l'avaient pas accepté ou l'avaient quitté presque immédiatement. Certains passaient des concours (pour entrer dans la fonction publique ou trouver un travail dans une organisation parapublique, par exemple une banque) ; d'autres continuaient d'étudier pour obtenir un diplôme de niveau licence afin de candidater à un emploi public ; d'autres encore restaient chez eux, quand bien même leur famille n'en avait pas les moyens.

Pourquoi n'avaient-ils pas pris les emplois qui leur étaient proposés ? Les réponses étaient diverses, mais elles se résumaient souvent au fait que ceux-ci ne leur plaisaient pas : le travail était trop dur, il y avait trop d'heures, il fallait passer beaucoup de temps debout ou se déplacer trop fréquemment d'un endroit à un autre, et le salaire était trop faible.

Le problème tient ainsi en partie à l'inadéquation entre les attentes et ce qui est proposé. Les jeunes hommes et les jeunes femmes avec qui nous nous sommes entretenus en Inde avaient grandi dans des familles où l'accès à l'enseignement secondaire était une nouveauté : leurs pères avaient passé huit ans à l'école en moyenne et leurs mères moins de quatre ans. On n'avait cessé de leur répéter que s'ils faisaient des études ils auraient un bon travail, ce qui signifiait pour eux en général un emploi de bureau ou dans l'enseignement. Mais ce qui avait été vrai pour la génération de leurs parents l'était beaucoup moins pour la leur (en particulier pour les personnes issues de groupes historiquement défavorisés comme les castes inférieures, qui ont bénéficié de la discrimination positive). La croissance des emplois publics avait ralenti puis fini par s'arrêter sous l'effet de la contrainte budgétaire[114], mais la population éduquée, même chez les personnes historiquement défavorisées, avait continué d'augmenter[115]. Autrement dit, pour utiliser une métaphore footballistique, on avait déplacé les buts.

Il s'est passé quelque chose d'analogue dans des pays comme l'Afrique du Sud et l'Égypte, et d'autres pays du Moyen-Orient et d'Afrique du Nord, pourtant au départ bien plus développés que l'Inde. Là, il n'était pas suffisant de sortir de l'enseignement secondaire, et c'est le diplôme de niveau licence qui a joué, un temps, cette fonction de projection dans un bon emploi : avec une licence, on pouvait avoir accès à la fonction publique. Ce n'est plus vrai aujourd'hui, mais ces pays produisent encore des millions de licenciés dans des matières comme l'arabe et les sciences politiques, pour lesquelles il n'y a malheureusement plus de marché. Les diplômés ne possèdent pas les compétences recherchées par les employeurs : cette récrimination, bien sûr, existe depuis que le monde est monde, y compris aux États-Unis. Mais cette réalité atteint dans ces pays des proportions excessives.

L'inadéquation entre les attentes et la réalité est renforcée par la faible exposition aux réalités du marché du travail. Récemment, en Afrique du Sud, Abhijit et Sandra Sequeira ont évalué un programme qui proposait aux jeunes actifs des townships (les anciens ghettos noirs de l'époque de l'apartheid) la gratuité des transports pour se rendre à un travail loin de chez eux. Les jeunes, choisis au hasard pour en bénéficier, se sont en effet beaucoup plus déplacés, mais cela n'a eu aucun impact sur l'emploi. Ce qui changea, en revanche, c'est leur perception du marché du travail. Ils étaient presque tous beaucoup trop optimistes au départ : les salaires qu'ils espéraient gagner étaient 1,7 fois plus élevés que ceux effectivement touchés par les personnes qui occupaient des postes comparables. Exposés au marché du travail réel, ils ont modéré leurs attentes, et leurs espérances en matière de salaire se sont rapprochées des montants auxquels ils pouvaient prétendre[116].

Les marchés du travail paralysés par ce type d'inadéquation radicale entre les attentes et la réalité gaspillent des ressources. Ces jeunes gens espèrent pour la plupart des emplois qu'ils n'obtiendront pas. En Inde, il y a régulièrement dans la presse des articles sur la ruée dont font l'objet les emplois de la fonction publique. En 2018, 28 millions de personnes ont postulé aux 90 000 emplois de niveau intermédiaire proposés par les entreprises publiques de chemin de fer[117].

Dans les pays en développement, certains de ces problèmes ont des causes purement internes : une petite partie des emplois se trouve être beaucoup plus attractive que les autres, mais pour des raisons qui n'ont rien à voir avec leur productivité. Le meilleur exemple, ce sont les emplois publics. Dans les pays les plus pauvres, un énorme fossé sépare les salaires des employés du public et ceux du privé. Les premiers gagnent en moyenne plus du double des seconds. Sans compter les généreux avantages en termes de retraite et d'assurance santé[118].

De tels écarts suffisent à précipiter l'effondrement de l'ensemble du marché du travail. Si les emplois du secteur public sont trop intéressants par rapport à ceux du secteur privé, mais tout aussi rares, tout le monde aura intérêt à faire la queue et attendre son tour. Si le processus d'attente et de sélection implique, comme c'est souvent le cas, un examen ou un concours, certains seront tentés de passer l'essentiel de leur vie active (si leur famille le leur permet) à étudier pour le réussir. Si les emplois publics n'étaient plus aussi désirables, l'économie gagnerait plusieurs années de travail productif, aujourd'hui gaspillé dans une quête illusoire. Bien sûr, les emplois publics ne sont pas seulement attractifs dans les pays pauvres, en particulier parce qu'ils vont souvent de pair avec la sécurité de l'emploi. Mais, dans les autres pays, l'écart entre les salaires dans le public et le privé n'est pas aussi important, et la file d'attente pas aussi longue.

Une baisse des salaires dans la fonction publique serait probablement difficile à obtenir ; en revanche, il serait assez simple, par exemple, de limiter le nombre de candidatures qu'une même personne peut présenter à un emploi public ou d'abaisser l'âge limite au-delà duquel il ne serait plus possible de candidater. Cela permettrait d'éviter le gaspillage massif que représentent ces gigantesques files d'attente. Certes, cela ajouterait un peu de hasard dans l'attribution des emplois, mais il n'est pas dit que cela conduirait à une attribution pire que celle produite par le système actuel, qui favorise les gens qui ont les moyens d'attendre. Au Ghana, pendant que Steve se tournait les pouces, d'autres jeunes diplômés ont été obligés de prendre un travail parce qu'il n'y avait personne pour subventionner leur mode de vie. D'ailleurs, ils n'ont pas manqué d'imagination : nous avons rencontré un producteur de noix, un DJ spécialisé dans les enterrements, un apprenti prêtre et deux footballeurs dans une équipe de division locale.

Dans les pays en développement, cependant, les problèmes du marché du travail ne se limitent pas à l'attractivité excessive du secteur public. Au Ghana, les diplômés du secondaire sont également attirés par les emplois privés qui offrent de bons salaires, des avantages et une certaine protection de l'emploi. Dans un grand nombre de ces pays, les marchés du travail présentent cette dualité : on y trouve un gros secteur informel, sans aucune protection, où beaucoup de gens sont leur propre employeur, faute de meilleure solution, et un secteur formel, où les employés sont à la fois choyés et très protégés. Un certain degré de sécurité de l'emploi est évidemment nécessaire : les employés ne peuvent être à la merci de leur employeur. Mais la réglementation du marché du travail est parfois si contraignante qu'elle empêche toute réallocation efficace des ressources.

Tout le monde avait raison, tout le monde avait tort

Que pouvons-nous conclure de ces observations pour la compréhension de la croissance économique ? Eh bien, Robert Solow avait raison. La croissance semble ralentir quand les pays parviennent à un certain niveau de revenu par tête. Dans les pays riches qui sont au meilleur niveau technologique, la croissance de la PTF reste largement un mystère. Nous ignorons sa cause.

Mais Robert Lucas et Paul Romer également avaient raison. Dans les pays les plus pauvres, la convergence n'est pas automatique. Les effets de *spillover* (contagion) n'en sont sans doute pas la cause principale. C'est plutôt que la PTF y est bien plus faible, principalement en raison des déficiences du marché. Et, dans la mesure où l'existence d'un environnement institutionnel favorable à l'entreprise privée permet de pallier ces déficiences, Acemoglu, Johnson et Robinson aussi ont raison.

Et pourtant, tous ces économistes avaient également tort, puisqu'ils concevaient la croissance économique et les ressources d'un pays comme des agrégats (la « force de travail », le « capital », le « PIB »), passant probablement, ce faisant, à côté de la vraie question. Tout ce que nous avons appris sur la mauvaise allocation des ressources nous dit qu'il faut aller *au-delà* des modèles et réfléchir à la *manière* dont les ressources sont utilisées. Si un pays fait n'importe quoi de ses ressources, comme la Chine sous le communisme ou l'Inde à l'époque du dirigisme extrême, les premiers bénéfices des réformes viendront d'une meilleure allocation des ressources. La raison pour laquelle certains pays, comme la Chine, peuvent croître aussi vite et aussi longtemps est peut-être qu'ils avaient au départ une grande quantité de talents et de ressources mal utilisés qu'ils ont pu ensuite exploiter. Nous ne sommes là ni dans le monde de Solow ni dans celui de Romer, où un pays a besoin, pour croître, soit de nouvelles ressources, soit de nouvelles idées. Mais cela signifie que la croissance peut soudainement ralentir dès lors que les ressources autrefois gaspillées sont maintenant toutes utilisées de manière efficace, et qu'elle devient donc dépendante de ressources nouvelles. Il a beaucoup été écrit sur le ralentissement économique de la Chine. Cette tendance va presque certainement se poursuivre, quoi que fassent les dirigeants du pays. La Chine a pu accumuler des ressources de façon rapide parce qu'elle avait un grand retard à rattraper ; au cours du processus, les sources les plus flagrantes de mauvaise allocation ont été éliminées, les marges de progrès sont donc désormais moins importantes. L'économie chinoise s'est appuyée sur les exportations pour acquérir du savoir-faire, mais aussi sur l'investissement et sur une demande mondiale inépuisable (pour le moment). Mais, aujourd'hui, la Chine est le premier pays exportateur du monde, et ses exportations ne pourront sans doute plus croître à un rythme plus élevé que celui de la croissance mondiale. La Chine (et le reste du monde) va devoir accepter le fait que sa période de croissance exceptionnelle est probablement en train d'arriver à son terme.

S'agissant de l'avenir du monde occidental, il semble que les États-Unis puissent se détendre un peu. En 1979, Ezra Vogel, professeur à Harvard, publiait un livre intitulé *Le Japon médaille d'or*, qui prédisait que le Japon dépasserait bientôt tous les autres pays, pour devenir la première superpuissance économique mondiale. Les pays occidentaux, disait Vogel, devaient désormais imiter le modèle japonais. De bonnes relations de travail, un faible niveau de délinquance, d'excellentes écoles et une haute fonction publique ayant une vision de long terme : tels étaient, pour Vogel, les nouveaux ingrédients d'une croissance rapide et perpétuelle[119].

Et, en effet, si le Japon avait continué de croître au rythme moyen de la période 1963-1973, il aurait dépassé les États-Unis en 1985 en termes de PIB par tête et en 1998 en termes de PIB total. Cela ne s'est pas produit. Et ce qui s'est passé, en revanche, a de quoi rendre superstitieux. Le taux de croissance s'est effondré en 1980, un an après la publication du livre de Vogel. Et le Japon ne s'en est jamais vraiment remis.

La logique de Solow suggère une raison simple. Du fait d'un taux de fécondité peu élevé et d'une absence presque totale d'immigration, la population du Japon vieillit rapidement. La population en âge de travailler a atteint son pic à la fin des années 1990 et n'a cessé de diminuer depuis. Pour maintenir un fort niveau de croissance, il aurait donc fallu que la PTF croisse d'autant plus rapidement. Le Japon aurait donc dû accomplir un véritable miracle pour que sa force de travail actuelle devienne plus productive, car nous n'avons pas, encore aujourd'hui, connaissance de moyens sûrs pour stimuler la PTF.

Dans l'euphorie des années 1970, certains croyaient cela possible ; c'est d'ailleurs pourquoi des gens, malgré le ralentissement, ont continué d'épargner et d'investir au Japon dans les années 1980. Mais, dans l'économie de bulle des années 1980, l'argent, devenu trop abondant, s'est porté sur un trop petit nombre de bons projets ; les banques se sont retrouvées avec des prêts pourris sur les bras et, dans les années 1990, avec une énorme crise financière.

La Chine va se trouver confrontée à certains de ces problèmes. La population vieillit vite, en partie du fait de la politique de l'enfant unique, qui s'avère difficile à inverser. Elle pourrait encore rattraper les États-Unis pour le PIB par tête mais, avec le ralentissement de la croissance, cela prendra du temps. Si la croissance chinoise ralentit pour passer à 5 % par an, ce qui n'est pas impossible, et si elle reste à ce niveau, ce qui est peut-être optimiste, et enfin si les États-Unis, de leur côté, continuent de croître autour de 1,5 %, il faudra au moins trente-cinq ans à la Chine pour rattraper les États-Unis en termes de revenu par tête. En attendant, les autorités chinoises devraient accepter la loi de Solow : la croissance chinoise va ralentir.

En réalité, elles le savent bien, et elles ont déjà essayé d'alerter la population à ce sujet (la formule du Premier ministre sur « la nouvelle normalité » d'une croissance à 7 % a été largement reprise par la presse), mais les objectifs de croissance qu'elles se sont fixés sont sans doute encore trop élevés. Le danger est que cela les conduise dans une impasse, et les amène à prendre de mauvaises décisions, dans un effort pour faire revenir la croissance, comme l'a fait le Japon il y a quelques années.

Si l'allocation des ressources est un vecteur déterminant de la croissance économique, cela ouvre la porte à des stratégies de croissance peu orthodoxes. Elles viseraient à corriger les distorsions propres à chaque pays. Les gouvernements chinois et sud-coréen ont ainsi correctement identifié les secteurs d'activité trop petits pour satisfaire aux besoins de leurs économies respectives (il s'agissait en général de l'industrie lourde, qui fournit des matières premières à d'autres secteurs, comme la sidérurgie ou la chimie) ; des capitaux y ont été injectés, par des investissements de l'État et diverses autres interventions. Il est possible que cela ait accéléré la transition vers une utilisation plus efficace des ressources[120].

Mais cette réussite ne signifie pas que tous les autres pays devraient imiter la Chine et la Corée du Sud. Les économistes ont tendance à se méfier des politiques industrielles, et pour de bonnes raisons. L'histoire des investissements décidés ou orientés par l'État n'a pas de quoi inspirer confiance ; les jugements sont souvent erronés, quand ils ne sont pas délibérément biaisés au bénéfice d'un groupe ou d'un individu. Il y a des déficiences du « gouvernement » comme il y a des déficiences du marché, et les premières sont si nombreuses qu'il peut être très dangereux de compter aveuglément sur les gouvernements pour choisir les gagnants. Mais les déficiences du marché sont si nombreuses également qu'il n'est pas raisonnable de compter uniquement sur lui pour allouer efficacement les ressources. Nous avons donc besoin d'une politique industrielle, mais elle doit prendre en compte les contraintes politiques.

L'idée qu'une mauvaise allocation des ressources ralentit la croissance a une autre implication : les pays qui, comme l'Inde, connaissent aujourd'hui une croissance rapide doivent se garder de toute autosatisfaction. Il est relativement facile de croître rapidement à partir d'une économie très désorganisée, en raison précisément des gains qui résulteront d'une meilleure utilisation des ressources. Il y a eu dans l'industrie manufacturière indienne, au niveau des usines, une forte accélération du renouvellement des technologies et, à partir de 2002, dans l'ensemble des secteurs d'activité, une réallocation des ressources vers les entreprises les plus efficaces. Cela ne semble pas lié à une quelconque politique économique, et d'aucuns ont parlé à ce sujet du « mystérieux miracle de l'industrie indienne[121] ». Mais il ne s'agit pas d'un miracle. Il s'agit, fondamentalement, d'une légère amélioration à partir d'une situation de départ désastreuse, dont on peut comprendre les raisons. Cela tient peut-être à un changement générationnel, quand le contrôle des entreprises est passé des mains des parents à celles des enfants, éduqués souvent à l'étranger, plus ambitieux et ouverts aux technologies et au marché mondial. Ou peut-être à l'accumulation de profits modestes qui a fini par permettre de financer la transition vers des usines plus grandes et plus productives.

Mais, à mesure que l'économie se débarrasse de ses canards boiteux, la marge pour de futures améliorations diminue naturellement. La croissance en Inde, comme en Chine, va ralentir. Rien ne garantit cependant qu'elle ralentira quand elle aura atteint le même niveau de revenu par tête que la Chine. Quand la Chine était au même niveau de PIB par tête que l'Inde aujourd'hui, sa croissance était de 12 % par an ; or l'Inde considère aujourd'hui le taux de 8 % comme un objectif souhaitable. Si l'on extrapole, l'Inde devrait arriver à un niveau plateau de PIB par tête bien moins élevé que la Chine. La vague de croissance fait monter toutes les embarcations, mais pas toutes au même niveau : de nombreux économistes redoutent l'existence d'une *trappe d'un revenu intermédiaire (middle income trap)*, c'est-à-dire d'un niveau de PIB intermédiaire où les pays seraient bloqués ou presque. D'après la Banque mondiale, sur les 101 économies à revenu intermédiaire qui existaient en 1960, 13 seulement étaient devenues, en 2008, des économies à revenu élevé[122]. La Malaisie, la Thaïlande, l'Égypte, le Mexique et le Pérou semblent tous avoir du mal à monter la pente.

Bien sûr, ce genre d'extrapolation est périlleuse, et l'Inde doit la prendre pour ce qu'elle est : un simple avertissement. Quoi qu'il en soit, il est tout à fait possible que la croissance indienne, malgré toutes ses difficultés, n'ait rien à voir avec un quelconque génie indien. Et qu'elle tienne plus au bon côté, si l'on peut dire, de la mauvaise allocation des ressources : être une économie qui dispose d'un large réservoir d'entrepreneurs potentiels et d'une multitude d'opportunités inexploitées.

Courir après le mirage de la croissance

Si ce scénario est le bon, l'Inde devrait s'inquiéter du moment où ces opportunités vont commencer à s'épuiser. Malheureusement, de même que nous ne savons pas vraiment comment fabriquer de la croissance, nous n'en savons pas plus sur la raison pour laquelle certains pays restent empêtrés à un niveau de revenu intermédiaire et d'autres pas – pourquoi la Corée du Sud a continué de croître mais pas le Mexique – ou sur la manière dont ils peuvent repartir. Le plus grand danger est qu'en essayant de s'accrocher à une croissance rapide l'Inde (et les autres pays confrontés à un fort ralentissement de la croissance) se tourne vers des politiques qui, au nom de la croissance à venir, frappent durement les populations pauvres aujourd'hui. La nécessité d'être favorable à l'entreprise privée, et plus généralement aux affaires, pour préserver la croissance peut ainsi être interprétée, comme ce fut le cas aux États-Unis et au Royaume-Uni sous Reagan et Thatcher, comme une licence totale accordée aux politiques anti-pauvres et pro-riches (en renflouant les firmes et les riches particuliers surendettés, par exemple) ; ces mesures enrichissent les très hauts revenus au détriment du reste de la population, et n'améliorent en rien la croissance.

S'il y a bien une leçon à tirer de l'histoire récente des États-Unis et du Royaume-Uni, c'est qu'obliger les pauvres à se serrer la ceinture, dans l'espoir que des cadeaux aux riches finiront par « ruisseler » dans toute l'économie, ne fait rien pour la croissance et moins encore pour les pauvres. Au contraire, l'explosion des inégalités dans une économie qui ne croît plus est une très mauvaise nouvelle pour la croissance, car le contrecoup politique conduit à l'élection de dirigeants populistes prônant des solutions miracles qui fonctionnent rarement et provoquent des catastrophes, comme au Venezuela.

Il est intéressant de noter que même le FMI, longtemps un bastion de l'orthodoxie de « la croissance avant tout », reconnaît désormais que sacrifier les pauvres est une mauvaise politique. Il demande maintenant à ses équipes d'intégrer les inégalités dans les facteurs à prendre en considération quand ils font des recommandations aux pays, et qu'ils indiquent les conditions auxquelles ces derniers peuvent bénéficier de l'assistance du Fonds[123].

La clef, en dernière analyse, est de ne pas oublier que le PIB est un moyen, jamais une fin. Un moyen utile, assurément, surtout quand il permet de créer des emplois, d'augmenter les salaires ou de gonfler les recettes de l'État pour qu'il redistribue davantage. Mais l'objectif premier ne peut être que d'améliorer la qualité de vie de la population ordinaire, et surtout des moins favorisés. Or la qualité de vie ne se limite pas à la consommation, loin de là. Comme nous l'avons vu dans le chapitre précédent, les êtres humains ont besoin d'être reconnus et respectés. Ils souffrent quand ils ont le sentiment de se trouver en situation d'échec, pour eux et pour leur famille. Si le fait de consommer plus fait évidemment partie de la qualité de vie, même les gens très pauvres s'inquiètent de la santé de leurs parents et de l'éducation de leurs enfants, et souhaitent faire entendre leur voix et réaliser leurs rêves. L'augmentation du PIB peut constituer *un* moyen pour y arriver, mais un moyen parmi d'autres, et il n'est pas certain du tout que ce soit le meilleur. En réalité, la qualité de vie diffère énormément selon les pays à revenu intermédiaire. Par exemple, le PIB du Sri Lanka est à peu près équivalent à celui du Guatemala, mais les taux de mortalité maternelle, infantile et enfantine y sont bien plus faibles (comparables à ceux des États-Unis)[124].

Apporter le bien-être

Plus généralement, et rétrospectivement, il est assez évident que les beaux succès de ces dernières dizaines d'années en matière de qualité de vie ont été, pour beaucoup d'entre eux, le résultat de politiques qui cherchaient directement à augmenter le bien-être des plus pauvres, même dans les pays très pauvres et qui le sont restés. Ainsi, une réduction massive du taux de mortalité des enfants âgés de moins de cinq ans a été observée dans des économies très pauvres et où la croissance n'était pas particulièrement rapide, en grande partie grâce à la priorité donnée aux soins du nouveau-né, à la vaccination et à la prévention contre le paludisme[125]. Il en va de même pour d'autres leviers de lutte contre la pauvreté, qu'il s'agisse de la santé, de l'éducation, de la formation professionnelle, de l'esprit d'entreprise. Pour donner la priorité aux grands problèmes, il faut comprendre ce qui permet de les résoudre.

Ce travail exige beaucoup de patience. Dépenser de l'argent ne suffit pas nécessairement à donner à la population une bonne éducation et une bonne santé. Mais la bonne nouvelle, c'est que, à l'inverse de la croissance, nous savons comment faire des progrès dans ces domaines. Le grand avantage qu'il y a à donner la priorité à un certain nombre de politiques clairement définies, c'est qu'elles ont des objectifs mesurables et peuvent faire l'objet d'une évaluation directe. Il est possible de les expérimenter, d'abandonner celles qui ne marchent pas et d'améliorer celles qui ont un potentiel.

L'histoire récente du paludisme est à cet égard exemplaire. Le paludisme est une des premières causes de mortalité infantile ; or il est possible de s'en prémunir en évitant les piqûres de moustique. Entre 1980 et 2005, le nombre de décès dus au paludisme a augmenté d'année en année. À son plus haut, en 2004, il faisait 1,8 million de morts. Puis un tournant spectaculaire est intervenu. Entre 2005 et 2016, le nombre de morts a diminué de 75 %[126].

De nombreux facteurs ont contribué à cette baisse, mais la très large distribution de moustiquaires traitées avec des insecticides a été très certainement le premier d'entre eux. Les avantages de la moustiquaire sont bien établis. En 2004, une synthèse des résultats de 21 essais randomisés contrôlés faisait apparaître qu'en moyenne la distribution d'un millier de moustiquaires supplémentaires contribuait à réduire le nombre de décès de 5,5 % par an[127]. Comme nous l'avons montré dans *Repenser la pauvreté*, toutefois, il y avait un grand débat à l'époque sur la question de savoir si les moustiquaires devaient être vendues aux destinataires (à un prix subventionné) ou données gratuitement[128]. Or un essai randomisé réalisé par Pascaline Dupas et Jessica Cohen[129], reproduit depuis dans plusieurs autres études, a montré que les moustiquaires gratuites étaient tout autant utilisées que les moustiquaires payantes, et que la distribution gratuite obtenait un taux de couverture effectif plus élevé. Depuis la publication de *Repenser la pauvreté,* en 2011 (2012 pour la traduction française), ces résultats ont fini par convaincre les grands acteurs internationaux que la distribution massive était le moyen le plus efficace pour lutter contre le paludisme. Entre 2014 et 2016, 582 millions de moustiquaires traitées à l'insecticide ont été distribuées au niveau mondial. Sur ces 582 millions, 505 millions l'ont été en Afrique subsaharienne, et 75 % dans le cadre de campagnes de distribution massive de moustiquaires gratuites[130]. Le magazine *Nature* en tira la conclusion que la distribution de moustiquaires traitées à l'insecticide avait évité 450 millions de cas entre 2000 et 2015[131].

L'accumulation de ces résultats a pris un peu de temps, mais elle a porté ses fruits. Même les sceptiques furent convaincus. Bill Easterly, qui, en 2001, s'opposait vivement à la distribution de moustiquaires gratuites, reconnut de bonne grâce, dans un tweet, que son ennemi préféré, Jeffrey Sachs, avait vu plus juste que lui sur cette question[132]. Les bons choix politiques furent faits, et ils ont conduit à un progrès extraordinaire contre un épouvantable fléau.

Malgré tous les efforts de plusieurs générations d'économistes, les mécanismes profonds de la croissance économique à long terme restent mystérieux. Personne ne sait si la croissance va repartir dans les pays riches, ni ce qu'il faudrait entreprendre pour la favoriser. La bonne nouvelle, c'est qu'il y a des choses à faire en attendant : pays pauvres et pays riches pourraient commencer par supprimer les sources les plus évidentes de gaspillage dans leurs économies respectives. Si cela ne créait peut-être pas dans ces pays les conditions d'une croissance durablement plus élevée, cela pourrait améliorer fortement et rapidement le bien-être de leurs citoyens. De plus, même si nous ne savons pas si et quand la locomotive de la croissance va repartir, les pauvres auront plus de chances de monter dans le train s'ils sont en bonne santé, savent lire et écrire, et s'ils peuvent voir plus loin que les nécessités immédiates de l'existence. Ce n'est sans doute pas un hasard si beaucoup de gagnants de la mondialisation sont d'anciens pays communistes qui avaient investi massivement dans le capital humain de leurs populations à l'époque communiste (la Chine, le Vietnam) ou, au contraire, des pays menacés par le communisme et qui, de ce fait, avaient mené des politiques similaires (Taïwan, Corée du Sud). Pour un pays comme l'Inde, le meilleur pari à prendre est donc de miser sur tout ce qui peut améliorer la vie quotidienne de sa population, avec les ressources dont il dispose déjà : améliorer l'éducation, la santé, le fonctionnement des banques et des tribunaux, et bâtir de meilleures infrastructures (dont des routes plus viables et des villes plus vivables).

Pour les décideurs politiques, cette perspective signifie une chose : donner la priorité au bien-être des plus pauvres offre la possibilité de transformer des millions de vies bien plus profondément que ne le ferait la recette magique pour faire passer la croissance de 2 % à 2,3 % (même si nous la trouvions). Dans les chapitres qui suivent, nous allons effectuer un pas de plus et montrer que, pour la planète, il vaudrait même mieux que nous ne trouvions pas cette recette.

6.

Dans la fournaise

Il est impossible aujourd'hui de réfléchir à la croissance économique sans prendre en compte sa conséquence la plus immédiate.

Nous savons déjà qu'au cours des cent prochaines années la Terre va devenir plus chaude. La seule incertitude concerne les proportions du réchauffement. Le coût du changement climatique sera tout à fait différent si la température augmente de 1,5 °C, de 2 °C ou de plus encore. Selon le rapport d'octobre 2018 du Groupe d'experts intergouvernemental sur le changement climatique (GIEC), à 1,5 °C, 70 % des récifs coralliens disparaîtraient ; à 2 °C, 99 %[1]. Le nombre de personnes directement touchées par la montée du niveau des mers et la désertification des terres cultivables serait, lui aussi, très différent selon l'un ou l'autre scénario.

Un très large consensus scientifique nous indique que l'activité humaine est responsable du changement climatique, et que le seul moyen d'éviter la catastrophe est de réduire les émissions de carbone[2]. Les pays signataires de l'accord de Paris de 2015 se sont donné pour objectif de limiter le réchauffement à 2 °C, avec une cible plus ambitieuse de 1,5 °C. S'appuyant sur des preuves scientifiques, le rapport du GIEC conclut que, pour limiter le réchauffement à 2 °C, les émissions d'équivalent carbone[3] (CO_{2e}) devraient être réduites de 25 % d'ici 2030 (par rapport au niveau de 2010) et de 100 % d'ici 2070. Pour atteindre la cible de 1,5 °C, il faudrait que les émissions de CO_{2e} baissent de 45 % d'ici 2030 et de 100 % d'ici 2050.

Le changement climatique est un phénomène extrêmement inégalitaire : la part la plus importante des émissions de CO_{2e} est générée soit directement dans les pays riches, soit par la production des biens consommés par la population des pays riches. Pourtant, une très grosse part de son coût est et sera subie par les pays pauvres. Cela rend-il le problème insoluble, sachant que ceux qui devraient s'occuper de le résoudre n'ont pas d'urgente nécessité de le faire ? Ou reste-t-il un espoir ?

La règle des 10-50

Le rapport du GIEC dresse la liste de tout ce qu'il faudrait faire pour réduire les émissions et limiter le réchauffement à 1,5 °C. Certaines mesures pourraient d'ores et déjà être prises : passer à la voiture électrique, construire des bâtiments zéro-émissions et mettre plus de trains en circulation. Mais l'essentiel est que, même avec des améliorations d'ordre technologique, et même si nous pouvions nous passer totalement du charbon, si aucun effort n'est entrepris pour aller vers un mode de consommation plus soutenable, toute croissance économique future aura un impact direct considérable sur le changement climatique. C'est parce que la consommation augmente que nous avons besoin d'énergie pour produire tout ce qui est consommé. Nous ne produisons pas des émissions de CO_2 uniquement quand nous conduisons notre voiture, mais aussi quand nous la laissons au garage, car il a fallu utiliser de l'énergie pour construire la voiture, et le garage. Cela est tout aussi vrai du véhicule électrique. De nombreuses d'études examinent le lien entre le revenu et les émissions de carbone. La réponse varie selon le climat, la taille de la famille, etc., mais les deux se suivent toujours de près. Selon une estimation moyenne, quand votre revenu croît de 10 %, vos émissions de CO_2 augmentent de 9 %[4].

Cela implique que, bien que l'Europe et les États-Unis soient responsables d'une part importante des émissions mondiales à ce jour, c'est dans les économies émergentes (et en particulier la Chine) qu'est produite une part croissante des émissions actuelles. Les biens sont produits en Chine mais sont consommés ailleurs dans le monde. Mais, si l'on attribue les émissions aux pays où se fait la consommation, alors les Nord-Américains consomment 22,5 tonnes de CO_{2e} par an et par personne, les Européens de l'Ouest 13,1 tonnes, les Chinois 6 tonnes et les populations d'Asie du Sud seulement 2,2 tonnes.

Dans les pays en développement, les riches consomment aussi beaucoup plus de CO_2 que les pauvres. En Inde et en Chine, les personnes les plus riches font partie du petit groupe très sélectif des 10 % de personnes qui polluent le plus dans le monde (et contribuent respectivement à 1 % et 10 % des émissions de ce groupe, c'est-à-dire 0,45 % et 4,5 % des émissions mondiales). Par contraste, les 7 % les plus pauvres de la population indienne n'émettent que 0,15 tonne de CO_2 par an et par personne. Au total, nous arrivons à la règle des 10-50 : 10 % de la population mondiale (les plus gros pollueurs) contribuent à la moitié environ des émissions mondiales de CO_2, et les 50 % qui polluent le moins n'y contribuent qu'à un peu plus de 10 %.

Les habitants des pays riches et, plus généralement, le monde riche ont donc une responsabilité accablante dans le changement climatique en cours et à venir.

Se baigner dans la Baltique

Par un beau jour de juin, au début des années 1990, encouragé par son ami et collègue économiste Jörgen Weibull, Abhijit est allé se baigner dans la mer Baltique. Il a plongé et est ressorti tout de suite : il raconte encore que ses dents ont continué de claquer pendant trois jours. En 2018, au mois de juin également, nous sommes allés tous les deux à Stockholm ; nous étions sur la Baltique, mais à plusieurs centaines de kilomètres au nord de l'endroit où Abhijit avait fait trempette près de vingt ans plus tôt. Cette fois, la baignade fut littéralement un jeu d'enfants : nos enfants ont longuement batifolé dans l'eau.

Partout où nous sommes allés en Suède, le temps, inhabituellement chaud, était le grand sujet de conversation. Cela augurait sans doute de ce que tout le monde pressentait et redoutait mais, sur le moment, il était difficile de ne pas se réjouir des nouvelles possibilités de vie en plein air qui nous étaient offertes.

Cette ambivalence n'existe pas dans les pays pauvres. Si la température de la Terre augmente de un degré ou deux, les habitants du Dakota du Nord en seront certainement très contents. Les habitants de Dallas, peut-être un peu moins. Les habitants de Delhi et de Dacca, eux, connaîtront un plus grand nombre de journées d'une chaleur insupportable. Pour ne donner qu'un exemple, rappelons qu'entre 1957 et 2000 il y a eu en Inde, en moyenne, 5 jours par an durant lesquels la température dépassait les 35 °C[5]. Sans politique climatique mondiale, les projections sont qu'il y aura 75 jours comme cela par an d'ici la fin du siècle. Aux États-Unis, les habitants n'en connaîtront, en moyenne, que 26. Le problème est que les pays les plus pauvres ont tendance à être plus près de l'équateur : or c'est là que les conséquences du changement climatique se feront le plus terriblement sentir.

Plus grave encore, les habitants des pays pauvres sont moins à même de se protéger contre les effets néfastes des températures chaudes. Ils sont peu équipés en climatiseurs et travaillent dans l'agriculture, dans le BTP et sur des fours à poterie où la climatisation n'est pas envisageable.

Quel impact peut-on attendre sur la vie des populations de ces pays des hausses de température qui vont accompagner le changement climatique ? Nous ne pouvons pas répondre à cette question en nous contentant de comparer des endroits plus chauds à des endroits plus froids, car ils diffèrent aussi de mille autres façons. Mais nous pouvons nous appuyer sur le fait que, en un lieu et un jour donnés, la température fluctue d'année en année. Certaines années connaissent des étés particulièrement chauds, d'autres des hivers particulièrement froids, tandis que certaines belles années les hivers et les étés sont relativement tempérés. L'économiste de l'environnement Michael Greenstone a été le premier à avoir l'idée de se servir des fluctuations annuelles du temps météorologique pour essayer de saisir l'impact du changement climatique à venir. S'il a fait spécialement chaud dans un district indien une certaine année, par exemple, la production agricole a-t-elle été moindre cette année-là, comparée à celle du même district une autre année, ou à celle d'autres districts où il n'a pas fait aussi chaud la même année ?

Il y a plusieurs raisons, certes, de ne pas suivre aveuglément ce genre d'approche. Les différences climatiques permanentes vont probablement stimuler la recherche d'innovations visant à limiter leur impact, même si nous ne pouvons pas les détecter d'une année sur l'autre, car innover prend du temps. À l'inverse, les changements permanents peuvent avoir d'autres coûts, qui n'existent pas quand le changement est temporaire, l'épuisement des nappes phréatiques, par exemple. Autrement dit, ces estimations pourraient être soit trop basses, soit trop hautes. Mais, tant que le biais dans l'estimation reste le même pour les pays riches et pour les pays pauvres, il est toujours utile de comparer les prévisions que nous obtenons. La conclusion générale est que les dégâts provoqués par le changement climatique seront beaucoup plus sérieux dans les pays pauvres. Il y aura des pertes dans l'agriculture aux États-Unis, mais les pertes en Inde, au Mexique et en Afrique seront bien plus importantes. Dans certaines régions d'Europe, la vallée de la Moselle par exemple, il y aura plus de soleil pour chauffer les vignobles, et l'on prédit qu'à la fois la qualité et la quantité du vin de Moselle vont s'accroître[6].

Les conséquences d'un temps chaud sur la productivité ne se limitent pas à l'agriculture. Les gens sont moins productifs quand il fait très chaud, en particulier quand ils travaillent dehors. Ainsi, les données montrent qu'aux États-Unis, quand la température dépasse 38 °C, la durée de la journée travaillée pour des emplois en plein air baisse d'une heure par jour par rapport aux jours où les températures sont situées entre 24 °C et 26 °C[7]. Comme on pourrait s'y attendre, il n'y a pas d'effets de la température dans les secteurs qui ne sont pas exposés au climat (les activités d'intérieur non manufacturières, par exemple). Même les enfants ont des notes moins bonnes à la fin des années scolaires particulièrement chaudes. Ces effets ne se présentent pas dans les établissements équipés de la climatisation, et touchent donc davantage les enfants pauvres[8].

En Inde, les usines équipées de la climatisation sont peu nombreuses. Dans une usine indienne de vêtements, des chercheurs ont examiné les effets de la température sur les variations de la productivité du travail[9]. En dessous de 27-28 °C, ils étaient très faibles. Mais, quand les températures moyennes diurnes dépassaient ce seuil (environ un quart des journées de production), l'efficacité diminuait de 2 % pour chaque degré Celsius supplémentaire.

Faisant une synthèse de toutes ces données à l'échelle planétaire, une étude montre qu'une hausse de 1 °C de la température, une année donnée, diminue le revenu par tête d'1,4 %, mais seulement dans les pays pauvres[10].

Et, bien sûr, les effets d'un climat plus chaud ne se font pas sentir sur le revenu seul. Un grand nombre d'études soulignent le danger des températures élevées pour la santé. Aux États-Unis, une journée supplémentaire de chaleur extrême (au-dessus de 32 °C) par rapport à une journée modérément froide (10-15 °C) fait monter le taux de mortalité par an et par classe d'âge d'environ 0,11 %[11]. En Inde, l'effet est 25 fois plus important[12].

Sauver des vies

L'expérience historique des États-Unis illustre également le fait qu'être un pays plus riche et technologiquement plus avancé contribue à modérer les risques liés à la température. Aux États-Unis, les estimations de l'impact de températures élevées sur la mortalité étaient 6 fois plus importantes dans les années 1920 et 1930 qu'elles ne le sont pour la période actuelle. Et la différence peut être entièrement imputée à la diffusion de la climatisation, un des principaux moyens pour les pays riches de s'adapter à de plus fortes températures[13]. Du même coup, pendant les années chaudes, la demande d'énergie augmente fortement dans les pays riches. Dans les pays pauvres, où la climatisation est rare (en 2011, 87 % des ménages en étaient équipés aux États-Unis, mais seulement 5 % en Inde[14]), quand les températures s'élèvent, on observe de fortes baisses de la productivité et des hausses de la mortalité. La climatisation est pour ces pays un outil d'adaptation capital. Il ne devrait pas être un luxe ; il l'est encore, pourtant.

Certes, en s'enrichissant, les pays pauvres pourront s'équiper de la climatisation. Entre 1995 et 2009, dans les villes chinoises, le taux d'équipement en unités de climatisation est passé de 8 % à 100 % (ce qui signifie qu'il y a plus d'une unité par ménage urbain)[15]. Mais la climatisation aggrave elle-même le réchauffement de la planète. Les hydrofluorocarbures (HFC) utilisés dans les climatiseurs standards ont un impact particulièrement délétère sur le climat : ils sont bien plus dangereux que le CO_2. Cela nous met dans une situation plutôt délicate. La technologie qui permet de se protéger du changement climatique accélère le rythme de celui-ci. Les nouveaux climatiseurs, qui n'utilisent pas d'HFC, polluent moins mais sont encore beaucoup trop chers. Un pays comme l'Inde, qui est sur le point d'avoir les moyens de s'équiper en climatiseurs bon marché, est donc placé devant un dilemme particulièrement cruel : sauver des vies aujourd'hui ou modérer le changement climatique pour en sauver demain.

Un accord signé à Kigali, au Rwanda, en octobre 2016, après plusieurs années de négociation, montre un moyen de résoudre ce genre de dilemme (quand on veut bien s'y attaquer). L'accord de Kigali divise les États en trois groupes : les pays riches, parmi lesquels les États-Unis, le Japon et l'Europe, commencent à éliminer les

HFC en 2019 ; la Chine et une centaine d'autres pays en développement le feront à partir de 2024 ; un petit groupe de pays, parmi lesquels l'Inde, le Pakistan et certains pays du Golfe, attendront 2028. Tout en réalisant que sa population était à la fois victime et cause du réchauffement climatique, le gouvernement indien a décidé qu'il était préférable de sauver des vies aujourd'hui plutôt que s'attaquer sans attendre au problème. Les dirigeants indiens parient sans doute sur le fait que la croissance économique leur donnera les moyens de se procurer d'ici 2028 les équipements les plus chers (et dont le prix aura peut-être baissé avec le temps). Mais, pendant ces dix années, ces vieux appareils vont se diffuser en Inde de façon très rapide, d'autant que les fabricants de climatiseurs utilisant des HFC vont vouloir trouver un débouché pour leurs produits ; ces appareils vont rester opérationnels et continuer à polluer bien après 2028. Ce retard pourrait s'avérer très coûteux pour la planète.

Agir maintenant ?

Le dilemme du climatiseur est une illustration particulièrement déchirante de l'arbitrage auquel l'Inde est confrontée, entre présent et avenir. De façon plus générale, jusqu'à l'accord de Paris de 2015, l'Inde avait simplement refusé d'envisager de limiter ses émissions de CO_{2e}, estimant qu'elle ne pouvait pas se permettre de freiner sa croissance économique et que les pays riches devaient assumer l'essentiel de l'ajustement. Cette position a évolué quand l'Inde a ratifié l'accord de Paris et pris un engagement concret, en échange d'une aide importante pour financer sa transition énergétique – aide elle-même financée par un fonds international abondé par les pays riches. Bien que les émissions indiennes ne représentent pas une part très importante des émissions mondiales aujourd'hui, l'Inde sera l'un des principaux acteurs de la transition, car sa classe moyenne en plein essor consomme de plus en plus. En outre, contrairement à ce qui se passe aux États-Unis, une part considérable de la population indienne sera touchée directement et durement par le changement climatique, et l'Inde devrait donc être bien placée pour saisir les coûts des choix qu'elle fait aujourd'hui. Sa répugnance à agir est ainsi particulièrement inquiétante, à la fois en raison de ses répercussions directes et parce qu'elle illustre la prédominance d'une vision court-termiste du côté des responsables politiques indiens.

La question clef est de savoir si l'arbitrage est aussi délicat que les Indiens (ou les Américains d'ailleurs) semblent le croire. Nous faut-il vraiment renoncer à quelque chose aujourd'hui ? Peut-être pourrions-nous avoir le beurre et l'argent du beurre en développant des technologies meilleures, qui nous permettraient d'infléchir le réchauffement sans céder beaucoup sur notre mode de vie. Après tout, il y a encore quelques années, les experts en énergie nous disaient très sérieusement que les énergies renouvelables (le solaire et l'éolien) étaient trop chères et qu'il était idiot d'investir en espérant qu'elles se substitueraient un jour aux carburants fossiles. Or elles sont considérablement moins chères aujourd'hui, notamment grâce au progrès technologique dans ces secteurs. L'efficacité énergétique s'est aussi considérablement améliorée et pourrait continuer sur cette voie. En 2006, le gouvernement du Royaume-Uni a chargé l'ancien économiste en chef de la Banque mondiale, lord Nicholas Stern, de préparer un rapport sur les implications économiques du changement climatique. Le *Stern Review*[16] concluait alors avec optimisme :

> Pourtant, malgré l'évolution historique et les projections standard, le monde n'a pas besoin de choisir entre éviter le changement climatique et favoriser la croissance et le développement. Des changements dans les technologies énergétiques et dans la structure des économies ont réduit l'influence de la croissance du revenu sur les émissions, en particulier dans certains des pays les plus riches. Avec des choix politiques volontaires et forts, il sera possible de « décarboner » les économies développées et en développement dans les proportions nécessaires pour stabiliser le climat, tout en y maintenant la croissance économique.

On a envie de dire : *amen*. Mais rien de tout cela ne sera gratuit. Le rapport Stern conclut que, en faisant l'hypothèse d'un rythme de progrès technique dans le « secteur vert » à partir d'une extrapolation calquée sur l'histoire récente, la stabilisation des émissions au niveau nécessaire pour enrayer le réchauffement planétaire coûtera chaque année environ 1 % du PIB mondial. À tout bien considérer, ce coût semble modeste s'il permet d'éviter la mise en danger du monde qui est le nôtre.

Un espoir est que les efforts en matière de recherche et développement (R&D) répondent aux incitations[17]. Les dépenses de R&D sont fortement influencées par la taille du marché des innovations qu'elles cherchent à financer[18]. Une incitation temporaire pour remplacer des technologies « sales » par des technologies « propres » (sous la forme d'une taxe carbone qui renchérirait l'emploi des premières et/ou de subventions directes à la R&D en technologies propres) pourrait donc, en créant une demande, avoir un effet boule de neige. La technologie propre deviendrait moins chère et serait donc plus attractive, ce qui en augmenterait la demande, et ainsi la rentabilité de la recherche. Enfin, le secteur propre deviendrait suffisamment attractif pour évincer le secteur sale, et nous serions à l'abri de la catastrophe. Notre petit moteur économique pourrait retrouver son sentier d'équilibre avec la même croissance qu'avant, alimenté par le vent, l'eau et le soleil. Et nous pourrions même, au bout d'un certain temps, supprimer tous les impôts et subventions qui encouragent les énergies propres.

On voit comment cela pourrait marcher. Mais on voit aussi très bien comment cela pourrait *ne pas* marcher. Car, après tout, les technologies sales seront encore dans le jeu. Si la demande de pétrole et de charbon diminue, les prix de ces inputs exploseront. Il deviendra donc très tentant de recommencer à les utiliser. Il est vrai que, parce que le pétrole et le charbon ne sont pas renouvelables, leurs prix auront tendance à augmenter avec le temps (à mesure que l'offre se réduit), mais il y a probablement assez de pétrole et de charbon sous le sol pour tenir jusqu'à Armageddon. Bref, il est difficile d'être totalement optimiste.

« Free lunch » ?

Ce que les optimistes espèrent, c'est d'avoir le droit de consommer gratuitement (de recevoir le fameux « *free lunch* »). Dans leur scénario, les entreprises et les particuliers économiseront de l'argent en adoptant les technologies propres parce que la recherche aura permis d'en réduire fortement le prix. L'adoption de ces technologies propres sera un gain pour les individus et un gain pour la planète... La perspective d'un *free lunch* est toujours alléchante. Au point qu'elle a tendance à dominer le débat sur le changement climatique. Des estimations d'ingénierie très détaillées prédisent par exemple que des investissements permettront de développer l'efficacité énergétique et que leur coût sera couvert par la baisse de la facture énergétique. En 2009, un rapport de la société de conseil McKinsey & Company, « Unlocking Energy Efficiency in the US Economy », a suscité beaucoup d'intérêt[19]. Il estimait qu'une « approche holistique » de l'investissement dans l'efficacité énergétique se traduirait par « des économies brutes d'énergie de plus de 1 200 milliards de dollars, soit bien plus que les 520 milliards de dollars nécessaires jusqu'en 2020 pour investir dans des mesures d'efficacité ». En 2013, l'International Energy Administration calculait que les mesures d'efficacité énergétique pourraient, à elles seules, nous procurer 49 % des réductions d'émissions de CO_{2e} dont nous avons besoin, sans aucun autre changement[20].

Si c'est le cas, alors le problème que nous avons à résoudre est relativement simple : nous n'avons qu'à combler ce « déficit d'efficacité énergétique ». Il nous faut identifier les barrières qui empêchent les consommateurs (et les entreprises) de se lancer dans ces investissements. De quel ordre sont ces barrières ? Les gens sont-ils informés ? Peut-être ne parviennent-ils pas à obtenir un prêt pour couvrir les premières dépenses ? Ou souffrent-ils encore de myopie ? Ou alors d'inertie ?

Malheureusement, quand on examine sur le terrain, et non plus le nez sur les prévisions des modèles d'ingénierie, ce qu'il en est de ces fruits qui ne demanderaient qu'à être cueillis, les nouvelles sont moins bonnes. Le Weatherization Assistance Program (WAP) est le plus gros programme d'efficacité énergétique destiné aux ménages aux États-Unis : depuis sa création en 1976, il a couvert 7 millions de foyers. Michael Greenstone et une équipe d'économistes ont eu la possibilité de proposer à près de 7 500 ménages du Michigan, choisis au hasard parmi 30 000, de participer au programme[21]. Le programme offrait aux gagnants 5 000 dollars d'équipement dans des mesures d'efficacité énergétique (isolation, remplacement des fenêtres, etc.) sans rien avoir à débourser. Les chercheurs ont ensuite rassemblé des données sur les gagnants et les perdants. Cet essai randomisé fit ressortir trois grands résultats. Premièrement, la demande pour le programme était très faible. Malgré une campagne d'encouragement agressive et coûteuse, seuls 6 % des ménages dans le groupe traité avaient finalement saisi l'offre proposée. Deuxièmement, les gains en termes de consommation énergétique étaient réels (la facture baissait de 10 % à 20 % pour les ménages participant au programme), mais ils ne représentaient qu'un tiers des montants prédits par les modèles d'ingénierie et étaient très inférieurs aux coûts initiaux. Troisièmement, ces gains décevants ne s'expliquaient pas par un effet rebond : ce n'est pas parce que les ménages se chauffaient davantage que la consommation baissait moins que prévue. Aucune hausse de la température de leurs logements ne fut constatée. Apparemment, les estimations des ingénieurs s'appliquaient tout simplement mal à de vrais logements en situation réelle ; elles étaient beaucoup trop optimistes.

L'écart entre l'optimisme des estimations d'ingénierie et la réalité ne vaut pas seulement pour les ménages. Un chercheur a collaboré avec le ministère du Changement climatique du gouvernement du Gujarat (un des États les plus industrialisés et les plus pollués de l'Inde) pour proposer du conseil de haute qualité en efficacité énergétique à de petites et moyennes entreprises[22]. Un échantillon aléatoire de ces entreprises a bénéficié d'un audit énergétique gratuit, qui donna à chacune d'elles une liste d'investissements qui pourraient améliorer leur efficacité énergétique, lesquels pouvaient être subventionnés largement par l'État du Gujarat dans le cadre d'un programme préexistant. Un sous-groupe aléatoire d'entreprises ayant bénéficié de l'audit reçut des visites régulières de consultants spécialisés pour les aider à les mettre en œuvre. Il s'avère que les audits, en tant que tels, ont eu un impact limité sur l'adoption des technologies nouvelles. Le conseil commercial a eu un impact plus important, mais aussi une conséquence imprévue : les entreprises se sont mises à produire davantage, ce qui a fait augmenter leur demande d'énergie. Au total, aucun effet ne fut observé sur la consommation énergétique, en raison de cet effet rebond. À nouveau, les ingénieurs qui avaient calculé les gains potentiels en émissions des technologies économes en énergie avaient été trop optimistes dans leurs prévisions.

Nous avons le sentiment qu'il est trop optimiste de compter sur un *free lunch*. La réduction de la consommation énergétique par l'adoption de technologies plus efficaces pourrait bien ne pas être suffisante : dans ce cas, il faudra aussi que la consommation des gens diminue vraiment. Nous aurons peut-être besoin non seulement de voitures plus propres, mais aussi de voitures plus petites, ou peut-être même faudra-t-il nous en passer complètement.

La réponse de Greenpeace

Ce n'est pas le genre de conclusions que nos collègues économistes aiment à entendre : un article récent opposait (défavorablement) la « réponse de Greenpeace », qui nous demanderait de consommer moins, au scénario optimiste où des subventions temporaires aux technologies propres finiraient par se payer elles-mêmes. D'une part, à cause de la passion inaltérable des économistes pour la consommation matérielle comme indicateur du bien-être, et, d'autre part, parce qu'ils se méfient de toute tentative visant à changer les comportements, surtout quand cela suppose de modifier les préférences. Un grand nombre d'économistes opposent une objection d'ordre philosophique aux tentatives pour faire évoluer les préférences.

La raison de cette répugnance est la croyance bien établie chez les économistes qu'il y aurait quelque chose de réel dans les préférences des individus, et que leurs actes et leurs actions seraient le reflet de leurs désirs profonds. Tout effort pour les convaincre d'agir différemment (consommer moins ou consommer autrement) viendrait contrarier ces préférences. Pourtant, comme nous l'avons vu dans le chapitre 4, les préférences standard (stables et cohérentes) n'existent pas vraiment. Si les gens ne savent pas ce qu'ils pensent de choses aussi simples qu'une boîte de chocolats ou une bouteille de vin, pourquoi faudrait-il s'attendre à ce qu'ils aient des préférences claires et nettes en matière de changement climatique ? Ou sur le monde dans lequel leurs petits-enfants devraient vivre ? Ou sur la question de savoir si les habitants des Maldives méritent de voir leurs îles englouties par la montée des océans ? Ou sur ce qu'ils sont prêts à changer dans leur mode de vie pour empêcher ces catastrophes ?

Les économistes supposent en général que la plupart des gens ne sont pas disposés à faire le moindre sacrifice pour des personnes qui ne sont pas encore nées ou qui vivent très loin d'eux. Mais cela n'est pas forcément vrai de vous, par exemple, lecteur ou lectrice (sans quoi il y a probablement longtemps que vous auriez refermé ce livre). Ou de la plupart des économistes eux-mêmes. Nous sommes nombreux en effet à nous préoccuper de beaucoup de choses qui ne nous touchent pas directement, même si nous avons bien du mal à leur donner une valeur monétaire.

Ce constat est important, car il peut changer notre manière de penser l'action politique. Si nous avions tous des préférences clairement définies et si nous n'agissions qu'en fonction d'elles (si nous nous moquions totalement, par exemple, de ce qui nuit à autrui), la politique environnementale idéale serait de mettre un prix sur les dégâts infligés à l'environnement et de laisser le marché faire son travail. Cette idée sous-tend la taxe carbone, que la plupart des économistes, nous compris, ont désormais adoptée. Elle est au cœur des travaux de William Nordhaus, à qui a été décerné le prix Nobel d'économie en 2018. Le fait de devoir payer un prix affiché pour acheter le droit de polluer est pris au sérieux par les entreprises. Permettre à des entreprises d'acheter le droit de polluer à d'autres entreprises qui réduisent de leur côté activement leur pollution – c'est le système des crédits échangeables de carbone – peut être une bonne idée, d'autant plus que cela donne aux entreprises non polluantes des incitations à trouver des moyens actifs pour « dépolluer » – par exemple en plantant des arbres. Et les recettes de ces taxes sont utiles parce qu'on a besoin d'argent pour financer les technologies protectrices de l'environnement.

Il existe pourtant de bonnes raisons de ne pas se limiter à la taxe carbone comme outil politique. Prenons un individu qui croit être fortement engagé contre le changement climatique mais qui n'achète jamais d'ampoules LED. Peut-être ne sait-il pas que les LED permettent d'économiser de l'énergie, ou peut-être oublie-t-il d'en acheter quand il fait ses courses, ou peut-être n'est-il pas très sûr du prix qu'il est prêt à mettre pour acheter des LED parce qu'il a du mal à estimer l'importance véritable qu'il accorde à la lutte contre le changement climatique. Cet individu serait-il gagnant ou perdant si l'État interdisait tous les autres types d'ampoules ?

Et, si interdire les ampoules traditionnelles était une mesure trop radicale, le gouvernement devrait-il donner un « coup de pouce » (le fameux *« nudge »*) pour inciter les gens, en douceur et discrètement, à faire des choix qui seraient meilleurs pour l'environnement ? Par exemple, des compteurs intelligents permettent désormais de faire payer l'électricité plus cher pendant les heures de pointe, ce qui est compensé par des prix plus bas aux heures creuses : c'est mieux pour l'environnement. Une étude récente, réalisée à Sacramento, en Californie, montre que seuls 20 % des utilisateurs ont choisi ce dispositif quand il existait[23]. Pourtant, quand il a été proposé par défaut à des consommateurs (pris au hasard) qui avaient la possibilité de revenir au compteur traditionnel, 90 % ont choisi de conserver cette option, et ils ont effectivement consommé moins d'énergie. Quelle était alors leur véritable préférence ? L'option qu'ils avaient activement choisie ou celle qu'ils n'avaient pas choisie d'eux-mêmes mais qu'ils ont souhaité garder une fois qu'elle leur a été proposée ? Un gouvernement pourrait légitimement décider que, puisqu'il n'existe pas de réponse claire, mieux vaut privilégier la meilleure pour l'environnement.

Reste la question plus large de savoir dans quelle mesure la consommation d'énergie est une affaire d'habitude. Un certain mode de consommation peut devenir une addiction simplement parce que c'est ce à quoi nous nous sommes habitués. À l'École d'économie de Paris, le nouveau bâtiment « vert » est peu chauffé en hiver. Quand nous y travaillions, nous avions toujours très froid pendant l'hiver et le printemps, et nous nous en plaignions régulièrement. La tactique fort simple qui consiste à laisser un gros pull au bureau ne nous a pas traversé l'esprit pendant de nombreux mois. Ce n'était pourtant pas bien compliqué. Nous souffrions juste de plusieurs années passées aux États-Unis dans des bureaux surchauffés. Et, dès que nous avons apporté ce pull, notre impression d'être plus mal lotis que si le bâtiment avait été plus chaud s'est évanouie. Le bon point moral (avoir fait notre part pour sauver la planète) était un dédommagement suffisant.

Un grand nombre de comportements qui influencent la consommation d'énergie sont des habitudes, répétées quotidiennement : prendre le train plutôt que la voiture, éteindre la lumière en sortant d'une pièce, etc. Pour tous ces gestes ordinaires, le plus simple est de continuer de faire ce que nous avons toujours fait. Les changements sont coûteux, mais, une fois qu'on a changé d'habitude, il est facile de continuer. De façon plus directe encore, si nous achetons un thermostat, nous pouvons le régler une fois pour toutes pour chauffer plus le matin et le soir, moins quand nous sommes absents. Tout cela implique que les choix énergétiques d'aujourd'hui affectent la consommation d'énergie de demain, ce qui est effectivement prouvé dans de nombreuses études. Ainsi, dans un essai randomisé, des ménages choisis au hasard ont reçu régulièrement des relevés leur disant combien ils consommaient d'énergie par rapport à leurs voisins. Ces ménages se sont mis à consommer moins que ces derniers, *même après avoir cessé de recevoir les relevés*. Et cela semble être largement dû à un changement de leurs habitudes[24].

Si la consommation d'énergie peut être comparée à une addiction, car consommer beaucoup aujourd'hui implique consommer beaucoup demain, alors une fiscalité élevée pourrait être la réponse appropriée, comme pour la cigarette. Des impôts élevés décourageraient le comportement ciblé au départ, puis, une fois que le réflexe approprié aurait été pris, on laisserait ces impôts à un niveau élevé mais sans qu'ils ne touchent grand-monde, puisque les gens auraient modifié leurs habitudes.

Bien sûr, notre consommation énergétique ne se réduit pas à notre manière de nous chauffer, de nous rafraîchir ou de nous déplacer. Tout ce que nous achetons y contribue. Là encore, les goûts ne tombent pas du ciel. Les économistes ont commencé à reconnaître le rôle des « habitudes » dans nos préférences : ce que nous avons consommé dans l'enfance forme les goûts qui sont les nôtres dans l'âge adulte. Les immigrés continuent de manger ce qu'ils ont connu petits, même si les aliments qui ne coûtaient pas cher dans leur pays natal ont un prix élevé dans leur pays d'accueil[25]. Les habitudes font qu'il est douloureux, à court terme, de changer de comportement. Mais elles peuvent être modifiées. Les gens semblent même prêts à faire évoluer leur comportement dans la perspective d'un changement futur[26]. C'est pourquoi l'annonce d'une taxe *future* sur des produits énergivores pourrait être un moyen facile de s'habituer à cette idée.

La pollution tue

Les pays riches jouissent d'un immense avantage : une part importante de la consommation énergétique qu'il leur faut sacrifier n'a rien d'essentiel (aller faire ses courses en voiture au lieu d'y aller à pied, conserver ses vieilles ampoules au lieu d'acheter des LED, etc.). C'est dans le monde en développement que les choix sont douloureux. Dans les vingt dernières années, la consommation de charbon a triplé en Inde et quadruplé en Chine, tandis qu'elle a légèrement baissé aux États-Unis et dans d'autres pays développés. Pour les décennies qui viennent, les prévisions de croissance de la consommation énergétique sont quatre fois plus basses dans les pays de l'OCDE que dans les autres.

Or, pour la plupart des Indiens, la consommation supplémentaire, à commencer par la consommation énergétique, n'est pas du tout un luxe. La très faible consommation d'énergie dans l'Inde rurale aujourd'hui est liée à un mode de vie souvent pénible et dangereux. Ces populations ne peuvent pas consommer moins et devraient au contraire avoir le droit de consommer plus. Peut-on alors justifier l'idée que les pays pauvres restent totalement en dehors du débat climatique ? Ou, tout au moins, de limiter le sacrifice à leurs habitants les plus riches, qui ont un mode de vie et un niveau d'émissions équivalents à ceux des riches Américains ?

Il est difficile de répondre non. Il y a très certainement quelque chose de profondément injuste dans le fait que les pauvres aient à payer pour les menus plaisirs passés et présents des riches du monde entier. Malheureusement, cette position pose deux problèmes. Le premier, que nous avons déjà évoqué, est qu'offrir au monde en développement la possibilité de retarder la transition énergétique risque de prolonger de plusieurs années la vie des technologies les plus polluantes. Ce délai pourrait ainsi ne pas être si temporaire que cela. La plupart des victimes seront encore les habitants du monde en développement, et les habitants du monde développé ne seront que trop heureux de s'accommoder de cette réalité.

Mais le second problème est plus sérieux encore : le monde en développement peut-il se permettre de continuer avec ses niveaux de pollution actuels (ou les accroître), même en dehors de la menace du réchauffement ? Les émissions de CO_{2e} sont fortement corrélées à un phénomène qui touche directement *aujourd'hui* les citoyens de ces pays : la pollution de l'air. En Chine et en Inde, l'environnement s'est dégradé si rapidement que la pollution est devenue un risque de santé publique urgent et massif, et la situation s'aggrave aussi dans d'autres économies émergentes.

La pollution tue. En Chine, le chauffage intérieur au charbon n'est pas subventionné au sud du fleuve Huai, mais il l'est au nord, où il fait plus froid. On observe une chute vertigineuse de la qualité de l'air quand on passe d'une rive du fleuve à l'autre, et une chute correspondante de l'espérance de vie[27]. Selon les estimations, si la Chine passait au niveau mondial moyen de concentration de particules dans l'air, elle sauverait l'équivalent de 3,7 milliards d'années de vie.

Or les ciels de Chine sont d'une pureté incroyable en comparaison de ceux de certaines grandes villes indiennes (dont la capitale, New Delhi) qui comptent parmi celles où la pollution de l'air est la plus élevée au monde[28]. En novembre 2017, le Premier ministre de Delhi est allé jusqu'à comparer sa ville à une chambre à gaz. D'après les mesures prises par l'ambassade des États-Unis, les niveaux de pollution de l'air à New Delhi à cette époque étaient 48 fois supérieurs à la norme recommandée par l'Organisation mondiale de la santé (OMS). Comme en Chine, le niveau atteint est meurtrier[29]. Les admissions aux urgences hospitalières explosent tous les mois de novembre, quand la pollution monte en flèche. Au niveau mondial, la Commission Lancet sur la pollution et la santé estime que la pollution de l'air a provoqué 9 millions de morts prématurées en 2015[30]. Plus de 2,5 millions de ces décès ont touché l'Inde, ce qui place le pays en tête de liste[31].

La pollution hivernale à Delhi est due à une combinaison de plusieurs facteurs (parmi lesquels une pure malchance géographique), mais certains de ces facteurs sont liés à des comportements humains qui pourraient être changés. L'un d'entre eux est la combustion du chaume, laissé sur place après la fauche des cultures dans les États qui entourent Delhi. La fumée qui s'en dégage se mélange ensuite aux divers polluants produits dans la ville : poussières du BTP, gaz d'échappement des véhicules, résidus de l'incinération des déchets et feux à ciel ouvert que pratiquent les pauvres pour cuisiner et se réchauffer.

À Delhi, le smog, épouvantable, est à lui seul une incitation à agir immédiatement. Il ne peut être question d'un arbitrage entre la qualité de la vie aujourd'hui et demain, car les gens en meurent dès aujourd'hui. Le seul dilemme est entre consommer moins et suffoquer. Et, à vrai dire, il est même illusoire : deux études différentes, l'une sur les employés d'une usine textile en Inde[32], l'autre sur les employés d'une agence de voyage en Chine, montrent que les jours où la pollution ambiante est élevée la productivité est faible. Plus de pollution implique donc moins de revenu, donc de consommation[33].

Delhi est une ville relativement riche. Ses habitants peuvent facilement se permettre de payer les agriculteurs pour qu'ils ne brûlent pas leurs récoltes, qu'ils se servent de machines pour les enterrer et préparer la terre pour les prochaines semailles. Le gouvernement pourrait interdire les feux à ciel ouvert en ville et construire des salles chauffées où les pauvres s'abriteraient pendant les nuits froides. Il pourrait remplacer l'incinération des déchets par un système de ramassage et de traitement plus moderne. Il pourrait interdire les vieilles voitures (ou interdire totalement les véhicules diesel), taxer les embouteillages ou prendre d'autres mesures de gestion de la circulation[34]. Il pourrait faire appliquer plus vigoureusement les normes sévères de pollution industrielle, déjà adoptées mais non respectées généralement. Il pourrait améliorer le système de transports en commun. Il pourrait fermer ou moderniser les grandes centrales thermiques situées en ville. Peut-être toutes ces mesures ne seraient-elles pas suffisantes prises individuellement, mais, combinées, elles amélioreraient sûrement la situation.

Rien de tout cela n'est infaisable. Un mémoire soumis à la Cour suprême indienne suggérait par exemple qu'une subvention de 20 milliards de roupies (environ 300 millions de dollars) serait suffisante pour que les agriculteurs du Pendjab et du Haryana achètent les équipements dont ils ont besoin pour préparer leurs champs. Cela ne représente que 1 000 roupies environ (14 dollars au niveau du taux de change actuel, soit un peu plus de 70 dollars en parité de pouvoir d'achat) par habitant du « Grand Delhi ». Étonnamment (et c'est assez désespérant), malgré la gravité de la situation en termes de pollution de l'air, la demande politique pour de telles mesures reste faible. Il est vrai qu'infléchir la pollution nécessite la coopération d'un grand nombre de gens. La prise de conscience que la pollution de l'air est une question de santé publique est également insuffisante. Une récente étude du *Lancet* montre qu'une part importante des décès dus à la pollution de l'air extérieur peut être attribuée à la combustion de la biomasse (feuilles, bois, etc.)[35]. Cependant, une part significative de la biomasse est brûlée dans des fours entre quatre murs, ce qui produit aussi une quantité formidable de pollution de l'air *intérieur*. Il semble donc qu'il devrait y avoir une forte demande privée pour des cuisinières plus adaptées, qui amélioreraient à la fois l'air extérieur et intérieur. Or ce n'est pas le cas. L'une après l'autre, toutes les études réalisées sur le sujet montrent que la demande de cuisinières propres est très faible[36]. Et quand une ONG a distribué des cuisinières propres gratuitement, les gens n'y tenaient pas assez pour les faire réparer quand elles tombaient en panne[37]. Cette faible demande pour un air propre vient de l'incapacité d'un grand nombre de ménages pauvres à établir le lien entre la propreté de l'air et une vie saine, heureuse et productive.

Cela pourrait changer. Des habitants des bidonvilles interrogés sur les conditions de vie en ville comparées à celles qu'ils avaient connues dans leurs villages disaient pour la plupart préférer Delhi[38]. La seule chose dont ils se plaignaient vraiment, c'était de l'environnement et, notamment, de l'air. Durant l'hiver 2017-2018, on a enfin assisté à un peu d'indignation à Delhi. Des écoliers sont descendus dans la rue quand leurs écoles ont été fermées à cause de niveaux de pollution dangereux. Même en Chine, qui n'est pas une démocratie, la pression de l'opinion publique a probablement contribué au désir affiché du gouvernement d'agir contre la pollution. En Inde, celle-ci pourrait un jour prendre suffisamment de place dans le débat public pour se traduire en véritable action politique. La priorité devrait être de mettre en œuvre des politiques qui encouragent des modes de consommation plus propres, même si cela coûte un peu plus cher. Le coût ne serait pas forcément très élevé : dans certains cas, l'Inde pourrait passer directement aux technologies les plus propres (quand un ménage pauvre a enfin l'électricité, par exemple, il est tout de suite équipé de LED). Dans d'autres, quand les nouvelles technologies coûtent plus cher que les anciennes (les voitures propres pourraient être plus chères, par exemple, que les voitures sales), il faudra dédommager les pauvres. Mais le coût total de tout cela n'est pas très élevé, et pourrait être facilement supporté par les élites. À condition, bien sûr, qu'une volonté politique existe.

« Green New Deal » ?

Avec le « Green New Deal » (« New Deal vert »), grand sujet de débat public pendant l'hiver 2018-2019 aux États-Unis, les démocrates ont essayé de faire le lien entre la lutte contre le changement climatique et un programme de justice sociale et de redistribution économique. C'était une bataille politique difficile. De Paris à Delhi, en passant par la Virginie-Occidentale, la lutte contre le changement climatique est souvent présentée comme un luxe réservé aux élites financé par les impôts des moins privilégiés.

Pour prendre un exemple dont nous avons eu une expérience directe : à la fin de l'année 2018, les manifestations des « gilets jaunes » contre une hausse de la taxe sur l'essence ont bloqué les rues de Paris tous les samedis, soumettant le gouvernement français à une forte pression. Finalement, la hausse a été annulée. Pour les « gilets jaunes », l'augmentation de la taxe sur l'essence était un moyen pour les riches Parisiens (qui peuvent prendre le métro pour aller au travail) de s'acheter une conscience aux dépens des gens des banlieues et des campagnes, qui n'ont pas d'autre choix que d'utiliser leur voiture. Ils n'avaient pas tort, sachant que le même gouvernement avait supprimé l'impôt sur la fortune. Aux États-Unis, le spectre d'une « guerre du charbon » est devenu le cri de ralliement contre l'élite progressiste (l'équivalent de la « gauche caviar » française), un symbole de son absence totale d'empathie pour les pauvres. Et, bien sûr, dans le monde en développement, les politiciens protestent régulièrement (et à raison) contre le fait de devoir payer les choix faits dans le passé par les pays riches.

Le Green New Deal est précisément destiné à combler ce fossé, en insistant sur le fait que construire de nouvelles infrastructures vertes (panneaux solaires, trains à grande vitesse, etc.) créera des emplois et contribuera à lutter contre le changement climatique. L'idée est de ne plus donner la priorité à l'idée de taxe carbone, considérée par beaucoup, à gauche, comme trop dépendante des mécanismes du marché et, en France par exemple, comme un moyen de plus de faire payer les pauvres.

Nous comprenons que la taxe carbone ne soit pas facile à vendre (les impôts qui touchent la quasi-totalité de la population ne le sont jamais), mais nous pensons aussi qu'il devrait être possible de la rendre politiquement acceptable en s'engageant à ne pas en faire un moyen de trouver de l'argent frais. Le gouvernement doit assurer la neutralité de la taxe carbone au regard des recettes fiscales, de telle sorte qu'une part en soit reversée en guise de compensation : une somme forfaitaire peut être reversée aux personnes placées à l'extrémité inférieure de l'échelle des revenus, qui en sortiraient ainsi gagnantes. L'incitation à économiser l'énergie, à moins utiliser la voiture ou à passer à la voiture électrique serait préservée, mais il serait clair que ce ne sont pas les moins riches qui la financent. Sachant que la consommation énergétique est une question d'habitude, la taxe devrait aussi être annoncée très en amont, pour donner aux gens le temps de s'y préparer.

Plus généralement, nous sommes tout à fait conscients que prévenir le changement climatique à venir et s'adapter à celui déjà en cours va coûter cher. Il faudra procéder à des investissements dans les infrastructures et prendre des mesures de redistribution ciblée au bénéfice des populations touchées. Dans les pays pauvres, l'argent pourrait aider le citoyen ordinaire à avoir une qualité de vie à la fois meilleure et moins menaçante pour l'avenir de la planète. (Souvenez-vous du problème de la climatisation, par exemple : pourquoi le monde ne finance-t-il pas simplement le passage direct de l'Inde à la meilleure technologie possible, en faisant l'impasse sur les climatiseurs polluants ?) Sachant que les pauvres ne consomment pas beaucoup, il suffirait de pas grand-chose pour que les populations pauvres dans le monde consomment un peu plus, mais aussi respirent un air meilleur et produisent moins d'émissions carbonées. Les pays les plus riches sont tellement riches qu'ils peuvent sans difficulté payer la facture.

Tout est dans la façon de présenter le débat afin qu'il n'oppose pas les pauvres des pays pauvres aux pauvres des pays riches. Un mélange de fiscalité et de réglementation permettant d'infléchir les émissions dans les pays riches et de financer une transition propre dans les pays pauvres pourrait avoir pour effet d'affaiblir la croissance économique dans les pays riches (même si nous n'en sommes évidemment pas certains, puisque nous ne connaissons pas les causes de la croissance). Mais si une grande part du coût est supportée par les plus riches dans les pays riches, et que la planète entière en bénéficie, nous ne voyons aucune raison pour ne pas le faire.

À Delhi et Pékin, comme à Washington, c'est au nom de la croissance que les décideurs politiques traînent les pieds lorsqu'ils sont sommés de prendre ou de faire appliquer des mesures visant à lutter contre la pollution. Quant à savoir qui seront les bénéficiaires éventuels de cette croissance du PIB, ils n'y pensent qu'après coup.

Les économistes doivent porter leur juste part de responsabilité : ils ont alimenté ce type de discours. Rien dans notre arsenal théorique ou dans les données dont nous disposons ne prouve qu'il soit généralement souhaitable d'augmenter au maximum le PIB par habitant. Or, parce que nous, les économistes, croyons fondamentalement que les sociétés sont toujours capables de redistribuer les ressources dont elles disposent, nous tombons dans le piège de toujours essayer de faire grossir le gâteau le plus possible. Cela va pourtant à l'encontre de tout ce que nous avons appris depuis vingt ou trente ans. Les données sont claires : les inégalités ont spectaculairement augmenté dans le monde depuis quelques années, et les conséquences en ont été catastrophiques pour toutes les sociétés, dans le monde entier.

7.

Le piano mécanique

Le piano mécanique est un piano qui joue tout seul. C'est aussi le titre, en anglais *(Player Piano)*, du premier roman publié par le grand écrivain américain Kurt Vonnegut (traduit en français sous le titre *Le Pianiste déchaîné*)[1]. Écrite en 1952, dans la période de forte expansion de l'emploi de l'après-guerre, cette dystopie sur un monde où la quasi-totalité des emplois a disparu semble soit totalement fantaisiste, soit incroyablement clairvoyante, mais, dans les deux cas, c'est un roman parfait pour aujourd'hui.

Dans le monde de Vonnegut, les machines fonctionnent toutes seules et l'on n'a plus besoin des humains. On pourvoit à leur subsistance et ils peuvent occuper leur temps à certaines tâches, mais ils n'ont en réalité rien d'utile ou d'important à faire. Comme le dit M. Rosewater, le personnage d'un autre roman de Vonnegut, de 1965 : « Le problème ne se pose-t-il pas [...] de savoir comment aimer des gens qui sont devenus inutiles[2] ? » Ou comment faire pour qu'ils ne se détestent pas eux-mêmes ?

La complexité croissante des robots et les progrès de l'intelligence artificielle ont engendré une inquiétude considérable dans nos sociétés :

qu'arrivera-t-il si seul un petit nombre de gens occupent des emplois intéressants, si tous les autres en sont privés ou ont des emplois épouvantables, et si, en conséquence, les inégalités explosent ? Et si tout cela arrive sous la pression de forces qui échappent à notre contrôle ? Les patrons de la tech essaient désespérément de trouver les solutions aux problèmes que leurs technologies sont en train de soulever. Il n'est pourtant pas nécessaire de se projeter dans le futur pour avoir une idée de ce qui se passe quand la croissance économique laisse au bord de la route la majorité des citoyens d'un pays. Nous avons déjà vu ce film : c'est exactement ce qui se passe aux États-Unis depuis 1980.

Un point pour les luddites

De plus en plus d'économistes (et de personnes qui commentent l'économie) craignent que les nouvelles technologies – les robots, l'intelligence artificielle et plus généralement l'automatisation – ne détruisent plus d'emplois qu'ils n'en créeront, rendant de nombreux actifs inutiles et faisant encore baisser la part du PIB consacrée aux salaires. Aujourd'hui, les optimistes de la croissance et les pessimistes du travail sont souvent les mêmes : ils imaginent que la future croissance sera essentiellement alimentée par le remplacement des travailleurs humains par des robots.

Dans *Le Deuxième Âge de la machine*, nos collègues au MIT Erik Brynjolfsson et Andrew McAfee peignent un tableau sombre de l'impact de la numérisation sur l'emploi de demain aux États-Unis[3]. La numérisation, craignent-ils, rendra les travailleurs dotés de compétences « ordinaires » de plus en plus inutiles. Plus des tâches comme la peinture des voitures ou la manipulation des tableurs seront prises en charge par des robots ou des ordinateurs, plus les travailleurs très qualifiés, adaptables et capables de programmer et d'installer les robots, seront précieux ; ceux, en revanche, qui pourront être remplacés se retrouveront sans emploi, à moins d'accepter des salaires extrêmement bas. Dans cette perspective, l'intelligence artificielle est le dernier clou planté dans le cercueil des travailleurs ordinaires.

Lors de la première révolution des technologies de l'information, comme l'a montré David Autor, ce sont les emplois comportant des tâches répétitives et routinières qui ont été supprimés[4]. Les métiers qui nécessitent une rapidité de jugement et de l'initiative n'ont pas été touchés. Le nombre de dactylos et de travailleurs sur les chaînes de montage a baissé, mais les secrétaires de direction et les métiers de cuisine ont conservé leurs emplois. Cette fois, entend-on dire, ce sera différent. Avec l'intelligence artificielle, les machines peuvent apprendre en faisant ; elles sont donc capables de réaliser des tâches de moins en moins routinières, comme jouer au go ou plier le linge. Depuis juin 2018, un restaurant à San Francisco propose des hamburgers faits par un robot. Ce sont encore des humains qui prennent la commande et confectionnent les sauces, mais les robots préparent les burgers « gourmands », notamment le Tumami Burger (« aïoli à l'huître fumée, sauce au champignon shiitake, sel et poivre noir, pickles, oignons, laitue – conçu par le chef Tu, saison 15 de *Top Chef*[5] »), le tout en cinq minutes et pour six dollars. La sœur d'Esther, Annie Duflo, présidente d'une grande ONG, n'a pas d'assistant humain : elle se repose uniquement sur un assistant fonctionnant à l'intelligence artificielle, du nom de Fin. Fin fait ses réservations d'hôtel et de billet d'avion, gère son emploi du temps et s'occupe de ses remboursements de frais de déplacement. Annie, hélas, est beaucoup plus satisfaite de Fin qu'elle ne l'était naguère de ses assistants humains. Elle le (ou la ?) paie bien moins cher et en obtient un meilleur service. Certes, il y a des humains derrière Fin, mais ils sont de moins en moins nombreux, et le business model est, à l'évidence, de s'en passer totalement.

La révolution de l'intelligence artificielle va donc frapper un large spectre de métiers. Comptables, agents de prêts immobiliers, consultants en management, gestionnaires financiers, assistants juridiques et journalistes sportifs sont déjà mis en concurrence avec une forme ou une autre d'intelligence artificielle, et si ce n'est pas encore leur cas, c'est pour bientôt. Les cyniques diraient que c'est parce que des emplois plus qualifiés sont aujourd'hui touchés que l'on en parle enfin – et ils auront peut-être raison. Mais l'intelligence artificielle va aussi concerner les emplois de magasinier, d'agent d'entretien, d'employé de restaurant et de chauffeur de taxi. Selon un rapport de la société de conseil McKinsey & Company, qui examine l'ensemble des tâches associées, 45 % des emplois aux États-Unis risquent d'être automatisés[6], et l'OCDE estime que 46 % des travailleurs de ses 36 pays membres ont un métier qui risque soit d'être confié à une machine, soit d'être fondamentalement transformé[7].

Cela dit, ces calculs ne tiennent pas compte du fait que, si des tâches sont automatisées, et que la nécessité d'employer des humains diminue, les gens pourront être employés ailleurs.

Quelle sera donc, au total, l'ampleur des dégâts ? Les économistes se sont bien sûr penchés sur la question mais, jusqu'alors, ils ont été incapables de parvenir à un consensus. La proposition suivante a été soumise au panel d'experts IGM Booth : « En supposant que les institutions du marché du travail et la formation professionnelle restent inchangées, l'utilisation croissante de robots et de l'intelligence artificielle dans les pays avancés va probablement augmenter de façon substantielle le nombre de travailleurs qui seront sans emploi pendant de longues périodes. » Parmi les répondants, 28 % ont dit être d'accord ou tout à fait d'accord avec la proposition, 20 % n'être pas ou pas du tout d'accord et 24 % ne pas très bien savoir[8] !

Le hic est que l'apocalypse (si elle advient un jour) n'est pas arrivée. Robert Gordon, qui, comme nous l'avons vu, n'a pas une très haute opinion des innovations d'aujourd'hui, aime s'amuser à « repérer le robot » quand il part en voyage[9]. Malgré tout ce qu'on raconte, dit-il, c'est encore un employé humain qui l'accueille à l'hôtel, nettoie sa chambre, lui sert son café, etc.

Pour le moment, les humains n'ont pas encore été rendus inutiles. À l'heure où nous écrivons ce livre, au premier trimestre 2019, le chômage aux États-Unis est à un niveau historiquement bas et il continue de baisser[10]. Du fait du nombre croissant de femmes entrant sur le marché du travail, la part de la population active dans la population a augmenté de façon substantielle jusqu'en 2000 environ (puis elle a atteint un plateau ou a commencé à diminuer)[11]. Des emplois ont donc été trouvés pour tous ceux et celles qui voulaient travailler, malgré le progrès rapide de technologies économes en main-d'œuvre.

Bien sûr, nous ne sommes probablement qu'au début du processus d'automatisation alimentée par l'intelligence artificielle. Le sentiment que celle-ci est un type de technologie entièrement nouveau rend difficile de se prononcer sur son impact possible. Les futurologues se plaisent à parler de « singularité », d'une accélération spectaculaire de la croissance du taux de productivité, alimentée par des machines infiniment intelligentes, tandis que la plupart des économistes doutent plutôt qu'il nous soit donné d'assister à ce genre de révolution dans un futur proche. Mais il se pourrait bien que, si Gordon joue encore « à repérer le robot » dans quelques années, il le trouve plus intéressant qu'aujourd'hui.

Par ailleurs, si la vague actuelle d'automatisation ne fait que démarrer, il y en a eu d'autres dans le passé. Comme l'intelligence artificielle aujourd'hui, le métier mécanique à filer et à tisser, la machine à vapeur, l'électricité, la puce informatique et les logiciels d'apprentissage assisté par ordinateur ont aussi, en leur temps, tout automatisé et réduit les besoins en main-d'œuvre humaine[12].

Ce qui s'est passé à l'époque est ce à quoi on aurait pu s'attendre : en substituant des machines aux travailleurs pour certaines tâches, l'automatisation a eu un puissant effet de remplacement. Elle a rendu des travailleurs inutiles. C'est ce qui est arrivé aux artisans qualifiés qui filaient et tissaient à l'aube de la révolution industrielle. Et, comme chacun le sait, ils n'ont pas apprécié : au début du XIXe siècle, les luddites ont détruit les machines pour protester contre la mécanisation du tissage, qui menaçait leurs moyens de subsistance. Le mot « luddite » est aujourd'hui surtout utilisé de façon péjorative pour parler de quelqu'un qui refuse aveuglément le progrès, et l'exemple des luddites est souvent convoqué pour jeter le discrédit sur les craintes de chômage massif que pourrait susciter la technologie. Après tout, les luddites se sont trompés : les emplois n'ont pas disparu, et les salaires et les conditions de vie sont aujourd'hui très supérieurs à ce qu'ils étaient à leur époque.

Mais les luddites n'avaient pas aussi tort que cela. Les emplois qu'ils occupaient ont bel et bien disparu avec la révolution industrielle, tout comme ceux d'un grand nombre d'artisans. À long terme, tout est revenu dans l'ordre, mais le long terme a été, en réalité, très, très long. En Grande-Bretagne, les salaires réels des ouvriers ont pratiquement baissé de moitié entre 1755 et 1820. Même si l'année 1802 a été particulièrement mauvaise de ce point de vue, on observe une tendance à la baisse entre 1755 et le tournant du siècle, et c'est seulement après cette date que les salaires ont commencé à augmenter de nouveau. Ils ne retrouveront leur niveau de 1755 qu'en 1820, soixante-cinq ans plus tard[13].

Cette période de progrès technique intense au Royaume-Uni a été aussi marquée par des privations terribles et des conditions de vie très difficiles. L'historien de l'économie Robert Fogel a montré que les jeunes garçons en Angleterre étaient alors largement sous-alimentés, même quand on compare leur situation à celle des esclaves noirs du sud des États-Unis[14]. La littérature de l'époque, de Frances Trollope à Charles Dickens, dépeint avec une horreur sans mélange ce qui est arrivé à l'économie et à la société. Ce furent à proprement parler, et c'est un euphémisme, des « temps difficiles » (pour reprendre le titre du roman de Dickens).

Nous savons aujourd'hui que le Royaume-Uni a fini par connaître un retournement de situation. Tandis que certains travailleurs perdaient leur emploi, les innovations économes en main-d'œuvre ont permis d'augmenter la profitabilité d'autres secteurs, et donc la demande de travailleurs dans ces domaines. Ainsi les améliorations dans la technologie du tissage, comme la navette volante de John Kay, se sont-elles traduites par une augmentation de la demande de fil, ce qui a créé des emplois dans sa production. Et la richesse croissante de ceux qui ont tiré profit de ces innovations a permis d'accroître la demande de nouveaux produits et de nouveaux services dans de nombreux secteurs (plus d'avocats, de comptables, d'ingénieurs, de tailleurs à façon, de jardiniers, etc.), ce qui a encore créé des emplois.

Rien ne nous garantit cependant que ce genre de rebond se produise. Et il est parfaitement possible qu'il n'y ait pas de rebond après la baisse de la demande de travail provoquée par la vague d'automatisation et d'intelligence artificielle que nous connaissons aujourd'hui. Les secteurs dont la rentabilité augmente pourraient investir dans les nouvelles technologies économes en main-d'œuvre au lieu d'embaucher davantage. Les richesses nouvellement créées pourraient servir à acheter des biens fabriqués dans d'autres pays.

Nous ne savons pas ce qui va se passer cette fois, car nous manquons du recul nécessaire pour mesurer les effets de long terme, mais l'impact de la vague actuelle d'automatisation (qui a commencé en 1990, ce qui nous donne une perspective d'un quart de siècle environ) semble jusqu'à présent globalement négatif. Dans une étude sur l'impact de l'automatisation aux États-Unis, des chercheurs ont calculé un indice d'*exposition* aux robots industriels, qui mesure la diffusion des robots dans les industries de chaque région du pays[15]. Ils ont ensuite comparé l'évolution de l'emploi et des salaires selon les zones. À la surprise des auteurs, qui avaient avant cela écrit un article qui mettait en avant les forces qui devaient conduire à un rebond[16], l'étude a fait apparaître des impacts négatifs importants. L'ajout d'un robot dans une zone de mobilité pendulaire détruit 6,2 emplois et fait baisser les salaires. Les effets sur l'emploi sont beaucoup plus prononcés dans l'industrie et particulièrement marqués pour les travailleurs qui n'ont pas fait d'études supérieures, surtout ceux dont les emplois consistent en des tâches manuelles routinières. En revanche, il n'y a pas de gains compensateurs en emplois ou en salaires pour d'autres catégories de métiers ou de niveaux d'étude. Ces impacts locaux des robots sur les emplois et les salaires ne sont pas sans rappeler ceux provoqués par une plus grande exposition au commerce international. Ils sont surprenants pour les mêmes raisons. Au fur et à mesure que de nombreuses tâches sont automatisées, dans tel ou tel secteur, on aurait pu s'attendre à ce que les travailleurs désormais sans emploi trouvent un travail dans les nouvelles entreprises venues s'installer dans la région pour tirer profit de la main-d'œuvre ainsi libérée, ou qu'ils partent chercher du travail ailleurs ; cela ne s'est pas produit. Il est inquiétant aussi que l'automatisation de tâches simples n'ait pas conduit à l'embauche d'ingénieurs supplémentaires pour superviser les robots. Sans doute cela s'explique-t-il par la même raison qui fait que la concurrence avec la Chine nuit aux travailleurs peu qualifiés : dans une économie rigide, une réallocation harmonieuse est tout sauf garantie.

Même si le nombre total d'emplois ne diminue pas, la vague actuelle d'automatisation tend à remplacer les emplois nécessitant certaines compétences (comme aides-comptables et comptables) et à augmenter la demande soit pour les emplois très qualifiés (programmeurs informatiques pour les machines), soit pour les emplois sans aucune qualification (gardes de chiens, par exemple) beaucoup plus difficiles à remplacer par des machines. Les informaticiens devenant plus riches, ils peuvent dépenser davantage en garde de chiens, un service devenu relativement moins coûteux avec le temps, puisque les autres possibilités d'emploi sont rares pour les gens qui n'ont pas fait d'études supérieures. Même si les gens restent employés, le résultat est un accroissement des inégalités : les salaires s'élèvent au sommet, tandis que tous les autres travailleurs sont poussés vers des emplois n'exigeant pas de compétences spécifiques, et dont les salaires et les conditions de travail peuvent être très dégradés. Cette spirale accentue une tendance à l'œuvre depuis les années 1980. Les travailleurs n'ayant pas fait d'études supérieures sont de plus en plus exclus des emplois à qualification intermédiaire (ainsi des emplois de bureau ou administratifs) et poussés vers des tâches peu qualifiées, comme le nettoyage et la sécurité[17].

Un luddisme « light » ?

Faut-il donc essayer d'arrêter la course à l'automatisation ? En réalité, il y a de bonnes raisons de penser qu'une partie du récent processus d'automatisation est excessif : les entreprises semblent prendre la décision d'automatiser même quand les robots sont *moins productifs* que les humains. Or cette automatisation excessive, loin de contribuer à la croissance du PIB, le réduit.

Cet excès d'automatisation s'explique d'abord par le fait qu'il existe un biais dans le code des impôts américain, qui taxe davantage le travail que le capital. Les employeurs doivent en effet payer une taxe sur la masse salariale (qui sert à financer les retraites et l'assurance santé) pour les employés humains et non pour les robots. Quand ils investissent dans un robot, ils obtiennent même une réduction fiscale immédiate, car ils peuvent souvent se prévaloir d'une « dépréciation accélérée » pour une dépense en capital, et s'ils financent celle-ci par un prêt ils pourront encore déduire les intérêts de leurs revenus imposables. Cet avantage fiscal incite les employeurs à automatiser, même s'il leur coûterait sans cela moins cher de garder leurs employés[18]. En outre, même sans ces subventions fiscales, les nombreuses frictions sur le marché du travail font que certains dirigeants d'entreprise rêvent d'usines sans employés. Les robots ne réclament pas de congé maternité et ne contestent pas les baisses de salaire en cas de récession. Ce n'est sans doute pas un hasard si l'automatisation dans le secteur du commerce (les caisses automatiques, par exemple) a commencé en Europe, où les syndicats sont plus puissants.

La concentration croissante de l'industrie et la formation de monopoles pourrait aussi renforcer cette tendance. Les monopoles n'ont pas à craindre la concurrence. Ils n'ont aucune raison de réinventer en permanence ce qu'ils proposent aux consommateurs. Ils ont donc tendance à privilégier les innovations qui permettent de réduire les coûts et d'augmenter les marges bénéficiaires. À l'inverse, une entreprise soumise à la concurrence doit souvent se donner des objectifs ambitieux pour essayer de conquérir de nouveaux marchés.

Il est vrai cependant que, même quand une entreprise adopte une nouvelle technologie extrêmement productive qui permet de remplacer la main-d'œuvre par des machines, l'augmentation de productivité crée des ressources nouvelles qui pourraient être exploitées pour trouver de nouvelles tâches pour la main-d'œuvre ainsi libérée. Les technologies les plus dangereuses pour les travailleurs sont donc ce que certains chercheurs ont appelé les technologies d'automatisation « couci-couça » : elles sont juste assez productives pour être adoptées en raison des biais du code des impôts et pour remplacer des travailleurs par des machines, mais pas assez pour accroître la productivité totale[19].

Malheureusement, malgré tous les beaux discours sur les « singularités », l'essentiel des ressources en recherche et développement aujourd'hui est orienté vers l'apprentissage automatique et les autres méthodes de big data conçues pour automatiser les tâches *existantes*, plutôt que vers l'invention de produits inédits qui pourraient créer des tâches nouvelles pour les travailleurs, et donc de nouveaux emplois[20]. C'est sans doute rationnel économiquement pour les entreprises, compte tenu des gains financiers qu'elles peuvent réaliser en remplaçant les travailleurs par des machines, mais cela n'incite pas les chercheurs et les ingénieurs à travailler sur de véritables innovations. Ainsi, l'invention de nouveaux équipements ou de nouveaux logiciels que les personnels de santé pourraient utiliser pour aider les patients à faire leur rééducation chez eux plutôt qu'à l'hôpital après une intervention chirurgicale permettrait aux sociétés d'assurance d'économiser beaucoup d'argent, tout en améliorant le bien-être des patients et en créant des emplois nouveaux. Or l'essentiel de l'effort d'automatisation aujourd'hui dans le secteur de l'assurance porte sur la recherche d'algorithmes automatisant la vérification des déclarations de sinistre. Cela fait économiser de l'argent mais détruit des emplois. Cette priorité accordée à l'automatisation d'emplois existants renforce l'impact potentiellement très néfaste pour les travailleurs de la vague actuelle d'innovation.

Que l'automatisation non régulée puisse avoir un impact négatif sur les travailleurs est aussi ce que sentent d'instinct la plupart des Américains, à droite comme à gauche. Le refus de laisser une autonomie complète aux entreprises dans leurs décisions d'automatisation est un des rares sujets sur lesquels les sondés, qu'ils soient républicains ou démocrates, sont d'accord : le fait est assez remarquable pour être noté. Parmi eux, 80 % soutiendraient des mesures visant à limiter l'automatisation aux « emplois sales et dangereux ». Même quand la question est posée de façon plus politique, et qu'on leur demande « s'il devrait y avoir des limites au nombre d'emplois que les entreprises peuvent remplacer par des machines, même si elles sont plus efficaces et moins chères que les humains », 58 % des Américains, dont une moitié de républicains, répondent par l'affirmative[21].

L'automatisation exacerbe un problème plus général. Quand un travailleur est licencié, l'entreprise en a fini avec lui, mais la société dans son ensemble devient responsable de son bien-être. Nos normes sociales n'acceptent pas qu'il meure de faim ou que sa famille soit privée de toit, mais exigent plutôt qu'il retrouve un emploi qui lui plaise. On redoute sa colère, surtout si elle le pousse à voter pour les nombreux extrémistes qui hantent aujourd'hui le monde. Mais l'entreprise n'a à payer ni sa réorientation professionnelle ni ses aides sociales ni le coût social de sa colère, qui restent à la charge de la société : elle sous-estime donc le coût total de son licenciement.

Ce type d'argumentation justifie les mesures qui empêchent que le licenciement soit trop facile. Certaines législations du travail, comme en Inde, le rendent pratiquement impossible dans les très grandes entreprises. D'autres, en France par exemple, ont mis en place une procédure complexe et incertaine : le travailleur peut contester son licenciement et, éventuellement, être réintégré, en récupérant les salaires perdus. Le problème de ces coûts de licenciement est qu'ils peuvent compliquer grandement la tâche d'un manager confronté à un travailleur peu performant ou à la nécessité urgente et vitale de réduire les effectifs. Ils découragent même parfois l'embauche au départ, ce qui ne peut qu'aggraver le chômage[22].

Il existe une alternative à la limitation du licenciement ou à l'interdiction de l'automatisation dans certains secteurs : une taxe sur les robots, qui serait assez dissuasive pour que ces derniers ne soient déployés qu'à condition que les gains de productivité réalisés soient suffisamment élevés. Cette proposition est prise au sérieux aujourd'hui et débattue. Bill Gates lui-même la recommande[23]. En 2017, le Parlement européen a examiné une « taxe robot », avant de voter contre en invoquant le risque d'un étouffement de l'innovation[24]. À la même époque, cependant, la Corée du Sud annonçait une série de mesures qui pourrait être interprétée comme la première taxe robot au monde. Le projet coréen prévoit une baisse des subventions aux entreprises qui investissent dans l'automatisation, mais aussi une taxe sur l'externalisation, afin que ce ne soit pas la sous-traitance qui soit privilégiée[25].

Le problème est que, s'il est facile d'interdire le véhicule autonome (que l'idée en soit judicieuse est une autre question), la plupart des robots ne ressemblent pas à R2-D2. Ils sont généralement intégrés dans des machines qui restent actionnées par des humains, à ceci près que ceux-ci sont moins nombreux qu'avant. Comment le régulateur peut-il savoir où finit la machine et où commence le robot ? Une taxe robot aurait probablement pour effet d'inciter les entreprises à trouver de nouveaux moyens pour la contourner, accentuant encore les distorsions de l'économie.

Pour ces raisons, nous pensons qu'il ne sera pas possible d'empêcher que la tendance actuelle au remplacement des actions humaines par des robots n'aboutisse à lever un lourd tribut sur le stock déjà déclinant d'emplois désirables pour les travailleurs peu qualifiés, d'abord dans les pays riches, puis bientôt partout ailleurs. Cela aggravera, dans des proportions inconnues, ce que le choc chinois et les autres changements décrits dans les chapitres précédents ont fait subir à la classe ouvrière dans la quasi-totalité du monde développé. On peut craindre une hausse du chômage ou une multiplication des emplois précaires et mal payés.

Cette perspective inquiète les élites qui se sentent à la fois responsables de cette situation et menacées par elle. C'est pourquoi l'idée d'un revenu de base universel est si en vogue aujourd'hui dans la Silicon Valley. Toutefois, on pense généralement dans ce milieu que le désespoir provoqué par les robots ne sera un problème que demain ou même après-demain, quand les technologies se seront encore améliorées. Mais le niveau élevé et croissant des inégalités est déjà visible dans de nombreux pays, et aux États-Unis plus que partout ailleurs. L'histoire de ce pays ces trente dernières années devrait nous convaincre que l'évolution des inégalités est loin d'être uniquement un effet secondaire de changements technologiques que nous ne contrôlons pas : il est le résultat de choix et de décisions politiques.

Automutilation

Dans les années 1980, les États-Unis et le Royaume-Uni non seulement ont connu une croissance inférieure à celle qui leur était habituelle, mais ils ont senti que l'Europe continentale et le Japon les rattrapaient. La croissance est devenue un objet de fierté nationale. Croître ne suffisait pas : encore fallait-il gagner la « course » avec les autres pays riches. Après plusieurs dizaines d'années de croissance rapide, la fierté nationale se définissait par le volume du PIB, et par son expansion continue.

Pour Margaret Thatcher au Royaume-Uni et Ronald Reagan aux États-Unis, la cause de la stagnation de la fin des années 1970 était claire (nous savons qu'ils n'en avaient, en réalité, pas la moindre idée). Leurs pays avaient dérivé trop loin vers la gauche : les syndicats étaient trop puissants, les impôts trop lourds, le salaire minimum était trop élevé, la réglementation trop pesante. Pour restaurer la croissance, il fallait selon eux mieux traiter les chefs d'entreprise, ce qui voulait dire réduire les impôts, la réglementation et l'influence des syndicats, et faire en sorte que le reste du pays dépende moins de l'État. Comme nous l'avons déjà mentionné, cette idée que les taux d'imposition doivent être faibles pour éviter le désastre est tout à fait récente. Aux États-Unis, entre 1951 et 1963, le taux marginal supérieur d'imposition dépassait les 90 %. Il a baissé ensuite, mais est resté élevé. Sous la présidence de Ronald Reagan et de George H. W. Bush, les taux supérieurs d'imposition sont passés de 70 % à moins de 30 %. Bill Clinton les a augmentés, mais seulement à hauteur de 40 %. Depuis, au gré des alternances entre républicains et démocrates, ils n'ont cessé de faire du yo-yo, mais sans jamais dépasser ce chiffre. Cette baisse des impôts s'est accompagnée, d'abord sous Reagan mais encore plus fortement sous Clinton, d'une « réforme de l'aide sociale » (autrement dit son démantèlement), justifiée à la fois par des raisons de principe (les pauvres doivent être plus responsables et le travail doit donc conditionner l'aide) et par des nécessités budgétaires (dues à la baisse des recettes fiscales). Les syndicats furent mis à genoux au moyen d'un changement de législation et d'une utilisation directe du pouvoir de l'État à leur encontre (Reagan, on s'en souvient, fit appel à l'armée pour briser une grève des contrôleurs aériens). Depuis, la syndicalisation n'a cessé de décliner[26], les réglementations ont été rendues moins contraignantes et un nouveau consensus est apparu selon lequel il faudrait désormais une raison particulièrement pressante pour que « la main lourde du gouvernement », comme l'on disait à l'époque, puisse s'immiscer dans le monde des affaires.

Le Royaume-Uni a connu une trajectoire similaire. Le taux supérieur d'imposition est passé de 83 % en 1978 à 60 % en 1979, puis à 40 %, et il est depuis resté proche de ce niveau. Les très (trop ?) puissants syndicats de l'après-guerre ont été mis à genoux d'une main de fer – la grève des mineurs de 1984 fut un moment emblématique des années Thatcher – et ils ne s'en sont jamais remis. La déréglementation est devenue la norme, même si l'intégration dans une Europe plutôt portée sur la réglementation a limité son ampleur. La seule chose qui différenciait alors le Royaume-Uni des États-Unis, c'est qu'on n'a jamais essayé d'y décapiter l'aide sociale : Thatcher le souhaitait, mais ses collègues du cabinet l'en ont dissuadée. Sous sa férule, les dépenses publiques passèrent de 45 % à 34 % du PIB, mais elles retrouvèrent en partie leur niveau sous les gouvernements suivants[27].

L'inquiétude causée par le ralentissement de la croissance a été l'une des raisons qui ont rendu possibles des changements aussi radicaux. Bien qu'aucun élément factuel ne permette de démontrer qu'une baisse massive des impôts des riches favorise la croissance (nous attendons toujours le retour promis de la croissance économique aux États-Unis et au Royaume-Uni), ce constat était moins évident à l'époque. Depuis que la croissance s'est arrêtée, en 1973, la réaction naturelle a été de se tourner vers ceux qui critiquaient les politiques macroéconomiques keynésiennes des années 1960 et 1970, tels Milton Friedman et Robert Lucas, professeurs d'économie de l'École de Chicago (orientée à droite) et par ailleurs lauréats du prix Nobel.

« Reaganomics » – c'est ainsi qu'a été désigné l'ensemble des théories et des politiques économiques dominantes de cette période – ne se cachait pas du fait que les fruits de la croissance se paieraient nécessairement par une augmentation des inégalités. L'idée était que les riches en bénéficieraient les premiers, puis viendraient les pauvres. C'est la fameuse théorie du « ruissellement », qui n'a jamais été mieux décrite que par le professeur à Harvard John Kenneth Galbraith, qui disait qu'elle était appelée, dans les années 1890, la théorie « du cheval et du moineau » : « Si vous donnez au cheval assez d'avoine, il en ressortira bien quelque chose sur la route pour le moineau[28]. »

Et, en effet, les années 1980 furent l'aube d'un changement spectaculaire du contrat social aux États-Unis et au Royaume-Uni. Quel qu'ait pu être depuis le niveau de la croissance économique, celle-ci a été, pour ainsi dire, siphonnée par les riches. La question est donc : reaganomics et sa version britannique en sont-elles responsables ?

Le grand renversement

Dans les années 1980, alors que la croissance restait molle, les inégalités ont explosé. Grâce au travail exceptionnel et méticuleux de Thomas Piketty et Emmanuel Saez, le monde sait désormais ce qui s'est passé : 1980 est l'année de l'élection de Ronald Reagan. C'est aussi le moment, aux États-Unis, où la baisse d'un demi-siècle de la part du revenu national revenant au 1 % des Américains les plus riches s'est arrêtée et a entamé une remontée inexorable qui n'a jamais cessé depuis : c'est ce que nous appelons le grand renversement. En 1928, à la fin des Années folles, le 1 % des Américains les plus riches captait 24 % du revenu national. En 1979, le chiffre était inférieur d'un tiers. Et en 2017, dernière année pour laquelle nous disposons de statistiques au moment de l'écriture de ce livre, cette part était pratiquement revenue au niveau de 1929. Cet accroissement des inégalités de *revenu* s'est accompagné d'un accroissement des inégalités de *richesse* ou de *patrimoine* (le revenu est ce que les gens gagnent chaque année ; la richesse est leur fortune accumulée), même si ces inégalités de richesse n'ont pas encore atteint leur niveau du début des années 1920. La part de la richesse nationale du 1 % des Américains les plus riches est passée de 22 % en 1980 à 39 % en 2014[29].

On observe le même phénomène au Royaume-Uni. Le tournant, comme aux États-Unis, s'est produit autour de 1979, l'année où Mme Thatcher est devenue chef du gouvernement. Avant 1979, la part des revenus les plus élevés dans le revenu national n'avait cessé de diminuer depuis 1920. À partir de 1979, on observe une hausse similaire, brièvement interrompue par la crise financière mondiale de 2009. Contrairement aux États-Unis, cependant, les inégalités n'ont pas encore atteint leurs niveaux des années 1920 ; elles n'en sont cependant pas loin[30].

En Europe continentale, la situation est tout à fait différente. Avant 1920, la part des plus hauts revenus dans le revenu national en France, en Allemagne, en Suisse, en Suède, aux Pays-Bas ou au Danemark n'était pas très différente de celle des États-Unis ou du Royaume-Uni. Mais, à partir de 1920 environ, les inégalités y ont fortement reculé, comme aux États-Unis, puis sont restées à ce niveau, contrairement à ce qui s'est passé outre-Atlantique. Il y a eu ici et là des petites baisses et des petites hausses, et l'on a observé en Suède une forte remontée des inégalités à partir des années 1980, mais, en comparaison, les niveaux sont restés très faibles[31].

Ces données portent sur le *revenu avant impôt*, c'est-à-dire avant que les riches ne se soient acquittés de leurs impôts et que les pauvres n'aient bénéficié des transferts sociaux. Elles ne prennent donc pas en compte les efforts de redistribution des riches vers les pauvres. Comme les impôts ont baissé aux États-Unis à partir de 1979, on aurait pu s'attendre à ce que les inégalités après impôt augmentent encore plus que celles avant impôt. On observe bien un léger écart au moment de la réforme fiscale de 1986 (Tax Reform Act), mais, pour l'essentiel, les deux courbes – avant et après impôt – se suivent[32]. Les impôts jouent un rôle important dans la redistribution, mais l'augmentation des inégalités est un phénomène autrement plus profond que le simple effet mécanique d'une baisse de la redistribution par l'impôt.

Au même moment, vers 1980, les salaires ont cessé d'augmenter, du moins pour les travailleurs les moins éduqués. Aux États-Unis, le salaire horaire moyen, corrigé de l'inflation, pour le personnel non cadre a augmenté tout au long des années 1960 et 1970 pour atteindre un pic dans la seconde moitié des années 1970, avant de baisser sous les mandats Reagan-Bush, puis de repartir lentement à la hausse. Le salaire réel moyen n'était ainsi pas plus élevé en 2014 qu'en 1979. Sur la même période (1979-2018), les salaires réels des travailleurs les moins éduqués ont, en fait, *diminué*. Pour les travailleurs de sexe masculin occupant un emploi à plein temps, les salaires hebdomadaires réels étaient de 10 % à 20 % inférieurs en 2018 à ce qu'ils étaient en 1980[33]. Si la baisse des impôts avait eu le moindre effet de ruissellement, comme le prétendaient ses partisans, on aurait pu s'attendre à une hausse des salaires pendant les années Reagan-Bush. C'est le contraire qui s'est produit. La part du travail (la part du revenu national utilisée pour payer les salaires) n'a cessé de baisser depuis les années 1980. Dans l'industrie, en 1982, presque 50 % des ventes servaient à payer les travailleurs ; le chiffre était d'environ 10 % en 2012[34].

Le fait que ce grand renversement se soit produit sous Reagan et Thatcher n'est probablement pas une coïncidence. Mais il est aussi possible que ces deux dirigeants n'en aient pas été la cause directe. Après tout, leur élection est un symptôme de la politique de leur époque, dominée par l'inquiétude que suscitait la fin de la croissance. Et il n'est pas impossible que, si leurs adversaires avaient été élus, ils auraient suivi pour partie le même chemin.

Plus important, il n'est pas évident *a priori* que les politiques de Reagan et de Thatcher aient été la principale raison de l'augmentation des inégalités. Le diagnostic de ce qui s'est réellement passé pendant cette période, avec toutes les implications qui en découlent du point de vue politique, a été et continue d'être un sujet de vif débat entre économistes : certains, comme Thomas Piketty, pointent franchement du doigt ces changements de politique économique, mais la plupart soulignent que les transformations structurelles de l'économie, et notamment les changements technologiques, ont aussi joué un rôle important[35].

Le débat n'est pas facile à trancher car cette période a correspondu à de profondes transformations de l'économie mondiale. À partir de 1979, la Chine s'est lancée dans des réformes de marché. En 1984, l'Inde a fait ses premiers pas vers la libéralisation de son économie. Ces deux pays finiront par devenir les plus grands marchés du monde. Leur émergence explique que la part du commerce mondial dans le PIB mondial ait augmenté d'environ 50 % sur cette période[36], avec les conséquences dont nous avons discuté dans le chapitre 3.

L'avènement de l'informatique est l'autre caractéristique de ce cycle. Microsoft a été créé en 1975 ; en 1976 sortait l'Apple I, suivi de l'Apple II en 1977, qui a connu un succès commercial encore plus large. IBM a sorti son premier ordinateur personnel en 1981. En 1979, NTT lançait au Japon le premier système de téléphone portable grand public. Et, principalement grâce à la vente de téléphones portables, la société Apple est devenue, en août 2018, la première entreprise de 1 000 milliards de dollars.

Dans quelle mesure le changement technologique et la mondialisation expliquent-ils l'augmentation des inégalités aux États-Unis et au Royaume-Uni ? La politique, et notamment fiscale, a-t-elle joué un rôle, et de quel ordre ?

L'informatisation s'est accompagnée d'autres changements technologiques. Peut-être n'a-t-elle pas été révolutionnaire comme la machine à vapeur, à l'origine, ainsi que le dit Robert Gordon, de la révolution industrielle ; mais, comme la machine à vapeur et son enfant naturel, le moteur à combustion interne, l'informatique a tué un très grand nombre d'emplois. Personne ne gagne plus sa vie comme dactylographe, sinon les trois hommes solitaires et sans âge assis sous un arbre à Kolkata, près de l'endroit où est né Abhijit ; moyennant quelques sous, ils tapent pour vous nom et adresse sur des formulaires administratifs. Les sténographes sont une espèce en voie de disparition. Même à la Maison Blanche, leurs jours semblent comptés. Voilà un progrès technologique qui s'est largement accompli au détriment des travailleurs les moins qualifiés.

Mais, si l'adoption de nouvelles technologies favorables aux plus qualifiés explique l'augmentation de la valeur des diplômes[37], elle ne peut rendre compte de ce qui s'est passé tout en haut de la distribution des revenus, sauf à croire que les compétences des gens très riches se seraient miraculeusement transfigurées. Les compétences sont censées s'accroître de façon relativement constante avec le niveau d'éducation et de salaire. Aussi, si l'explosion des inégalités pour les très hauts revenus avait été uniquement due au progrès technologique, l'accroissement des niveaux des salaires n'aurait pas dû bénéficier qu'aux super-riches, mais également aux riches. En réalité, les gens qui gagnaient, disons, entre 100 000 et 200 000 dollars par an n'ont vu leurs salaires augmenter qu'un peu plus rapidement que la moyenne, alors que ceux qui gagnaient plus de 500 000 dollars par an ont vu leurs revenus exploser[38].

Les changements technologiques ne permettent donc pas d'expliquer l'augmentation stratosphérique des revenus tout en haut de l'échelle. Par ailleurs, ils ne sauraient expliquer la différence entre les États-Unis et l'Europe continentale, puisqu'ils ont été similaires dans tous les pays riches. Il faut donc chercher ailleurs.

Le gagnant rafle toute la mise ?

Cependant, la technologie a modifié l'organisation profonde de l'économie. Les inventions issues des nouvelles technologies sont souvent de telle nature que « le gagnant rafle toute la mise » *(winner takes all)*. Il n'y a plus aucune raison d'être sur Myspace quand tout le monde est sur Facebook, et Twitter n'offre aucun intérêt si personne ne retweete. Les innovations technologiques ont aussi transformé les secteurs d'activité existants, introduisant en particulier des effets de réseaux dans des secteurs où ils étaient auparavant absents, comme le transport ou l'hôtellerie. Si les chauffeurs savent que tous les passagers utilisent une certaine plate-forme de covoiturage, par exemple, c'est sur celle-ci qu'ils iront. Ces effets de réseau expliquent en partie la domination des gigantesques entreprises de technologie que sont Google, Facebook, Apple, Amazon, Uber, Airbnb, mais aussi de mastodontes de la « vieille économie » comme Walmart et Federal Express. Par ailleurs, la mondialisation de la demande a augmenté la valeur des marques, car les riches consommateurs chinois et indiens peuvent désormais aspirer aux mêmes biens de consommation. Et la possibilité de naviguer, de comparer et de publier sur Facebook a rendu le consommateur plus au fait des différences de prix et de qualité, mais aussi plus sensible aux modes passagères.

Il en résulte une économie où le gagnant rafle toute (ou presque toute) la mise, dans laquelle un petit nombre d'entreprises captent une grosse part du marché. Comme nous l'avons vu dans le chapitre sur la croissance, dans de nombreux secteurs les ventes se sont fortement concentrées, et nous assistons à la domination croissante de quelques « entreprises superstars ». Dans ces secteurs, la part des recettes qui sert à payer les salaires s'est réduite encore plus qu'ailleurs. La raison en est que ces entreprises, des monopoles ou des quasi-monopoles, font davantage de profits et que ces profits ont tendance à être distribués aux actionnaires. Cette concentration croissante explique donc en partie pourquoi les salaires n'augmentent pas au rythme du PIB[39].

L'ascension des entreprises superstars est aussi à la source de l'augmentation globale des inégalités de salaire : certaines entreprises sont aujourd'hui beaucoup plus profitables que les autres et elles versent des salaires plus élevés. Par ailleurs, la profitabilité des entreprises est plus variable qu'elle ne l'était naguère, avec des gagnants et des perdants bien identifiables, même en dehors des superstars[40]. Si bien qu'aux États-Unis l'augmentation des inégalités entre les salaires moyens des différentes entreprises peut expliquer à elle seule les deux tiers de l'accroissement total des inégalités (la hausse des inégalités entre les travailleurs d'une même entreprise expliquant le reste). Une partie de cette hausse des inégalités entre entreprises peut être attribuée à des changements dans le type de personnel employé : les travailleurs qui percevaient de hauts salaires dans les entreprises qui payaient en général peu les ont quittées pour rejoindre des entreprises qui paient plus. Autrement dit, en supposant que des salaires plus élevés reflètent, en moyenne, une productivité plus forte, alors les travailleurs les plus productifs ont tendance à travailler de plus en plus avec d'autres travailleurs à la productivité élevée[41].

Cela pourrait s'expliquer par une théorie qui voudrait que les entreprises superstars attirent à la fois les capitaux et les meilleurs employés[42]. Si les individus très productifs bénéficient plus que les autres du fait de travailler avec d'autres individus très productifs, alors le marché du travail pourrait conduire ces personnes à se regrouper pour former des entreprises à la productivité élevée, où les salaires seraient, de ce fait, supérieurs à ceux versés ailleurs. En outre, une fois qu'une entreprise a investi dans tous ces talents, le rôle du P-DG devient déterminant : s'il les entraîne sur une mauvaise voie, il gaspillera des capacités productives considérables. C'est pourquoi ce type d'entreprise devrait recruter le meilleur P-DG possible, quitte à lui verser un salaire que l'on peut trouver indécent[43]. Dans cette perspective, la hausse des très hauts salaires ne serait qu'une conséquence normale de l'avènement des entreprises superstars, qui accordent un grand prix au recrutement des meilleurs dirigeants.

La rigidité de l'économie contribue aussi à l'accroissement des inégalités entre les entreprises. Comme la production dans certains secteurs se concentre dans les entreprises superstars, les autres entreprises de ces secteurs ferment dans tout le pays (il suffit de songer aux grands magasins de centre-ville concurrencés par Amazon) ; elles s'ajoutent à celles qui ferment à cause de l'effet du commerce mondial ou des nouvelles technologies. Comme les travailleurs ne partent pas, la croissance des salaires (et des loyers) dans les zones touchées par ces fermetures ralentit ou s'inverse. Cette baisse des coûts peut être une bonne nouvelle pour les entreprises qui réussissent à survivre dans ces endroits, surtout si leurs clients vivent ailleurs. Elles pourraient profiter de ces profits pour investir, mais cette augmentation des investissements ne sera probablement pas suffisante pour stopper le déclin général de la région. En d'autres termes, être une « bonne » entreprise pourrait être une question de chance : si vous êtes chef d'entreprise dans une économie locale en déclin, et que vous êtes assez chanceux pour continuer à vendre sur le marché national ou mondial, vous pouvez vous en sortir très bien, un certain temps du moins, jusqu'au moment où la pénurie de compétences se fera sentir car les plus jeunes et les plus ambitieux seront partis chercher du travail ailleurs.

Autrement dit, la mondialisation et l'essor du secteur des technologies de l'information, combinés à une économie rigide et à d'autres changements importants mais plus locaux, ont créé un monde où cohabitent entreprises performantes et non performantes, ce qui a contribué à accroître les inégalités. Pour les partisans de cette explication, il s'agit certes d'un triste phénomène, mais rien, probablement, n'aurait pu l'empêcher.

Tout n'est pas pourri dans l'État du Danemark

L'économie du *winner takes all* ne suffit pas néanmoins à expliquer l'accroissement des inégalités.

Car, si l'explication venait du progrès technologique, elle devrait s'appliquer au Danemark aussi bien qu'aux États-Unis. Le Danemark est un pays capitaliste où la part du revenu national allant au 1 % des plus riches était supérieure à 20 % dans les années 1920, comme aux États-Unis. Mais cette part a baissé et, contrairement à ce qui s'est passé aux États-Unis, elle est restée faible : elle tourne désormais autour de 5 %[44]. Le Danemark est un petit pays, mais qui compte plusieurs grandes entreprises renommées, dont Maersk, le géant du transport maritime, Bang & Olufsen, un fabriquant de très beaux produits électroniques grand public, et la brasserie Tuborg. Pourtant, les plus hauts revenus n'y ont jamais explosé. Il en va de même dans de nombreux pays très différents d'Europe occidentale, ainsi qu'au Japon[45]. Qu'est-ce qui distingue ces pays des États-Unis ?

Une part de la réponse tient à la finance. Les États-Unis et le Royaume-Uni dominent la « haute » finance : la banque d'investissement, les obligations à risque, les fonds spéculatifs, les titres adossés à des créances hypothécaires, le capital investissement, l'analyse quantitative, etc. ; c'est là qu'on a vu apparaître ces dernières années quantité de salaires astronomiques. Deux professeurs de finance de la Harvard Business School (difficile de faire moins révolutionnaire…) estiment que les investisseurs qui utilisent les services d'un intermédiaire sur le marché financier versent *chaque année* 1,3 % de tous leurs investissements à leur gestionnaire de fonds, ce qui, à l'horizon de plus de trente ans d'une personne qui épargne pour sa retraite, revient à donner au gestionnaire un tiers des actifs investis au départ[46]. Ce n'est pas de l'argent de poche, mais ce n'est rien comparé à ce qui se passe avec les fonds spéculatifs, les fonds de capital investissement et les fonds de capital-risque qui sont l'incarnation de la haute finance, et où, récemment encore, il fallait verser au gestionnaire, *chaque année*, entre 3 % et 5 % du montant investi. Celui-ci augmentant constamment, il n'est pas étonnant que certains de ces gestionnaires soient devenus très très riches.

À compétences comparables, les employés du secteur financier sont payés aujourd'hui entre 50 % et 60 % plus que les autres travailleurs. Ce n'était pas le cas dans les années 1950, 1960 et 1970[47]. Cette augmentation de leurs salaires est un facteur important de l'explosion générale des très hauts revenus. Au Royaume-Uni, de toutes les grandes économies la plus dominée par la finance, les employés du secteur financier, qui ne représentaient qu'un cinquième des personnes appartenant au groupe des 1 % les plus riches, ont capté 60 % de la hausse des salaires de ce groupe entre 1998 et 2007[48]. Aux États-Unis, entre 1979 et 2005, la part des revenus les plus élevés allant à des professionnels de la finance a pratiquement doublé[49]. Par contraste, en France, où la finance correspond essentiellement à la banque et à l'assurance, la hausse des inégalités a été bien plus faible en termes absolus. Entre 1996 et 2007, la part du revenu national allant au 0,1 % des Français les plus riches est passée de 1,2 % à 2 % (elle a ensuite baissé pendant la crise financière, pour retrouver à peu près son niveau en 2014[50]), mais la moitié de cette hausse environ, estime-t-on, est due à l'augmentation des salaires dans la finance[51].

On ne peut pas expliquer l'enrichissement dans la finance par l'existence d'entreprises superstars. La finance, en effet, n'est pas un sport d'équipe. C'est un secteur qui se caractérise, soi-disant, par le génie individuel, c'est-à-dire par des personnes capables de repérer les comportements irrationnels sur les marchés pour en tirer profit, ou de repérer avant tout le monde les prochains Google et Facebook. Mais comment cela pourrait-il expliquer qu'un gestionnaire *ordinaire* dans le secteur financier touche, année après année, des honoraires astronomiques ? La majorité des fonds gérés de façon « active » ne gagnent pas plus que les fonds « passifs », qui se contentent de suivre les indices boursiers. Pire, aux États-Unis, les fonds mutuels moyens ont de *moins bons rendements* que la Bourse américaine[52] : ils ont su emprunter le langage du talent individuel, mais pas le talent lui-même. Les primes versées aux employés du secteur financier sont des quasi-*rentes* : elles ne récompensent ni la compétence ni l'acharnement au travail, mais la chance d'avoir atterri dans cet emploi[53].

Un peu comme les rentes constituées par les emplois publics dans les pays pauvres évoquées dans le chapitre 5, ces rentes financières produisent une distorsion dans le fonctionnement du marché du travail. Quand la crise mondiale de 2008 a éclaté, provoquée largement par une combinaison d'irresponsabilité et d'incompétence de la part des maîtres de la finance, une étude a montré que 28 % des étudiants des récentes promotions de Harvard avaient choisi un emploi dans ce secteur[54]. Cette part n'était que de 6 % en 1969 et 1973[55]. Il faut s'en inquiéter : si certains emplois bénéficient d'une prime sans rapport avec leur utilité, comme les gestionnaires de fonds grassement payés pour ne rien faire, ou les nombreux ingénieurs et scientifiques talentueux du MIT recrutés pour rédiger les programmes informatiques destinés au trading haute fréquence, alors ces talents sont perdus pour les entreprises qui produisent quelque chose d'utile. Le trading haute fréquence rapporte sans doute de l'argent, puisqu'il permet au trader de réagir plus vite à de nouvelles informations. Mais, sachant que le temps de réaction est de l'ordre de la seconde, voire moins, aller encore plus vite améliore-t-il de façon significative l'allocation des ressources dans l'économie ? Et si l'embauche des individus les plus brillants et intelligents est sans doute un moyen efficace pour une entreprise financière de vendre ses services, ces talents n'en sont pas moins perdus pour le monde réel. Peut-être, dans un monde plus sain, auraient-ils écrit une grande symphonie ou trouvé le moyen de guérir le cancer du pancréas.

Les salaires élevés de la finance posent un autre problème. Les salaires et les bonus des P-DG des très grandes entreprises sont fixés par les comités de compensation issus des conseils d'administration, qui prennent pour référence les salaires des P-DG des entreprises comparables. Cela crée un phénomène de contagion : si une entreprise (disons, dans la finance) commence à payer davantage son P-DG, les autres (pas nécessairement dans la finance) vont se sentir obligées de suivre pour continuer d'attirer les meilleurs. Sinon ces P-DG se sentent sous-valorisés par rapport à ceux avec qui ils jouent au golf. Les consultants qui les aident à recenser ce qui se passe dans les entreprises « comparables » excellent à sélectionner un échantillon de salaires particulièrement élevés, et le ton donné par la haute finance a ainsi tendance à se répandre dans le reste de l'économie. La pratique consistant à utiliser les comparaisons salariales pour négocier des salaires toujours plus élevés s'est diffusée bien au-delà des très grandes entreprises, et même du secteur à but lucratif.

Cette tendance est aggravée par le fait que les P-DG, partout et pas uniquement dans la finance, s'efforcent de peupler les conseils d'administration de personnes qu'ils pensent pouvoir contrôler (ou qui n'ont pas d'autre ambition que de toucher leurs jetons de présence). Résultat : ils sont souvent récompensés pour des simples coups de chance. Et quand la valorisation boursière de l'entreprise augmente, même si c'est le résultat du hasard (à la suite, par exemple, d'une hausse des prix du pétrole ou d'une évolution favorable des taux de change, etc.), leurs salaires augmentent. La seule exception, qui, à certains égards, vient confirmer la règle, est que les P-DG des sociétés dans le conseil d'administration desquelles ne siège qu'un unique gros actionnaire (qui se montre vigilant parce qu'il s'agit de son argent) sont beaucoup moins récompensés pour les coups de chance que quand ils dirigent l'entreprise de façon réellement productive[56].

Les stock-options, en normalisant l'idée que la paie des P-DG n'était liée directement qu'à la valeur actionnariale, ont probablement contribué à la montée en flèche de leurs salaires. En outre, le fait de lier la rémunération des dirigeants à la Bourse a eu pour effet de la découpler de l'échelle des salaires de l'entreprise. Quand tout le monde était sur la même échelle, les P-DG devaient augmenter les salaires du bas pour augmenter le leur. Avec les stock-options, ils n'avaient plus aucune raison d'augmenter les salaires du bas de l'échelle, et toutes les raisons même, au contraire, de réduire au maximum les coûts, et donc les salaires. Le paternalisme, un trait autrefois caractéristique des grandes entreprises, exigeait la loyauté de la part des employés, mais se préoccupait de leur bien-être. Il est désormais réservé aux travailleurs d'élite des entreprises informatiques, et s'exprime sous la forme de services gratuits de restauration et de nettoyage à sec, en échange de longues heures de travail.

L'énigme danoise s'explique peut-être par le fait que la domination de la finance est beaucoup moins forte en Europe continentale qu'au Royaume-Uni et aux États-Unis[57], où celle-ci est un choix de carrière attractif pour l'élite diplômée. De même, les stock-options (et, plus généralement, les rémunérations liées à la Bourse) tendent à être davantage utilisées dans le monde anglo-saxon, où les gens qui connaissent la Bourse sont plus nombreux et où la plupart des entreprises sont cotées en Bourse.

L'impôt et la culture

La faiblesse de la fiscalité, l'explication avancée par Thomas Piketty, a aussi joué un rôle. Quand le taux d'imposition sur les plus hauts revenus est de 70 % ou plus, les entreprises ont moins de raison de payer des salaires stratosphériques. À ce niveau d'impôt, le conseil d'administration doit en effet procéder à un arbitrage délicat : quand le taux marginal d'imposition est de 70 %, 1 dollar de salaire coûte 1 dollar à l'entreprise mais ne rapporte que 30 cents au manager. Le salaire présente donc moins d'intérêt pour le P-DG, et il devient plus économique, pour le conseil d'administration, de le payer sous d'autres formes, par exemple en lui permettant de réaliser les projets de ses rêves. Ce n'est pas toujours ce que souhaitent les actionnaires (ils veulent augmenter les profits, pas forcément la taille de l'entreprise) – dans les années 1960 et 1970, les économistes se demandaient à comment limiter les ambitions des P-DG bâtisseurs d'empires –, mais cela peut être mieux pour les travailleurs, et pour le monde.

Un P-DG peut ainsi se donner pour priorité de développer l'entreprise, d'être apprécié de ses employés ou de découvrir de nouveaux produits qui ont une vraie utilité sociale, même s'ils ne sont pas ceux qui maximisent la valeur de l'action. Les actionnaires peuvent l'accepter pour faire plaisir à leur P-DG. C'est peut-être d'ailleurs une des raisons pour lesquelles les salaires des employés de base ont augmenté précisément à l'époque où les taux supérieurs d'imposition étaient élevés.

Ainsi donc, l'intérêt des forts taux supérieurs d'imposition des années 1950 et 1960, qui ne s'appliquaient qu'aux revenus extrêmement élevés, n'était pas tant de « faire payer les riches » que de les faire disparaître. Ces taux n'étaient quasiment payés par personne parce que ces très hauts revenus n'existaient plus[58]. Quand les taux supérieurs d'imposition ont baissé pour s'établir à 30 %, les salaires extrêmement élevés sont redevenus attractifs.

Autrement dit, les taux supérieurs d'imposition élevés pourraient conduire à une réduction non seulement des inégalités après impôt mais aussi des *inégalités avant impôt*. C'est très important car, comme nous l'avons vu, la divergence des inégalités entre l'Europe et les États-Unis depuis une dizaine d'années s'explique largement par l'augmentation des inégalités avant impôt. Les données montrent que la baisse des taux d'imposition supérieurs peut avoir joué un rôle : en comparant les pays, on constate une corrélation entre l'ampleur des baisses des taux supérieurs d'imposition qui ont eu lieu entre 1970 et aujourd'hui et l'augmentation des inégalités avant impôt. L'Allemagne, la Suède, l'Espagne, le Danemark et la Suisse, où les taux supérieurs marginaux d'imposition sont restés élevés, n'ont pas connu de fortes augmentations des très hauts revenus. À l'inverse, aux États-Unis, en Irlande, au Canada, au Royaume-Uni, en Norvège et au Portugal, où les taux supérieurs d'imposition ont été significativement abaissés, on observe de fortes augmentations des très hauts revenus[59].

Au-delà des taux d'imposition, un changement d'ordre culturel est sans doute intervenu aux États-Unis, créant un environnement dans lequel les hauts salaires étaient acceptables. Après tout, comment les gens travaillant dans la finance ont-ils convaincu leurs actionnaires et le reste du monde qu'ils pouvaient être payés autant pour leurs services si nous avons raison quand nous disons que ces revenus sont des rentes de situation ?

Au-delà des baisses d'impôts, nous pensons que le discours sur les incitations qui a sous-tendu la révolution de Reagan et Thatcher a convaincu une part importante de la population, même ceux qui n'étaient pas particulièrement riches, que ces salaires stratosphériques étaient légitimes. Les baisses d'impôts ont été le symptôme d'un basculement idéologique plus profond. Les mains libres, les riches ont pu se verser plus d'argent qu'ils n'en pourraient jamais dépenser ici-bas, sans fâcher personne, puisqu'il était entendu qu'ils l'avaient « gagné ». Aveuglés par leur amour inconditionnel pour les incitations, un certain nombre d'économistes ont joué un rôle clef dans la diffusion et la légitimation de cette fable. Comme nous l'avons vu, de nombreux économistes trouvent les salaires actuels des P-DG justifiés, alors même qu'ils ne sont pas opposés à une augmentation générale des taux d'imposition. La fable s'est propagée et, aujourd'hui encore, alors que beaucoup de gens aux États-Unis et au Royaume-Uni s'inquiètent de leur situation économique, ils préfèrent accuser l'immigration et le libre-échange plutôt que le siphonage croissant des ressources par une poigné de super-riches.

Mais cette hypothèse essentielle, à savoir que des salaires nets très élevés sont nécessaires pour encourager les gens les plus productifs à travailler de leur mieux et à créer de la prospérité pour tous, est-elle correcte ? Que savons-nous de l'effet des impôts sur les efforts des riches ?

Un conte de deux footballs

Les sociétés européennes sont plus égalitaires que la société états-unienne : les inégalités de revenu avant impôt y sont beaucoup plus faibles, le poids des impôts y est plus lourd et la fiscalité plus progressive.

À une exception près, d'ailleurs fort intéressante : le sport de haut niveau. Aux États-Unis, la Major Baseball League a instauré ce qui ressemble à une taxe sur les produits de luxe : les équipes doivent payer une amende si leur masse salariale dépasse un certain volume. Une équipe qui dépasse une fois le seuil sur une période de cinq ans doit payer une pénalité de 22 % du montant du dépassement, et l'amende maximum pour les récidivistes est de 50 % de ce même montant. Dans la plupart des autres grands championnats (NFL, NBA, Major League Soccer, etc.), des plafonds salariaux ont été institués. En 2018, le salaire maximum qui pouvait être versé à l'ensemble des joueurs d'une équipe de NBA était de 177 millions de dollars. Ce n'est certes pas rien, mais on rappellera qu'en 2018 le FC Barcelone versait un salaire annuel de 84 millions de dollars au seul Lionel Messi, soit beaucoup plus que ce qui serait possible aux États-Unis.

Les plafonds salariaux dans le sport professionnel ne sont pas le produit de quelque idéalisme scandinave, loin de là. Leur principal motif est le contrôle des coûts. C'est par ce moyen qu'un cartel de propriétaires d'équipes de sport peut limiter la part des recettes consacrées aux joueurs, et, par conséquent, augmenter celle qui leur revient. Mais cela a une autre vertu, et c'est la raison invoquée publiquement : assurer une certaine équité entre les équipes et rendre la saison plus intéressante à suivre. L'argent sans limite crée trop d'inégalités, et aboutit à une situation où, dans un championnat, seules quelques équipes, et toujours les mêmes, ont une chance réelle de gagner. En Europe, où les grands championnats de football ne pratiquent pas le plafond salarial, un petit nombre d'équipes (en Angleterre, Manchester City, Manchester United, Liverpool, Arsenal et Chelsea) dépensent infiniment plus que les autres et jouissent d'une domination incontestée. C'est si vrai qu'en 2016 les chances de l'équipe de Leicester de gagner la Premier League était de 5 000 contre 1, encore moins que la probabilité qu'Elvis Presley soit encore vivant. Les bookmakers perdirent un total de 25 millions de livres sterling quand l'équipe, à la surprise générale, finit par triompher.

Bien sûr, le plafond salarial n'est pas sans être l'objet de critiques. Dans un article du magazine *Forbes*, le mécanisme est jugé « anti-américain », au motif que, « dans un système capitaliste, l'argent dépensé en employés (c'est ce que sont les athlètes dans le sport professionnel) devrait reposer uniquement sur la performance, pas entravé par un système[60] ». Naturellement, les joueurs sont contre : ils trouvent le plafond salarial injuste et ont très souvent fait la grève pour s'y opposer. Il est toutefois intéressant de noter que, parmi les critiques, personne n'avance l'idée que les joueurs auraient plus de cœur à l'ouvrage s'ils étaient payés un peu (ou beaucoup) plus. Tout le monde s'accorde sur le fait que l'envie d'être le meilleur est la seule motivation.

Gagner n'est pas l'essentiel[61]

Ce qui est vrai des sportifs professionnels semble l'être des gens riches en général.

La question des impôts des riches a pris une place centrale dans le débat politique américain à la fin de 2018. Avec la proposition d'Alexandria Ocasio-Cortez d'un taux marginal supérieur d'impôt sur le revenu de plus de 70 %, et l'appel d'Elizabeth Warren à créer un impôt progressif sur la fortune, la politique fiscale est devenue l'un des enjeux de l'élection présidentielle de 2020.

La taxation des revenus étant une question politique très ancienne, un grand nombre d'études tentent de déterminer si les gens riches arrêtent vraiment de travailler quand leurs impôts sur le revenu augmentent. La synthèse de la littérature sur le sujet réalisée par Emmanuel Saez et ses collègues, qui fait autorité à ce jour, conclut que l'effort de travail réel ne réagit pas aux taux supérieurs d'imposition ; en revanche l'effort pour éviter de s'acquitter de l'impôt, de façon légale ou illégale, y est sensible[62]. Ainsi, la baisse d'impôt de Reagan en 1986 s'est traduite par une forte augmentation du revenu personnel imposable, mais elle s'est tarie rapidement. Cela signifie que cette augmentation a été due principalement au fait que des particuliers ont réintégré des revenus cachés dans le filet fiscal (désormais moins serré), et non à une hausse des salaires et donc de l'effort de travail. Dans les pays où il est difficile d'échapper à l'impôt parce qu'il touche tous les revenus (pas de traitement différencié des revenus de placement, des revenus du travail ou des « honoraires perçus par les agents immobiliers »), le revenu imposable (et donc l'effort de travail réel sous-jacent) est insensible à l'impôt.

Cela n'a rien de surprenant. Pour les sportifs de haut niveau, selon l'ancien entraîneur de football américain Vince Lombardi, « gagner n'est pas l'essentiel : c'est la seule chose qui compte ». Ils ne cesseront donc pas de faire de leur mieux parce que le taux d'imposition augmente. Il en va probablement de même pour les P-DG les mieux rémunérés et pour les gens qui aspirent à le devenir.

Que penser alors de l'idée selon laquelle les meilleures entreprises veulent les meilleurs dirigeants et sont prêtes à mettre le prix pour ça ? Pourraient-elles encore le faire dans le cas où les impôts seraient beaucoup plus élevés ? La réponse est oui. Même si l'État lui prend 70 % de ce qu'il gagne, le poste le mieux payé reste le poste le mieux payé tant que le taux d'imposition est identique pour toutes les entreprises.

Cependant, les taux marginaux supérieurs d'imposition pourraient aussi diminuer l'attrait des métiers les plus lucratifs, qui ne sont pas nécessairement les plus utiles à la société, telle la finance. Sans l'appât de salaires nets très élevés, les aspirants aux postes de direction pourraient préférer aller non pas là où ils gagneront le plus mais là où ils se sentiront le plus utiles. Le bon côté de la crise de 2008 est qu'elle a diminué l'attrait du secteur financier auprès des esprits brillants. Une étude sur les choix de carrière des diplômés du MIT montre que ceux de 2009 étaient 45 % moins nombreux à choisir la finance que ceux qui avaient obtenu leur diplôme entre 2006 et 2008[63]. Cela pourrait conduire à une meilleure répartition des talents et, dans la mesure où le niveau des salaires dans la finance contamine tous les autres secteurs de l'économie, contribuer à réduire un peu plus les inégalités de revenu.

Tout bien considéré, donc, il nous semble que les taux marginaux élevés d'imposition, quand ils ne s'appliquent qu'aux très hauts revenus, sont un moyen tout à fait raisonnable de limiter l'explosion des inégalités au sommet de l'échelle des revenus. Ils ne sont absolument pas confiscatoires puisque, au bout du compte, ils finiront par n'être plus payés que par une poignée d'individus : les dirigeants d'entreprise cesseront tout simplement de toucher ce niveau de revenu. Et, d'après tout ce que nous savons, cela ne découragera personne de travailler aussi dur que possible. Par ailleurs, dans la mesure où ces mêmes taux marginaux d'imposition affectent les choix de carrière, les orientations se feront très probablement dans un sens plus positif. Il ne s'agit pas, pour autant, de nier l'importance des changements structurels de l'économie, qui expliquent qu'il soit devenu extrêmement difficile de réussir pour les personnes n'ayant pas fait de bonnes études. Ce sont ces changements qui ont provoqué un accroissement des inégalités au sein même des 99 % restants de la population[64]. Pour trouver des solutions à ce problème, nous devons explorer des voies alternatives et complémentaires. Mais nous ferions peut-être tout aussi bien de commencer par éliminer les ultra-super-riches (ce qui signifie, rassurez-vous si vous avez de la peine pour eux, les transformer en simples super-riches).

Les Panama Papers

Cela dit, les riches vont sûrement réagir à une hausse des impôts en cherchant tous les moyens de ne pas les payer.

Ainsi, dans le football européen, l'absence de plafond salarial et les salaires astronomiques qui en sont la conséquence ont pour effet d'encourager les joueurs à échapper à l'impôt. En 2016, Lionel Messi (qui avait gagné plus de 100 millions d'euros en 2017) a été jugé coupable de trois chefs de fraude fiscale pour un montant de 4,1 millions d'euros, et condamné à de l'emprisonnement avec sursis. En juillet 2018, le gouvernement espagnol et Cristiano Ronaldo ont signé un accord en vertu duquel le joueur était condamné à une peine d'emprisonnement mais avec sursis moyennant le paiement d'une amende de 19 millions d'euros. Il était accusé de quatre chefs de fraude fiscale pour un montant de 14,7 millions d'euros, l'utilisation de sociétés-écrans hors d'Espagne lui ayant permis de dissimuler les revenus tirés de ses droits d'image entre 2011 et 2014. Par ailleurs, on sait qu'un grand nombre de joueurs qui ne fraudent pas cherchent par tous les moyens à payer moins d'impôts. En comparant plusieurs pays d'Europe, une étude a montré que, quand l'un d'entre eux augmentait le taux d'imposition de 10 %, le nombre de joueurs étrangers diminuait dans la même proportion[65]. En 2018, Ronaldo a quitté l'Espagne pour l'Italie afin de réduire sa facture fiscale.

La publication de ce qu'on a appelé les « Panama Papers », qui a révélé le travail du cabinet d'avocats panaméen Mossack Fonseca pour le compte de la ploutocratie mondiale à travers la création de centaines de milliers de sociétés-écrans, a montré que l'évasion fiscale est devenue un phénomène généralisé. Dans la liste des noms figuraient d'anciens Premiers ministres d'Islande, du Pakistan et du Royaume-Uni. Même en Scandinavie, région à l'honnêteté proverbiale, on ne compte en moyenne que 3 % d'évasion fiscale, mais elle est surtout le fait des contribuables les plus riches. Une étude a estimé que l'évasion fiscale du 0,01 % des Norvégiens, Suédois et Danois les plus riches représentait entre 25 % et 30 % des impôts personnels dont ils devaient s'acquitter[66].

Quand les impôts augmentent beaucoup, l'évasion fiscale en fait autant. Toute la question est de savoir dans quelle proportion. À court terme, c'est sans doute substantiel. Nous avons déjà évoqué le sujet dans le contexte des baisses d'impôts sous Reagan. Quand les impôts augmentent, on s'attend à observer le contre-coup : la forte baisse du revenu imposable, car ceux qui dissimulent leurs revenus le font tout de suite. Par la suite, cet effet diminue.

Pour cette raison, quelques responsables politiques aux États-Unis et certains économistes[67] militent pour un impôt progressif sur la fortune, applicable au niveau mondial (en 2019, Elizabeth Warren a proposé un impôt sur la fortune de 2 % pour les Américains possédant des avoirs supérieurs à 50 millions de dollars et de 3 % au-dessus de 1 milliard). L'idée n'est pas nouvelle. Après tout, la plupart des Américains qui possèdent un logement paient déjà un impôt sur la valeur de leur bien immobilier : la taxe foncière, qu'ils versent à leur municipalité. Mais cette taxe est régressive. Imaginons que la valeur de votre logement soit de 300 000 dollars et que vous payiez une taxe foncière de 1 % (3 000 dollars). Vous paierez alors 10 % de votre fortune nette si vous avez un emprunt de 270 000 dollars (votre fortune nette étant alors de 30 000 dollars), mais seulement 0,1 % de celle-ci si vous possédez des actifs financiers de 2,7 millions de dollars (votre fortune nette étant alors de 3 millions de dollars).

L'impôt sur la fortune tel qu'il est envisagé aux États-Unis serait progressif et s'appliquerait à toutes les formes de richesse, non uniquement à l'immobilier. L'intérêt d'un impôt s'appliquant à tous les types de grande fortune, du point de vue de la lutte contre les inégalités, est que les gens très riches ne consomment pas l'immense majorité du revenu qu'ils tirent de leur richesse. En réalité, ils en prennent une petite fraction sous la forme d'un dividende, et réinvestissent le reste dans le trust familial ou dans la structure *ad hoc* qui a permis à leur fortune de s'accumuler. Or, en vertu du code des impôts de la plupart des pays aujourd'hui, ils ne paient pas d'impôts sur le montant réinvesti dans le trust[68]. À cause ou grâce à ce système, Warren Buffet, comme il aime le rappeler, paie très peu d'impôts sur le revenu[69]. Avoir un impôt sur le revenu redistributif devient difficile si la plupart des très hauts revenus sont effectivement (et légalement) protégés de l'impôt de cette manière. En outre, l'avantage fiscal se cumule. La nouvelle richesse génère un nouveau revenu de placement, dont l'essentiel, pour les mêmes raisons, ne sera pas taxé non plus : les riches deviendront encore plus riches. Un impôt ciblant les très grandes fortunes permet de résoudre le problème. Ce n'est pas réellement, ainsi que la presse économique et certains responsables politiques essaient de le présenter, une façon pour les riches de « donner en retour » (mais si cela leur fait du bien de le penser, pourquoi pas). Il faut plutôt le considérer comme une façon pratique et administrativement (assez) simple de s'assurer qu'ils paieront un impôt sur la totalité de leurs revenus, quel que soit l'usage qu'ils choisissent d'en faire : imaginons un individu dont la fortune de 50 millions de dollars produirait au moins 2,5 millions de dollars de revenu de placement, en année moyenne ; un prélèvement sur la fortune de 2 % (1 million de dollars) reviendrait à un impôt de 40 % sur la tranche supérieure de son revenu, ce qui n'a rien d'excessif.

Contrairement aux impôts sur les successions, qui ont mauvaise réputation depuis que certains les ont surnommés « l'impôt sur la mort », l'idée d'un impôt sur la fortune est très populaire. En 2018, 61 % des personnes ayant répondu à un sondage réalisé par le *New York Times* y étaient favorables, dont 50 % de républicains[70]. Cela pourrait donc être politiquement faisable. Pourtant, depuis quelques dizaines d'années, de nombreux pays ont supprimé un tel impôt, et rares sont ceux à en avoir créé un (la Colombie est un de ces rares pays). En France, la suppression de l'impôt sur la fortune a été la première décision du président Emmanuel Macron après son élection en 2017. Il s'agit selon nous d'un acte politique risqué. La suppression de l'impôt sur la fortune, suivie de la tentative d'instaurer une surtaxe sur l'essence ont servi de déclencheur pour le mouvement de contestation des « gilets jaunes ». Pour tenter d'apaiser les protestations, Macron a promis un certain nombre de concessions, mais pas le rétablissement de l'impôt sur la fortune.

Deux raisons expliquent qu'il soit politiquement difficile de taxer les grandes fortunes. La première est liée à un lobbying particulièrement efficace. Les campagnes électorales des responsables politiques, à gauche comme à droite, sont financées par des individus très riches, rarement favorables à cet impôt, même quand ils sont par ailleurs plutôt « progressistes ». La seconde est qu'il est facile d'éviter les impôts, légalement ou non, en particulier dans les pays européens de petite taille, où les gens riches peuvent cacher leur fortune à l'étranger. Cela donne lieu à une course au moins-disant fiscal.

Il ne faut pas perdre de vue cependant que, si tout cela existe, c'est parce qu'on tolère l'évasion fiscale. Les codes des impôts regorgent de niches fiscales, et les sanctions prévues en cas de fraude restent largement inefficaces. Comme nous l'avons vu, les pays dotés d'un code des impôts simple, sans niches ou presque, souffrent moins de l'évasion fiscale quand les impôts augmentent qu'un pays comme les États-Unis[71]. Gabriel Zucman a montré de façon convaincante qu'un certain nombre de mesures simples suffiraient à limiter tant l'évasion que l'évitement fiscal. Il propose par exemple de créer un registre financier mondial, qui conserverait une trace de la richesse où qu'elle se trouve (ce qui permettrait de la taxer où qu'elle soit placée), de réformer le système de fiscalité des entreprises pour que les profits des multinationales soient imposés là où elles réalisent leur chiffre d'affaires et de réglementer davantage les banques et les cabinets d'avocats qui aident les gens à ne pas payer d'impôts grâce aux paradis fiscaux[72].

Mais identifier quelques dispositions à prendre ne suffit pas. Encore faut-il une volonté politique pour les faire appliquer. Les trois mesures recommandées par Zucman peuvent être particulièrement délicates, car elles supposent une coopération internationale, et les hommes (oui, presque toujours des hommes !) qui tiennent aujourd'hui les leviers du pouvoir ne semblent pas prêts à s'unir pour faire avancer le dossier. Mais, faute de cela, les pays pourraient être tentés de se lancer dans une course au moins-disant fiscal, dans l'espoir d'attirer des compétences et des capitaux. Des systèmes de fiscalité préférentielle pour les étrangers très qualifiés ont ainsi été introduits en Belgique, au Danemark, en Finlande, aux Pays-Bas, au Portugal, en Espagne, en Suède et en Suisse. Au Danemark, par exemple, les étrangers ayant de très hauts revenus ne paient qu'un impôt à taux unique de 30 % pendant trois ans (contre un taux supérieur d'imposition de 62 % pour les ressortissants danois). Ce système s'est avéré d'une grande efficacité pour attirer de très hauts revenus étrangers, ce qui est peut-être une bonne nouvelle pour le Danemark, mais pas pour les autres pays. Ceux-ci ont désormais le choix entre baisser les impôts de leurs hauts revenus ou les laisser partir[73]. Cette tension entre le bien-être national et le bien-être mondial dans la conception de l'impôt sur le revenu des particuliers est un enjeu crucial du débat sur la concurrence fiscale.

Mais il s'agit là de difficultés d'ordre politique, pas d'impossibilités d'ordre économique. L'esprit de ce livre est de montrer qu'il n'existe pas en économie de lois d'airain qui nous empêcheraient de construire un monde plus humain ; en revanche, il y a beaucoup de gens que la foi aveugle, le calcul égoïste ou la simple méconnaissance de la science économique amènent à prétendre le contraire.

Des citoyens unis ?

Du strict point de vue de l'efficacité économique, l'expérience nous montre que rien ne peut empêcher un État d'avoir une fiscalité très progressive avec des taux marginaux d'imposition très élevés. Si le Danemark peut imposer lourdement les très hauts revenus sans que les capitaux s'enfuient dans un pays voisin moins lourdement taxé, ou sans que les riches partent tous s'installer en Irlande (ou au Panama), alors rien, du point de vue économique, ne pourrait empêcher un pays comme les États-Unis, dont l'économie est beaucoup plus grande et bien plus intégrée mondialement que celle du Danemark, d'en faire autant.

La seule difficulté pour augmenter les taux supérieurs d'imposition est politique. Nous semblons en effet pris dans un cercle vicieux de concentration du pouvoir politique et économique. À mesure que les riches deviennent plus riches, ils ont davantage intérêt à organiser la société pour qu'elle reste telle qu'elle est, y compris en finançant les campagnes de candidats prêts à réduire encore les impôts des plus hauts revenus. Par sa décision « Citizens United », la Cour suprême des États-Unis a jugé inconstitutionnelle une loi qui limitait la capacité des entreprises à financer les campagnes électorales, donnant une légitimité juridique à une influence illimitée de l'argent dans les élections.

Cette situation ne pourra sans doute se prolonger indéfiniment sans provoquer un très fort retour de bâton. Les taux d'imposition élevés sur les plus hauts revenus sont déjà très populaires. Des sondages révèlent que 51 % des votants sont favorables à un taux marginal d'imposition de 70 % sur les revenus supérieurs à 10 millions de dollars[74]. Dans notre enquête, plus des deux tiers des sondés, qui n'étaient, par ailleurs, pas particulièrement de gauche, pensaient que les chefs d'entreprise qui gagnaient plus de 430 600 dollars par an (ce qui les range dans le 1 % des plus hauts revenus) ne payaient pas assez d'impôts[75].

Dans une certaine mesure, la récente révolte populiste aux États-Unis est le début de ce violent retour de bâton. Elle est le reflet d'une impression profonde de perte de contrôle, le sentiment, à tort ou à raison, que les élites décident de tout, et que les décisions qu'elles prennent ne changent rien pour le citoyen lambda. Aux États-Unis, Donald Trump, malgré son immense fortune et ses liens avec les élites, a été élu sur la promesse de changer la donne, mais les républicains se sont rangés derrière lui parce qu'ils savaient qu'il était, comme eux, du côté des riches. Du reste, il leur a bien offert la baisse des impôts promise. Il est difficile de savoir toutefois combien de temps ce jeu de miroir aux alouettes peut continuer sans que tout explose. Les plus riches pourraient finir par comprendre qu'il est dans leur intérêt d'opérer un changement radical pour aller vers un partage réel de la prospérité, avant qu'il ne leur soit imposé en des termes qui leur seraient moins favorables. La raison en est simple : l'accroissement des inégalités est à la racine d'une forte exacerbation du malaise social et du mal-être dans nos sociétés.

« Keep up with the Joneses »

Les chercheurs en sciences sociales pensent depuis longtemps que l'estime de soi des individus est liée à leur position dans le groupe auquel ils pensent appartenir – leur quartier, leurs collègues, leur pays, etc. (d'où l'expression américaine « *keep up with the Joneses* »). Si cela est vrai, alors les inégalités interfèrent directement avec le bien-être. Cela nous a toujours paru très plausible, mais il existe en fait peu de preuves de cette théorie. Ainsi, les données suggèrent que, quel que soit le niveau de revenu, les gens ont tendance à être moins heureux quand le revenu moyen du quartier où ils vivent est plus élevé que le leur[76]. Mais cela pourrait s'expliquer par le fait qu'ils vivent dans un quartier cher, où tout, du logement à la tasse à café, est plus dispendieux. Autrement dit, les faits peuvent être expliqués sans avoir recours aux inégalités en tant que telles.

Par contre, une étude récente, réalisée en Norvège, montre que plus une personne a *conscience* de sa place dans la distribution des revenus plus son bonheur dépend de son revenu[77]. En Norvège, les données fiscales sont consultables publiquement depuis de nombreuses années, mais les registres n'étaient disponibles que sous la forme de gros livres à consulter en bibliothèque, et leur accès était par conséquent difficile. Ils ont été mis en ligne en 2001, et il est alors devenu possible de connaître le revenu de ses voisins ou de ses amis en quelques clics. Cela a eu tellement de succès que certains ont qualifié le phénomène de « pornographie fiscale ». Tout le monde semble désormais savoir exactement où il se situe dans l'échelle des revenus. Or, juste après la mise en ligne des données, les personnes pauvres s'en étaient trouvées plus malheureuses et les riches plus heureuses. Savoir à quel barreau on est placé sur l'échelle sociale semble avoir un impact sur le bien-être.

D'une certaine façon, nous vivons tous dans une variante de l'expérience norvégienne. Bombardés d'images de la vie des autres sur Internet et dans les médias, ceux qui font du surplace ne peuvent ignorer que le reste du monde va de l'avant. Le bon côté, c'est que cela peut nous donner envie de montrer à tous que nous sommes capables nous aussi de maintenir le même rang que le voisin et, pourquoi pas, de faire mieux que lui. Cette logique est à l'œuvre dans les achats « bling-bling », destinés à indiquer de manière ostensible un statut social élevé. Dans le cadre d'une expérience récente, une banque indonésienne a proposé à certains de ses riches clients (tous de la classe moyenne urbaine supérieure) une nouvelle carte de crédit « platine »[78]. Dans le groupe témoin, les clients ont reçu une offre de montée en gamme de leur carte actuelle : elle aurait tous les avantages de la platine, sauf le look. Les clients ont parfaitement compris que les deux cartes avaient exactement les mêmes avantages, ils n'en ont pas moins exprimé une nette préférence pour la carte platine : 21 % de ceux à qui elle fut proposée l'ont demandée ; quant à la carte « quelconque », seuls 14 % de ceux à qui elle fut proposée l'ont souhaitée.

Il n'est pas sans intérêt de noter que le désir de se mettre en valeur est moins puissant chez les individus qui ont une bonne opinion d'eux-mêmes. Dans le cadre de l'expérience dont nous venons de parler, les chercheurs ont découvert que le simple fait de demander aux gens d'écrire un petit texte racontant un moment où ils avaient fait quelque chose dont ils étaient fiers réduisait la demande pour la carte platine. C'est un cercle vicieux : ceux qui se sentent vulnérables économiquement sont particulièrement désireux de montrer leur valeur par des achats inutiles qu'ils n'ont pas réellement les moyens de s'offrir. Or tout un secteur d'activité n'est que trop prêt à leur fournir ce genre de services, moyennant finance naturellement.

Le cauchemar américain

Quant aux Américains, ils ont un problème bien spécifique. Nourris chaque matin d'un mixte de céréales sur-vitaminées et d'*American dream,* ils ont tendance à croire que leur société, si inégale soit-elle, récompense au moins le travail et l'ingéniosité. Des chercheurs ont récemment demandé à des personnes vivant aux États-Unis et dans un certain nombre de pays européens leur opinion sur la mobilité sociale[79]. À la question « sur 500 familles divisées en 5 groupes de 100, combien d'enfants nés de parents appartenant au groupe le plus pauvre resteront dans le groupe le plus pauvre, monteront d'un groupe, monteront de deux groupes ou rejoindront le groupe le plus riche ? », les Américains sont plus optimistes que les Européens. Ils pensent, par exemple, que sur 100 enfants pauvres 12 accéderont au quintile le plus riche et que seuls 32 resteront pauvres ; les Français, eux, croient que 9 arriveront au sommet et que 35 resteront pauvres.

Cet optimisme ne reflète absolument pas la situation actuelle aux États-Unis. Outre la stagnation générale en bas de l'échelle, la mobilité intergénérationnelle a fortement diminué. La mobilité est aujourd'hui *plus faible* aux États-Unis qu'en Europe. Parmi les 36 pays de l'OCDE, c'est aux États-Unis qu'un enfant appartenant au quintile inférieur a le plus de chance d'y demeurer toute sa vie (33,1 %), et en Suède le moins de chance (26,7 %). La moyenne en Europe continentale est d'un peu moins de 30 %. La probabilité de monter dans le quintile supérieur est de 7,8 % aux États-Unis, mais de près de 11 %, en moyenne, en Europe[80].

Plus étonnant encore, ce sont, aux États-Unis, dans les endroits où les gens s'accrochent le plus à l'idée datée de mobilité sociale, c'est-à-dire au fameux *American dream*, qu'ils ont le moins de chances d'en bénéficier. Les Américains croient aussi, de façon générale, que le travail est récompensé (ce qui a pour corollaire que les pauvres doivent être en partie responsables de leur situation), et, probablement pour cette raison, ceux qui estiment que la mobilité est forte sont aussi ceux qui ont tendance à se méfier de tout effort de l'État pour remédier aux problèmes des pauvres[81].

Quand des perceptions trop optimistes en matière de mobilité sociale se heurtent à la réalité, le besoin de fuir la douloureuse vérité devient irrépressible. La majorité des Américains dont les salaires et les revenus ont stagné, et qui se trouvent confrontés à un écart grandissant entre la richesse qu'ils voient autour d'eux et leurs propres difficultés financières, ont le choix entre penser qu'ils sont incapables de saisir les opportunités que la société leur offre et accuser des tiers de leur prendre leurs emplois. Ce chemin-là est semé de colère et de désespoir.

Quelle que soit la manière de le mesurer, le désespoir s'aggrave aujourd'hui aux États-Unis, et il est devenu mortel. On observe en particulier une hausse sans précédent de la mortalité de la population blanche peu éduquée d'âge moyen, et une baisse de l'espérance de vie. L'espérance de vie a reculé en 2015, 2016 et 2017 aux États-Unis. Cette triste tendance est spécifique aux Blancs, et en particulier à ceux qui ne possèdent pas de diplôme universitaire : la mortalité diminue pour tous les groupes ethniques aux États-Unis, sauf pour les Blancs. Les autres pays anglophones qui ont adopté un modèle social proche de celui des États-Unis, à savoir le Royaume-Uni, l'Australie, l'Irlande et le Canada, connaissent une évolution comparable, quoique plus lente. Par ailleurs, dans tous les autres pays riches, la mortalité diminue, et elle diminue plus vite pour la population peu éduquée (qui avait une mortalité plus forte au départ) que pour la population éduquée. Autrement dit, tandis que l'on observe une convergence entre le niveau de mortalité des populations ayant fait des études supérieures et celui des autres populations, les États-Unis ont pris le chemin inverse. Anne Case et Angus Deaton ont montré que l'augmentation de la mortalité aux États-Unis est due à un accroissement régulier du nombre de « morts de désespoir » (décès dus à la consommation d'alcool et de drogues, suicides, maladies et cirrhoses du foie) chez les personnes blanches des deux sexes âgées entre quarante-cinq et soixante ans, ainsi qu'à un ralentissement des progrès contre les autres causes de mortalité (parmi lesquelles les maladies cardiaques). L'opinion des Américains sur leur santé et leur santé mentale suit une évolution similaire. Depuis les années 1990, les Blancs d'âge moyen ayant peu d'éducation sont de plus en plus nombreux à se déclarer en mauvaise santé, à se plaindre de maux divers et à faire état de symptômes de dépression[82].

Cette évolution n'est pas liée à des revenus peu élevés en tant que tels. Après tout, les Noirs ne s'en sont pas mieux sortis économiquement pendant cette période, et ils ne sont pas touchés par cette tendance. En outre, il n'y a pas eu d'augmentation de la mortalité en Europe occidentale, même après la stagnation des revenus pendant la crise économique mondiale des années 2008-2012. En revanche, la mortalité a explosé en Russie après l'effondrement de l'Union soviétique en 1991 et, comme aux États-Unis, elle a été due, pour l'essentiel, à une augmentation du nombre de décès par maladie cardiovasculaire ou mort violente (suicides, homicides, empoisonnements non intentionnels et accidents de la circulation, principalement) chez les jeunes et les adultes[83].

Case et Deaton soulignent également que, si la hausse de la mortalité aux États-Unis a commencé dans les années 1990, elle est venue couronner une tendance qui avait débuté bien avant. Après la cohorte entrée sur le marché du travail à la fin des années 1970, toutes les suivantes ont fait moins bien que celle qui précédait, dans de nombreux domaines[84]. Dans la population blanche peu éduquée, dans toutes les tranches d'âge, chaque cohorte avait plus de probabilité que la précédente d'avoir des difficultés d'intégration sociale, d'être en surpoids, de connaître angoisse ou dépression et de souffrir de douleurs chroniques. Pour cette même population, la probabilité de mourir d'un suicide ou d'une overdose était aussi plus élevée. L'accumulation de tous ces maux a conduit à l'augmentation de la mortalité.

Cette érosion du bien-être des Américains peu éduqués est imputable à plusieurs facteurs à évolution lente. La participation au marché du travail a baissé de cohorte en cohorte ; pour ceux qui avaient un travail, le salaire réel n'était pas plus élevé que celui des travailleurs de la cohorte précédente, il était parfois même plus bas, et ils étaient moins souvent fortement attachés à une entreprise ou à un emploi particulier. Il était également moins probable qu'ils se marient ou qu'ils aient une relation stable. Au total, la classe ouvrière blanche s'est effondrée après les années 1970, résultat, sans doute, de la croissance économique inégalitaire qu'a connue le pays.

En colère contre le monde entier

L'alternative au désespoir est la colère.

Prendre conscience du manque de mobilité sociale ne conduit pas forcément les gens à être plus favorables à la redistribution.

Dans l'étude que nous avons citée plus haut, après avoir demandé leur opinion à un échantillon d'Américains, les chercheurs ont présenté à certains d'entre eux une infographie montrant que la mobilité était beaucoup plus faible qu'ils ne le pensaient (et à d'autres une infographie montrant la même chose, mais sous un jour plus optimiste). Les sondés du premier groupe, quand ils s'identifiaient au Parti républicain, n'en avaient que *plus* tendance à penser que l'État ne pouvait pas faire partie de la solution[85].

L'alternative peut être de se rebeller contre le système, au risque d'en payer personnellement le prix fort. Dans une expérience réalisée à Odisha, en Inde, quand les employés d'une entreprise ont eu l'impression d'être payés de manière arbitraire, ils se sont rebellés en travaillant moins et en s'absentant plus souvent que dans les entreprises comparables où les salaires n'avaient pas changé ; comme ils touchaient un salaire fixe pour chaque journée travaillée, cela leur a coûté cher. Dans les entreprises où les salaires n'étaient pas égaux, les employés avaient également tendance à moins coopérer en vue d'un objectif commun, même avec une récompense à la clef. Ils étaient prêts à tolérer de l'inégalité salariale mais seulement si elle était liée clairement à la performance[86].

Aux États-Unis, le désespoir peut provoquer une autre réaction. Comme de nombreux Américains sont convaincus que le système du marché est fondamentalement juste, il leur faut trouver un responsable. S'ils n'ont pas eu l'emploi qu'ils convoitaient, c'est forcément parce que les élites ont conspiré d'une manière ou d'une autre pour le donner à un travailleur afro-américain, hispanique ou, en le délocalisant, chinois. Comment attendre d'un gouvernement sous la coupe des élites qu'il me donne quelque chose ? Plus d'argent pour l'État, ce ne sera que plus d'argent pour « les autres ».

Ainsi donc, quand la croissance ne vient pas ou qu'elle ne bénéficie pas au citoyen lambda, on cherche un bouc émissaire. Cela est vrai aux États-Unis, mais ça l'est également en Europe. Les cibles naturelles sont les immigrés et le commerce mondial. Deux idées fausses expliquent l'opposition à l'immigration, comme nous l'avons montré dans le chapitre 2 : une estimation excessive du nombre d'immigrés qui entrent ou qui veulent entrer dans le pays, et la croyance que les immigrés peu qualifiés font baisser les salaires.

L'intensification du commerce international, comme nous l'avons vu dans le chapitre 2, nuit aux populations pauvres des pays riches et a provoqué un retour de bâton à la fois contre le libre-échange, contre le « système » et contre les élites. Autor, Dorn, Hanson et Majlesi ont constaté qu'aux États-Unis, dans les districts les plus touchés par le choc chinois, les responsables politiques modérés ont été remplacés par de plus extrêmes. Dans les comtés à majorité démocrate, les démocrates centristes ont été remplacés par des démocrates plus à gauche ; et, dans les comtés majoritairement républicains, les républicains modérés ont été remplacés par des républicains conservateurs. Comme les comtés très touchés par le commerce international se trouvent traditionnellement dans les États républicains, un grand nombre de districts se sont tournés vers des candidats plus conservateurs. Cette tendance a commencé bien avant l'élection de Trump en 2016[87]. Et, comme les candidats conservateurs ont tendance à refuser toute forme d'intervention de l'État central (et en particulier toute forme de redistribution), ils ont encore aggravé le problème en ne faisant pas grand-chose pour améliorer la situation des victimes du commerce international. Ainsi, beaucoup d'États gouvernés par des républicains conservateurs ont refusé les financements de l'État fédéral pour étendre Medicare, ce qui n'a fait qu'exacerber le ressentiment contre le libre-échange.

Un cercle vicieux comparable se forme au fur et à mesure que les gens comprennent qu'ils vivent dans une société où il y a beaucoup plus d'inégalités et beaucoup moins d'opportunités qu'ils ne le croient. Comme dans l'étude susmentionnée, ils seront alors encore plus en colère contre l'État et plus enclins à croire que celui-ci ne peut ou ne veut rien faire pour les aider.

Cela a deux implications. Premièrement, l'obsession de la croissance, qui est à l'origine de la révolution Reagan-Thatcher et qu'aucun président américain n'a remise en question depuis, a provoqué des dégâts durables. Quand les bénéfices de la croissance économique sont largement accaparés par une petite élite, celle-ci peut devenir la cause d'une véritable catastrophe sociale (comme celle que nous vivons aujourd'hui). Nous avons déjà souligné qu'il fallait se méfier de toute politique proposée au nom de la croissance, parce qu'il est très probable qu'elle soit, en réalité, une imposture. Mais peut-être faut-il redouter encore davantage qu'elle ne fonctionne, puisque cette croissance ne profitera qu'aux *happy few*.

La seconde implication est que si nous ne réussissons pas collectivement à agir dès aujourd'hui pour concevoir des politiques qui aident les gens à survivre et à retrouver leur dignité dans un monde d'inégalités très fortes, la confiance des citoyens dans la capacité de la société à résoudre ce problème sera durablement affaiblie. Il y a urgence et nécessité à concevoir et à financer, comme il se doit, une politique sociale efficace.

8.

Légitimité.gouv

L'un des fils directeurs de ce livre est qu'il est déraisonnable d'attendre des marchés des résultats toujours justes, acceptables ou même efficaces. Dans une économie rigide, l'intervention de l'État est nécessaire pour aider les gens soit à s'installer ailleurs quand cela présente un intérêt pour eux, soit à rester là où ils vivent en leur permettant de ne renoncer ni à leur mode de vie ni à leur dignité. Plus généralement, dans un monde d'inégalités galopantes, *winner takes all,* l'existence des pauvres et celle des riches deviennent de plus en plus différentes, et ce gouffre risque de devenir impossible à combler si nous laissons les marchés déterminer tout ce qui se passe dans une société.

Comme nous l'avons vu, l'impôt peut être utilisé pour atténuer les inégalités aux plus hauts niveaux de revenus et de richesse. Mais supprimer le 1 % des plus riches n'est pas l'alpha et l'oméga de la politique sociale : nous avons aussi besoin de trouver le moyen d'aider les 99 % restants.

Toute innovation en matière de politique sociale nécessitera des ressources nouvelles. Même les ultra-riches ne seront jamais assez riches pour financer toutes les dépenses de l'État, surtout si les inégalités avant impôt diminuent, comme nous l'espérons. En outre, si l'on se réfère aux leçons du passé, les ultra-riches vont résister, et probablement avec un certain succès. Bref, d'autres aussi devront payer. L'expérience de nombreux pays montre que cela est tout à fait envisageable. Le défi est avant tout d'ordre politique : on assiste à une érosion de la légitimité de l'État. Une majorité croissante de l'électorat estime en effet qu'on ne peut pas lui faire confiance. Comment restaurer sa légitimité ?

Taxer et dépenser ?

Les démocraties lèvent de l'argent par l'impôt. Aux États-Unis, en 2017, les recettes fiscales totales (si l'on considère tous les niveaux de gouvernement) représentaient 27 % du PIB. C'est 7 points de pourcentage de moins que la moyenne des 36 pays de l'OCDE. Les États-Unis sont au niveau de la Corée du Sud, et seuls 4 autres pays de l'OCDE ont des recettes fiscales moindres : le Mexique, l'Irlande, la Turquie et le Chili[1].

Tout effort significatif de politique publique nécessite des financements supplémentaires. Même si les États-Unis prélevaient des impôts sur les riches au même niveau que le Danemark, les recettes fiscales totales, par rapport au PIB, resteraient très inférieures à ce qu'elles étaient en 2017 au Danemark (46 %), en France (46 %), en Belgique (45 %), en Suède (44 %) et en Finlande (43 %). La raison en est que, si les taux d'imposition aux États-Unis étaient portés à cette hauteur, les plus hauts revenus diminueraient probablement beaucoup, les entreprises cessant de verser des salaires astronomiques. C'est sans doute souhaitable, mais cela ne conduirait pas à une augmentation des recettes fiscales. Autrement dit, même si elle peut permettre de limiter les inégalités, la proposition actuelle de faire passer le taux d'imposition sur le revenu au-dessus de 70 % ne rapportera pas énormément d'argent frais à l'État.

Un impôt sur la fortune ou le patrimoine rapporterait davantage, à condition que des mesures soient prises pour limiter l'évasion fiscale. Saez et Zucman estiment qu'un impôt de 2 % sur les avoirs américains supérieurs à 50 millions de dollars (il concernerait environ 75 000 personnes) et de 3 % sur ceux supérieurs à 1 milliard de dollars permettrait de prélever 2 750 milliards de dollars sur dix ans, soit 1 % du PIB[2]. Comme nous l'avons vu, un impôt de ce type est bien plus populaire qu'une hausse du taux marginal d'imposition sur le revenu[3]. Cependant, même à ce niveau, il ne rapporterait que 1 % du PIB (depuis, Elizabeth Warren a proposé des taux plus élevés pour financer la réforme du système de santé).

Même dans les pays européens où les taux supérieurs d'imposition sont élevés et où il existe un impôt sur la fortune, la majorité des recettes de l'État proviennent d'impôts pesant sur les revenus moyens. Autrement dit, le rêve d'une réforme fiscale qui « ferait baisser les impôts de 99 % des contribuables » aurait pour effet garanti de ne pas permettre aux États-Unis de redistribuer davantage aux personnes laissées sur le bord de la route. La réforme fiscale ne doit pas s'appliquer seulement aux ultra-riches, mais aussi aux riches et même à la classe moyenne.

Pour les responsables politiques américains, de droite comme de gauche, nous nous trouvons ici dans une zone interdite. Augmenter les impôts de tout le monde (ou presque) n'est pas populaire. Dans notre enquête, 48 % des sondés pensaient que les chefs de petites entreprises payaient trop d'impôts, et moins de 5 % qu'ils n'en payaient pas assez. Il en allait de même pour les travailleurs salariés[4]. Le plus difficile sera de persuader le contribuable américain moyen de payer davantage pour obtenir en retour davantage de services publics. Il nous semble que les économistes sont en partie responsables, et même à plus d'un titre, de la répugnance des gens à payer des impôts.

D'abord, de nombreux économistes éminents ont agité la menace d'un arrêt complet et général du travail en cas d'augmentation des impôts ; ainsi de Milton Friedman qui a tenu ce propos célèbre :

« Je suis favorable à la baisse des impôts en toutes circonstances, sous tous les prétextes et pour toutes les raisons, toutes les fois que c'est possible[5]. » Les économistes de cette école soutiennent que des taux d'imposition élevés étouffent l'initiative et la croissance économique, bien que les données nous montrent qu'il n'en est rien. Nous avons déjà vu que les riches n'arrêtaient pas de travailler quand leurs impôts augmentaient. Mais comment réagiraient les 99 % restants ? Se retireraient-ils à la campagne ? Ce sujet fait lui aussi l'objet d'une abondante littérature économique, laquelle montre clairement qu'ils n'en feraient rien[6].

La Suisse nous fournit un exemple frappant. À la fin des années 1990 et au début des années 2000, ce pays est passé d'un système où les individus payaient des impôts sur les deux dernières années de revenu à un système plus standard de prélèvement à la source. Dans l'ancien système, les impôts dus en 1997 et 1998 étaient basés sur les revenus gagnés en 1995 et 1996, les impôts dus en 1999 et 2000 sur les revenus gagnés en 1997 et 1998, etc. Le nouveau système fonctionne comme celui des États-Unis : les impôts estimés dus (par exemple) pour l'année 2000 sont prélevés tout au long de cette même année ; puis, début 2001, le contribuable remplit une déclaration de revenu et l'impôt est ajusté en fonction de ce qu'il a effectivement gagné. Pour réaliser la transition vers le nouveau système en Suisse, deux années blanches ont été nécessaires. Le canton de Thurgovie, par exemple, a réalisé cette transition en 1999. En 1997 et en 1998, ses contribuables ont payé des impôts sur les revenus gagnés en 1995 et 1996. En 1999, ils ont commencé à payer des impôts sur la base du revenu de 1999. Pour éviter de taxer les gens deux fois, aucun impôt n'a été prélevé sur les revenus gagnés en 1997 et 1998, qui furent donc deux années blanches. La transition suisse s'est faite entre 1999 et 2001 mais pas la même année dans tous les cantons ; les contribuables ont donc bénéficié d'années blanches décalées en fonction de leur canton de résidence. L'absence d'impôt était temporaire et connue à l'avance. Ainsi, quand les Suisses ont décidé s'ils allaient ou non travailler pour l'année (et décidé du nombre d'heures qu'ils feraient), ils savaient déjà qu'ils ne paieraient pas d'impôts cette année-là. C'était l'occasion idéale de voir si le fait de baisser les taux d'imposition modifie ou non le désir de travailler : il suffit de comparer l'offre de travail avant, pendant et après les deux années blanches. Le résultat est qu'elle n'a *pas changé du tout*. Aucun impact n'a été constaté sur la décision des gens de travailler ou non, pas plus que sur le nombre d'heures travaillées[7].

L'exemple suisse est particulièrement intéressant, mais n'est pas une exception. Ce résultat peut être généralisé. Les impôts ne découragent pas les gens de travailler[8]. Ce qui n'empêche pas les électeurs de s'opposer à l'impôt s'ils pensent que *les autres* vont arrêter de travailler, ou travailler moins, si les impôts augmentent. Dans notre enquête, nous avons demandé à certains sondés (choisis au hasard) si eux-mêmes s'arrêteraient de travailler ou s'ils travailleraient moins si les impôts étaient plus élevés. Ils ont été 72 % à répondre qu'ils n'arrêteraient pas de travailler et 60 % qu'ils travailleraient autant qu'avant. C'est effectivement ce que nous disent les données. Par contre, nous avons également demandé à d'autres sondés ce qu'ils pensaient que répondrait *une personne moyenne de la classe moyenne*. Ils furent 35 % à affirmer qu'ils pensaient que cette « personne moyenne de la classe moyenne » travaillerait autant qu'avant et 50 %, qu'elle arrêterait de travailler[9]. Ainsi, quand ils portent un jugement sur eux-mêmes, les Américains voient à peu près juste ; mais, quand ils anticipent sur le comportement de leurs amis et de leurs voisins, ils sont beaucoup plus pessimistes.

L'État est-il le problème ?

Les gens répugnent aussi à voir augmenter les impôts en échange de meilleurs services publics parce qu'ils sont nombreux, aux États-Unis, au Royaume-Uni et dans beaucoup de pays en développement, à se méfier de l'intervention de l'État. Depuis Reagan au moins, nous avons été bercés par la formule : « Le gouvernement n'est pas la solution au problème, il est LE problème[10]. »

En 2015, seuls 23 % des Américains disaient pouvoir faire confiance à l'État « toujours » ou « la plupart du temps » ; 59 % en avaient une mauvaise opinion ; 29 % pensaient que l'État n'avait pas les outils permettant d'améliorer l'égalité des chances entre les riches et les pauvres ; 32 % estimaient que baisser les impôts pesant sur les riches et les grandes entreprises pour encourager l'investissement serait un meilleur moyen de favoriser l'égalité des chances qu'augmenter les impôts pour financer des programmes sociaux supplémentaires pour les pauvres[11].

Ce scepticisme radical quant à l'action de l'État freine l'aide aux personnes les plus défavorisées, car il est paradoxalement partagé par une grande majorité d'entre elles. C'est précisément sur cette question qu'a trébuché la carrière politique de Manpreet Singh Badal, un jeune et brillant ministre de l'État indien du Pendjab. Pour les agriculteurs pendjabis, l'accès à l'électricité et à l'eau est gratuit. Résultat : les champs sont systématiquement surirrigués, et le niveau des nappes phréatiques baisse si rapidement que, d'ici quelques années, il n'y aura plus rien à pomper. Il est donc dans l'intérêt de tout le monde de réduire dès aujourd'hui la consommation d'eau. La solution proposée par Badal était de donner à chaque agriculteur une somme d'argent forfaitaire puis de taxer l'électricité pour décourager un pompage excessif. Économiquement, la logique était sans faille ; politiquement, ce fut un suicide. La mesure, adoptée en janvier 2010, dut être retirée dix mois plus tard ; quant à Badal, il perdit son poste de ministre des Finances et fut même contraint de quitter son parti. Les agriculteurs ne croyaient pas que les autorités leur donneraient un jour l'argent, et le puissant syndicat agricole s'opposa radicalement à la mesure. Étonnamment, en 2018, le même Badal, de retour au sein du gouvernement du Pendjab, fit une nouvelle tentative. Cette fois, le plan consistait à réaliser d'abord un transfert de 48 000 roupies (l'équivalent de 2 823 dollars en parité de pouvoir d'achat) sur le compte bancaire de tous les agriculteurs, et seulement après de taxer l'électricité en déduisant la somme du même compte. L'aide était calculée pour que, au tarif en vigueur, un agriculteur consommant moins de 9 000 unités de puissance soit gagnant (l'État estime que la consommation moyenne se situe entre 8 000 et 9 000 unités). En transférant l'argent sur le compte d'abord, il voulait montrer clairement qu'il ne s'agissait pas d'un impôt déguisé, destiné à prendre en douce de l'argent aux agriculteurs. Et, cette fois, le gouvernement avance lentement. Ayant démarré avec un petit programme pilote, il envisage maintenant de procéder à un essai randomisé plus important pour évaluer l'impact du plan sur la consommation d'eau et sur le bien-être des agriculteurs. Mais ceux-ci restent méfiants. Leur syndicat continue de dire que « le véritable projet du gouvernement est de couper les subventions énergétiques pour les agriculteurs[12] ».

Pourquoi les gens se méfient-ils de l'État ? Pour des raisons historiques, d'abord. En Inde, le gouvernement central a trop souvent manqué à ses promesses. Aux États-Unis, il existe une idéologie de l'autonomie individuelle, même si elle a longtemps reposé sur un fantasme puisque les États où les gens défendent le plus farouchement leur autonomie sont aussi ceux qui dépendent le plus des subventions fédérales : le Mississippi, la Louisiane, le Tennessee et le Montana sont les premiers sur la liste des aides fédérales en proportion du revenu[13]. Cette méfiance s'explique aussi, comme nous l'avons déjà suggéré, par une suspicion à l'égard des élites. Les programmes de l'État fédéral sont souvent considérés comme un moyen de donner de l'argent à tout le monde sauf aux Blancs (de sexe masculin ?) qui se lèvent tôt pour travailler dur. Mais le fait est que toutes les rumeurs sur le gaspillage des deniers publics, souvent inspirées par les économistes, n'aident évidemment pas. Il n'est que d'évoquer une intervention de l'État dans une pièce remplie d'économistes pour déclencher des ricanements. Beaucoup, sinon la plupart, pensent que la bureaucratie a toujours les mauvaises incitations et que les interventions de l'État, pourtant généralement nécessaires, sont souvent compromises par l'ineptie ou la corruption[14].

Mais quel est leur point de comparaison ? Dans la plupart des cas, personne d'autre ne fait ce que les gouvernements font (même si certains États font aussi des choses dont ils devraient s'abstenir, comme gérer une compagnie aérienne en Inde ou une cimenterie en Chine). Quand un cyclone frappe, quand un indigent a besoin d'être soigné ou quand un secteur d'activité s'effondre, il n'y a généralement pas de « solution de marché ». L'État existe notamment pour résoudre des problèmes dont aucune autre institution ne se charge. Pour démontrer qu'il y a gabegie quand l'État intervient, *il faudrait montrer qu'il existe un autre moyen d'organiser la même activité, qui serait plus efficace.*

Le gaspillage des deniers publics est bien sûr une réalité dans la plupart des pays. Plusieurs études, réalisées dans des nations comme l'Inde, l'Indonésie, le Mexique et l'Ouganda, montrent qu'il est possible d'apporter des améliorations sensibles dans l'action de l'État avec des modification simples. En Indonésie, par exemple, le simple fait de distribuer une carte aux bénéficiaires potentiels d'un programme d'aide sociale a permis d'augmenter de 26 % le niveau d'aide perçue par les personnes pauvres. Simplement en leur faisant prendre conscience de leurs droits, la carte leur donnait le courage de les faire valoir[15]. Mais, inversement, comme nous l'avons noté dans le chapitre 5, il y a aussi beaucoup de gaspillage dans les entreprises privées. La bonne gestion des ressources est peut-être tout simplement plus difficile qu'on ne l'imagine souvent.

Et, de fait, il n'est pas si facile de trouver le moyen de réduire le gaspillage au niveau de l'administration ou des services publics. Les formules toutes faites ne fonctionnent pas. La privatisation, par exemple, n'est pas la panacée. Les résultats des études, plutôt limitées, qui comparent l'efficacité d'un même service fourni par le public et par le privé s'avèrent très mitigés. En Inde, les coûts par élève sont beaucoup plus faibles à l'école privée, mais les performances n'y sont pas meilleures (quand on compare des enfants identiques dans le cadre d'un essai randomisé)[16]. En France, les services de placement privés pour les chômeurs de longue durée ont de moins bonnes performances que les services de placement publics[17].

Tenté par l'idée de la privatisation pour améliorer les performances scolaires, en 2016, le gouvernement du Liberia confia la responsabilité de 93 écoles à 8 organisations (des ONG et des entreprises à but lucratif) et, fait remarquable, il lança un essai randomisé pour évaluer l'impact de cette décision. Les résultats furent mitigés. Certes, les résultats des élèves placés dans ces écoles étaient meilleurs en moyenne que ceux du public, mais les dépenses par élève y étaient aussi deux fois plus élevées. De plus, sur les 8 organisations à qui avaient été confiées des écoles, 4 eurent des résultats similaires à ceux des écoles publiques. Et les excellents résultats de l'organisation vedette, Bridge Academy, s'expliquent en partie par des dépenses par enfant encore plus élevées et par le renvoi de tous les élèves en surnombre[18]. Un autre prestataire, l'association caritative états-unienne More Than Me, se retrouva impliqué dans une épouvantable affaire de viol[19]. La privatisation n'est donc pas un remède miracle.

L'obsession de la corruption

Le scepticisme à l'encontre de l'État naît notamment d'une méfiance obsessionnelle de la corruption, qu'on retrouve partout. L'idée que les responsables publics financeraient leur confortable train de vie avec l'argent du contribuable scandalise ; c'est un thème commun des campagnes électorales. Les gens sont convaincus que, si la volonté politique était là, on pourrait mettre fin à la corruption. Bien sûr, c'est une partie de la vérité. Comment la corruption pourrait-elle disparaître si des responsables publics y trempent eux-mêmes jusqu'au cou ?

Pourtant, l'idée qu'il suffirait de le vouloir pour mettre fin à la corruption passe à côté de l'essentiel, tant pour ce qui concerne la source de la corruption que notre capacité de la contrôler. Bien souvent, c'est précisément parce que l'État réalise des choses que le marché ne peut pas faire que le gouvernement ou l'administration se trouvent à la merci de la corruption. Prenons l'exemple des amendes prévues en cas de pollution. Le pollueur paierait volontiers une partie de l'amende à un inspecteur chargé de contrôler la pollution pour qu'il en fasse disparaître toute trace. La situation s'améliorerait-elle si c'était une entreprise privée qui était chargée de prélever les amendes ? Probablement pas, puisqu'elle aussi chercherait à gagner le plus d'argent possible. De plus, comme nous le montre l'histoire de la collecte privée de l'impôt (les fameux « fermiers généraux »), inciter des agents privés à collecter des impôts (ou des amendes), c'est prendre le risque qu'ils rackettent aussi les personnes qui ne doivent rien à l'État.

Ou prenons l'exemple d'une place dans un lycée d'excellence. Il peut être tentant pour un responsable d'établissement d'accepter de l'argent pour faire entrer « par la fenêtre » un élève riche qui ne présente pas les qualifications nécessaires pour entrer par la porte. On dit que c'est une pratique courante dans les lycées chinois d'élite. Ne nous y trompons pas : il ne s'agit pas là d'un problème de gestion publique mais de rationnement. Chaque fois qu'un bien est rationné, la tentation de payer pour se le procurer est très forte, pour ceux qui le peuvent. Les scandales entourant l'admission dans les grandes universités privées de Yale et de Stanford, en 2019, aux États-Unis, l'ont clairement montré : on sait que des parents, riches mais pas assez pour payer le « prix fort » afin de garantir une place à leur progéniture (en finançant, par exemple, un bâtiment pour l'université), ont travaillé avec un consultant pour se voir offrir une voie d'accès secondaire plus abordable (le versement de pots-de-vin aux entraîneurs de sport, par exemple).

L'idée générale, c'est qu'il arrive que la société veuille ne pas obéir aux lois du marché. Le marché ne peut pas prélever les amendes, et les droits d'inscription sont inférieurs aux prix du marché dans les lycées et même dans les universités privées, de sorte que les enfants pauvres mais talentueux puissent avoir accès aux meilleures opportunités. Mais il est vrai aussi que, chaque fois qu'on essaie de se mettre en travers du marché, la tentation de la triche est là. Comme il est dans la nature de l'État de s'interposer face au marché, le combat contre la corruption publique ne peut qu'être long et difficile, même avec les meilleures intentions du monde.

En outre, la lutte contre la corruption est loin de ne rien coûter. En Italie, une société dont l'État est le seul actionnaire, appelée Consip, a été créée suite à une série de scandales de corruption. Sa mission était d'acheter des fournitures pour les différents ministères. Ces achats changeaient de temps en temps, si bien que les ministères devaient tantôt faire leurs achats eux-mêmes, tantôt passer par les services de Consip. Quand ils en avaient la possibilité, les ministères déléguaient systématiquement leurs achats à cette société ; mais cela leur coûtait en fait beaucoup plus cher, pour les mêmes produits, que lorsqu'ils se fournissaient directement sur le marché. Autrement dit, les ministères auraient pu acheter à meilleur prix ce dont ils avaient besoin, mais ils préféraient passer par Consip. Au final, Consip a fait perdre de l'argent à l'État. Il aurait été plus judicieux de faire confiance aux responsables des ministères et de les laisser opérer, comme ils avaient toujours fait[20].

Pourquoi les ministères passaient-ils presque tous par les services de Consip ? Probablement parce qu'en agissant ainsi ils se protégeaient à l'avance contre toute accusation de corruption. Cette volonté d'éviter d'attirer les ennuis n'est pas propre aux fonctionnaires. Aux États-Unis, les médecins prescrivent à leurs patients un nombre beaucoup trop élevé d'examens, pour éviter des procès pour faute professionnelle. Quant aux grandes entreprises qui passent par une seule agence pour l'ensemble des voyages de leur personnel, elles perdent de l'argent sur chaque billet acheté, car l'agence ne cherche généralement pas la meilleure affaire. Mais cela limite le risque que des employés n'arrondissent leurs fins de mois de manière peu scrupuleuse.

Tout cela illustre un propos plus général. Le mot d'ordre à la mode dans la lutte actuelle contre la corruption est la *transparence*. C'est l'idée que des personnes extérieures – auditeurs publics indépendants, médias et grand public – devraient avoir un droit de regard sur le fonctionnement de l'État. La transparence est souvent utile. Comme nous l'avons vu, informer par exemple des bénéficiaires sur la différence entre ce à quoi ils ont droit et ce qu'ils obtiennent est un puissant levier de lutte anti-corruption[21]. Mais, comme en témoigne l'exemple de Consip, la transparence n'est pas sans inconvénient. Le contrôle repose souvent sur des personnes extérieures qui n'ont pas les moyens de saisir le contexte général ou d'évaluer dans quelle mesure les objectifs sociaux poursuivis sont mis en œuvre. Le mieux qu'elles puissent faire est de vérifier que toutes les procédures légales ont été respectées. Les fonctionnaires finissent par se préoccuper principalement de cocher les bonnes cases pour éviter d'attirer l'attention. Cela crée un biais spécifique : on suit la lettre de la loi quand l'esprit de la loi peut être tout à fait différent.

L'image du fonctionnaire et du politique en idiot empoté ou en canaille corrompue, dont les économistes sont sans doute en partie responsables, est profondément dommageable.

Elle provoque une réaction de rejet systématique contre toutes les propositions visant à étendre le champ d'action de l'État, même quand cela est nécessaire, comme aux États-Unis aujourd'hui. Dans notre enquête, la confiance inspirée par les fonctionnaires est aussi faible que celle inspirée par les économistes : 26 % seulement de nos sondés leur font « un peu » ou « beaucoup » confiance[22]. Voilà pourquoi si peu de gens pensent que l'État peut faire partie de la solution aux problèmes de nos sociétés.

Cette image a un effet sur le type de personnes qui veulent travailler pour l'État. Attirer les gens qualifiés est essentiel pour son bon fonctionnement. Mais, pour une jeune personne talentueuse, aux États-Unis, une carrière au service du gouvernement et de l'administration n'est pas particulièrement attirante. Nous n'avons jamais eu d'étudiant de licence qui nous ait dit qu'il souhaitait faire carrière dans le public. Ce phénomène de triage peut se muer en cercle vicieux. Si ce sont seulement les moins capables qui travaillent pour le gouvernement et pour l'administration, on se retrouve avec un État inefficace qui n'attire plus les talents. À l'inverse, en France, devenir haut fonctionnaire est encore prestigieux, et les étudiants les plus brillants du pays continuent d'en faire leur choix de carrière.

L'image de l'État a bien sûr un lien avec l'honnêteté de ceux qui veulent travailler pour lui. Une étude réalisée en Inde a reproduit l'expérience suisse avec les banquiers dont nous avons parlé dans le chapitre 4[23] : cette fois, on a demandé à des étudiants d'université de lancer un dé 42 fois de suite et de noter chaque fois le chiffre qui sortait ; la récompense était d'une demi-roupie pour un 1, une roupie pour un 2, une roupie et demie pour un 3, et ainsi de suite. Les étudiants avaient le droit de mentir sur le chiffre tiré et, au total, la proportion de menteurs fut la même qu'en Suisse. Mais, alors qu'en Suisse ceux à qui avait été rappelée leur identité de banquier avaient eu tendance à tricher davantage, en Inde ce sont ceux qui voulaient travailler pour l'État qui y furent le plus enclins[24]. Mais quand la même étude fut répliquée au Danemark, un pays qui s'enorgueillit légitimement de sa politique sociale, les chercheurs obtinrent des résultats exactement inverses à ceux de l'Inde[25] : les étudiants qui aspiraient à servir l'État avaient tendance à tricher non pas plus mais *moins*.

Enfin, si l'on s'accorde à penser que la plupart des gens qui travaillent pour l'État sont vénaux, fainéants ou les deux, il est logique de leur retirer tout pouvoir de décision (et, ce faisant, d'interdire en son sein toute créativité et d'en écarter les individus créatifs). Cela a un impact direct sur la marge d'action des fonctionnaires. Dans une expérience récente réalisée au Pakistan, pour permettre aux responsables de l'approvisionnement des écoles et des hôpitaux d'agir avec plus de souplesse, on leur a confié un peu d'argent qu'ils étaient libres de dépenser en fournitures et équipements de base. Cela a permis d'améliorer leur capacité à négocier des prix bas, et donc à réaliser des économies pour l'État[26].

Entraver, par de trop nombreuses contraintes, les responsables publics et les marchés publics, peut décourager les talents là où ils sont le plus nécessaires. Bien que les États-Unis soient le leader mondial de l'informatique, aucune grande société technologique du pays n'a voulu se mettre sur les rangs pour la mise en place du système informatique de l'Obamacare. Il y avait trop de cases à cocher pour obtenir ce marché public. Le texte réglementant les marchés de l'État fédéral (le « Federal Acquisition Regulation ») fait 1 800 pages. Pour remporter un marché public, il est plus important d'être bon en paperasserie que compétent dans le domaine demandé[27]. Dans les pays en développement, les entreprises qui candidatent et obtiennent systématiquement les contrats d'aide au développement de l'Agence des États-Unis pour le développement international (USAID) sont surnommées les « beltway bandits » (parce qu'ils ont leur siège près du périphérique de Washington). Il est très difficile pour d'autres organisations de se faire une place, même quand elles possèdent une expérience reconnue dans le domaine.

Enfin, et c'est peut-être le plus important, de Washington à Moscou en passant par Jérusalem, la répétition *ad nauseam* du slogan que l'État est corrompu et incompétent a produit des citoyens blasés, qui ne réagissent plus que par un haussement d'épaules aux faits de corruption dont sont convaincus leurs élus. Ils ont fini par ne plus rien en attendre d'autre, et n'y prêtent plus attention. De façon perverse, l'obsession de la vénalité des petits fonctionnaires pave la voie pour la corruption au niveau le plus haut.

« America first » ?

Les États-Unis semblent dans l'impasse. Après quarante années où on a promis aux gens que la prospérité était au coin de la rue, plus personne ne fait confiance à personne, surtout pas aux représentants de l'État. L'influence économique et politique croissante des riches, résultat d'une obsession pour l'élixir introuvable de la croissance, se mêle de sentiments d'hostilité à l'encontre de l'État, que les riches ont soigneusement cultivés pour étouffer toute tentative de freiner l'accroissement de leur fortune. L'État manque de ressources, parce qu'il est devenu politiquement impossible de lever des impôts, et même les jeunes animés de préoccupations sociales sont désormais convaincus que le service de l'État est définitivement ringard et s'orientent vers des associations, quand ils ne renoncent pas à leurs idéaux pour rejoindre un fonds d'« impact » (organisation qui investit dans des entreprisses dont l'utilité sociale est avérée) ou même une entreprise résolument commerciale. Pourtant, la seule et unique solution passe par un rôle accru de l'État.

Ce dilemme attend sans doute de nombreux autres pays que les États-Unis. En France, si leur accroissement a été moins spectaculaire qu'aux États-Unis, les inégalités ont progressé. Entre 1983 et 2014, le revenu moyen du 1 % des Français les plus riches a augmenté de 100 % et celui du 0,1 % de 150 %. Comme la croissance du PIB est restée lente, le niveau de vie de la quasi-totalité de la population, à l'exception des riches, a eu tendance à stagner : pendant la même période, le revenu n'a augmenté que de 25 % (moins de 1 % par an) pour les 99 % restants[28]. Cela a alimenté une défiance croissante à l'égard des élites et la progression du Front national (devenu Rassemblement national), un parti xénophobe. Depuis 2017, les réformes fiscales de la présidence Macron, d'orientation centriste, ont rendu la fiscalité moins progressive : une « flat tax » a été créée, l'impôt sur la fortune a été supprimé et les impôts sur le capital ont été allégés. Macron et le gouvernement justifient cette politique en affirmant qu'elle est nécessaire pour que la France attire les capitaux venant d'autres pays. C'est probablement vrai, mais elle a pour conséquence d'amener les autres pays d'Europe à réduire eux aussi leurs impôts, précipitant une course au moins-disant fiscal. L'exemple des États-Unis nous avertit qu'il peut être très difficile, une fois sur cette voie, de revenir en arrière. Les pays européens ont, au contraire, besoin de coopérer pour tenir bon sur leurs impôts.

Les gouvernements des pays en développement prélèvent encore moins d'impôts que les États-Unis. Dans le PIB du pays médian à bas revenu, la part des impôts est de moins de 15 %, contre près de 50 % en Europe (et 34 % en moyenne dans l'OCDE). Dans une certaine mesure, le sous-développement du système fiscal est une conséquence de la nature de l'économie de ces pays : une grande part de celle-ci est constituée de très petites entreprises ou d'exploitations agricoles isolées, dont les revenus sont difficiles à vérifier. Mais le faible niveau d'imposition y est aussi, et dans une large mesure, un choix politique. Il est intéressant à cet égard de comparer les situations de l'Inde et de la Chine. Historiquement, la plupart des citoyens de ces deux pays avaient des revenus trop faibles pour qu'il vaille la peine de les taxer. Mais, à mesure que ces revenus ont augmenté, l'Inde n'a cessé d'élever le seuil au-dessus duquel les particuliers devaient payer des impôts : le jour de la présentation du budget de l'État central indien, quand sont annoncés de nouveaux impôts, le rehaussement du seuil fait souvent la une des médias. De ce fait, la part de la population s'acquittant d'un impôt sur le revenu est restée stable, entre 2 % et 3 %. En Chine, où les seuils n'ont pas été ajustés, la part de la population soumise à l'impôt sur le revenu est passée de moins de 0,1 % en 1986 à près de 26 % en 2008. Les recettes de l'impôt sur le revenu en Chine ont explosé, passant de moins de 0,1 % du PIB en 1986 à 2,5 % en 2008 ; en Inde, elles ont stagné autour de 0,5 % du PIB. Plus généralement, la part des recettes fiscales dans le PIB est stable en Inde depuis plusieurs années, autour de 15 %, alors qu'elle dépasse les 20 % en Chine, ce qui donne à ce pays la possibilité d'investir davantage et/ou de dépenser plus pour sa politique sociale[29]. Le nouvel impôt sur les biens et services en Inde (Goods and Services Tax) est censé pallier cette insuffisance : il devrait dorénavant être plus difficile d'échapper à l'impôt ; mais, comme il s'agit d'un impôt à la consommation plus ou moins proportionnel, son effet redistributif sera très faible.

En outre, un peu comme les États-Unis, l'Inde n'a pas été très efficace dans l'utilisation de la fiscalité pour limiter la croissance des inégalités liée à l'explosion des très hauts revenus avant impôt. D'après la World Inequality Database, la part du 1 % des revenus les plus élevés dans le PIB de l'Inde est passée de 7,3 % en 1980 à plus de 20 % en 2015. En Chine, qui a fait un peu plus d'efforts, cette part a aussi augmenté, mais moins, passant de 6,4 % à 13,9 %[30].

Le contre-exemple intéressant à cet égard est l'Amérique latine. Pendant de nombreuses années, ce sous-continent a incarné l'alliance de la croissance et de l'explosion des inégalités (puis des inégalités sans la croissance). Mais, depuis une vingtaine d'années, les inégalités y ont fortement diminué. Cette évolution a été due en partie à une hausse des prix des biens de consommation et en partie à des politiques d'intervention publique, à travers notamment la mise en place de salaires minimums plus élevés et d'une redistribution à grande échelle[31].

La manière dont la pratique redistributive s'est étendue dans ces pays est très instructive. L'opposition politique aux programmes de transferts sociaux en Amérique latine mettait en avant les conséquences morales et psychologiques des aides publiques, de même que le débat public sur la protection sociale aux États-Unis est largement dominé par la peur des abus et de la paresse. Dès le départ, Santiago Levy, un professeur d'économie qui a joué un rôle très important dans la mise en place de Progresa, le programme mexicain de transferts sociaux qui a servi de modèle à beaucoup d'autres, a été conscient de la nécessité d'obtenir l'adhésion de la droite[32]. De ce fait, le programme proposait une sorte de compromis social. Les transferts étaient explicitement conditionnels : pour recevoir l'argent, les familles devaient emmener régulièrement leurs enfants chez le médecin et les inscrire à l'école. Un essai randomisé a montré que les enfants des personnes ayant eu accès au programme avaient un développement plus satisfaisant[33]. C'est pourquoi il s'est avéré durable. Pendant des dizaines d'années, les gouvernements successifs ont parfois changé son nom (Progresa est devenu tour à tour Oportunidades puis Prospera), mais l'ont conservé. En 2019, le gouvernement nouvellement élu, situé à gauche, semblait sur le point de le remplacer par un programme à peu près aussi généreux mais moins contraignant.

Dans l'intervalle, le programme de transferts monétaires conditionnels (TMC) avait été imité dans toute la région et même au-delà (y compris à New York). À l'origine, la plupart des programmes prévoyaient le même type de conditionnalité et s'accompagnaient souvent d'essais randomisés. De cette série d'expériences, on peut tirer deux leçons. Premièrement, il ne se passe rien d'épouvantable quand on donne de l'argent à des personnes pauvres. Comme nous le verrons dans le chapitre suivant, elles ne dépensent pas tout en alcool et ne s'arrêtent pas de travailler. Cette conclusion a joué un rôle essentiel dans l'évolution de l'opinion publique sur la politique de redistribution dans l'ensemble du monde en développement. Aux élections de 2019 en Inde, pour la première fois, les deux grands partis ont placé les transferts monétaires aux personnes pauvres au centre de leur programme. Deuxièmement, quand les pays ont commencé à expérimenter le modèle, testant différentes variantes, il est apparu que la conditionnalité n'était pas essentielle au succès. Un véritable basculement du débat public sur la redistribution s'est produit au cours des dernières années ; l'expérience de Progresa, et celles qui ont suivi, y a fortement contribué.

La lutte contre l'accroissement des inégalités n'est pas gagnée pour autant, même en Amérique latine. Les taux d'imposition supérieurs restent bas et les très hauts revenus ne baissent pas systématiquement (depuis 2000, d'après la World Inequality Database, ils ont stagné au Chili, augmenté en Colombie et explosé au Brésil[34]). Mais l'expérience de Progresa montre que la mise en place de programmes soigneusement conçus sera la clef pour sortir de l'impasse dans laquelle les États-Unis se sont enfoncés, et pour trouver une solution aux problèmes comparables qui se présentent ailleurs.

C'est là l'un des grands défis de notre temps. Plus grand encore que le voyage dans l'espace ou même la lutte contre le cancer. L'enjeu n'est rien moins que notre conception d'une vie bonne. Nous possédons les ressources mais, ce qui nous manque, ce sont des idées qui nous aident à surpasser la discorde et la défiance qui nous séparent et nous divisent. Si nous pouvions engager sérieusement le monde dans cette quête, et faire en sorte que les esprits les plus brillants de la planète travaillent avec les gouvernements, les ONG et les autres acteurs pour redéfinir nos programmes sociaux, leur donner plus d'efficacité et de visibilité politique, alors il y aurait une chance pour que les générations suivantes se souviennent avec gratitude de ce dont notre époque a été capable.

9.

Du cash et du « care »

Nombreux sont les visiteurs de Lucknow, dans le nord de l'Inde, qui viennent admirer le gigantesque monument indo-islamique situé au cœur de la vieille ville : l'Imambara Bara. Cet édifice a ceci d'original qu'il n'est ni un palais, ni une forteresse, ni une mosquée, ni un mausolée. Les guides racontent à son sujet quantité de fables pour plaire aux touristes. Abhijit s'était entendu dire, par exemple, que le monument faisait partie des défenses du royaume contre le Raj britannique, bien qu'il ne ressemble en rien à un fort militaire. En réalité, l'Imambara Bara a été construit à l'initiative du roi d'Awadh, Asaf al-Daula, en 1784, pour donner du travail à ses sujets que de mauvaises récoltes avaient réduits à la famine.

Une de ces fables s'est gravée à jamais dans la mémoire d'Abhijit. Elle raconte que la construction de cet édifice a duré beaucoup plus longtemps que prévu parce que, tandis que les ouvriers le bâtissaient le jour, les nobles le détruisaient la nuit. Ces derniers, qui vivaient également de l'agriculture, étaient affamés, comme le reste de la population ; ils gagnaient ainsi de quoi subsister. Mais, en tant qu'aristocrates, ils auraient préféré mourir que de révéler au peuple qu'ils en étaient réduits à de pareilles extrémités, d'où l'astuce du travail nocturne.

Quoi que l'on pense de ce snobisme déplacé, et de la véracité de l'anecdote, celle-ci n'en souligne pas moins un point important. Il est facile d'oublier, surtout en temps de crise, la nécessité de préserver autant que faire se peut la dignité des gens auxquels on vient en aide. Asaf al-Daula, il faut lui en reconnaître le mérite, la conserva en mémoire. Du moins est-ce ainsi que l'histoire se souvient de lui.

Nous allons tenter de montrer dans ce chapitre que maintenir cette tension entre l'aide pécuniaire et le souci de l'autre devrait être une des principales préoccupations des politiques sociales. Dans le débat public actuel, nous trouvons, à un extrême, ceux qui pensent que le mieux que l'on puisse faire pour les laissés-pour-compte de l'économie de marché est de leur donner un peu d'argent et de les laisser seuls trouver leur place dans le monde, et, à l'autre extrême, ceux qui pensent que les pauvres sont incapables de se prendre en charge, et qui veulent soit les abandonner à leur sort, soit intervenir pesamment dans leur existence en limitant leurs choix et en sanctionnant ceux qui ne rentrent pas dans le rang. Les premiers font comme si l'estime de soi des destinataires des programmes sociaux n'était pas un enjeu ; les seconds n'y portent pas plus attention, voire pensent que c'est le prix qu'ils doivent payer pour bénéficier d'une aide publique. Pourtant, le désir d'être respecté explique souvent le manque de popularité des interventions sociales, y compris parmi ceux qui en ont besoin, et aussi, bien souvent, leur échec. Nous explorerons dans ce chapitre les implications de cette perspective nouvelle sur la conception des politiques sociales.

Une intervention sociale très design

De tous les programmes sociaux, aucun ne semble plus à la mode que le revenu de base universel. Avec son mélange d'élégance et de simplicité, il est l'équivalent en politique sociale du design danois des années 1950, plébiscité par tout à la fois les patrons de la Silicon

Valley, les experts médiatiques, certains philosophes et certains économistes et quelques responsables politiques un peu marginaux. Le revenu de base universel repose sur une idée simple : faire verser par l'État, à tous les citoyens, quels que soient leurs besoins, un revenu de base garanti et substantiel (le chiffre de 1 000 dollars mensuels a été évoqué aux États-Unis). La somme n'est rien pour un Bill Gates, mais elle est beaucoup pour une personne sans emploi : elle lui permettra, toute sa vie, de n'être jamais totalement à cours d'argent. L'idée plaît dans la Silicon Valley, où l'on craint que les innovations technologiques ne fassent beaucoup de dégâts. En France, Benoît Hamon, le candidat socialiste à l'élection présidentielle de 2017, qui aspirait à succéder au président François Hollande, s'en est servi pour revitaliser une campagne vouée à l'échec ; aux États-Unis, Hillary Clinton l'a mentionnée à l'occasion (comme on sait, elle non plus ne l'a pas emporté) ; elle a fait l'objet d'un référendum en Suisse (où un quart seulement des votants l'ont approuvée) ; en Inde, enfin, elle est récemment apparue sur un document officiel du ministère des Finances, et les deux partis rivaux aux dernières législatives ont chacun repris dans leurs programmes l'idée d'un transfert monétaire inconditionnel (bien que non universel).

Beaucoup d'économistes, depuis au moins Milton Friedman, approuvent le côté « laissez faire » du revenu de base universel. Comme nous l'avons vu, les économistes ont l'habitude de considérer que les gens savent ce qui est bon pour eux, et qu'il n'y a aucune raison de croire qu'un fonctionnaire de l'État le saurait mieux. Pour eux, remettre une somme d'argent aux personnes vivant de l'aide sociale est naturellement la chose à faire, car ce sont elles qui connaîtront la meilleure manière de la dépenser. Si elles ont faim, elles s'achèteront à manger, et si ce sont des vêtements qu'il leur faut elles doivent pouvoir en décider elles-mêmes. Dans cette vision du monde, un programme comme, aux États-Unis, le SNAP (Supplemental Nutrition Assistance Program, un système de distribution de bons alimentaires), qui ne peut être utilisé que pour acheter de la nourriture, est trop directif. De même, donner de l'argent en récompense d'un « bon comportement », comme le font les programmes de transferts monétaires conditionnels mexicains Progresa-Oportunidades-Prospera ou leurs nombreux avatars, c'est contraindre les gens sans raison valable. Si un certain comportement est vraiment bon pour elles, les personnes concernées l'adopteraient de toute façon, et si elles pensent qu'il ne mérite pas de l'être il y a des chances que ce soient elles qui aient raison. En 2019, quand le gouvernement mexicain, situé politiquement à gauche, annonça son intention de remplacer Prospera par un programme de transferts *inconditionnels*, il précisa que « les séminaires de santé, les visites médicales (et les autres obligations) étaient un fardeau qui pesait sur les femmes[1] ».

L'attrait de ce genre de programme tient aussi à son caractère réellement universel, sans tentative de cibler ou contrôler les populations. La plupart des programmes sociaux s'accompagnent de règles compliquées de sélection et de contrôle ayant pour but de vérifier que les aides sont attribuées aux bonnes personnes. S'assurer que les enfants sont bel et bien scolarisés et que leur santé est surveillée régulièrement par un médecin a un coût : au Mexique, il est d'environ 10 pesos pour 100 pesos distribués à un ménage. Sur ces 10 pesos, 34 % financent le coût d'identification des bénéficiaires et 25 % servent à vérifier que les conditions d'obtention du transfert monétaire sont remplies[2].

La prolifération des règles rend l'inscription au programme compliquée ; le résultat est que les prestations fournies sont loin d'être universelles. Au Maroc, Esther a étudié un programme de prêt aidé pour se raccorder au réseau d'adduction d'eau[3]. Quand elle s'est rendue pour la première fois dans les quartiers où le programme était proposé, l'entreprise française prestataire qu'elle était chargée d'évaluer, Veolia, lui a montré avec fierté le « bus Veolia » qui allait de quartier en quartier informer les populations. Étrangement, il n'y avait personne dans le bus, et quand Esther est allée frapper de maison en maison elle a constaté que les gens n'avaient souvent qu'une idée très vague du programme, ignorant ce qu'ils devaient faire pour s'inscrire. La procédure, il est vrai, était compliquée. On ne pouvait pas s'inscrire dans le bus. Les clients potentiels devaient se rendre à la mairie, avec des papiers attestant de leur lieu de résidence et de leur droit de propriété. Ils devaient remplir un formulaire et revenir plusieurs semaines plus tard pour savoir si leur candidature avait été acceptée. Esther et ses collègues leur ont proposé un service très simple : un agent irait à leur domicile, ferait une photocopie des papiers nécessaires, remplirait le formulaire et remettrait le tout à la mairie. Cela fut extrêmement efficace : le taux d'inscription a été multiplié par sept.

Comble de malchance, les personnes les plus intimidées par la complexité du processus d'inscription sont souvent celles qui sont le plus dans le besoin. À Delhi, les veuves et les femmes divorcées qui vivent dans la pauvreté ont droit à une pension mensuelle de 1 500 roupies (85 dollars en parité de pouvoir d'achat), ce qui représente pour elles une grosse somme. Or les demandes sont peu nombreuses : une étude de la Banque mondiale a montré que deux tiers des femmes qui y avaient droit n'en faisaient pas la demande[4]. En cause, la complexité du processus de candidature, qui multiplie les règles que la plupart ne saisissent pas ou ne parviennent pas à suivre.

Pour comprendre dans quelle mesure la connaissance des règles ou les règles elles-mêmes entravent l'inscription à ces programmes, les auteurs d'une étude ont réparti en 4 groupes, de façon aléatoire, un ensemble de 1 200 femmes indiennes qui présentaient les conditions d'admission requises[5]. Un premier groupe servit de groupe témoin ; un deuxième reçut des informations sur le programme ; un troisième reçut à la fois des informations et de l'aide pour effectuer la demande ; le dernier groupe bénéficia des deux et fut également accompagné, par le représentant local de l'ONG, jusqu'au bureau où il fallait se présenter. L'information seule a permis d'augmenter le nombre de femmes qui entamaient le processus, mais pas d'accroître de façon significative le nombre de celles qui allaient jusqu'au bout. En revanche, l'aide dans les démarches s'est traduite par une augmentation du nombre de demandes. Les femmes qui étaient aidées étaient plus nombreuses (6 points de pourcentage en plus) à franchir toutes les étapes, et celles qui étaient accompagnées au bureau plus nombreuses à aller jusqu'à l'inscription (11 points de pourcentage en plus), doublant presque le taux de base. L'important, c'est que ce sont les femmes les plus vulnérables (illettrées, éloignées de la vie politique) qui bénéficiaient le plus de l'intervention. Rien d'étonnant à cela puisque c'est elles qui ont le plus tendance à être exclues du processus en vigueur aujourd'hui. Même avec une aide, cependant, les demandes n'étaient que de 26 %, un taux peu élevé pour de l'argent donné sans contrepartie. Il révèle le faible niveau de confiance des femmes dans la capacité de l'État à verser effectivement l'argent : elles ne voyaient pas la nécessité de se lancer dans une course d'obstacles.

Il en va de même aux États-Unis. Entre 2008 et 2011, des millions d'enfants supplémentaires ont eu accès à des repas gratuits à l'école, après qu'il avait été décidé que tout enfant de parents considérés comme pauvres – des personnes déjà concernées par d'autres programmes de lutte contre la pauvreté – serait inscrit de manière automatique. En réalité, ces enfants avaient déjà droit à un repas gratuit, depuis un changement de règles datant de 2004, mais, à l'époque, c'était aux parents d'en faire la demande, et ils ne la faisaient pas[6].

Ou prenons le cas du SNAP, le programme d'aide alimentaire états-unien. Parmi les 30 000 personnes âgées qui n'avaient pas fait la demande pour en bénéficier alors qu'elles y avaient droit, un groupe sélectionné au hasard fut informé de son éligibilité et, en son sein, un sous-groupe put profiter d'une assistance à l'inscription. Au bout de neuf mois, 6 % seulement des membres du groupe témoin avaient fait leur demande ; dans le groupe traité, le chiffre passait à 11 % quand les personnes avaient été informées de l'existence du programme et à 18 % quand on les avait aussi aidées à s'inscrire[7].

Le fait qu'une certaine stigmatisation frappe les personnes identifiées comme pauvres complique évidemment les choses. Aux États-Unis, cette attitude est le fruit de la croyance bien établie que tout le monde peut réussir s'il le veut – bien que tout tende à montrer le contraire, comme nous l'avons déjà vu. Beaucoup de gens répugnent donc à s'admettre à eux-mêmes et à admettre aux autres qu'ils sont pauvres au point d'avoir besoin d'aide. Nous en avons vu un exemple intéressant lors d'une étude sur les travailleurs peu qualifiés de Californie. L'expression « bons alimentaires » vient, comme on peut l'imaginer, du fait qu'il fut un temps où l'assistance était effectivement apportée sous la forme de coupons de papier, qui rendaient la discrétion impossible. Aujourd'hui, les « bénéficiaires de bons » reçoivent de l'État fédéral des cartes de transferts électroniques, qui s'utilisent comme une carte bleue à la caisse d'un magasin, ce qui évite d'avoir à payer ses achats avec des bons alimentaires, et d'en porter le stigmate. Mais toutes les personnes qui ont droit au SNAP ne le savent pas. L'expérience a été réalisée dans les boutiques de H&R Block, une entreprise qui aide les contribuables à remplir leur déclaration d'impôt. La plupart des gens qui ont recours à H&R Block et remplissent leur déclaration le plus tôt possible sont des travailleurs à bas revenu qui veulent recevoir leur remboursement d'impôts le plus vite possible (aux États-Unis, le prélèvement est fait à la source et en général il est excessif, ce qui donne lieu à un remboursement lors de la déclaration). Dans certains des bureaux de H&R Block, choisis au hasard, des personnes dont on pensait qu'elles pouvaient avoir droit aux bons alimentaires du SNAP ont reçu une brochure réalisée par une entreprise de relations publiques qui présentait la carte de transferts électroniques locale comme la « Carte Avantage Gold » locale. Le texte de présentation la décrivait sous un jour favorable, un outil pour « faire plus d'achats » destiné « aux familles des travailleurs ». Dans le groupe témoin, la brochure présentait le programme avec le vocabulaire habituel, reprenant le langage des « bon alimentaires ». Dans les bureaux, des bannières renforçaient chacun de ces deux messages en grand format. Nous avons pu constater que les clients avaient plus de chance de demander une évaluation de leur éligibilité pour le SNAP quand l'expression « bons alimentaires » n'était pas utilisée[8].

Inversement, la peur d'être exclues injustement d'un programme peut dissuader les personnes qui en ont le plus besoin de formuler une demande. C'est la raison pour laquelle les organisations qui travaillent avec les populations très pauvres affirment fortement la nécessité de l'universalité des services. Quand Thierry Rauch, à l'époque sans domicile fixe en France, apprit que l'État français voulait aider 30 % des pauvres à sortir de la pauvreté, sa première réflexion fut la suivante : « Ce qui est sûr, c'est que moi et ma famille, on ne sera pas dedans. » Et d'ajouter : « Si le soutien n'est pas pour tout le monde, moi, je me ferai sûrement jeter. » Après une vie passée dans l'exclusion sociale, il n'essayait même plus de faire partie des personnes pouvant être aidées[9].

Le même pessimisme contreproductif a été observé au Maroc. Esther et ses collègues ont comparé les résultats de Tayssir, un programme de transferts monétaires conditionnels sur le modèle classique, qui exige que les enfants aillent de façon régulière à l'école, à ceux d'un programme de transferts monétaires inconditionnels, qui se présentait également comme une aide à la scolarisation, mais n'exigeait pas que les parents se soumettent à un contrôle régulier de l'assiduité de leurs enfants. Au cours du travail de terrain réalisé pour le projet, Esther s'est rendue chez une famille qui n'avait pas effectué la démarche pour bénéficier du programme de transferts conditionnels : elle lui en a demandé la raison. La famille comptait trois enfants ayant l'âge requis, tous inscrits à l'école. Le père a expliqué qu'il travaillait souvent pendant la journée comme ouvrier agricole en dehors du village, parfois plusieurs jours de suite, et qu'il ne lui était donc pas possible de s'assurer que ses enfants se rendaient tous les jours à l'école. Il craignait donc qu'ils soient absents trop souvent, que lui-même perde le bénéfice du transfert et qu'il soit considéré comme un mauvais père.

Les données montrent que cette famille n'était pas une exception. Des familles où les enfants risquaient particulièrement de manquer l'école choisissaient de ne pas demander à bénéficier du programme de transferts conditionnels parce qu'elles n'étaient pas certaines d'en remplir les conditions. Il semble qu'elles préféraient s'exclure elles-mêmes que de devoir supporter l'indignité de se faire exclure. Ainsi, un programme de transferts présenté comme un *moyen d'aider les familles* à éduquer leurs enfants, et donc non conditionnel, plutôt que comme une *récompense* pour celles qui le font, était plus efficace pour élever le niveau d'instruction des familles fragiles (et tout aussi efficace pour les autres)[10].

Où est l'argent ?

Compte tenu des inconvénients des programmes de transferts existants, d'où vient la résistance au revenu de base universel ? Pourquoi les programmes universels et inconditionnels sont-ils si peu nombreux dans le monde ?

Il y a d'abord une raison simple : l'argent. Les programmes universels dont personne n'est exclu coûtent cher. Le versement de 1 000 dollars par mois à chaque Américain coûterait 3 900 milliards de dollars par an. C'est environ 1 300 milliards de plus que l'ensemble des programmes sociaux existant aux États-Unis, l'équivalent du budget fédéral ou 20 % de l'économie américaine[11]. Pour financer le programme sans amputer les fonctions traditionnelles de l'État fédéral (la défense, l'instruction publique, etc.), il faudrait supprimer tous les programmes sociaux existants *et* porter le niveau d'imposition aux États-Unis à la hauteur de celui du Danemark. C'est pourquoi même les partisans fervents du revenu de base universel envisagent un système où les transferts monétaires diminueraient à mesure que les gens seraient plus riches, et qui seraient nuls à partir d'un certain niveau de revenu. Ce revenu ne serait donc pas, en réalité, universel. Si le revenu de base universel n'était versé qu'à la moitié la plus pauvre des Américains, il coûterait la somme plus abordable de 1 950 milliards de dollars. Mais cela nécessiterait un ciblage, avec tous les écueils que cela suppose.

La morale de la classe moyenne

À l'âge de douze ans, Abhijit, comme beaucoup de ses camarades, était amoureux d'Audrey Hepburn. Il la vit pour la première fois dans le rôle d'Eliza Doolittle, dans la version cinématographique de la comédie musicale de Lerner et Loewe *My Fair Lady*, qui s'inspirait elle-même de *Pygmalion*, une pièce du prix Nobel de littérature George Bernard Shaw (qui appartenait à la gauche radicale de son temps). Dans la pièce, le père d'Eliza, Alfred Doolittle, prononce un discours philosophique extraordinaire (avant de plus ou moins proposer de vendre sa fille à deux gentlemen pour la somme de cinq livres sterling) :

> Qu'est-ce que j'suis, mes gouverneurs ? Je suis un de ces pauvres « non-méritants » : voilà ce que je suis. Pensez à ce que ça veut dire pour un homme. Ça veut dire qu'il est tout le temps en chicane avec la morale bourgeoise. S'il y a quelque chose en train et que je me mets sur les rangs pour en ramasser un morceau, c'est toujours la même histoire : « Vous n'êtes pas méritant ; ça n'est pas pour vous. » Pourtant j'en ai autant besoin que la veuve la plus méritante, qui, en une semaine et pour la mort du même mari, touche de l'argent de six œuvres de charité différentes. Je n'ai pas moins de besoins que quelqu'un de méritant ; j'en ai même plus. Je ne mange pas avec moins d'appétit que lui. Et je bois beaucoup plus. J'ai besoin d'un brin de distraction, parce que je suis un homme qui pense. Il me faut un peu de gaieté et de chanson et de flonflon quand j'ai le cafard. Eh bien, pour tout, on me demande le même prix qu'on demande aux méritants, aux assistés. Qu'est-ce que c'est que cette morale bourgeoise ? Rien qu'un prétexte pour jamais rien me donner[12].

Il était difficile d'être pauvre dans cette Angleterre victorienne où se déroule la pièce. Pour mériter la charité, il fallait être sobre et économe, aller à l'église et surtout travailler dur. Sinon, c'était l'hospice pour les pauvres, où l'on était forcé de travailler et où maris et femmes étaient séparés, sauf si vous aviez des dettes, auquel cas vous aviez droit à la prison voire à un embarquement forcé pour l'Australie. En 1898, une carte de « la pauvreté à Londres » désignait certains quartiers comme dévolus « à la classe inférieure, vicieuse et à moitié criminelle[13] ».

Nous n'en sommes pas si loin aujourd'hui. Prononcez les mots « aide sociale » dans un dîner en ville aux États-Unis, en Inde ou en Europe, et il se trouvera toujours quelques personnes pour hocher gravement la tête, inquiètes que l'aide sociale ne rende les pauvres « bons à rien », en anglais des « *good-for-nothings* », une expression victorienne encore très populaire dans certains milieux indiens. Donnez-leur de l'argent et ils s'arrêteront de travailler pour le boire. Ce type d'attitude est lié à la conviction que ces personnes sont pauvres parce qu'elles n'ont pas la volonté de réussir ; donnez-leur la moindre possibilité, et elles cesseront tout effort pour s'intégrer.

Aux États-Unis, avec le désastre économique de la Grande Dépression, pendant les années 1930, la pauvreté a temporairement pris un visage plus respectable, tout simplement parce qu'elle s'était généralisée. Tout le monde connaissait quelqu'un qui avait souffert de la pauvreté. Les courageux « Okies » de John Steinbeck, qui fuyaient les régions des États-Unis ravagées par les tempêtes de poussière, sont encore aujourd'hui l'objet de dissertations des lycéens du pays. Le New Deal de Franklin D. Roosevelt a marqué le début d'une période où la pauvreté a été considérée comme un fléau que la société pouvait et devait combattre et vaincre grâce à l'intervention de l'État central. Cette période s'est poursuivie jusqu'aux années 1960, culminant avec la « guerre à la pauvreté » du président démocrate Lyndon B. Johnson. Mais, quand la croissance a ralenti et que les ressources sont devenues plus chères, cette guerre à la pauvreté s'est muée en guerre contre les pauvres. Ronald Reagan brandissait fréquemment l'image de la « *welfare queen* », une femme tout à la fois noire, fainéante et fraudeuse : son modèle était Linda Taylor, une habitante de Chicago qui s'était fabriqué quatre identités différentes et qui, pour avoir touché indûment la somme de 8 000 dollars, fut condamnée à plusieurs années de prison. Elle y resta un an et demi de plus que le milliardaire et héros du capitalisme Charles Keating, protagoniste du grand scandale de corruption de l'ère Reagan (le scandale des « Keating Five »), et de la crise des caisses d'épargne américaines dont le sauvetage coûta aux contribuables plus de 500 milliards de dollars.

L'innovation du discours politique fut alors de présenter la turpitude morale des pauvres comme la conséquence du système d'aide sociale lui-même. En 1986, Ronald Reagan déclara que la guerre à la pauvreté avait été perdue. Le système d'aide sociale était la cause de cet échec car, en décourageant le travail et en encourageant l'assistanat, il avait entraîné une « crise de la famille, surtout chez les pauvres qui vivaient de l'aide sociale, noirs comme blancs[14] ». Dans son discours à la nation radiodiffusé le 15 février 1986, il affirmait ainsi :

> Nous courons le danger de créer pour toujours une culture de la pauvreté, aussi inflexible que la plus solide des chaînes ; une deuxième Amérique, une Amérique à part, une Amérique du rêve anéanti, de la vie avortée. L'ironie, c'est que c'est le système d'aide sociale, mal conçu, créé au nom de la compassion, qui a fait d'un problème en recul une tragédie de dimension nationale. Depuis les années 1950, la pauvreté en Amérique déclinait. La société américaine, une société d'opportunités, accomplissait son miracle. La croissance économique offrait à des millions d'Américains une échelle pour sortir de la pauvreté et s'élever jusqu'à la prospérité. En 1964 a été déclarée la fameuse guerre à la pauvreté, et il s'est alors passé quelque chose de curieux. La pauvreté, mesurée par l'assistanat, a cessé de reculer, puis elle a commencé à s'aggraver. Je crois que l'on peut dire que c'est la pauvreté qui a gagné cette guerre. Elle a gagné parce qu'au lieu d'aider les pauvres, les programmes d'aide sociale ont brisé les liens qui tenaient unies les familles pauvres.
>
> Peut-être l'effet le plus insidieux du système d'aide sociale est-il d'avoir usurpé le rôle de soutien de la famille. Dans les États où les sommes versées sont les plus considérables, par exemple, l'aide

> publique pour une mère célibataire peut dépasser de loin le salaire minimum. Autrement dit, elle peut avoir intérêt à quitter son emploi. De nombreuses familles ont droit à des aides bien plus importantes quand il n'y a pas de père. Que peut bien éprouver un homme à l'idée que ses propres enfants s'en sortiront mieux s'il n'est jamais reconnu légalement comme leur père ? Avec les règles aujourd'hui en vigueur, une adolescente qui tombe enceinte peut elle aussi avoir droit à des aides sociales qui lui permettront d'avoir un logement, de se faire soigner, de se nourrir, de s'habiller. Une seule condition suffit : ne pas se marier ou ne pas identifier le père [...] La tragédie du système d'aide sociale n'a que trop duré. Il est temps de redéfinir notre système social pour qu'il soit enfin jugé sur la base du nombre d'Américains auxquels il permet de ne plus en être dépendant[15].

Ces propos alarmants ne résistent pas à l'examen. On pourrait remplir des bibliothèques entières de livres et d'études sur l'impact du système d'aide sociale sur la fécondité et les structures familiales. La conclusion presque unanime de cette vaste littérature est que celui-ci est insignifiant ou nul[16]. Les craintes de Reagan étaient infondées.

Pourtant, malgré tous les éléments dont nous disposons, l'idée que le système d'aide sociale serait la cause de la pauvreté, mais aussi de la « dépendance », de la « culture de l'assistanat » et d'une prétendue « crise des valeurs familiales », le tout implicitement lié à l'appartenance ethnique ou raciale, n'est l'apanage ni des États-Unis ni de la période de Reagan. Au mois de juin 2018, le président Macron s'est enregistré pendant la préparation d'un discours qui présentait sa réforme des programmes de lutte contre la pauvreté. L'enregistrement fut rendu public par l'Élysée : il s'agissait, candidement, de « montrer les coulisses » du travail du président, de révéler aux Français son style, de leur faire entendre son courageux « parler vrai ». Au-delà des différences entre les deux personnages, on y voit Macron adopter à peu près le même ton que Reagan pour répéter *ad nauseam* que le système actuel est défaillant et parler, à six reprises en l'espace de quelques minutes, de la nécessité de responsabiliser davantage les pauvres[17].

Aux États-Unis, cet état d'esprit s'est traduit dans l'action politique en 1996, quand le président Clinton, avec l'appui des deux partis au Congrès, a adopté la loi sur la « réconciliation » entre la responsabilité personnelle et les opportunités d'emploi (Personal Responsibility and Work Opportunity Reconciliation Act). Cette loi a remplacé le programme d'aide aux familles ayant des enfants dépendants (Aid to Families with Dependent Children, AFDC) par celui d'assistance *temporaire* aux familles indigentes (Temporary Assistance for Needy Families, TANF), qui soumettait les bénéficiaires à de nouvelles obligations en matière de travail. Clinton a aussi étendu le crédit d'impôt sur le revenu salarial (*« earned income tax credit »,* EITC), qui vient compléter le revenu des *travailleurs* pauvres (en réservant l'aide publique aux personnes ayant déjà un travail). En 2018, le Council of Economic Advisers du président Trump a publié un rapport recommandant que les trois grands programmes d'aide non monétaire – Medicaid, le SNAP (les bons alimentaires) et l'aide au logement – n'ouvrent de droits qu'aux personnes ayant un travail[18]. En juin de la même année, l'Arkansas fut un des premiers États à appliquer cette préconisation (aux adultes bénéficiaires du Medicaid). On notera avec intérêt que le principal argument du Council of Economic Advisers n'était pas que la guerre à la pauvreté avait échoué mais, au contraire, qu'elle était « largement terminée, et avec succès ». Le rapport affirmait que le « filet de sécurité – dont la fiscalité fédérale et les politiques de transferts (monétaires et non monétaires) – [avait] contribué à une considérable réduction de la pauvreté (correctement mesurée) aux États-Unis. Ces politiques se sont toutefois accompagnées d'une moindre indépendance économique (en termes d'aides sociales reçues) des adultes non handicapés en âge de travailler. Soumettre les programmes de transferts sociaux non monétaires à la fourniture d'un travail améliorerait l'indépendance économique, sans grand risque de remettre en cause de façon substantielle les progrès de la lutte contre les privations d'ordre matériel. » Autrement dit, il fallait obliger les gens à travailler pour gagner leur pain afin qu'ils ne soient pas exclus de « l'éthique américaine du travail, ce ressort profond qui fait que les Américains travaillent chaque année un plus grand nombre d'heures et de semaines que tous nos concurrents [et qui] est depuis toujours une des raisons de la réussite de l'Amérique ». Bien sûr, il y aurait peut-être quelques dégâts mais, pour empêcher un grand nombre de pauvres de sombrer dans la paresse, un des sept péchés capitaux, cela en valait la peine. Les puritains, ces premiers colons au protestantisme rigoureux, auraient applaudi des deux mains.

Donnez-nous aujourd'hui notre pain de ce jour

Les puritains auraient également approuvé la répugnance, historiquement partagée par la droite et la gauche, à faire bénéficier les pauvres de transferts en argent. En Inde, une des réussites récentes de la gauche est d'avoir réclamé une loi sur la sécurité alimentaire. Adoptée en 2013, elle garantit chaque mois 5 kilos de grain subventionné à presque deux tiers des Indiens, ce qui fait tout de même plus de 700 millions de personnes[19]. En Égypte, le programme d'aide alimentaire a coûté 85 milliards de livres égyptiennes en 2017 et 2018 (4,95 milliards de dollars ou 2 % du PIB)[20]. En Indonésie, enfin, le gouvernement administre Rastra (naguère Raskin), un programme de distribution subventionnée de riz à plus de 23 millions de ménages[21].

Mais distribuer du grain est coûteux et compliqué. L'État doit l'acheter, le stocker puis le transporter, souvent sur des milliers de kilomètres. En Inde, on estime que le transport et le stockage représentent 30 % des coûts du programme. En outre, il faut s'assurer que ce sont les bons bénéficiaires qui reçoivent le grain, et qu'ils paient le prix prévu. En 2012, les ménages indonésiens éligibles ne recevaient qu'un tiers de la quantité qui leur était due en vertu du programme Raskin, et ont payé 40 % de plus que le prix officiel[22].

En Inde, le gouvernement envisage aujourd'hui de passer à ce qu'il appelle des transferts directs : il s'agit, au lieu de fournir de la nourriture (ou une autre forme d'aide en nature), de transférer de l'argent directement sur le compte bancaire des personnes, car cela coûterait moins cher et les risques de corruption seraient moins élevés. L'idée suscite cependant une opposition très vive, emmenée principalement par des intellectuels de gauche. L'un d'eux a interrogé 1 200 ménages dans tout le pays sur leurs préférences : argent ou nourriture ? Au total, deux tiers ont dit préférer la seconde au premier. Dans les États indiens où le système de distribution de nourriture fonctionnait bien (principalement dans le sud du pays), cette préférence était encore plus forte. Quand on leur a demandé pourquoi, 13 % des ménages ont mentionné les coûts de transaction (la banque et le marché étant loin, il est difficile de changer l'argent en nourriture). Un tiers des ménages préférant la nourriture avouaient cependant que la distribution de celle-ci les protégeait de la tentation de mal dépenser l'argent. À Dharmapuri, dans l'État du Tamil Nadu, une personne déclarait ainsi : « La nourriture, c'est beaucoup plus sûr. L'argent, ça se dépense trop vite. » Une autre ajouta : « Même si vous me donnez dix fois le montant, je préfère la *ration shop* [une boutique où l'on trouve, à prix réduit, les produits distribués par l'État], car les produits, ça ne se jette pas par les fenêtres[23]. »

Ils se sous-vendent

Pourtant, rien dans les données dont nous disposons ne montre que cette inquiétude soit justifiée. En 2014, 119 pays en développement avaient lancé un programme de transferts monétaires inconditionnels pour les ménages pauvres, et 52, un programme de transferts monétaires conditionnels. Au total, 1 milliard de personnes participaient, dans tous ces pays, à au moins l'un de ces programmes[24]. Leur première phase a été souvent lancée à titre expérimental. Rien dans ces expériences ne vient justifier l'idée que les pauvres gaspillent l'argent pour leur plaisir au lieu de le consacrer à ce dont ils ont besoin. En réalité, les personnes qui reçoivent ces transferts *augmentent la part* de leurs dépenses totales servant à acheter de la nourriture (non seulement elles dépensent plus pour leur alimentation quand elles ont plus d'argent mais cette augmentation est plus que proportionnelle). La qualité de leur alimentation s'améliore, ainsi que les dépenses consacrées à l'école et à la santé[25]. Rien ne montre non plus que les transferts monétaires se traduisent par une hausse des achats d'alcool et de tabac[26]. Et les transferts financiers augmentent les dépenses autant que les rations alimentaires[27].

Même les hommes ne semblent pas gaspiller l'argent : quand les transferts sont distribués de façon aléatoire à un homme ou à une femme, il n'existe pas de différence dans les montants dépensés en nourriture et, disons, ceux dépensés en alcool ou en tabac[28]. Nous restons cependant convaincus qu'il est toujours préférable de donner l'argent à la femme, non parce que nous pensons que l'homme le boira, mais parce que cela rééquilibre le pouvoir au sein de la famille, et peut permettre à l'épouse de faire ce qui lui paraît important pour elle (travailler en dehors de la maison, par exemple[29]).

Éviter la fosse aux serpents

Aucune étude n'a jamais montré que les transferts monétaires amenaient les gens à moins travailler[30]. Les économistes trouvent cela étonnant : pourquoi travailler si l'on n'a pas besoin de gagner d'argent pour survivre ? Et que devient la grande tentation de la paresse, dont le châtiment, selon la tradition médiévale, consiste à être jeté dans une fosse aux serpents ?

Ce qui semble plausible, au contraire, c'est qu'un grand nombre de gens (peut-être même la plupart) aspirent sincèrement à faire quelque chose de leur vie, mais qu'ils soient paralysés par l'idée de survivre avec très peu. Recevoir un peu d'argent supplémentaire pourrait alors les encourager à travailler davantage et/ou à essayer des choses nouvelles. Au Ghana, Abhijit et ses collègues ont réalisé une expérience. Ils ont proposé à un groupe de femmes très pauvres de fabriquer des sacs, qu'ils leur ont ensuite achetés à des prix généreux. Certaines d'entre elles (choisies au hasard) étaient parmi les bénéficiaires d'un programme dans le cadre duquel on leur donnait un actif productif (généralement des chèvres), une formation sur la meilleure manière de l'exploiter et un soutien psychologique pour renforcer leur confiance en elles (ces femmes étaient souvent convaincues d'être incapables de rien réussir). Bien qu'elles aient déjà à s'occuper des chèvres (et soient déjà plus à l'aise financièrement), les femmes choisies pour bénéficier de ce programme fabriquaient davantage de sacs que les autres, et gagnaient plus d'argent grâce à cette activité. La différence était encore plus marquée pour les sacs au design plus complexe : non seulement ces femmes travaillaient plus vite, mais elles faisaient aussi moins d'erreurs. L'explication la plus plausible est que le fait d'avoir reçu un actif les libérait des soucis de la survie, et leur donnait une énergie et une liberté d'esprit qui leur permettaient de se concentrer sur leur travail[31].

Par ailleurs, une personne pauvre dans un pays en développement ne peut généralement pas obtenir de prêt, et ne peut compter sur personne pour la renflouer si son affaire périclite. Il est donc plus difficile pour elle de créer l'entreprise de ses rêves. Un transfert monétaire sur plusieurs années présenterait l'intérêt de lui fournir un supplément financier et de lui garantir un certain niveau de consommation en cas d'échec. Un revenu garanti pourrait ainsi donner envie aux personnes pauvres de trouver un meilleur emploi ailleurs, d'acquérir des compétences nouvelles ou de créer une entreprise.

Mais peut-être cette logique ne s'applique-t-elle que dans les pays en développement, où les pauvres sont très pauvres et où un peu d'argent supplémentaire les met effectivement en *capacité* de travailler ? Les choses sont-elles différentes aux États-Unis, où à peu près tout le monde, les pauvres compris, peut trouver du travail ? Peut-être que, dans ces conditions, la paresse l'emporterait. En réalité, un certain nombre de données fiables, qui remontent aux années 1960, montrent qu'il n'y a aucune raison de s'inquiéter, aux États-Unis, de la paresse. D'ailleurs, la première expérience randomisée réalisée à grande échelle en sciences sociales, qui portait sur le maintien du revenu, la New Jersey Income Maintenance Experiment, a précisément été conçue pour évaluer l'impact sur l'offre de travail d'un « impôt négatif sur le revenu ». L'impôt négatif sur le revenu repose sur l'idée que la fiscalité du revenu doit être conçue pour qu'un revenu minimum soit garanti à tout le monde : les pauvres paient un impôt négatif leur permettant de recevoir plus d'argent qu'ils n'en gagnent, mais, à mesure qu'ils s'enrichissent, les transferts dont ils bénéficient diminuent jusqu'à ce que ce soient eux qui paient un impôt.

L'impôt négatif sur le revenu diffère du revenu de base universel car, pour les gens qui se rapprochent du point de bascule entre la position de débiteur net du système et celle de créancier net, la désincitation à travailler peut être considérable. Autrement dit, en plus d'un *effet revenu* (je n'ai pas besoin de travailler si j'ai déjà assez d'argent pour survivre), que redoutent la plupart des décideurs politiques, ces systèmes peuvent aussi avoir un *effet de substitution* (il est moins intéressant de travailler puisque ce que je gagne en revenu supplémentaire me sera retiré sous la forme de transferts sociaux moindres).

Nombreux sont les économistes et les décideurs politiques aux États-Unis, au sein des deux partis, à avoir été favorables à un impôt négatif sur le revenu. À gauche, l'US Office of Economic Opportunity, sous la présidence de Lyndon B. Johnson, en a promu l'idée et a conçu un projet qui visait à remplacer tout le système d'aide sociale traditionnel par un impôt négatif sur le revenu. À droite, Milton Friedman proposait de remplacer la plupart des programmes de transferts sociaux par un unique impôt négatif sur le revenu. En 1971, le président républicain Richard Nixon l'a proposé dans le cadre de sa réforme globale du système d'aide sociale, mais il n'a pas été suivi par le Congrès. Une des grandes inquiétudes à l'époque était que les bénéficiaires travailleraient moins, et donc que l'État finirait par payer des gens qui auraient sans cela gagné leur vie tout seuls.

C'est à ce moment-là que Heather Ross, doctorante en économie au MIT, a proposé de réaliser, sans doute pour la première fois dans cette discipline, une expérience pour trancher la question. Ross ne pouvait se satisfaire que les élus justifient leurs politiques économiques par de simples anecdotes, et qu'aucune base factuelle ne permette de savoir si les personnes aux revenus les plus bas s'arrêteraient de travailler si elles recevaient de l'aide d'un programme de ce type. En 1967, elle a donc soumis une proposition d'essai randomisé à l'US Office of Economic Opportunity. L'expérience a fini par obtenir des financements et Ross s'est retrouvée, selon ses propres mots, avec une « thèse à 5 millions de dollars[32] ».

Ce projet inspiré a abouti non seulement à une expérimentation sur l'impôt sur le revenu négatif au New Jersey, mais à toute une série d'autres expériences du même type. Au début des années 1970, en effet, Donald Rumsfeld (oui, déjà lui) a retardé l'entrée en vigueur de cet impôt pour le cantonner au stade expérimental. La première expérimentation a été réalisée dans les zones urbaines du New Jersey et de la Pennsylvanie (1968-1972) ; d'autres ont suivi dans les zones rurales de l'Iowa et de la Caroline du Nord (1969-1973), ainsi qu'à Gary, dans l'Indiana (1971-1974) ; la plus ambitieuse a été réalisée entre 1971 et 1982, et a porté sur plus de 4 800 ménages de Seattle (Washington) et de Denver (Colorado) : il s'agissait de la Seattle-Denver Income Maintenance Experiment (SIME/DIME)[33].

Ces études sur l'impôt négatif sur le revenu établirent de façon convaincante la faisabilité et l'utilité des essais randomisés en matière de décision publique. Il faudrait plusieurs dizaines d'années avant que des projets aussi ambitieux intellectuellement jouent à nouveau un rôle de premier plan dans la politique sociale. Cela dit, comme il s'agissait des premières expériences en sciences sociales, leur conception et leur réalisation ont laissé un peu à désirer. Certains participants furent égarés, les échantillons étaient trop réduits pour obtenir des résultats précis, il y eut de nombreux problèmes dans la collecte des données[34]. Enfin, comme l'expérience était de courte durée et à petite échelle, les effets que pourrait avoir un programme plus durable et plus universel étaient difficilement extrapolables.

Considérés dans leur ensemble, cependant, les résultats montrent que le programme d'impôt négatif sur le revenu réduisait légèrement l'offre de travail, mais pas autant qu'on le craignait – et de loin. En moyenne, la baisse du temps travaillé se situait entre deux et quatre semaines de travail à plein temps sur un an[35]. Dans l'expérience la plus étendue (SIME/DIME), les hommes mariés soumis à l'impôt négatif sur le revenu ne réduisaient leur nombre d'heures travaillées que de 9 % par rapport aux autres ; mais la baisse était de 20 % chez les épouses[36]. Au total, la conclusion officielle de l'étude était que le programme de maintien du revenu n'avait pas d'effets notables sur la tendance des personnes à travailler, en particulier pour celui des deux conjoints dont le salaire était le plus élevé[37].

Il existe aussi, un peu partout aux États-Unis, plusieurs exemples de programmes de transferts inconditionnels mis en œuvre localement. Depuis 1982, l'Alaska Permanent Fund distribue une somme s'élevant à environ 5 000 dollars par ménage et par an. Il semble que cela n'a pas eu d'effet défavorable sur l'emploi[38]. Bien sûr, l'Alaska Permanent Fund, s'il offre une somme universelle et permanente (comme son nom l'indique), est plutôt modeste au regard de la proposition d'impôt négatif sur le revenu. Si cette somme avait été suffisante pour vivre, les gens auraient peut-être arrêté de travailler. Un programme plus proche du revenu de base universel est le versement de dividendes de casino aux membres de la tribu Cherokee vivant sur leurs terres ancestrales. Les transferts, d'environ 4 000 dollars par adulte et par an, représentent un supplément de revenu considérable, car le revenu par tête des ménages « natifs américains » est d'environ 8 000 dollars. Comparant les familles bénéficiaires et non bénéficiaires des Smoky Mountains avant et après les transferts, une étude ne révèle aucun effet sur le travail au sein de la famille, mais fait apparaître un impact positif important sur le niveau d'instruction des adolescents[39].

Le revenu universel ultrabasique

Rien ne semble donc indiquer que les transferts monétaires inconditionnels précipitent leurs récipiendaires dans une vie de débauche. Que cela veut-il dire pour les politiques sociales ?

Dans les pays en développement, où beaucoup de gens courent le risque de tomber dans la pauvreté pendant de courtes périodes de temps, et où les filets de sécurité des pays riches, si imparfaits soient-ils (services d'urgences, refuges, banques alimentaires), n'existent pas, l'intérêt de pouvoir compter sur une solution de repli comme le revenu de base universel peut être considérable, tant pour surmonter une mauvaise passe que pour se lancer dans un projet.

Dans de nombreuses régions du monde en développement, l'un des moyens les plus utilisés pour se protéger contre le risque de n'avoir plus aucun revenu est de posséder de la terre. Nous avons évoqué, dans le chapitre 2, la réticence des individus à migrer. L'une des raisons est que ceux qui le font prennent le risque de perdre leurs droits sur la terre. En Inde par exemple, bien que la plupart des ménages qui possèdent une terre ne tirent pas la plus grande partie de leur revenu de l'agriculture, la propriété foncière reste pour eux un atout considérable : en cas d'échec des autres projets, ils pourront toujours se replier sur leur lopin pour survivre.

Le résultat est que les zones où vivent un grand nombre de petits propriétaires s'industrialisent plus difficilement. Cela est aussi lié à la manière dont ont été mises en œuvre les réformes agraires : quand on accorde aux pauvres des droits sur la terre, il arrive souvent qu'ils puissent en hériter mais pas la céder. Dans l'État indien du Bengale-Occidental, quand les communistes sont arrivés au pouvoir après leur victoire aux élections de 1977, leur priorité a été de donner aux métayers des droits permanents sur les terres qu'ils exploitaient. Les droits étaient transmissibles mais pas cessibles. Trente ans plus tard, conscient du médiocre développement industriel de l'État, le même gouvernement communiste a voulu racheter les terres agricoles (y compris celles des métayers). Il s'est heurté à une résistance si acharnée qu'il a dû renoncer. Les communistes ont fini par être chassés du pouvoir après des manifestations massives contre les expulsions foncières et la répression sanglante qui leur fut opposée.

Les agriculteurs du Bengale-Occidental demandaient une seule chose pour les dédommager de la perte de leurs terres : la promesse d'un emploi, c'est-à-dire une source de revenu stable. S'il avait existé à l'époque une sorte de revenu de base universel, la résistance aurait peut-être été beaucoup moins vive et il aurait peut-être été plus facile de convertir les terres agricoles en terrains industriels. Dans le chapitre 5, nous avons vu que la mauvaise utilisation de la terre était en Inde une source majeure de mauvaise allocation des ressources, et qu'elle était probablement responsable d'une déperdition importante de croissance économique. En libérant les gens de ce qui les attache à la terre, le revenu de base universel permettrait une meilleure allocation de la terre, mais aussi de la main-d'œuvre : il serait plus acceptable pour les propriétaires de vendre leurs terres et de s'installer là où le marché du travail offre de meilleures opportunités.

Mais aucune mesure aujourd'hui en Inde ne s'apparente à un revenu de base universel. Le projet actuel du gouvernement ne s'applique qu'aux agriculteurs, et est par ailleurs très loin de leur permettre de vivre. Le revenu minimum garanti proposé par l'opposition ressemble davantage à un impôt négatif sur le revenu. Ciblant les pauvres, il prévoit d'augmenter progressivement l'impôt en même temps que le revenu. De fait, très peu de pays ont adopté un revenu universel garanti pour tous et non assujetti à l'impôt. Quand il existe quelque chose, il s'agit en général de programmes de transferts pour les pauvres, conditionnels ou inconditionnels. Mais, dans le monde en développement, il est très difficile de bien cibler les personnes. En effet, la plupart des gens travaillent dans l'agriculture ou dans de très petites entreprises : il n'est pas simple pour l'État de savoir combien ils gagnent, et donc d'identifier les pauvres et de les cibler avec un revenu supplémentaire[40].

L'alternative au ciblage est l'auto-ciblage. La législation en Inde sur l'emploi rural garanti (National Rural Employment Guarantee Act, NREGA) est le plus large programme d'auto-ciblage existant aujourd'hui (peut-être même sert-il de modèle à la garantie d'emploi fédérale proposée aux États-Unis). Chaque famille rurale a droit chaque année à une centaine de jours de travail payés au salaire minimum officiel, lequel est, presque partout dans le pays, plus élevé que le salaire réel. Il n'y a pas de filtrage officiel, mais une obligation de travailler, en général sur des chantiers d'intérêt général, ce qui exclut tous ceux qui ont mieux à faire que de rester huit heures par jour debout au soleil.

Le programme a un grand succès auprès des personnes pauvres. Il est si populaire que le gouvernement Modi a décidé de ne pas s'y opposer frontalement après sa victoire aux élections de 2014, alors même qu'il avait fait campagne contre. Un des avantages d'un programme comme NREGA, c'est qu'il se substitue, en partie au moins, à un salaire minimum dans les secteurs où il est impossible de mettre en place un tel salaire. Les travailleurs peuvent utiliser le « salaire NREGA » pour négocier avec les employeurs du secteur privé, et des études montrent qu'ils le font[41]. En outre, une étude a constaté que l'emploi dans le secteur privé s'est accru, alors même que les salaires ont augmenté. En s'entendant entre eux pour verser des salaires trop faibles, les employeurs maintenaient en réalité l'emploi à un niveau artificiellement bas, peut-être parce que certaines personnes ne pouvaient pas ou ne voulaient pas travailler pour si peu.

Mais la pierre d'achoppement de tout programme de travail en échange d'aides sociales *(workfare)*, c'est qu'il faut bien que quelqu'un crée les millions d'emplois. En Inde, la tâche en incombe aux *panchayats*, les gouvernements de village. Mais la méfiance est profonde entre ces derniers et les autorités centrales, chaque partie accusant l'autre, souvent avec de bonnes raisons, de corruption. Il en résulte une grande inefficacité et des lourdeurs bureaucratiques, conséquences habituelles quand la priorité est accordée à la lutte contre la corruption : il s'écoule souvent plusieurs mois entre l'approbation d'une proposition et sa mise en œuvre effective. Le résultat est que le programme ne peut répondre à de soudains changements des besoins au sein de la population, comme en provoque, par exemple, une sécheresse imprévue. Par ailleurs, dans un village dont le chef du *panchayat* a décidé que ce genre de projet était trop compliqué, ses habitants n'auront pas la chance d'en faire partie. Dans l'État du Bihar, le plus pauvre d'Inde, moins de la moitié des personnes qui veulent travailler dans le cadre de NREGA trouvent un emploi[42].

Le programme est une proie facile pour la corruption, car ce sont les personnes chargées d'en assurer le contrôle elles-mêmes qui se servent de leur pouvoir pour bloquer les versements et extorquer des pots-de-vin. La réduction du nombre de couches de bureaucratie impliquées dans ce travail de contrôle a d'ailleurs réduit de 14 % la richesse médiane des fonctionnaires en charge du NREGA[43]. Ajoutons que, même quand les gens obtiennent un travail, il leur faut souvent des mois pour être payés.

Tout cela suggère qu'il y a d'excellentes raisons d'envisager de passer à un revenu de base universel dans un grand nombre de pays en développement. Le problème, bien sûr, est d'ordre financier. La plupart de ces pays ont besoin d'augmenter les impôts, or cela prend du temps. Au début, l'argent ne pourra venir que de la suppression d'autres programmes, y compris ceux, importants, qui bénéficient d'une forte popularité, comme les subventions énergétiques. Néanmoins, diminuer le nombre de programmes présente l'avantage de concentrer la capacité limitée du gouvernement autour de deux ou trois objectifs. En Inde, le gouvernement est responsable de plusieurs centaines de programmes. Beaucoup n'ont plus de budget, mais jouissent encore d'un bureau et de personnel, qui ne font presque rien. Manish Sisodia, Premier ministre adjoint du gouvernement de Delhi, a raconté un jour en plaisantant que, lorsqu'il était arrivé au pouvoir, il s'était aperçu qu'il existait dans le budget une ligne pour l'achat d'opium. Il s'agissait du vestige d'un programme depuis longtemps révolu, destiné à aider les réfugiés afghans opiomanes qui s'étaient installés dans la ville.

Si les gouvernements des pays pauvres veulent mettre en place un revenu universel, celui-ci ne pourra être qu'ultrabasique. L'Economic Survey of India a proposé quelque chose de cet ordre en 2017. Il était estimé qu'un transfert annuel de 7 620 roupies (430 dollars en parité de pouvoir d'achat) à 75 % de la population indienne permettrait de faire passer presque toute la population pauvre (à part les plus pauvres des pauvres) au-dessus du seuil de pauvreté de 2010-2011. Cette somme représente très peu, même à l'aune des standards indiens (c'est moins que ce que plusieurs économistes ont proposé pour un revenu de base universel indien), mais elle devrait être suffisante pour survivre. L'enquête estime le coût de ce plan à 4,9 % du PIB du pays. À titre de comparaison, en 2014-2015, les subventions en engrais, en carburant et en nourriture ont coûté 2,07 % du PIB, et les 10 plus grands programmes nationaux d'aide sociale, 1,38 %. Les supprimer permettrait donc de financer environ les deux tiers du revenu universel ultrabasique[44].

Cette proposition part du principe qu'il ne serait pas très difficile d'exclure un quart de la population du programme. On pourrait en effet prévoir une forme bénigne d'auto-sélection. Demander à chacun de se rendre toutes les semaines à un guichet automatique bancaire et d'y introduire sa carte d'identité biométrique (même s'il ne retire pas d'argent cette semaine-là) aurait le double intérêt de supprimer les bénéficiaires fantômes et de dissuader les riches de réclamer l'aide. Des options seraient prévues pour permettre aux personnes handicapées d'obtenir leur argent ou pour pallier un dysfonctionnement technique (comme cela arrive souvent, en particulier pour les travailleurs manuels dont les empreintes digitales sont effacées par le travail). Mais, associé au bon message (« venez et touchez de l'argent supplémentaire chaque fois que vous en avez besoin »), un peu de conditionnalité (être obligé de se rendre au guichet automatique une fois par semaine) pourrait dissuader au moins 25 % de la population de toucher ce transfert tout en assurant que les personnes qui en ont réellement besoin ne soient pas oubliées.

Nous sommes donc favorables à un revenu universel ultrabasique, mais il est important de rappeler que rien de ce que nous savons à ce jour nous indique son impact à long terme. Les données qui existent actuellement sont pour la plupart issues d'interventions d'une durée relativement courte. Nous ne savons pas avec certitude comment les gens réagiraient à l'idée de disposer toute leur vie d'un revenu de base. Quand la nouveauté du revenu supplémentaire se sera dissipée, céderont-ils à nouveau au découragement et travailleront-ils moins, ou auront-ils des aspirations plus élevées et voudront-ils redoubler d'efforts ? Quel sera sur les familles l'impact à long terme d'un revenu assuré à vie ? C'est ce qu'un essai randomisé contrôlé sur le revenu de base universel, au Kenya, auquel Abhijit participe, permettra bientôt, nous l'espérons, de découvrir. Dans 40 villages, tous les adultes vont recevoir un revenu garanti de 0,75 dollar par jour pendant douze ans ; dans 80 villages, ils recevront la même somme pendant deux ans ; dans 71 villages, la somme de 500 dollars sera versée à tous les adultes en une seule fois ; dans une centaine d'autres villages, enfin, personne ne recevra de revenu garanti, mais des données seront recueillies régulièrement. Au total, près de 1 500 ménages vont être impliqués dans l'expérience. Les premiers résultats sont prévus pour début 2020.

Cependant, nous disposons déjà de données fiables et de long terme sur les transferts monétaires conditionnels institués depuis de nombreuses années dans certains pays. Ces programmes ont démarré dans les années 1990, et les personnes qui étaient enfants à l'époque sont aujourd'hui des adultes. Ils ont semble-t-il, effectivement, eu un impact positif durable sur le bien-être des populations. Ainsi, en Indonésie, en 2007, le gouvernement a lancé le PKH, un programme de transfert monétaire conditionnel, dans 438 sous-districts (choisis au hasard parmi 736), pour un total d'environ 700 000 ménages. Le PKH présentait les caractéristiques habituelles de la plupart des programmes de ce type : les ménages touchaient une somme mensuelle s'ils envoyaient leurs enfants à l'école et recevaient des soins préventifs. Les villages inscrits au programme en 2007 continuent de recevoir les aides aujourd'hui, mais, du fait de l'inertie bureaucratique, le gouvernement n'a jamais pu étendre le programme aux villages témoins. La comparaison entre les villages attributaires et ces derniers montre des gains substantiels et durables en termes d'éducation et de santé : le nombre d'accouchements assurés par un professionnel de santé a fortement augmenté et le nombre d'enfants non scolarisés a diminué de moitié. Avec le temps, le programme a également affecté le stock de capital humain ; on observe une réduction de 23 % du nombre d'enfants mal nourris et l'augmentation du nombre d'enfants achevant leur scolarité. Pourtant, malgré ces gains en capital humain et les transferts eux-mêmes, aucun enrichissement des ménages n'a été mesuré. C'est là un avertissement important quant aux effets de long terme des transferts purement monétaires. Il est possible que les sommes d'argent que le gouvernement peut consacrer à ce type de programme soient trop faibles pour changer réellement les choses en termes de revenu (et le coût des gros transferts est trop important pour que le système puisse le supporter)[45].

Compte tenu de tout cela, la meilleure solution pourrait être de combiner, d'une part, un revenu universel ultrabasique auquel tout le monde aurait accès en cas de besoin, et, d'autre part, des transferts plus importants ciblant les personnes très pauvres, conditionnés à des soins préventifs et à la scolarisation des enfants. Les conditions pour bénéficier des transferts n'ont pas besoin d'être appliquées de façon trop sévère. Au Maroc, nous avons constaté qu'un « transfert monétaire *à l'utilisation préconisée* », qui encourageait, sans obligation, ses attributaires à utiliser l'argent pour couvrir une partie des coûts de scolarisation, semblait avoir été tout aussi efficace pour modifier les comportements qu'un programme traditionnel de transferts monétaires conditionnels[46]. De même, le programme PKH en Indonésie n'exige en rien un respect très strict des conditionnalités. En ce sens, il s'agit aussi d'un transfert monétaire « préconisé ». Ce type de transfert permet de réduire les coûts administratifs et d'éviter l'exclusion des familles les plus fragiles. Le ciblage peut aussi être réalisé de façon relativement peu coûteuse en se concentrant sur les régions pauvres, en demandant aux chefs des communautés locales de procéder à l'identification des bénéficiaires et en s'appuyant sur les données déjà disponibles. Il y aura bien sûr des erreurs. Mais, tant que nous sommes prêts à faire preuve de souplesse dans l'application des critères (pour que les personnes qui ont besoin d'aide ne soient pas exclues, quand bien même on donnerait parfois à des gens qui n'en ont pas besoin), et si le revenu universel ultrabasique est mis en place pour assurer un minimum, nous pourrions avoir ainsi le meilleur des deux systèmes.

Un revenu de base universel aux États-Unis ?

L'aide sociale a aussi besoin d'être renouvelée aux États-Unis (comme dans la plupart des pays riches). Il y a trop de gens en colère et qui ont le sentiment que la vie, depuis trop longtemps, s'acharne contre eux. Or rien ne laisse penser que les choses vont s'arranger bientôt. Le revenu de base universel serait-il alors la solution pour les États-Unis ?

Les électeurs répugneraient moins à payer l'augmentation d'impôts nécessaire pour le financer s'ils étaient convaincus que le gouvernement était sur la bonne voie. D'après une étude du Pew Research Center[47], 61 % des Américains seraient favorables à une politique fédérale qui verserait à tous les Américains un revenu garanti permettant de couvrir leurs besoins élémentaires dans le cas où les robots prendraient des emplois aujourd'hui occupés par les humains. Chez les démocrates, la proportion est de 77 % ; chez les républicains, de 38 %. Les démocrates sont 65 % (mais les républicains 30 % seulement) à penser que le gouvernement a le devoir d'aider les travailleurs qui perdraient leur travail dans ces conditions, même si cela implique d'augmenter les impôts. Avec un pareil niveau de soutien, et compte tenu du fait que les États-Unis, à l'aune de tous les standards internationaux, sont sous-imposés, on peut imaginer que les impôts passent de 26 % à 31,2 % du PIB. Cela permettrait à tous les Américains de recevoir 3 000 dollars par an[48]. Pour une famille de quatre personnes, cela représenterait 12 000 dollars par an, soit la moitié du seuil de pauvreté. Cette somme n'est pas une fortune, mais elle est assez élevée pour toutes les personnes qui se situent dans le tiers le plus pauvre de la population. S'il était financé par un impôt sur le capital, et que la part du capital dans l'économie augmentait en raison de l'automatisation, le revenu de base universel pourrait, avec le temps, devenir plus généreux. En Europe, il y a moins de place pour des hausses d'impôts, mais toute une série de transferts sociaux (logement, aide au revenu, etc.) pourraient être fusionnés dans une aide unique, avec quelques restrictions sur la manière de la dépenser. C'est d'ailleurs ce qu'a tenté la Finlande en 2017 et 2018, où 2 000 travailleurs *sans emploi* ont été choisis de façon aléatoire pour recevoir, à la place de tous les programmes d'assistance traditionnels (logement, allocation chômage, etc.), un revenu de base inconditionnel. Les 173 222 travailleurs sans emploi restants ont fait office de groupe témoin. Les premiers résultats montrent que les bénéficiaires du revenu de base sont plus heureux. Il n'y a aucune différence entre les deux groupes en termes de revenu, ce qui est cohérent avec ce que nous avons vu jusqu'à présent[49].

Mais un revenu de base universel apaiserait-il la colère des gens qui se sentent laissés pour compte ? Nombre de ses partisans, mais pas les pauvres, semblent le considérer comme un moyen d'acheter la paix avec les individus que la nouvelle économie va rendre improductifs et qui ne retrouveront pas de travail. S'ils touchaient le revenu de base universel, ils n'auraient plus besoin de chercher un travail et s'occuperaient autrement. Or ce que nous savons à ce jour semble indiquer que ce scénario est très peu probable. Nous avons posé la question suivante aux personnes qui répondaient à notre enquête : « S'il existait un revenu de base universel de 13 000 dollars par an (sans condition), pensez-vous que vous arrêteriez de travailler ou de chercher du travail ? » ; 87 % d'entre elles ont répondu non[50]. Toutes les données que nous avons présentées dans ce livre montrent que la plupart des gens veulent travailler, mais pas uniquement parce qu'ils ont besoin d'argent : le travail est la source d'un sentiment d'avoir un but, une appartenance sociale et une dignité.

En 2015, la Rand Corporation a conduit une étude approfondie sur les conditions de travail d'environ 3 000 Américains[51]. Il leur était demandé si leur travail leur donnait « la satisfaction du travail bien fait », « le sentiment d'un travail utile » ou « d'un accomplissement personnel », « la possibilité d'avoir un impact positif sur la communauté/société » et « des buts vers où s'élever ». Ils ont été 4 sur 5 à répondre qu'ils avaient au moins un de ces sentiments « tout le temps » ou « la plupart du temps ».

À la même époque à peu près, le Pew Research Center a recueilli des données sur la satisfaction des Américains au travail et leur a demandé s'ils avaient l'impression que ce qu'ils faisaient leur procurait un sentiment d'identité[52]. Plus de la moitié (51 %) d'entre eux a répondu par l'affirmative, et l'autre moitié (47 %), que le travail n'était qu'un moyen de gagner sa vie.

Les résultats de ces deux études ne sont pas entièrement cohérents, mais ils ne laissent pas de doute sur le fait qu'un grand nombre de personnes tiennent à avoir un travail pour des raisons qui dépassent de loin le seul fait de gagner de l'argent. Toutefois, ce sont les travailleurs les plus éduqués et ceux qui gagnent le mieux leur vie qui ont tendance à considérer leur travail comme une partie de leur identité : 37 % seulement de ceux qui gagnent 30 000 dollars par an ou moins mentionnent leur travail comme la source de leur identité. On constate aussi de grandes différences selon les secteurs d'activité : 62 % des adultes travaillant dans le secteur de la santé et 70 % de ceux qui travaillent dans l'éducation disent retirer de leur emploi un sentiment d'identité, à comparer avec les 42 % dans l'hôtellerie et les 36 % dans le commerce en gros ou de détail.

Les gens pensent donc en termes de bons et de mauvais emplois, ou du moins d'emplois utiles et moins utiles. Si les emplois les mieux payés sont, en moyenne, les meilleurs, ce qu'on fait dans le travail compte aussi. Les gens peuvent être réticents à l'idée de passer d'un travail qu'ils aiment à un autre qu'ils jugent sans intérêt, même si leur revenu s'en voit augmenté ou inchangé. Et, dans la réalité, ils ne retombent jamais vraiment sur leurs pieds quand ils perdent un travail qu'ils occupaient depuis plusieurs années. De nombreuses études ont montré qu'en moyenne les travailleurs au chômage après un licenciement massif ne retrouvent pas le même niveau de revenu. En moyenne, les emplois qu'ils retrouvent – quand ils en retrouvent – sont moins bien payés, moins stables et ne bénéficient pas des mêmes avantages[53].

On en revient au fait longuement discuté dans le chapitre 2 : l'enjeu des marchés du travail repose sur la bonne adéquation entre employeurs et employés ; trouver un employeur qui vous fait confiance et vous valorise, en qui vous avez confiance et que vous valorisez est très souvent une question de chance. Quand on a découvert un patron avec qui la relation est bonne, il est naturel d'essayer de le conserver, ce qui se traduit par une carrière plus stable et plus gratifiante, et pas uniquement sur le plan économique. Une fois ce lien perdu, il est difficile de le reconstituer, surtout quand on est plus âgé et confit dans ses habitudes.

La conséquence en est à la fois remarquable et effrayante. Une étude a constaté que, quand des travailleurs ayant fait une longue carrière dans un même emploi le perdent à la suite d'un licenciement massif, leur probabilité de mourir dans les années qui suivent augmente[54]. La perte d'emploi brise littéralement le cœur des gens. Son impact estimé sur le taux de mortalité tend à diminuer avec le temps, mais ne s'annule jamais complètement. Avec l'âge, les accidents cardiaques sont remplacés par des problèmes plus chroniques comme l'alcoolisme, la dépression, la souffrance et l'addiction médicamenteuse. Au total, l'étude montrait que les travailleurs ayant perdu leur emploi passé la cinquantaine perdaient entre un an et un an et demi d'espérance de vie.

Les changements sont très difficiles, mais ces difficultés sont largement ignorées par la théorie économique. En tant qu'économistes, nous nous inquiétons de la perte de revenu, de temps et d'effort que nécessite la recherche d'un nouvel emploi, mais le coût de la perte d'emploi elle-même n'apparaît nulle part dans nos modèles. Il n'est donc pas étonnant que l'idée de revenu de base universel, vers laquelle les économistes convergent instinctivement, l'ignore également. Elle suppose un monde où les gens qui ont été licenciés se considèrent comme libérés de l'obligation de travailler. Les jeunes retraités vivant du revenu de base universel sont censés trouver un nouveau sens à leur vie, s'occuper chez eux, faire du bénévolat pour leurs communautés, s'essayer à l'artisanat ou explorer le monde. Malheureusement, les données dont nous disposons montrent qu'il est en réalité difficile pour les gens de trouver un sens à leur vie en dehors du travail. Depuis le lancement de la grande enquête sur l'utilisation du temps aux États-Unis, l'American Time Use Survey (ATUS), dans les années 1960, le temps consacré aux loisirs a beaucoup augmenté, pour les hommes comme pour les femmes[55]. Pour les jeunes hommes, depuis 2004, une part considérable de ce temps est absorbée par le jeu vidéo[56]. Pour les autres groupes, l'essentiel est englouti par la télévision. En 2017, les hommes consacraient en moyenne cinq heures et demie à des activités de loisir (dont surfer sur Internet, regarder la télé, voir des amis en dehors de la maison, faire du bénévolat) et les femmes, cinq heures. Le loisir qui arrivait en tête était la télévision (2,8 heures). Les « amis en dehors de la maison » arrivaient en deuxième position, mais loin derrière (28 minutes)[57]. Pendant la crise économique mondiale qui a suivi le krach financier de l'automne 2008, appelée aux États-Unis la « Grande Récession », quand le temps passé à travailler en dehors de la maison a diminué, la télévision et le sommeil en ont absorbé la moitié[58].

Mais dormir et regarder la télévision ne nous rendent pas nécessairement heureux. S'appuyant sur des études où l'on demandait à des personnes de reconstruire leur journée et de dire ce qu'elles pensaient de chacun de ses moments, Daniel Kahneman et Alan Krueger ont montré que, parmi leurs loisirs, regarder la télévision, utiliser un ordinateur et faire la sieste étaient ceux qui donnaient *le moins* de plaisir immédiat et le *plus faible* sentiment d'accomplissement.

Voir des amis est en revanche une des activités qui donnent le plus de plaisir[59].

Il semble donc très difficile pour les gens de savoir, individuellement, comment donner un sens à leur vie. Nous avons besoin, pour la plupart d'entre nous, de la discipline fournie par un environnement de travail structuré, auquel nous conférons par la suite un sens. Cela ressort nettement des craintes suscitées par l'automatisation. Dans l'étude du Pew Research Center, 64 % des sondés disaient qu'ils s'attendaient à ce que les gens aient du mal à savoir quoi faire de leur vie s'ils étaient contraints de rivaliser sur le marché du travail avec des ordinateurs et des robots avancés[60]. Les personnes qui ont le plus de temps libre (chômeurs, retraités, personnes ne faisant pas partie de la force de travail) font moins de bénévolat que celles employées à plein temps[61]. Le bénévolat est quelque chose que nous faisons *en plus* de nos activités régulières, pas *à leur place*.

Autrement dit, si on est convaincu, comme nous le sommes, que la crise que traversent les pays riches est liée au fait que les individus qui pensaient appartenir à la classe moyenne ont perdu l'estime de soi que leur donnait le travail, alors le revenu de base universel n'est pas la solution. Nos réponses différentes sur l'opportunité du revenu universel selon que les pays sont riches ou pauvres ont une double raison. Premièrement, le revenu de base universel a l'avantage d'être très facile à mettre en œuvre et, dans de nombreux pays pauvres, les gouvernements ne sont pas en capacité de gérer des programmes plus compliqués. Cela n'est pas vrai des États-Unis et moins encore de pays comme la France et le Japon.

Deuxièmement, dans la plupart des pays en développement, les gens aimeraient certainement avoir un emploi stable, avec un bon revenu et quelques avantages, mais ce n'est pas ce à quoi *ils croient avoir droit*. Une très large proportion des personnes pauvres et très pauvres qui vivent dans des pays en développement sont leur propre employeur. Elles n'aiment pas cette situation mais y sont accoutumées. Elles savent qu'elles peuvent être obligées de changer de métier en l'espace de quelques semaines ou même de quelques jours, selon les opportunités qui se présentent à elles. Il est possible qu'elles vendent des snacks le matin et fassent des travaux de couture l'après-midi. Ou bien travaillent dans les champs pendant la mousson et sur des chantiers pendant la saison sèche.

C'est d'ailleurs pourquoi les habitants de ces pays ne construisent pas leur vie autour du travail : ils prennent soin de préserver des liens avec leurs voisins, leurs proches, leur caste, leur communauté religieuse, leurs associations formelles et informelles. Dans le Bengale-Occidental, où est né Abhijit, le club (prononcé « *klaab* ») est une institution essentielle : la plupart des villages et des quartiers urbains en comptent au moins un. Les membres en sont des hommes âgés de seize à trente-cinq ans. Ils se retrouvent presque chaque jour pour jouer au cricket, au football, aux cartes ou à un jeu de table qui n'existe qu'en Asie de l'Est, le *carrom*. Ils se qualifient souvent de travailleurs sociaux, et quand, par exemple, un décès survient dans une famille, ils viennent proposer leur aide. Ils pratiquent aussi une forme bénigne d'extorsion au nom même de ce « travail social » ou du respect de préceptes religieux, ce qui leur permet, venant s'ajouter aux contributions émanant de responsables politiques locaux dont ils sont les petits soldats, de financer leur club et les fêtes qui y sont organisées de temps en temps. Mais ils servent surtout à empêcher les potentiels fauteurs de troubles locaux de faire davantage de bêtises, dans un contexte où beaucoup soit ne travaillent pas, soit sont obligés de faire un travail qu'ils n'aiment pas. Tout cela est pour eux une façon de donner un peu de sens à leur vie.

Au-delà de la flexisécurité

Si le revenu universel ne permet pas de résoudre les bouleversements provoqués par le modèle économique actuel, quelles sont les autres solutions possibles ? Les économistes et un grand nombre de décideurs politiques apprécient le modèle danois de « flexisécurité ». Il permet une flexibilité totale du marché du travail, avec deux implications : les travailleurs peuvent être licenciés assez facilement dès lors qu'on n'a plus besoin d'eux, mais ils touchent des indemnités de chômage qui leur évitent de souffrir économiquement de la perte de leur emploi ; l'État fait un effort concerté pour qu'ils retrouvent un emploi (parfois après une longue formation). Comparée à un système où les travailleurs sont essentiellement livrés à eux-mêmes (comme aux États-Unis), la flexisécurité est censée permettre que la perte d'emploi ne soit pas une tragédie mais une étape banale de la vie. À la différence d'un système où il est difficile de licencier les travailleurs ayant un contrat à durée indéterminée (comme en France), elle offre la possibilité aux employeurs de s'adapter aux changements de l'environnement économique, et d'éviter le conflit entre les « insiders », qui ont la chance d'avoir des emplois très protégés, et les « outsiders », qui n'en ont pas du tout.

On retrouve là le réflexe élémentaire des économistes : il faut laisser le marché faire son œuvre mais aider les gens à qui revient la plus petite part du gâteau. À long terme, empêcher la réallocation du travail des secteurs en déclin vers les secteurs en plein essor est à la fois coûteux et inutile. Pour beaucoup de gens, et en particulier les jeunes actifs, toute aide permettant une nouvelle formation sérieuse est utile. Nous avons vu, au début de ce livre, que le programme Trade Adjustment Assistance (TAA) fonctionnait bien.

Nous ne pensons pas, pourtant, que la flexisécurité soit la réponse à tout. Car, comme nous l'avons déjà évoqué, la perte d'emploi est bien plus qu'une perte de revenu. Elle a très souvent pour conséquence d'arracher les personnes à un projet de vie organisé et de briser leur vision de ce qu'est une vie digne d'être vécue. Les plus âgés, en particulier, et ceux qui ont travaillé pendant de nombreuses années dans une même zone ou une même entreprise ont de grandes difficultés à changer de carrière. Les former à une nouvelle carrière est coûteux, car ils n'ont plus beaucoup d'années de travail devant eux. Ils ont beaucoup à perdre et peu à gagner à commencer une nouvelle carrière (et même à s'installer dans un nouvel endroit). La seule transition relativement facile pour eux serait de changer de rôle dans la même zone et dans un poste similaire.

C'est d'ailleurs pourquoi nous avons soutenu, à la fin du chapitre 3, l'idée assez radicale que certains travailleurs soient subventionnés pour rester là où ils se trouvent. Quand tout un secteur est déstabilisé par le commerce international ou par une nouvelle technologie, les salaires des travailleurs les plus âgés pourraient être partiellement ou entièrement subventionnés. Cette mesure devrait être mise en œuvre lorsqu'un certain secteur, dans une zone précise, se trouve en déclin, et réservée aux employés les plus âgés (au-dessus de cinquante ou cinquante-cinq ans), avec au moins dix (ou huit, ou douze) années d'expérience dans un poste comparable.

L'idée de laisser à l'État une telle marge de manœuvre suscite une méfiance instinctive chez les économistes. Comment le gouvernement saurait-il quels sont les secteurs d'activité en déclin qu'il convient de protéger ainsi ?

Nous ne doutons pas qu'il puisse y avoir ici et là quelques erreurs et abus. Mais ces craintes ont trop servi d'excuse pour ne pas intervenir pendant toutes les années où le commerce mondial a pris aux gens leurs moyens d'existence alors même qu'on clamait que le libre-échange ne faisait que des gagnants. Si nous voulons affirmer que le commerce est bon pour tout le monde, alors il nous faut créer des mécanismes qui permettent d'identifier les perdants et de les dédommager. Les économistes spécialistes du commerce (y compris au gouvernement) disposent des chiffres qui montrent où les importations croissent rapidement et où les délocalisations s'intensifient. Ce sont ces données qui en 2018 ont permis de déterminer où augmenter les droits de douane imposés par les États-Unis. Une guerre commerciale risque de faire beaucoup de dommages collatéraux, alors qu'une subvention plus ciblée protégerait les groupes les plus vulnérables sans créer de nouveaux chocs. Une politique similaire pour identifier les secteurs et les zones où l'automatisation se met en place plus vite qu'ailleurs, et pour intervenir en conséquence, peut aussi être imaginée.

Les économistes de la ville, comme Moretti, se méfient des politiques qui reposent sur des critères géographiques, car ils craignent qu'elles se contentent de redistribuer différemment les activités sur le territoire, en les éloignant des régions les plus productives pour les installer dans les moins productives. Mais, si les personnes d'un certain âge ne peuvent pas ou ne veulent pas migrer, quel choix avons-nous ? La réponse n'est pas simple. Aujourd'hui, de larges poches de laissés-pour-compte constellent le territoire des États-Unis, et des centaines de villes dont les habitants qui en avaient les moyens sont partis ou envisagent de le faire sont ravagées par la colère et la toxicomanie. L'objectif de la politique sociale devrait donc être d'aider les zones sinistrées existantes, mais surtout, et c'est plus important, d'éviter qu'elles ne se multiplient.

En un sens, c'est qu'a fait l'Union européenne avec la Politique agricole commune (PAC). Les économistes détestent la PAC parce que de nombreux – de moins en moins – agriculteurs européens se sont enrichis grâce aux subventions, au détriment du reste de la population. Ils oublient toutefois qu'en empêchant la fermeture d'un nombre excessif d'exploitations, elle a permis aux campagnes de plusieurs pays européens de rester vivantes et verdoyantes. Autrefois, comme les agriculteurs étaient payés pour produire davantage, ils avaient tendance à intensifier l'agriculture, d'où la multiplication de champs immenses et plutôt laids, et les abus anti-écologiques. Mais, depuis 2005-2006, le montant des aides accordées aux agriculteurs n'est plus lié à la production ; il repose au moins en partie sur la protection de l'environnement et le bien-être animal. Résultat : les petites exploitations artisanales peuvent survivre, et c'est à elles que nous devons aussi bien des produits de grande qualité que de jolis paysages. Autant de choses que les Européens souhaitent préserver, et qui contribuent à la qualité de leur vie et certainement à l'idée qu'ils se font de ce que signifie être un Européen. Le PIB de la France serait-il plus élevé si la production agricole était plus concentrée et si les fermes étaient remplacées par des entrepôts ? C'est possible. Le bien-être des Français serait-il plus grand ? Probablement pas.

L'analogie entre la protection de l'emploi industriel aux États-Unis et la protection de la nature en France peut paraître étrange. Mais de jolies campagnes attirent les touristes et incitent les jeunes à y rester pour s'occuper de leurs parents vieillissants. De même, une zone d'emploi industriel peut assurer l'existence d'un lycée, de plusieurs équipes de sport, d'une artère commerciale et d'un sentiment d'appartenance. Elle constitue aussi notre environnement ; nous en profitons tous, et la société devrait être prête à payer pour la préserver, comme elle le fait volontiers pour les arbres.

Un keynésianisme intelligent : subventionner le bien commun

En 2018, une tout autre approche, fondée sur le subventionnement du travail, a gagné du terrain aux États-Unis au sein du Parti démocrate. En 2019, Cory Booker, Kamala Harris, Bernie Sanders et Elizabeth Warren, tous candidats à l'élection présidentielle, ont proposé une sorte de garantie fédérale grâce à laquelle tous les Américains qui désirent travailler auraient droit à un bon emploi (15 dollars de l'heure, avec une retraite, une assurance santé au niveau de celle des employés fédéraux, une aide à la garde d'enfants et douze semaines de congé payé parental) dans un certain nombre d'activités : travaux d'intérêt général, soins à domicile, entretien de parcs et jardins, etc. Le Green New Deal proposé par les élus démocrates du Congrès prévoit par ailleurs une garantie d'emploi fédérale. L'idée n'est bien sûr pas nouvelle : en Inde, le programme NREGA dont nous avons parlé plus haut fonctionne selon le même principe, comme l'avait fait le New Deal de Franklin D. Roosevelt.

L'expérience indienne en témoigne : ce genre de programme est difficile à gérer. Créer et organiser une quantité suffisante d'emplois serait sans doute encore moins aisé aux États-Unis, où très peu de gens ont envie de creuser des fossés ou de construire des routes – ce type de travaux sont précisément ceux qui sont proposés en Inde. En outre, il faudrait que les emplois soient utiles. S'ils apparaissaient comme une forme d'emploi factice ou fictif, ils n'amélioreraient en rien l'estime de soi des personnes employées. Entre faire semblant de travailler et se déclarer invalides, elles pourraient choisir la seconde solution. Enfin, compte tenu de l'échelle d'un tel programme, il devrait être mis en place par des entreprises privées, sous-traitantes de l'État, connues pour facturer à un prix élevé des services de piètre qualité.

Le gouvernement pourrait choisir la stratégie plus réaliste d'accroître la demande pour des services publics intensifs en travail, en augmentant le budget de ceux-ci, sans nécessairement les fournir lui-même directement. Il est important, en particulier dans les pays en développement, de ne pas créer d'emplois là où les gens sont surpayés à faire très peu. Comme nous l'avons vu, l'existence de ce type d'emploi paralyse le marché du travail car tout le monde fait la queue pour en obtenir un, avec pour résultat de diminuer le niveau d'emploi total. Les emplois proposés doivent être utiles avec une rémunération juste. Les possibilités sont diverses. La prise en charge des personnes âgées, l'éducation, la garde d'enfants sont des secteurs où les gains de productivité provoqués par l'automatisation sont, pour le moment du moins, limités. Il est probable, en effet, que les robots ne seront jamais capables de remplacer la sensibilité humaine dans le soin aux personnes très jeunes ou très âgées, même s'il est possible qu'ils viennent la compléter.

Les humains seront très difficiles à remplacer dans les écoles et les maternelles car, si les robots prennent tous les emplois nécessitant des compétences techniques étroites (serrer des boulons ou tenir une comptabilité), les individus n'en seront que plus valorisés pour leur souplesse et leur empathie naturelles. La recherche montre en effet que les compétences sociales sont, depuis une dizaine d'années, par rapport aux compétences cognitives, de plus en plus valorisées sur le marché du travail[62]. Peu de travaux de recherche portent sur la manière dont les compétences sociales peuvent être enseignées, mais le bon sens suggère que les humains conservent dans ce domaine un avantage comparatif sur les programmes informatiques. Une expérience réalisée au Pérou montre d'ailleurs que des élèves d'internat à qui l'on avait attribué, de façon aléatoire, un lit se trouvant à côté de celui d'élèves très sociables ont eux-mêmes amélioré leurs compétences sociales. En revanche, ceux placés à côté d'élèves ayant de bonnes notes n'en ont pas obtenu de meilleures[63].

Du fait de l'avantage comparatif des humains dans l'enseignement, le soin et la prise en charge, la productivité relative de ces secteurs va prendre un retard de plus en plus grand à mesure que les machines étendront ailleurs leur emprise. Le risque est qu'ils attirent moins l'investissement privé que les domaines où les gains de productivité seront plus rapides. En même temps, le soin et la prise en charge des personnes âgées constituent évidemment un objectif social utile et actuellement négligé, et la société pourrait réaliser des gains considérables en investissant dans une meilleure éducation et une meilleure prise en charge de la petite enfance. Cela sera certes coûteux : ces deux secteurs pourraient probablement absorber à eux seuls autant d'argent qu'un gouvernement est prêt à en dépenser. Mais, s'il est dépensé pour assurer aux gens des emplois stables et respectés, cet argent permettra d'atteindre deux objectifs importants : produire quelque chose d'utile pour la société et fournir à un grand nombre de personnes un métier porteur de sens.

Partir devant

La mobilité intergénérationnelle des enfants est étroitement liée au quartier dans lequel ils grandissent. Aux États-Unis, un enfant né dans la moitié inférieure de la distribution des revenus atteindra en moyenne le quarante-sixième percentile de la distribution des revenus s'il grandit à Salt Lake City, dans l'Utah, mais seulement le trente-sixième percentile s'il grandit à Charlotte, en Caroline du Nord. Les différences géographiques se font sentir bien avant qu'un individu ne commence à travailler : les enfants ayant grandi dans une zone à mobilité réduite ont moins de chances que les autres d'accéder à l'enseignement supérieur et plus de chances d'avoir eux-mêmes des enfants de manière précoce[64].

En 1994, le département du Logement et du Développement urbain a lancé un programme baptisé Moving to Opportunity (MTO), qui offrait aux personnes habitant dans un logement social la possibilité de participer à une loterie leur permettant de quitter des HLM situées dans des zones très pauvres pour emménager dans des quartiers moins pauvres. La moitié environ des familles qui gagnèrent un bon pour un logement finirent par emménager dans des quartiers moins pauvres.

Une équipe de chercheurs a pu suivre les gagnants et les perdants à cette loterie pour examiner les changements qu'elle avait entraînés. Pour les enfants, les premiers résultats étaient décevants : si les filles se trouvaient dans un meilleur état psychique et réussissaient mieux à l'école, ce n'était pas le cas des garçons[65]. À long terme, cependant, une vingtaine d'années après la loterie, leurs vies présentaient de grandes différences. Les jeunes adultes dont les parents avaient gagné un bon pour un logement touchaient en moyenne 1 624 dollars par an de plus que les autres. Ils étaient plus nombreux à suivre des études supérieures et vivaient dans de meilleurs quartiers, et, parmi les filles, les mères célibataires étaient moins nombreuses. Certains de ces effets se transformeront probablement aussi à la génération suivante[66].

Comment expliquer que certains quartiers soient « meilleurs » que d'autres du point de vue de la mobilité sociale ? Les chercheurs sont loin de l'avoir établi, mais des caractéristiques de l'environnement semblent corrélées avec une mobilité plus élevée : parmi elles – et c'est la plus importante –, la qualité des écoles. La carte de la mobilité sociale est en effet étroitement liée à celle des résultats aux tests et examens scolaires standard[67].

Plusieurs dizaines d'années de recherches sur l'éducation nous ont beaucoup appris sur ce qu'il est possible de faire pour améliorer les apprentissages et leurs résultats. En 2017, une étude synthétisait 196 études randomisées réalisées dans des pays développés sur des actions (à la fois dans les écoles et avec les parents) visant à améliorer les résultats scolaires[68]. Malgré de fortes variations en termes d'efficacité, un bon enseignement en maternelle et un soutien intensif à l'école pour les enfants défavorisés semblaient la meilleure solution. Certains enfants risquent plus que d'autres de ne pas parvenir au niveau requis pour suivre une scolarité, et se trouver perdus ; les préparer à l'avance à l'école maternelle puis identifier et combler les principales lacunes de leur apprentissage avant qu'elles ne deviennent trop importantes peuvent l'empêcher. Cela est tout à fait cohérent avec ce que nous avons découvert à la suite de nos propres travaux dans les pays en développement[69].

On observe aussi que les gains obtenus à court terme à l'école se traduisent par des différences à long terme en matière d'opportunités. Dans un essai randomisé réalisé au Tennessee, par exemple, la diminution du nombre d'élèves par classe – de 20-25 à 12-17 – s'est traduite immédiatement par une amélioration des résultats aux examens, et plus tard par des chances plus grandes d'entrer à l'université. Les élèves placés dans des classes à effectifs réduits avaient, une fois adultes, une vie meilleure : une épargne plus élevée, plus de chances d'être mariés, un logement dans un meilleur quartier d'habitation dont ils étaient plus souvent propriétaires[70]. Un soutien scolaire intensif et des classes peu remplies nécessitent par ailleurs beaucoup de personnel, ce qui crée des emplois et aide les enfants tout au long de leur scolarité.

L'obstacle pour une telle politique aux États-Unis est le financement local de l'enseignement. Du coup, les endroits qui ont le plus cruellement besoin d'un bon enseignement public sont aussi ceux où l'argent pour le financer est le plus rare. Un effort financier important pourrait donc faire une vraie différence. Plus généralement, une des conséquences du faible niveau de financement public aux États-Unis est l'absence de subvention au niveau fédéral pour les deux premières années de maternelle (de trois à cinq ans). De ce fait, seuls 28 % des enfants bénéficient d'un enseignement de maternelle subventionné[71] ; en France, où la maternelle est subventionnée, elle est presque universelle depuis des années[72], et a été récemment rendue obligatoire.

Les premiers résultats à l'appui des programmes d'éducation préscolaire sont issus d'essais randomisés qui ont fait apparaître les effets importants, à court et à long terme, des actions visant à fournir aux enfants de moins de six ans un enseignement de qualité. Ils ont amené le prix Nobel d'économie James Heckman à les présenter comme la meilleure solution pour réduire les inégalités[73]. Cependant, certaines de ces expériences ont été réalisées à toute petite échelle, ce qui rend la généralisation difficile.

Deux grands essais randomisés évaluant des programmes de maternelle « à l'échelle », plus réalistes (le programme national Head Start et une expérience sur les maternelles dans le Tennessee), se sont avérés plus décevants : des impacts à court terme ont été relevés, mais les effets sur les résultats cognitifs se sont dissipés voire inversés au bout de quelques années[74]. Beaucoup en ont tiré la conclusion que les programmes de petite maternelle étaient surestimés.

Cependant, un des principaux résultats de l'analyse du programme Head Start est qu'en réalité l'efficacité varie énormément selon la qualité du programme. Ceux qui sont ouverts toute la journée sont plus efficaces que ceux d'une demi-journée ; ceux qui prévoient des visites au domicile des enfants et d'autres formes de participation parentale sont, eux aussi, plus efficaces. Des essais randomisés contrôlés aux États-Unis et dans d'autres pays montrent enfin, de manière indépendante, l'efficacité des visites à domicile au cours desquelles des éducateurs spécialisés ou des travailleurs sociaux travaillent avec les parents pour leur montrer comment jouer avec leurs enfants[75].

Bref, nous retenons surtout qu'il faut mener davantage de recherches pour savoir exactement ce qui marche pour la petite enfance. Mais ce que nous savons déjà montre que les ressources jouent dans ce domaine un rôle essentiel : quand Head Start a été étendu aux États-Unis, de nombreux centres ont essayé de diminuer leurs coûts en faisant des coupes dans les services, et les ont ainsi rendus moins efficaces. Le maintien d'un certain niveau de qualité est primordial et a l'avantage supplémentaire de permettre une augmentation considérable du nombre d'emplois, et d'emplois qui peuvent être très attractifs, surtout s'ils sont correctement payés. Ces emplois sont à la fois gratifiants et impossibles à robotiser (il est difficile d'imaginer un robot rendant visite chez eux à des parents pour jouer avec leurs enfants).

Il semble également possible – et c'est tout aussi important – de former des éducateurs de petite enfance assez rapidement et pour un coût modique, à condition que les supports nécessaires soient réunis pour les aider. En Inde, nous avons travaillé avec Elizabeth Spelke, professeure de psychologie à Harvard, à la création d'un programme de mathématiques pour la maternelle. Il prévoyait des jeux fondés sur la connaissance intuitive des mathématiques afin de préparer à l'école primaire des enfants qui n'avaient pas encore appris à lire, écrire ou compter. Ce programme a été évalué dans le cadre d'un essai randomisé contrôlé portant sur plusieurs centaines de maternelles des bidonvilles de Delhi[76]. Elizabeth a d'abord été horrifiée par les conditions à Delhi : les préaux minuscules surpeuplés d'enfants de tous âges, le faible niveau de formation des enseignants, dont beaucoup avaient à peine terminé le lycée. Nous étions à mille lieues d'un laboratoire à Harvard. Mais, après une semaine de formation et avec de bons supports pédagogiques, ces enseignants ont réussi à capter l'attention des enfants des bidonvilles, qui ont joué à des jeux pendant plusieurs semaines, progressé rapidement et avec plaisir, et appris les mathématiques au passage.

Un accès insuffisant à des services de garde d'enfants est aussi l'une des plus grandes difficultés auxquelles sont confrontées les femmes à faible revenu aux États-Unis, qu'elles soient mariées ou célibataires. Dans ce domaine, le manque de services subventionnés et à plein temps implique soit qu'il leur est impossible de travailler hors de chez elles (la garde d'enfants coûtant souvent presque autant que ce qu'elles gagneraient), soit qu'elles prennent le premier travail venu pourvu qu'il se trouve à proximité du domicile d'un membre de la famille (leur mère, le plus souvent) qui pourrait les aider. Le fait d'avoir un enfant pénalise lourdement les femmes sur le marché du travail, et explique une large part de l'écart de salaire qui subsiste entre hommes et femmes dans les économies avancées[77]. Même dans un pays progressiste comme le Danemark, où il n'existe pratiquement pas de différence au départ entre les salaires des hommes et des femmes, l'arrivée d'un enfant crée à long terme un écart d'environ 20 %. Les femmes prennent du retard sur les hommes dans la progression de leur carrière et dans la probabilité de devenir managers juste après la naissance du premier enfant. Par ailleurs, les jeunes mères changent de travail pour des entreprises où il est plus facile de concilier vie professionnelle et vie familiale, ce qui se mesure par la proportion de mères de jeunes enfants dans leurs effectifs. Enfin, 13 % environ sortent définitivement du marché du travail[78]. Développer les services de garde d'enfants subventionnés à la journée est donc un moyen très efficace pour augmenter les revenus des femmes à bas revenu : cela permet, tout simplement, que le travail paie.

La prise en charge des personnes âgées est un autre domaine promis à une forte expansion, car l'offre de services à domicile et d'établissements d'hébergement financés par de l'argent public est aujourd'hui très faible aux États-Unis. En comparaison, le Danemark et la Suède dépensent 2 % du PIB pour la prise en charge des personnes âgées[79]. Ils disposent d'une banque centralisée de données électroniques en matière de santé, qui stocke les dossiers des patients, facilite la collaboration entre hôpitaux et autorités locales. Les personnes âgées de quatre-vingts ans (ou plus) ont toutes droit à une aide et des visites à domicile, et l'on s'assure que toutes les veuves de plus de soixante-cinq ans font l'objet de contrôles afin de savoir si elles ont ou non besoin d'une aide. Les personnes âgées reçoivent aussi de l'argent pour leur permettre d'aménager leur logement de manière plus sûre. Celles qui ont besoin de soins continus sont généralement placées dans des maisons médicalisées, gérées par l'État, et dont le financement est prélevé sur les retraites publiques auxquelles elles ont droit.

Travailler avec les personnes âgées peut être difficile et, aux États-Unis, ces emplois sont très mal payés. Autrement dit, ils ne sont guère attractifs. Mais, là aussi, cela peut changer. Il faut trouver de l'argent pour recruter un nombre suffisant de personnes, leur donner une formation adaptée, s'assurer qu'elles peuvent consacrer assez de temps à chaque homme ou femme placé sous leur responsabilité, et les payer suffisamment pour qu'elles soient fières de leur travail.

Aider les gens à bouger

Compte tenu du rôle, pour la plupart des gens, du quartier où ils vivent, à la fois dans la quête d'un bon emploi et dans l'éducation des enfants, apporter une aide au déménagement est un autre objectif politique important.

Aux États-Unis, l'extension à l'ensemble du pays du programme Moving to Opportunity (pour permettre à chacun d'emménager dans un bon quartier) n'est pas possible, mais l'aide aux travailleurs pour qu'ils puissent changer de région ou d'emploi devrait l'être. Certes, plusieurs programmes dans ce sens existent déjà, mais beaucoup se contentent d'indiquer les emplois aux travailleurs et les aider dans le processus de candidature. L'expérience jusqu'à présent de ces « politiques actives du marché du travail » est très décevante, en Europe comme aux États-Unis. Ces programmes ont des effets positifs mais faibles, et ces gains se font largement au détriment de travailleurs confrontés aux mêmes difficultés[80].

Un programme réellement ambitieux (mais aussi plus coûteux) donnerait automatiquement aux travailleurs ayant perdu leur emploi un accès à une plus longue période d'indemnisation. Ils auraient le temps de se former et de chercher une bonne place, et ne seraient pas obligés d'accepter le premier emploi mal payé venu ou de réclamer une pension d'invalidité. Ce programme ne leur donnerait pas seulement accès à des formations de courte durée, mais aussi à des formations plus avancées, dans des universités ou des établissements supérieurs techniques *(community colleges)*, avec des bourses complètes. Aux États-Unis, un essai randomisé a récemment évalué trois programmes dont c'était précisément l'objectif. L'idée était de donner aux travailleurs sans emploi une formation de plusieurs mois, de développer des compétences spécialisées dans des secteurs où elles seraient recherchées (les soins de santé ou la maintenance informatique), puis de mettre en relation les travailleurs et les secteurs ayant besoin d'eux. Au bout de deux ans, les résultats obtenus étaient très prometteurs. Au cours de la seconde année d'évaluation, une fois leur formation terminée, les participants étaient plus nombreux à retrouver un travail, et avec un meilleur emploi, que les travailleurs comparables n'ayant pas participé au programme. Au total, les participants gagnaient 29 % de plus que les non-participants[81].

Ces programmes contribuaient également à la relocalisation des travailleurs, ce qui n'est pas à négliger. Ils offraient en effet aux travailleurs et aux demandeurs d'emploi défavorisés une aide en matière de transport et de garde d'enfants, ou un conseil en matière de logement ou de services juridiques, soit pendant leur formation soit au début de leur nouvel emploi. Ce type d'aide pourrait encore être étendu et fournir un logement provisoire et des écoles ou des services de garde à la journée pour les enfants. Des « bons de logement », plus modestes que ceux fournis dans le cadre de Moving to Opportunity, contribueraient également à rendre les beaux quartiers financièrement plus abordables.

Il nous semble qu'il serait tout aussi important d'aider les entreprises à la recherche de personnel à dépasser leur environnement immédiat et leur réseau local. La plupart des programmes visant à faciliter la rencontre entre les travailleurs et les emplois se concentrent sur les premiers. Mais, pour un employeur, la recherche du bon employé prend du temps et peut se révéler onéreuse. Une enquête montre que les coûts de recrutement (publication de l'offre d'emploi, sélection des candidats, formation des nouveaux embauchés) représentent entre 1,5 % et 11 % du salaire annuel d'un employé. Les grandes entreprises ont souvent un département des ressources humaines mais, pour les petites, les coûts peuvent constituer un obstacle. En France, une étude récente montre qu'ils sont suffisamment importants pour freiner les embauches. Une équipe de chercheurs a travaillé avec Pôle emploi pour proposer aux entreprises une aide en matière de recrutement et l'évaluer. L'aide publie les offres d'emploi et sélectionne les candidatures les plus prometteuses. Les chercheurs ont constaté que les entreprises à qui ces services avaient été proposés avaient publié un plus grand nombre d'offres et recruté 9 % d'employés de longue durée de plus que celles qui n'en avaient pas bénéficié[82]. Un service comme celui-ci permettrait aux employeurs de dépasser le canal informel des recommandations pour puiser dans un réservoir plus important de candidats.

Des programmes comme celui-ci peuvent économiser plus qu'ils ne coûtent : développer de nouvelles compétences et mettre en relation des travailleurs et des employeurs sont deux choses extrêmement précieuses dans toutes les économies. Et, même s'ils ne réussissent pas, les gains pour nos sociétés en termes de réduction du stress et de restauration de la dignité des personnes seraient considérables. Car les travailleurs sans emploi ne seront pas les seules personnes touchées par ce type de programme : il aura aussi un effet sur toutes celles qui pensent que leur emploi pourrait être un jour menacé ou qui connaissent quelqu'un qui a perdu le sien. De plus, en transformant le discours qui accompagne ces programmes, en remplaçant « Nous allons vous tirer d'affaire » par « Nous regrettons ce qui vous arrive mais, en acquérant des compétences nouvelles et/ou en emménageant ailleurs, vous aiderez notre économie à rester solide », il serait possible de modifier aussi le sentiment qu'ont un grand nombre de travailleurs non ou peu qualifiés d'être les victimes d'une guerre que mène contre eux le reste de la population.

Ainsi, la « guerre contre le charbon » lancée par l'administration Obama a été perçue comme une guerre contre les *mineurs* du charbon. Aujourd'hui, les mineurs sont sans doute particulièrement fiers de leur métier que rien ne pourra remplacer à leurs yeux, mais il faut se rappeler que, très récemment encore, ils se battaient contre leurs employeurs et non à leurs côtés comme aujourd'hui.

Leur métier fait précisément partie de ceux, durs et dangereux, que la plupart des Américains préféreraient confier à des machines. Il en va de même pour les métiers de la sidérurgie. On doit pouvoir imaginer des emplois moins dangereux, qui donneraient à leurs titulaires le même sentiment de fierté.

Au lieu de cela, Hillary Clinton, en mars 2016, a annoncé : « Nous allons mettre fin aux activités d'un grand nombre de mineurs et d'entreprises du charbon. » Les mineurs ont eu l'impression, à raison peut-être, que l'on remettait brutalement en cause leur mode de vie, sans même juger bon de leur présenter des excuses ou de les dédommager de cette perte. Clinton avait aussitôt continué en parlant de la nécessité de prendre en charge les travailleurs, mais le « nous » de sa première phrase structurait nettement le débat en une opposition frontale entre « eux » et « nous ». La phrase fut diffusée pendant des mois dans les spots de campagne de ses adversaires.

En réalité, toutes les transitions peuvent, et devraient, être une chance pour le gouvernement de signaler son empathie pour les travailleurs qui vont en subir les effets. Il est difficile de changer de carrière et de déménager, mais ce peut être aussi une occasion, pour l'économie comme pour les individus, de trouver une meilleure adéquation entre compétences et métiers. Tout le monde devrait trouver un sens à son travail, comme le font 4 Américains sur 5. Un programme facilitant les transitions devrait être un droit universel. Mais, contrairement au revenu de base universel, qui n'est que le droit universel à un revenu, le programme devrait inclure ce qui semble faire partie intégrante de l'identité sociale : nous devrions tous avoir le droit universel à une vie productive au sein de la société.

Plusieurs pays européens ont investi bien davantage que les États-Unis dans des programmes de transition professionnelle. En consacrant 2 % du PIB à des politiques actives du marché du travail (formation, aide à la recherche d'emploi, etc.), le Danemark obtient une forte mobilité entre deux emplois (le fait de passer directement d'un emploi à un autre) et de nombreuses transitions dans et hors de l'emploi. Le taux de perte d'emploi involontaire est le même que celui des autres pays de l'OCDE, mais les travailleurs licenciés retrouvent un travail beaucoup plus rapidement : 3 travailleurs licenciés sur 4 trouvent un nouvel emploi en l'espace d'un an. Qui plus est, le modèle danois a su résister à la crise de 2008 et à la récession qui a suivi, sans connaître à l'époque de forte augmentation du taux de chômage involontaire. L'Allemagne consacre 1,45 % de son PIB à des politiques actives du marché du travail, et cette part est montée à 2,45 % pendant la crise, quand le chômage était très au-dessus de son niveau habituel[83]. En France, en revanche, malgré les promesses répétées des gouvernements de faire davantage pour les chômeurs, les dépenses consacrées aux politiques actives du marché du travail sont depuis plus de dix ans bloquées à 1 % du PIB. Aux États-Unis, leur part n'est que de 0,11 %[84].

Les États-Unis aussi ont leur modèle et il suffirait qu'ils le suivent. Il s'agit du programme Trade Adjustment Assistance (TAA), dont nous avons parlé dans le chapitre 3, qui donne aux employés d'entreprises « qualifiées » à la fois de l'argent pour se former et une assurance chômage étendue pendant le temps de leur formation. Ce programme fait précisément ce que tout programme de ce type devrait faire : il a aidé les travailleurs qui vivaient dans des zones très désavantagées à s'installer ailleurs. Ses effets sur les revenus futurs ont été deux fois plus importants pour les travailleurs dont l'employeur d'origine était basé dans une région en difficulté. Et les travailleurs qui ont bénéficié du TAA étaient aussi plus nombreux à changer de région et de secteur[85]. Mais, au lieu de devenir le modèle de ce qui devrait être fait pour aider les travailleurs à faire face à des transitions difficiles, le TAA est resté un programme limité. C'est absurde.

Ensemble dans la dignité

La répugnance, aux États-Unis, à utiliser les programmes nationaux existants, même quand ils fonctionnent, a probablement quelque chose à voir avec le fait qu'une majorité de sympathisants républicains et beaucoup de démocrates soient opposés à la création par l'État fédéral d'un revenu universel ou d'un programme national qui viserait à aider les personnes ayant perdu leur emploi à cause de l'automatisation (quand bien même beaucoup d'entre eux sont favorables à une limitation du droit des entreprises à remplacer les gens par des robots[86]). C'est qu'ils ont un soupçon quant aux intentions véritables du gouvernement (il ne veut aider que « ces gens-là ») et qu'ils font preuve d'un scepticisme excessif quant à sa capacité d'agir effectivement. Mais il existe unc autre raison, que partagent même les gens et les organisations de gauche : une hostilité à l'aumône, à la charité dénuée d'empathie et de compréhension. Ils ne veulent pas de la condescendance de l'État.

Quand Abhijit était membre du panel de haut niveau des Nations unies chargé de définir les futurs objectifs de développement du nouveau millénaire, il a souvent fait l'objet d'un lobbying discret de la part de grandes ONG internationales. Ce fut souvent pour lui un moyen agréable de découvrir l'existence d'initiatives intéressantes, et il a beaucoup apprécié ces rencontres et ces réunions. Mais c'est celle avec ATD Quart Monde dont il a gardé le plus vif souvenir.

Quand il est entré dans l'immense salle du siège européen de l'ONG, où se tenait la réunion, il a tout de suite remarqué que l'assemblée sortait de l'ordinaire. Ni costumes, ni cravates, ni escarpins. Des visages ridés, des parkas miteux, mais aussi une ferveur qui rappelait celle des étudiants de première année tout juste arrivés à l'université. Ces gens, lui dit-on, avaient connu l'extrême pauvreté et étaient encore très pauvres. Ils étaient là pour participer à la discussion sur ce que veulent les pauvres.

Ce qui s'est passé ensuite, jamais Abhijit n'en avait été témoin auparavant. Puisant dans leur propre expérience, les personnes présentes ne cessaient d'intervenir pour parler de leur vie, de la nature de la pauvreté et des échecs des politiques mises en œuvre. Abhijit répondit d'abord avec autant de délicatesse que possible quand il n'était pas d'accord. Puis il ne tarda pas à se rendre compte qu'il faisait montre de condescendance : ces personnes n'étaient pas moins intelligentes ou capables de répliquer que lui.

Il sortit de la réunion avec un immense respect pour ATD Quart Monde et une meilleure compréhension de son slogan : « Tous ensemble dans la dignité pour vaincre la pauvreté. » L'organisation mettait la dignité au premier plan, avant même, si nécessaire, la satisfaction des besoins élémentaires. Elle avait construit une culture interne où chacun était pris au sérieux en tant qu'être humain, et qui nourrissait cette confiance en soi qui avait tant surpris Abhijit.

Travailler et Apprendre ensemble (TAE) est une petite entreprise créée par ATD Quart Monde pour fournir un travail à des personnes qui vivent dans une pauvreté extrême. Un matin d'hiver, nous sommes allés à Noisy-le-Grand, à l'est de Paris, pour observer une de leurs réunions d'équipe. Quand nous sommes arrivés, le groupe préparait le programme de la semaine, attribuant à chacun ses missions et dessinant les projets sur un tableau blanc. Puis il s'est mis à discuter d'une sortie collective organisée par Travailler et Apprendre ensemble. L'ambiance était détendue mais engagée ; les problèmes étaient abordés avec un grand sérieux. Ensuite, les gens se sont séparés et chacun s'est mis au travail. On aurait pu se croire à une réunion de travail hebdomadaire d'une petite start-up de la Silicon Valley.

Seules différaient la nature des activités programmées (services de nettoyage, BTP, maintenance informatique) et le parcours des personnes présentes autour de la table. Après la réunion, nous avons continué de discuter avec Chantal, Gilles et Jean-François. Chantal, ancienne infirmière, avait été laissée gravement handicapée par un accident. Incapable de travailler pendant plusieurs années, elle s'était retrouvée sans domicile. Elle avait demandé l'aide d'ATD Quart Monde, qui lui avait donné un logement et l'avait orientée vers Travailler et Apprendre ensemble lorsqu'elle avait été prête à reprendre un emploi. Elle travaillait depuis dix ans quand nous l'avons rencontrée. Elle avait commencé dans l'équipe de nettoyage puis avait rejoint l'équipe informatique, et en était devenue la responsable.

Elle envisageait à présent de partir pour créer une petite ONG afin d'aider les personnes handicapées à trouver du travail.

Gilles occupait un emploi à Travailler et Apprendre ensemble depuis dix ans. Après une période de grave dépression, il avait perdu toute capacité à travailler dans un environnement stressant. L'entreprise créée par ATD Quart Monde lui permettait de travailler à son rythme et il faisait peu à peu des progrès.

Jean-François et sa femme avaient perdu la garde de leur fils, Florian, qui souffrait du trouble de déficit de l'attention (TDAH), et Jean-François, qui avait lui-même des troubles de l'humeur, était sous la tutelle administrative de l'État. Ils avaient contacté ATD Quart Monde, qui avait été autorisé à accueillir Florian dans un de ses centres, sous surveillance, et c'est là que Jean-François avait entendu parler de Travailler et Apprendre ensemble.

Quant au P-DG, Didier, il avait dirigé une entreprise « traditionnelle » avant de rejoindre Travailler et Apprendre ensemble. Pierre-Antoine, son assistant, un ancien travailleur social dans une agence pour l'emploi, nous a expliqué les limites du modèle traditionnel de ce type de structure : quand les gens ont une difficulté, il est possible de les aider ; mais quand ils les cumulent, ils ne se conforment plus à ce que l'on attend d'eux, abandonnent souvent rapidement ou sont rejetés. Ce qui est différent chez Travailler et Apprendre ensemble, c'est que l'entreprise a été créée autour d'eux.

La clef, nous a confié Bruno Tardieu, un dirigeant d'ATD Quart Monde qui nous avait accompagnés lors de la réunion, c'est que, « toute leur vie, on leur a donné des choses. Mais personne ne leur a jamais demandé de contribuer ». Chez Travailler et Apprendre ensemble, c'est ce qu'on leur demande. Ils prennent des décisions ensemble, se forment les uns les autres, mangent ensemble tous les jours et prennent soin les uns des autres. Quand quelqu'un est absent, on vérifie qu'il va bien ; quand quelqu'un a besoin de temps parce qu'il traverse une crise personnelle, il est soutenu.

Cet esprit reflète celui de l'organisation mère. ATD Quart Monde a été créé en France en 1957 par Joseph Wresinski, un prêtre catholique qui avait la conviction que la pauvreté extrême n'est pas la conséquence de l'infériorité ou de l'inadaptation d'un certain groupe de personnes, mais le résultat d'une exclusion systématique. L'exclusion et l'incompréhension s'alimentent mutuellement. Les personnes qui vivent dans une pauvreté extrême sont dépouillées de leur dignité et privées de leur capacité d'agir. On leur fait bien comprendre qu'elles doivent avoir de la reconnaissance quand on les aide, même quand elles n'en ont pas particulièrement envie. Privées ainsi de leur dignité, elles deviennent facilement méfiantes, et cette méfiance est prise pour de l'ingratitude et de l'obstination, ce qui ne fait que creuser le piège dans lequel elles sont enfermées[87].

Qu'est-ce que cette petite entreprise française, qui emploie moins d'une douzaine de personnes très pauvres et qui doit se démener pour survivre, peut nous apprendre sur les politiques sociales ?

D'abord, on constate que, dans des conditions adéquates, *tout le monde* peut avoir un travail et être productif. En France, cette conviction a donné naissance à une expérience qui vise à créer « des territoires zéro chômeur de longue durée », où l'État et la société civile s'engagent à trouver un emploi dans un délai relativement court à tous les chômeurs de longue durée. Pour y parvenir, le gouvernement propose une subvention qui peut aller jusqu'à 18 000 euros par personne employée dans une structure, publique ou privée, acceptant d'embaucher *tout* chômeur de longue durée à la recherche d'un emploi. Dans le même temps, les ONG s'engagent à trouver des chômeurs de longue durée (même s'ils souffrent de multiples difficultés : handicap mental ou physique, casier judiciaire, etc.), à leur procurer un emploi et à leur proposer l'assistance dont ils auront besoin pour pouvoir l'occuper.

Ensuite, le travail n'est pas nécessairement ce qui vient *une fois que* tous les autres problèmes ont été résolus et que les gens sont « prêts » : il fait partie du processus de réinsertion lui-même. Jean-François n'a été capable de récupérer la garde de son fils qu'après avoir retrouvé un emploi, et il est porté, maintenant qu'il travaille, par la fierté de son fils à son égard.

Très loin de Noisy-le-Grand, au Bangladesh, une énorme ONG, BRAC (Bangladesh Rural Advancement Committee), est parvenue à la même conclusion. Ses équipes avaient constaté que, dans les villages où elles travaillaient, les personnes les plus pauvres étaient exclues (ou s'excluaient elles-mêmes) d'un grand nombre de ses programmes. Pour résoudre ce problème, elle inventa l'idée du « diplôme de sortie de la pauvreté ». Après avoir identifié, à l'aide de la communauté, les individus les plus pauvres d'un village, le personnel de BRAC leur donnait un actif productif (deux vaches ou quelques chèvres), les aidait socialement, psychologiquement et financièrement pendant dix-huit mois, et les formait pour qu'ils fassent le meilleur usage de ces actifs. Plusieurs essais randomisés contrôlés réalisés dans sept pays ont constaté que ce programme avait eu un impact important[88]. En Inde, nous avons pu suivre l'évaluation d'un échantillon pendant dix ans. Malgré le progrès économique de la région, qui a profité à tous les ménages, il existe encore des différences très grandes dans la manière dont vivent les bénéficiaires du programme par rapport à ceux qui n'y ont pas eu accès. Les premiers consomment davantage, possèdent plus d'actifs et sont à la fois plus heureux et en meilleure santé ; ils sont passés graduellement d'une situation où ils étaient l'exception à une situation où ils sont, pour ainsi dire, des « pauvres comme les autres »[89]. Il en va tout autrement des résultats à long terme des simples programmes de transferts financiers, qui se sont avérés jusqu'à présent décevants[90]. Pour remettre ces personnes sur la voie d'un travail productif, l'argent ne suffisait pas : il a fallu également les traiter comme des êtres humains, avec un respect auquel elles n'étaient pas habituées, et reconnaître à la fois leur potentiel et tout le mal que leur avaient fait plusieurs années de privation.

Le mépris profond pour la dignité des pauvres est un élément endémique du système de protection sociale. Chantal, une des employés de Travailler et Apprendre ensemble que nous avons rencontrée, nous en fournit un exemple particulièrement déchirant. Quand Chantal et son mari, tous deux handicapés, ont demandé de l'aide à domicile pour leurs quatre enfants, dont deux sont également handicapés, on leur a proposé de les placer temporairement dans un centre d'accueil. Cette solution « temporaire » a fini par durer dix ans, pendant lesquels on ne leur a permis de voir leurs enfants qu'une fois par semaine, et sous surveillance. L'idée que des parents, parce qu'ils sont pauvres, sont incapables de s'occuper de leurs enfants est très répandue. En Suisse, jusqu'aux années 1980, des dizaines de milliers d'enfants pauvres ont été enlevés à leurs familles et placés dans des exploitations agricoles. En 2012, le gouvernement helvète a présenté ses excuses officielles pour ces séparations. Ce genre de discrimination est une forme de racisme anti-pauvre, qui rappelle une autre page de l'histoire : au Canada beaucoup d'enfants indigènes furent arrachés à leurs familles et placés dans des internats, où il leur était interdit de parler leur langue, afin de faciliter leur « assimilation » dans la culture canadienne majoritaire.

Un système de protection sociale capable de traiter les gens, quels qu'ils soient, avec une telle brutalité devient un système punitif, auquel on aspire à échapper. Qu'on ne s'y trompe pas : cela ne concerne pas seulement un petit nombre de personnes très pauvres qui seraient très différentes de nous. Quand une partie du système social porte en lui le châtiment et l'humiliation, c'est l'ensemble de la société, humainement, qui recule. La dernière chose que veuille un travailleur qui vient de perdre son emploi, c'est d'être traité comme « ces gens-là ».

Commencer par le respect

Un autre modèle est possible. Nous nous sommes rendus un jour à la mission locale de la ville de Sénart, près de Paris, pour assister à une réunion de « jeunes créateurs ». La mission locale (dont le nom complet est : Mission locale pour l'insertion professionnelle et sociale des jeunes) est le guichet unique qui s'occupe de tous les besoins (médicaux, sociaux, emploi) des jeunes défavorisés. Le programme jeunes créateurs est ouvert à tous les jeunes sans emploi, des deux sexes, qui souhaitent créer une petite entreprise. Assis autour de la table, ils ont expliqué ce qu'ils avaient envie de faire. Ils ont parlé de monter une salle de sport, un salon de beauté, une boutique de produits de beauté bios. Nous leur avons demandé pourquoi ils voulaient créer leur propre activité. Étonnamment, les raisons invoquées n'étaient jamais d'ordre financier. L'un après l'autre, ces jeunes évoquaient l'autonomie, la dignité et l'estime de soi.

L'approche du programme jeunes créateurs ne ressemble en rien à celle des agences pour l'emploi traditionnelles. Dans ces dernières, l'objectif du conseiller est de trouver rapidement quelque chose que les jeunes (qui, pour la plupart, soit n'ont pas terminé le lycée soit viennent de l'enseignement professionnel) pourraient faire, généralement un programme de formation, et les y orienter. L'idée sous-jacente est que le conseiller sait ce qui est bon pour eux (la grande mode aujourd'hui est de s'aider pour cela d'un algorithme d'apprentissage automatique). Les jeunes doivent ensuite s'y conformer, sinon ils perdent leurs aides.

Didier Dugast, qui a conçu le programme jeunes créateurs, nous a expliqué que cette approche traditionnelle est généralement vouée à l'échec. Pendant toute leur vie, on a dit à ces jeunes ce qu'ils devaient faire. On leur a déjà dit, et même répété, à l'école et peut-être aussi à la maison, qu'ils n'étaient pas assez bons. Ils arrivent blessés et abîmés, avec une estime de soi très faible (nous avons vérifié ce point dans notre enquête quantitative[91]), ce qui se traduit souvent par une méfiance instinctive vis-à-vis de tout ce qui leur est proposé, et une tendance à résister aux suggestions.

L'idée du programme jeunes créateurs est au contraire de partir du projet proposé par les jeunes et de le prendre au sérieux. Le premier entretien les invite à expliquer ce qu'ils veulent faire, pour quelles raisons, et à réfléchir sur la façon de l'intégrer dans leur projet de vie professionnelle et personnelle. Nous avons participé à trois entretiens, avec une jeune femme qui voulait créer une pharmacie chinoise, avec un jeune homme qui souhaitait vendre ses travaux graphiques sur une boutique en ligne, et avec une seconde jeune femme qui cherchait à créer une entreprise de soins à domicile pour personnes âgées. Ces premiers entretiens sont longs (une heure chacun environ) et l'assistant social prend le temps de bien comprendre les projets, en veillant à ne pas porter de jugement. Des rendez-vous plus approfondis suivent, ainsi que quelques ateliers de groupe. Au cours de ces conversations, l'assistant social essaie de convaincre chacun des jeunes qu'il a le contrôle de son destin et possède toutes les qualités requises pour réussir. Mais, en même temps, il lui explique qu'il existe plus d'une manière d'y arriver : la future pharmacienne pouvait, par exemple, commencer par se former pour être infirmière ou auxiliaire médicale.

Nous avons été impliqués dans l'essai randomisé de ce projet ; 900 jeunes hommes qui s'étaient inscrits au programme furent orientés soit vers ce programme, soit vers des services classiques. Nous avons constaté que les premiers étaient plus nombreux à trouver un travail et qu'ils gagnaient davantage. Les effets étaient beaucoup plus importants pour ceux qui étaient au départ les plus défavorisés. Ce qui est extrêmement étonnant au premier abord, c'est que le programme *réduit* en réalité la probabilité de s'établir à son compte, alors qu'il part de l'idée des candidats de créer leur entreprise. Le grand intérêt du programme (et sa philosophie explicite) est que le projet d'auto-entrepreneuriat est un point de départ, mais pas nécessairement une finalité. Le programme est, pour l'essentiel, une forme de thérapie dont le but est de restaurer la confiance en soi des jeunes. Ce qui compte, c'est de trouver, dans les six ou douze mois, un métier gratifiant. En comparaison, un programme concurrent dont nous avons également fait l'évaluation, et qui se contentait de sélectionner les candidats les plus prometteurs pour un programme d'aide à la création d'entreprise, puis de les aider à mener leur projet à bien, n'avait absolument aucun effet, principalement parce qu'il sélectionnait les gens qui avaient le plus de probabilité de réussir même sans aucune aide[92].

Selon nous, c'est le respect profond pour la dignité des jeunes qui explique la réussite du programme jeunes créateurs de Sénart.

Beaucoup d'entre eux n'avaient jamais été pris au sérieux par des adultes occupant une fonction officielle (enseignants, fonctionnaires, agents des forces de l'ordre, personnel judiciaire). Comme nous l'avons vu précédemment, la recherche en éducation montre que les enfants intériorisent rapidement la place qui est la leur dans l'ordre hiérarchique, et les enseignants généralement renforcent ce sentiment. Les enseignants à qui l'on a dit que certains sont plus intelligents que les autres (alors qu'on les a seulement choisis au hasard) les traitent différemment, si bien que les enfants finissent de fait par avoir de meilleurs résultats[93]. En France, une évaluation randomisée d'un programme Énergie Jeunes, inspiré de l'idée de « cran » *(« grit »)* d'Angela Duckworth[94], a été réalisée en 2018. Le programme consistait à montrer aux enfants des vidéos qui les encourageaient à se considérer comme des êtres capables ; cette simple intervention avait des effets positifs sur leur présence régulière à l'école, leur comportement en classe et même leurs notes. L'effet ne semblait pas trouver sa source dans la perception qu'avaient les enfants de leur courage ou de leur sérieux (ils se donnaient en général de mauvaises notes dans ce domaine), mais plutôt dans le fait qu'ils devenaient soudain plus optimistes sur leurs chances de réussir par eux-mêmes[95]. ATD Quart Monde, en collaboration avec l'Institut supérieur Maria-Montessori, à Paris, essaie de briser aussi tôt que possible le cercle vicieux du pessimisme, qui fait que les gens finissent par attendre trop peu de la vie et d'eux-mêmes. Dans ses centres d'hébergement d'urgence, ATD Quart Monde gère des écoles Montessori de haut niveau, qui sont aussi pimpantes et bien organisées que les écoles Montessori privées réservées aux enfants des classes supérieures des beaux quartiers de Paris.

Le même changement d'attitude – le passage de la condescendance au respect – est au cœur du programme Becoming a Man, mis en œuvre dans le centre de Chicago. L'objectif est de tempérer la violence chez les jeunes des quartiers pauvres. Mais, au lieu de dire que c'est mal d'être violent, le programme commence par reconnaître que la violence peut être la norme sociale pour les adolescents des quartiers défavorisés, et qu'être agressif ou même se battre peut leur être nécessaire pour ne pas se retrouver avec une réputation de victime facile à tourmenter. Dans ce genre de milieu, on développe facilement une tendance à répondre avec violence chaque fois que l'on est rudoyé ou provoqué. Alors, au lieu de se contenter de dire aux participants que ce type d'attitude était déplorable, ou de les punir quand ils réagissaient ainsi, Becoming a Man a demandé à ces jeunes de participer à plusieurs activités, inspirées par la thérapie comportementale cognitive, afin de les aider à comprendre en quelles circonstances la violence était une réaction appropriée et quand elle pouvait ne pas l'être. On leur a appris, en somme, à prendre une minute pour évaluer l'environnement et juger, en fonction de la situation, ce qu'il était préférable de faire. Pendant la période d'intervention, la participation au programme s'est traduite par une baisse de moitié du nombre d'arrestations pour délit violent, par une baisse de près d'un tiers du nombre d'arrestations et par une hausse d'environ 15 % du taux d'obtention d'un diplôme[96].

Qu'y a-t-il de commun entre un agriculteur touché par la sécheresse en Inde, un jeune du South Side à Chicago et un homme blanc de cinquante ans qui vient d'être licencié ? Une chose : ils *ont* sans doute des problèmes, mais ils *ne sont pas* le problème. Ils ont le droit d'être considérés pour ce qu'ils sont et de ne pas être définis par les difficultés qui les accablent. Combien de fois n'avons-nous pas constaté, lors de nos séjours dans plusieurs pays en développement, que l'espoir est le moteur qui permet aux gens d'aller de l'avant ? Définir les gens par leurs problèmes, c'est transformer l'accident en essence. C'est nier tout espoir. La réaction naturelle est alors de se replier sur son identité, ce qui a des conséquences terribles pour la société tout entière.

L'objectif de la politique sociale, en ces temps d'inquiétude et de changement, doit être d'aider les gens à absorber les chocs qui les frappent, sans laisser ces chocs anéantir le sentiment qu'ils ont de leur identité. Le système dont nous avons hérité ne va malheureusement pas dans ce sens. Il conserve un soubassement victorien, et trop de responsables politiques n'essaient même pas de dissimuler le mépris que leur inspirent les personnes pauvres et défavorisées. Mais un changement d'attitude seul ne suffira pas : la protection sociale doit être repensée en profondeur, et il faudra faire preuve de beaucoup d'imagination. Dans ce chapitre, nous avons donné quelques indications sur la manière d'y parvenir mais, bien sûr, nous n'avons pas toutes les solutions et, à dire vrai, personne ne les a. Il reste encore beaucoup à apprendre. Mais, dès lors que l'objectif est clair, nous pouvons espérer l'atteindre.

Conclusion.

De la bonne et de la mauvaise science économique

... Successivement
Les maisons s'élèvent et croulent, sont agrandies,
Déplacées, détruites, restaurées, ou bien à leur place
S'étend un champ ou une usine ou une autoroute.
La vieille pierre se mue en bâtiments neufs, le vieux bois en feux nouveaux,
Leurs vieux feux en cendres, et les cendres en terre...

T. S. Eliot, *East Coker*[1]

La science économique rêve d'un monde incroyablement dynamique. Les individus poursuivent de grands rêves, passent d'un emploi à l'autre au gré de leurs désirs, délaissent la fabrication des machines pour la composition de la musique, ou démissionnent pour faire le tour du monde. De nouvelles entreprises naissent et croissent, s'élèvent et meurent, remplacées par des idées encore plus brillantes et plus neuves. La productivité s'accroît par bonds, les nations s'enrichissent. Ce que l'on produisait hier dans les usines de Manchester part aujourd'hui dans celles de Mumbai, puis de Myanmar, et s'en ira un jour, peut-être, à Mombasa ou Mogadiscio. Le numérique a fait renaître Manchester et les usines de Mumbai se métamorphosent déjà en centres commerciaux et logements de luxe, où les cadres de la finance dépensent allègrement leurs salaires faramineux. Partout dorment des opportunités qui n'attendent que d'être réveillées, saisies et exploitées par celles et ceux qui en ont le plus besoin.

En tant qu'économistes spécialistes des pays pauvres, nous savons depuis longtemps que les choses ne se passent pas tout à fait ainsi, au moins pas là où nous avons travaillé et passé du temps. Le migrant bangladais préfère en réalité rester affamé dans son village, auprès des siens, plutôt que de braver les incertitudes de la quête d'un travail en ville. Le jeune chômeur ghanéen reste chez ses parents en se demandant quand l'avenir radieux que son diplôme lui garantit va lui tomber tout cuit dans le bec. Le commerce international provoque des fermetures d'usines en Amérique latine, mais les entreprises qui doivent venir prendre leur place se font attendre. Le changement semble souvent, sinon toujours, profiter à d'autres, à des gens invisibles, inaccessibles. Et ceux qui ont perdu leur travail dans les usines de Mumbai ne mettront pas les pieds dans les nouveaux merveilleux restaurants. Peut-être leurs enfants y trouveront-ils un emploi de serveur – ce genre de travail dont, pour la plupart, ils ne veulent pas.

Ce dont nous nous sommes rendu compte ces dernières années, c'est que le même scénario se retrouve dans de nombreux pays développés. Car toutes les économies sont rigides. Il existe bien sûr des différences considérables entre pays riches et pays pauvres : les petites entreprises se développent plus rapidement aux États-Unis qu'en Inde ou au Mexique, et celles qui n'y parviennent pas ferment très vite, obligeant leurs propriétaires à choisir une autre activité. En Inde, et dans une moindre mesure au Mexique, elles semblent pétrifiées dans l'espace et le temps, tout aussi incapables de grandir pour devenir le nouveau Walmart que de disparaître pour céder la place à quelque chose de plus prometteur[2]. Ce dynamisme états-unien dissimule toutefois de grandes disparités géographiques. Les entreprises ferment à Boise, dans l'Idaho, et fleurissent à Seattle, une ville de l'État de Washington en plein essor, sans que les travailleurs qui ont perdu leur emploi ici puissent s'installer là-bas. D'ailleurs, ils ne le souhaitent pas, car ils n'ont pas envie de se couper de ce qui compte le plus pour eux : leurs amis, leur famille, leurs souvenirs, leurs attaches. Or, à mesure que les bons emplois disparaissent et que l'économie locale poursuit sa chute, les choix se rétrécissent et la colère monte. C'est ce qui se passe dans l'est de l'Allemagne, dans une grande partie de la France en dehors des grandes villes, au cœur de l'Angleterre du Brexit, dans les États républicains des États-Unis, mais aussi dans de larges poches au Brésil et au Mexique. Les gens riches, ceux qui ont les bons diplômes ou les bonnes relations sociales, se sont habilement hissés sur les sommets étincelants de la réussite économique, mais d'autres, beaucoup trop nombreux, sont restés tout en bas. Tel est le monde qui a produit Donald Trump, Jair Bolsonaro et le Brexit, et qui produira bien d'autres catastrophes si nous ne faisons rien.

Pourtant, en tant qu'économistes du développement, nous sommes aussi parfaitement conscients que ce qu'il y a de plus remarquable dans les quarante dernières années n'est pas tant le changement lui-même, en bien ou en mal, que son rythme. La chute du communisme, l'éveil et l'essor de la Chine, la diminution de moitié puis encore de moitié de la pauvreté mondiale, l'explosion des inégalités, l'irruption de l'épidémie de sida puis son recul, la chute rapide de la mortalité infantile, la diffusion de l'ordinateur personnel et du téléphone portable, Amazon et Alibaba, Facebook et Twitter, le Printemps arabe, les progrès du nationalisme autoritaire et la menace des catastrophes environnementales : tout cela s'est passé dans les quatre dernières décennies. À la fin des années 1970, quand Abhijit faisait ses tout premiers pas de futur économiste, l'Union soviétique imposait encore le respect, l'Inde se demandait quoi faire pour lui ressembler davantage, l'extrême gauche adorait la Chine, les Chinois adoraient Mao, Reagan et Thatcher lançaient leur attaque contre le système social moderne, et 40 % de la population mondiale vivaient dans la grande pauvreté. Beaucoup de choses ont changé depuis. Et, dans une grande part, pour le meilleur.

Tous ces bouleversements n'ont pas été volontaires. De bonnes idées ont fait florès – de mauvaises tout autant. Certains changements ont été des accidents ou la conséquence inattendue d'autre chose. L'accroissement des inégalités, par exemple, est en partie le revers de la rigidité de l'économie, qui fait qu'il est extrêmement lucratif de se trouver au bon endroit au bon moment. Mais ces mêmes inégalités ont permis de financer un boom de la construction qui a créé des emplois pour les travailleurs non qualifiés des villes du monde en développement, ouvrant la voie à une réduction de la pauvreté.

Ce serait une erreur cependant de sous-estimer, dans ces changements, l'impact de la politique sociale et économique. Il n'est que de citer l'ouverture de la Chine et de l'Inde à l'entreprise privée et au commerce international, la baisse des impôts des riches au Royaume-Uni, aux États-Unis et dans les pays qui les ont imités, la coopération mondiale dans la prévention des morts évitables, la priorité donnée à la croissance sur l'environnement, l'encouragement des migrations internes grâce au progrès de la connectivité ou leur découragement faute d'investissements dans des espaces urbains vivables, le déclin de l'État-providence mais aussi la réinvention récente des transferts sociaux dans le monde en développement, etc. La politique est puissante. Les États ont le pouvoir de faire beaucoup de bien, mais aussi beaucoup de mal, tout comme les grands donateurs privés et l'aide bilatérale.

Ces politiques se sont appuyées sur la science économique, la bonne comme la mauvaise (et sur les sciences sociales, plus généralement). Les chercheurs de ces disciplines ont écrit sur la folle ambition du dirigisme à la soviétique, sur la nécessité de libérer l'esprit d'entreprise dans les pays comme l'Inde et la Chine, sur les risques de catastrophe écologique et sur l'extraordinaire puissance des connexions réseau bien avant que le grand public en ait entendu parler. Des philanthropes intelligents faisaient déjà de la bonne science sociale quand ils défendaient le don gratuit de médicaments antirétroviraux aux personnes ayant contracté le VIH dans le monde en développement, afin d'assurer une diffusion beaucoup plus large du dépistage et sauver des millions de vies. La bonne science économique a triomphé de l'ignorance et de l'idéologie, et des moustiquaires traitées à l'insecticide ont pu être distribuées gratuitement en Afrique, plutôt que vendues, ce qui a permis de diminuer de plus de moitié le nombre d'enfants atteints par le paludisme. Quant à la mauvaise science économique, elle a justifié et justifie encore les cadeaux faits aux riches et la réduction des programmes d'aide sociale ; elle a défendu et continue de défendre l'idée que l'État est impuissant et corrompu et que les pauvres sont paresseux, pavant la voie de l'impasse où nous nous trouvons aujourd'hui, mélange d'explosion des inégalités et d'inertie rageuse. Des économistes bornés nous ont raconté et continuent de raconter que le libre-échange ne fait que des gagnants et que la croissance est partout : il faut juste essayer encore et encore, répètent-ils, car la croissance vaut toutes les peines qu'elle génère. Des économistes aveugles, enfin, n'ont pas vu l'explosion des inégalités dans le monde, la fragmentation sociale croissante qui les accompagne et la catastrophe écologique imminente, retardant d'autant l'action, peut-être irrévocablement.

Comme l'écrivait John Maynard Keynes, dont les idées ont transformé la politique macroéconomique : « Les hommes d'action qui se croient libres de toute influence intellectuelle sont souvent les esclaves d'un économiste défunt. Les fous au pouvoir, qui entendent des voix, distillent leur frénésie en s'inspirant de quelque plumitif d'université d'il y a quelques années. » Les idées sont puissantes. Les idées sont le moteur du changement. La bonne science économique ne pourra pas nous sauver toute seule. Mais, sans elle, nous sommes condamnés à répéter les erreurs du passé. L'ignorance, l'intuition, l'idéologie, l'inertie se mêlent pour nous donner des réponses qui ont l'air plausible, promettent beaucoup et ne pourront que nous trahir. Malheureusement, comme ne cesse de le montrer l'histoire, les idées qui finissent par triompher peuvent être bonnes mais tout aussi bien ne pas l'être. La conviction que l'immigration détruira nos sociétés semble s'imposer aujourd'hui, malgré toutes les preuves du contraire. Le seul recours que nous ayons contre les idées fausses est d'être vigilant, de résister aux séductions de l'évidence, de nous méfier des promesses de miracles, d'interroger les faits, d'aborder la complexité avec patience et de reconnaître honnêtement ce que nous savons et ce que nous sommes capables de savoir. Sans cette vigilance, le débat sur des problèmes à multiples facettes tourne au slogan et à la caricature, et l'analyse politique cède le pas aux remèdes de charlatan.

Cet appel à l'action ne s'adresse pas aux économistes de métier : il s'adresse à toutes les personnes qui aspirent à un monde meilleur, à un monde plus sain, à un monde plus humain. L'économie a trop d'importance pour être laissée aux seuls économistes.

Remerciements

Tous les livres sont le fruit d'une rencontre de plusieurs esprits, mais celui-ci plus que d'autres. Chiki Sarkar nous a encouragés à poursuivre ce projet avant même que nous n'ayons la moindre idée de là où nous voulions aller. Son enthousiasme, sa vive intelligence, sa foi dans nos capacités nous a guidés et soutenus tout au long du travail. Andrew Wylie nous a rejoints un peu plus tard. Son immense expérience nous a donné la confiance dont nous avions besoin pour continuer. Neel Mukherjee a lu le manuscrit dans sa première version, encore sommaire, et nous a prodigué des conseils, des orientations et surtout l'assurance que c'était un livre qui valait la peine d'être écrit, et peut-être, surtout, d'être lu. Maddie McKellway a réalisé un travail extraordinaire pour s'assurer que chaque fait cité dans le manuscrit soit vérifié et référencé, et que chaque phrase ait un sens. Clive Priddle a compris exactement, comme pour notre précédent livre, ce que nous essayions de faire, souvent même avant nous. Son travail éditorial a fait de tout cela un livre.

Pour écrire un livre qui s'aventure bien au-delà de notre « cœur de métier », nous avons dû nous reposer sur le savoir et les conseils d'un grand nombre de nos amis économistes. Entourés d'autant d'individus aussi brillants, il est difficile de se souvenir précisément de l'origine de chacune des idées qui nous ont nourris. En citer quelques-uns, ce serait courir le risque d'en oublier beaucoup d'autres. Nous nous sentons tenus cependant de nommer (sans aucunement les impliquer, bien sûr) : Daron Acemoglu, David Atkin, Arnaud Costinot, Dave Donaldson, Rachel Glennerster, Penny Goldberg, Michael Greenstone, Bengt Holmstrom, Michael Kremer, Ben Olken, Thomas Piketty, Emma Rotschild, Emmanuel Saez, Frank Schilbach, Stefanie Stantcheva et Ivan Werning. Merci infiniment pour tout ce que vous nous avez appris. Merci aussi à nos directeurs de PhD, Josh Angrist, Jerry Green, Andreu Mas Colell, Eric Maskin et Larry Summers ; et à nos nombreux professeurs, collaborateurs, amis, étudiants et élèves, dont l'empreinte est partout dans ce livre. À nouveau, au risque de commettre une injustice grossière, ce livre ne serait pas ce qu'il est sans l'influence, entre autres, de Philippe Aghion, Marianne Bertrand, Arun Chandrasekhar, Daniel Cohen, Bruno Crépon, Ernst Fehr, Amy Finkelstein, Maitreesh Ghatak, Rema Hanna, Matt Jackson, Dean Karlan, Eliana La Ferrara, Matt Low, Ben Moll, Sendhil Mullainathan, Kaivan Munshi, Andrew Newman, Paul Niehaus, Rohini Pande, Nancy Qian, Amartya Sen, Robert Solow, Cass Sunstein, Tavneet Suri et Robert Townsend.

Notre année sabbatique à l'École d'économie de Paris a été pour nous une bénédiction. C'est un endroit collégial et vivant où il est extrêmement agréable et amusant de travailler. Nous remercions particulièrement Luc Behagel, Denis Cogneau, Olivier Compte, Hélène Giacobino, Mark Gurgand, Sylvie Lambert et Karen Macours ; ainsi que Gilles Postel-Vinay et Katia Zhuravskaya, pour le bonheur de leurs sourires, l'humour de leurs conversations et nos parties de tennis harassantes. Nos collègues du MIT, Glenn et Sara Ellison, qui ont pris leur congé sabbatique en même temps que nous, ont rendu cette année à Paris encore plus merveilleuse. Nous remercions pour son soutien financier la région Île-de-France (Chaire Blaise Pascal), le Fonds AXA pour la recherche, la Fondation de l'ENS, l'École d'économie de Paris et le MIT.

Pendant plus de quinze ans, l'équipe de J-PAL n'a pas seulement nourri notre passion pour la recherche : elle a aussi alimenté notre optimisme à la fois envers la science économique et envers l'humanité. Nous sommes infiniment heureux de travailler chaque jour, année après année, avec des gens aussi engagés et aussi généreux. Merci à Iqbal Dhaliwal, qui barre le navire, et à John Floretta, Shobhini Mukherjee, Laura Poswell et Anna Schrimpf, qui sont nos compagnons quotidiens, visibles et invisibles. Et, bien sûr, à Heather McCurdy et Jovanna Mason, qui ont vaillamment essayé de mettre un semblant d'ordre dans nos vies.

Les parents d'Esther, Michel et Violaine Duflo, ainsi que son frère Colas et sa famille, sont pour beaucoup dans ce qui a fait de notre année à Paris un séjour inoubliable. Merci à tout ce que vous faites pour nous, année après année.

Les parents d'Abhijit, Dipak et Nirmala Banerjee, sont toujours pour lui les lecteurs idéaux de tout ce qu'il écrit. Il les remercie pour lui avoir tant appris en économie, et plus important peut-être, pour lui avoir donné des raisons de se *soucier*.

Notes

Chapitre 1. MEGA : Make Economics Great Again

1. Il ne semble pas nécessaire de traduire ce titre de chapitre. Nous préciserons seulement que le mot *economics* ne désigne pas l'économie comme ensemble des activités productrices, commerciales, etc., mais comme discipline scientifique.

2. Amber Phillips, « Is Split-Ticket Voting Officially Dead ? », *The Washington Post,* 17 novembre 2016, https://www.washingtonpost.com/news/the-fix/wp/2016/11/17/is-split-ticket-voting-officially-dead/?utm_term=.6b57fc114762.

3. « 8. Partisan Animosity, Personal Politics, Views of Trump », Pew Research Center, 2017, https://www.people-press.org/2017/10/05/8-partisan-animosity-personal-politics-views-of-trump/.

4. « Poll : Majority of Democrats Think Republicans Are "Racist", "Bigoted" or "Sexist" », Axios, 2018, https://www.countable.us/articles/14975-poll-majority-democrats-think-republicans-racist-bigoted-sexist.

5. Stephen Hawkins, Daniel Yudkin, Míriam Juan-Torres et Tim Dixon, « Hidden Tribes : A Study of America's Polarized Landscape », *More in Common,* 2018, https://www.moreincommon.com/hidden-tribes.

6. Charles Dickens, *Hard Times*. Publié en feuilleton dans l'hebdomadaire *Household Words*, Londres, 1854. La première traduction française, *Les Temps difficiles*, par William Little Hughes, paraît à Paris en 1857.

7. Matthew Smith, « Leave Voters Are Less Likely to Trust Any Experts – Even Weather Forecasters », YouGov, 2017, https://yougov.co.uk/topics/politics/articles-reports/2017/02/17/leave-voters-are-less-likely-trust-any-experts-eve.

8. Cette étude, réalisée en collaboration avec Stefanie Stantcheva, est présentée dans : Abhijit V. Banerjee, Esther Duflo et Stefanie Stantcheva, « Me and Everyone Else : Do People Think Like Economists ? », Mimeo, Massachusetts Institute of Technology, 2019.

9. « Steel and Aluminum Tariffs », Chicago Booth, IGM Forum, 2018, http://www.igmchicago.org/surveys/steel-and-aluminum-tariffs.

10. « Refugees in Germany », Chicago Booth, IGM Forum, 2017, http://www.igmchicago.org/surveys/refugees-in-germany (les réponses sont normalisées en fonction du nombre de personnes ayant donné leur opinion).

11. « Robots and Artificial Intelligence », Chicago Booth, IGM Forum, 2017, http://www.igmchicago.org/surveys/robots-and-artificial-intelligence.

12. Paola Sapienza et Luigi Zingales, « Economic Experts versus Average Americans », *American Economic Review*, vol. 103, n° 3, 2013, p. 636-642, https://doi.org/10.1257/aer.103.3.636.

13. « A Mean Feat », *The Economist,* 9 janvier 2016, https://www.economist.com/finance-and-economics/2016/01/09/a-mean-feat.

14. Siddhartha Mukherjee, *L'Empereur de toutes les maladies. Une biographie du cancer*, traduit de l'anglais par Pierre Kaldy, Paris, Flammarion, « Libres Champs », 2016 [éd. originale 2010].

Chapitre 2. S'échapper de la gueule du requin

1. United Nations International Migration Report, extraits, dernier accès le 1er juin 2017, https://www.un.org/en/development/desa/population/migration/publications/migrationreport/docs/MigrationReport2017_Highlights.pdf ; Mathias Czaika et Hein de Haas, « The Globalization of Migration : Has the World Become More Migratory ? », *International Migration Review*, vol. 48, n° 2, 2014, p. 283-323.

2. « EU Migrant Crisis : Facts and Figures », News : European Parliament, 30 juin 2017, dernier accès le 21 avril 2019, http://www.europarl.europa.eu/news/en/headlines/society/20170629STO78630/eu-migrant-crisis-facts-and-figures.

3. Alberto Alesina, Armando Miano et Stefanie Stantcheva, « Immigration and Redistribution », NBER Working Paper n° 24733, 2018.

4. Oscar Barrera Rodriguez, Sergei M. Guriev, Emeric Henry et Ekaterina Zhuravskaya, « Facts, Alternative Facts, and Fact-Checking in Times of Post-Truth Politics », *SSRN Electronic Journal*, 2017, https://dx.doi.org/10.2139/ssrn.3004631.

5. Alberto Alesina, Armando Miano et Stefanie Stantcheva, « Immigration and Redistribution », *op. cit.*

6. Oscar Barrera Rodriguez, Sergei M. Guriev, Emeric Henry et Ekaterina Zhuravskaya, « Facts, Alternative Facts, and Fact-Checking in Times of Post-Truth Politics », *op. cit.*

7. Warsan Shire, « Home », dernier accès le 5 juin 2019, https://www.seekersguidance.org/articles/social-issues/home-warsan-shire/.

8. Maheshwor Shrestha, « Push and Pull : A Study of International Migration from Nepal », World Bank Policy Research Working Paper, n° WPS 7965, Washington, DC, World Bank Group, 2017, http://documents.worldbank.org/curated/en/318581486560991532/Push-and-pull-a-study-of-international-migration-from-Nepal.

9. Satyajit Ray, *Aparajito*, 1956, Merchant Ivory Productions.

10. Utilisant des données sur 65 pays, Alwyn Young observe que les habitants des villes consomment 52 % de plus que les habitants des campagnes. Alwyn Young, « Inequality, the Urban-Rural Gap, and Migration », *Quarterly Journal of Economics*, vol. 128, n° 4, 2013, p. 1727-1785.

11. Abhijit V. Banerjee, Nils Enevoldsen, Rohini Pande et Michael Walton, « Information as an Incentive : Experimental Evidence from Delhi », Mimeo, Harvard, dernier accès le 21 avril 2019, https://scholar.harvard.edu/files/rpande/files/delhivoter_shared-14.pdf.

12. Lois Labrianidis et Manolis Pratsinakis, « Greece's New Immigration at Times of Crisis », LSE Hellenic Observatory GreeSE, paper n° 99, 2016.

13. John Gibson, David McKenzie, Halahingano Rohorua et Steven Stillman, « The Long-term Impacts of International Migration : Evidence from a Lottery », *World Bank Economic Review*, vol. 32, n° 1, 2018, p. 127-147.

14. Michael Clemens, Claudio Montenegro et Lant Pritchett, « The Place Premium : Wage Differences for Identical Workers Across the US Border », Center for Global Development Working Paper 148, 2008.

15. Emi Nakamura, Jósef Sigurdsson et Jón Steinsson, « The Gift of Moving : Intergenerational Consequences of a Mobility Shock », NBER Working Paper n° 22392, 2016, révisé en janvier 2019, DOI : 10.3386/w22392.

16. *Ibid.*

17. Matti Sarvimäki, Roope Uusitalo et Markus Jäntti, « Habit Formation and the Misallocation of Labor : Evidence from Forced Migrations », 2019,

accessible sur le site du SSRN : https://ssrn.com/abstract=3361356 ou http://dx.doi.org/10.2139/ssrn.3361356.

18. Gharad Bryan, Shyamal Chowdhury et Ahmed Mushfiq Mobarak, « Underinvestment in a Profitable Technology : The Case of Seasonal Migration in Bangladesh », *Econometrica*, vol. 82, n° 5, 2014, p. 1671-1748.

19. David Card, « The Impact of the Mariel Boatlift on the Miami Labor Market », *Industrial and Labor Relations Review*, vol. 43, n° 2, 1990, p. 245-257.

20. George J. Borjas, « The Wage Impact of the *Marielitos* : A Reappraisal », *Industrial and Labor Relations Review*, vol. 70, n° 5, 2017, p. 1077-1110.

21. Giovanni Peri et Vasil Yasenov, « The Labor Market Effects of a Refugee Wave : Synthetic Control Method Meets the Mariel Boatlift », *Journal of Human Resources*, vol. 54, n° 2, 2018, p. 267-309.

22. *Ibid.*

23. George J. Borjas, « Still More on Mariel : The Role of Race », NBER Working Paper n° 23504, 2017.

24. Jennifer Hunt, « The Impact of the 1962 Repatriates from Algeria on the French Labor Market », *Industrial and Labor Relations Review*, vol. 45, n° 3, 1992, p. 556-572.

25. Rachel M. Friedberg, « The Impact of Mass Migration on the Israeli Labor Market », *Quarterly Journal of Economics*, vol. 116, n° 4, 2001, p. 1373-1408.

26. Marco Tabellini, « Gifts of the Immigrants, Woes of the Natives : Lessons from the Age of Mass Migration », HBS Working Paper 19-005, 2018.

27. Mette Foged et Giovanni Peri, « Immigrants' Effect on Native Workers : New Analysis on Longitudinal Data », *American Economic Journal : Applied Economics*, vol. 8, n° 2, 2016, p. 1-34.

28. *The Economic and Fiscal Consequences of Immigration,* National Academies of Sciences, Engineering, and Medicine, Washington, DC, National Academies Press, 2017, https://doi.org/10.17226/23550.

29. Christian Dustmann, Uta Schönberg et Jan Stuhler, « Labor Supply Shocks, Native Wages, and the Adjustment of Local Employment », *Quarterly Journal of Economics*, vol. 132, n° 1, 2017, p. 435-483.

30. Michael A. Clemens, Ethan G. Lewis et Hannah M. Postel, « Immigration Restrictions as Active Labor Market Policy : Evidence from the Mexican Bracero Exclusion », *American Economic Review*, vol. 108, n° 6, 2018, p. 1468-1487.

31. Mette Foged et Giovanni Peri, « Immigrants' Effect on Native Workers », *op. cit.*

32. Patricia Cortés, « The Effect of Low-Skilled Immigration on US Prices : Evidence from CPI Data », *Journal of Political Economy*, vol. 116, n° 3, 2008, p. 381-422.

33. Patricia Cortés et José Tessada, « Low-Skilled Immigration and the Labor Supply of Highly Skilled Women », *American Economic Journal : Applied Economics*, vol. 3, n° 3, 2011, p. 88-123.

34. Emma Lazarus, « The New Colossus », in John Hollander (dir.), *Emma Lazarus : Selected Poems*, New York, Library of America, 2005, p. 58.

35. Ran Abramitzky, Leah Platt Boustan et Katherine Eriksson, « Europe's Tired, Poor, Huddled Masses : Self-Selection and Economic Outcomes in the Age of Mass Migration », *American Economic Review*, vol. 102, n° 5, 2012, p. 1832-1856.

36. « Immigrant Founders of the 2017 Fortune 500 », Center for American Entrepreneurship, 2017, http://startupsusa.org/fortune500/.

37. Emi Nakamura, Jósef Sigurdsson et Jón Steinsson, « The Gift of Moving », *op. cit.*

38. Jie Bai, « Melons as Lemons : Asymmetric Information, Consumer Learning, and Quality Provision », Working Paper, 2018, dernier accès le 19 juin 2019, https://drive.google.com/file/d/0B52sohAPtnAWYVhBYm11cDBrSmM/view.

39. « La transformation de l'argent en capital exige donc que le possesseur d'argent trouve sur le marché le *travailleur libre*, et *libre* à un double point de vue. Premièrement, le travailleur doit être une personne libre, disposant à son gré de sa force de travail comme de sa marchandise à lui ; secondement, il doit n'avoir pas d'autre marchandise à vendre, être, pour ainsi dire, libre de tout, complètement dépourvu des choses nécessaires à la réalisation de sa puissance travailleuse. » Karl Marx, *Le Capital*, in *Œuvres I, Économie I*, traduction de l'allemand par Joseph Roy, revue par Maximilien Rubel, Paris, Gallimard, 1963, Livre premier, chapitre VI, p. 717 [éd. originale 1867].

40. Girum Abebe, Stefano Caria et Esteban Ortiz-Ospina, « The Selection of Talent : Experimental and Structural Evidence from Ethiopia », Working Paper, 2017.

41. Christopher Blattman et Stefan Dercon, « The Impacts of Industrial and Entrepreneurial Work on Income and Health : Experimental Evidence from Ethiopia », *American Economic Journal : Applied Economics*, vol. 10, n° 3, 2018, p. 1-38.

42. Girum Abebe, Stefano Caria, Marcel Fafchamps, Paolo Falco, Simon Franklin et Simon Quinn, « Anonymity or Distance ? Job Search and Labour

Market Exclusion in a Growing African City », CSAE Working Paper WPS 2016-10-2, 2018.

43. Stefano Caria, « Choosing Connections. Experimental Evidence from a Link-Formation Experiment in Urban Ethiopia », Working Paper, 2015 ; Pieter Serneels, « The Nature of Unemployment Among Young Men in Urban Ethiopia », *Review of Development Economics*, vol. 11, n° 1, 2007, p. 170-186.

44. Carl Shapiro et Joseph E. Stiglitz, « Equilibrium Unemployment as a Worker Discipline Device », *American Economic Review*, vol. 74, n° 3, 1984, p. 433-444.

45. Emily Breza, Supreet Kaur et Yogita Shamdasani, « The Morale Effects of Pay Inequality », *Quarterly Journal of Economics*, vol. 133, n° 2, 2018, p. 611-663.

46. Christian Dustmann, Uta Schönberg et Jan Stuhler, « Labor Supply Shocks, Native Wages, and the Adjustment of Local Employment », *op. cit.*

47. Patricia Cortés et Jessica Pan, « Foreign Nurse Importation and Native Nurse Displacement », *Journal of Health Economics*, vol. 37, 2014, p. 164-180.

48. Kaivan Munshi, « Networks in the Modern Economy : Mexican Migrants in the US Labor Market », *Quarterly Journal of Economics*, vol. 118, n° 2, 2003, p. 549-599.

49. Lori Beaman, « Social Networks and the Dynamics of Labor Market Outcomes : Evidence from Refugees Resettled in the US », *Review of Economic Studies*, vol. 79, n° 1, 2012, p. 128-161.

50. George Akerlof, « The Market for "Lemons" : Quality Uncertainty and the Market Mechanism », *Quarterly Journal of Economics*, vol. 84, n° 3, 1970, p. 488-500.

51. Le comité de lecture et les rédacteurs en chef de la revue ont apparemment trouvé l'article d'Akerlof difficile à comprendre. Pour être inattaquable, le raisonnement circulaire expliquant la disparition du marché nécessite une présentation mathématique, et en 1970 l'argumentation mathématique n'était pas familière à la plupart des économistes. Il a donc fallu un peu de temps avant qu'une revue se risque à publier l'article. Une fois publié, cependant, il devint aussitôt un classique et est resté un des articles d'économie les plus influents de l'histoire de la discipline. Les mathématiques utilisées sont une application de la branche de mathématique appliquée « théorie des jeux », et sont désormais enseignées aux étudiants en économie.

52. Abhijit V. Banerjee, Nils Enevoldsen, Rohini Pande et Michael Walton, « Information as an Incentive », *op. cit.*

53. *World Air Quality Report*, AirVisual, 2018, dernier accès le 21 avril 2019, https://www.airvisual.com/world-most-polluted-cities.

54. Abhijit V. Banerjee et Esther Duflo, « The Economic Lives of the Poor », *Journal of Economic Perspectives*, vol. 21, n° 1, 2007, p. 141-168.

55. Global Infrastructure Hub, *Global Infrastructure Outlook*, Oxford Economics, 2017.

56. Edward Glaeser, *Des villes et des hommes. Enquête sur un mode de vie planétaire*, traduit de l'anglais par Christophe Magny, Paris, Flammarion, 2011 [éd. originale 2011].

57. Jan K. Brueckner, Shihe Fu Yizhen Gu et Junfu Zhang, « Measuring the Stringency of Land Use Regulation : The Case of China's Building Height Limits, » *Review of Economics and Statistics*, vol. 99, n° 4, 2017, p. 663-677.

58. Abhijit V. Banerjee et Esther Duflo, *Repenser la pauvreté*, traduit de l'anglais par Julie Maistre, Paris, Le Seuil, 2012 [éd. originale 2011].

59. W. Arthur Lewis, « Economic Development with Unlimited Supplies of Labour », *Manchester School*, vol. 22, n° 2, 1954, p. 139-191.

60. Robert Jensen et Nolan H. Miller, « Keepin' 'Em Down on the Farm : Migration and Strategic Investment in Children's Schooling », NBER Working Paper n° 23122, 2017.

61. Robert Jensen, « Do Labor Market Opportunities Affect Young Women's Work and Family Decisions ? Experimental Evidence from India », *Quarterly Journal of Economics*, vol. 127, no° 2, 2012, p. 753-792.

62. Gharad Bryan, Shyamal Chowdhury et Ahmed Mushfiq Mobarak, « Underinvestment in a Profitable Technology », *op. cit.*

63. Maheshwor Shrestha, « "Get Rich or Die Tryin" : Perceived Earnings, Perceived Mortality Rate, and the Value of a Statistical Life of Potential Work-Migrants from Nepal », World Bank Policy Research Working Paper n° WPS 7945, 2017.

64. Maheshwor Shrestha, « Death Scares : How Potential Work-Migrants Infer Mortality Rates from Migrant Deaths », World Bank Policy Research Working Paper n° 7946, 2017.

65. Donald Rumsfeld, *Known and Unknown : A Memoir*, New York, Sentinel, 2012.

66. Frank H. Knight, *Risk, Uncertainty, and Profit*, Boston, Hart, Schaffner et Marx, 1921.

67. Justin Sydnor, « (Over)insuring Modest Risks », *American Economic Journal : Applied Economics*, vol. 2, n° 4, 2010, p. 177-199.

68. Nous reviendrons sur l'idée de ces « croyances motivées » dans le chapitre 4. Pour une référence, voir Roland Bénabou et Jean Tirole, « Mindful Economics : The Production, Consumption, and Value of Beliefs », *Journal of Economic Perspectives*, vol. 30, n° 3, 2016, p. 141-164.

69. Alexis de Tocqueville, *De la démocratie en Amérique*, Paris, Gosselin, 1835.

70. Alberto Alesina, Stefanie Stantcheva et Edoardo Teso, « Intergenerational Mobility and Preferences for Redistribution », *American Economic Review*, vol. 108, n° 2, 2018, p. 521-554, DOI : 10.1257/aer.20162015.

71. Benjamin Austin, Edward Glaeser et Lawrence H. Summers, « Saving the Heartland : Place-Based Policies in 21st Century America », Brookings Papers on Economic Activity Conference Drafts, 2018.

72. Peter Ganong et Daniel Shoag, « Why Has Regional Income Convergence in the US Declined ? », *Journal of Urban Economics*, vol. 102, 2017, p. 76-90.

73. Enrico Moretti, *The New Geography of Jobs*, Boston, Houghton Mifflin Harcourt, 2012.

74. Peter Ganong et Daniel Shoag, « Why Has Regional Income Convergence in the US Declined ? », *op. cit.*

75. « Starbucks », Indeed.com, dernier accès le 21 avril 2019, https://www.indeed.com/q-Starbucks-l-Boston,-MA-jobs.html ; « Starbucks », Indeed.com, dernier accès le 21 avril 2019, https://www.indeed.com/jobs?q=Starbucks&l=Boisepercent2C+ID.

76. Cet exemple est étudié par Peter Ganong et Daniel Shoag, « Why Has Regional Income Convergence in the US Declined ? », *op. cit.*

77. « The San Francisco Rent Explosion : Part II », Priceonomics, dernier accès le 4 juin 2019, https://priceonomics.com/the-san-francisco-rent-explosion-part-ii/.

78. Selon RentCafé, le loyer moyen à Mission Dolores est de 3 728 dollars pour 73 m^2. « San Francisco, CA Rental Market Trends », dernier accès le 4 juin 2019, https://www.rentcafe.com/average-rent-market-trends/us/ca/san-francisco/.

79. « New Money Driving Out Working-Class San Franciscans », *Los Angeles Times*, 21 juin 1999, dernier accès le 4 juin 2019, https://www.latimes.com/archives/la-xpm-1999-jun-21-mn-48707-story.html.

80. Edward Glaeser, *Des villes et des hommes, op. cit.*

81. Atif Mian et Amir Sufi ont développé ces arguments dans leur livre *House of Debt : How They (and You) Caused the Great Recession, and How We Can Prevent It from Happening Again*, Chicago, University of Chicago Press, 2014, et de nombreux articles, parmi lesquels Atif Mian, Kamalesh Rao et Amir Sufi, « Household Balance Sheets, Consumption, and the Economic Slump », *Quarterly Journal of Economics*, vol. 128, n° 4, 2013, p. 1687-1726.

82. Matthew Desmond, *Evicted : Poverty and Profit in the American City*, New York, Crown, 2016.

83. Mark Aguiar, Mark Bils, Kerwin Kofi Charles et Erik Hurst, « Leisure Luxuries and the Labor Supply of Young Men », NBER Working Paper n° 23552, 2017.

84. Kevin Roose, « Silicon Valley Is Over, Says Silicon Valley », *The New York Times,* 4 mars 2018.

85. Andrew Ross Sorkin, « From Bezos to Walton, Big Investors Back Fund for "Flyover" Start-Ups », *The New York Times,* 4 décembre 2017.

86. Glenn Ellison et Edward Glaeser, « Geographic Concentration in US Manufacturing Industries : A Dartboard Approach », *Journal of Political Economy*, vol. 105, n° 5, 1997, p. 889-927.

87. Gharad Bryan, Shyamal Chowdhury et Ahmed Mushfiq Mobarak, « Underinvestment in a Profitable Technology », *op. cit.*

88. Marco Tabellini, « Gifts of the Immigrants, Woes of the Natives », *op. cit.*

Chapitre 3. Les troubles du commerce

1. « Steel and Aluminum Tariffs », Chicago Booth, IGM Forum, 2018, http://www.igmchicago.org/surveys/steel-and-aluminum-tariffs.

2. « Import Duties », Chicago Booth, IGM Forum, 2016, http://www.igmchicago.org/surveys/import-duties.

3. Abhijit V. Banerjee, Esther Duflo et Stefanie Stantcheva, « Me and Everyone Else : Do People Think Like Economists ? », *op. cit.*

4. *Ibid.*

5. *The Collected Scientific Papers of Paul A. Samuelson*, vol. 3, Cambridge, MA, MIT Press, 1972, p. 683.

6. *Ibid.*

7. David Ricardo, *On the Principles of Political Economy and Taxation*, Londres, John Murray, 1817.

8. Paul A. Samuelson et William F. Stolper, « Protection and Real Wages », *Review of Economic Studies*, vol. 9, n° 1, 1941, p. 58-73.

9. Paul A. Samuelson, « The Gains from International Trade Once Again », *Economic Journal*, vol. 72, n° 288, 1962, p. 820-829, DOI : 10.2307/2228353.

10. John Keats, « Ode sur une urne grecque », in *Keats. Poèmes choisis*, traduits de l'anglais par Albert Laffay, Paris, Aubier-Flammarion, 1968 [éd. originale en 1820].

11. Petia Topalova, « Factor Immobility and Regional Impacts of Trade Liberalization : Evidence on Poverty from India », *American Economic Journal : Applied Economics*, vol. 2, n° 4, 2010, p. 1-41, DOI : 10.1257/app.2.4.1.

12. « GDP Growth (annual %) », World Bank, dernier accès le 29 mars 2019, https://data. worldbank.org/indicator/ny.gdp.mktp.kd.zg?end =2017 &start=1988.

13. Bien sûr, les optimistes du libre-échange, et parmi eux Jagdish Bhagwati, T. N. Srinivasan et leurs disciples, affirment que la croissance d'avant 1991 était sur le point de s'arrêter et que le sauvetage financier et la libéralisation du commerce permirent de l'éviter.

14. Ludwig von Wittgenstein, *Tractatus logico-philosophicus*, traduit de l'allemand par Gilles-Gaston Granger, Paris, Gallimard, 1963 [éd. originale 1921].

15. « GDP Growth (annual %) », World Bank, *op. cit.*

16. La part du 1 % des revenus des plus riches dans le PIB est passée de 6,1 % en 1982 à 21,3 % en 2015. World Inequality Database, dernier accès le 15 mars 2019, https://wid.world/country/india.

17. Diego Cerdeiro et Andras Komaromi, approuvé par Valerie Cerra, « The Effect of Trade on Income and Inequality : A Cross-Sectional Approach », International Monetary Fund Background Papers, 2017.

18. Pinelopi Koujianou Goldberg et Nina Pavcnik, « Distributional Effects of Globalization in Developing Countries », *Journal of Economic Literature*, vol. 45, n° 1, 2007, p. 39-82.

19. Thomas Piketty, Li Yang et Gabriel Zucman, « Capital Accumulation, Private Property and Rising Inequality in China, 1978-2015 », *American Economic Review*, vol. 109, n° 7, 2019, p. 2469-2496, dernier accès à la version « working paper » le 19 juin, 2019 sur http://gabriel-zucman.eu/files/PYZ2017.pdf.

20. Petia Topalova, « Factor Immobility and Regional Impacts of Trade Liberalization », *op. cit.*

21. Gaurav Datt, Martin Ravallion et Rinku Murgai, « Poverty Reduction in India : Revisiting Past Debates with 60 Years of Data », VOX CEPR Policy Portal, dernier accès le 15 mars 2019, voxeu.org.

22. Eric V. Edmonds, Nina Pavcnik et Petia Topalova, « Trade Adjustment and Human Capital Investments : Evidence from Indian Tariff Reform », *American Economic Journal : Applied Economics*, vol. 2, n° 4, 2010, p. 42-75, DOI : 10.1257/app.2.4.42.

23. Orazio Attanasio, Pinelopi K. Goldberg et Nina Pavcnik, « Trade Reforms and Trade Inequality in Colombia », *Journal of Development*

Economics, vol. 74, n° 2, 2004, p. 331-366 ; Brian K. Kovak, « Regional Effects of Trade Reform : What Is the Correct Level of Liberalization ? », *American Economic Review*, vol. 103, n° 5, 2013, p. 1960-1976.

24. Pinelopi K. Goldberg, Amit Khandelwal, Nina Pavcnik et Petia Topalova, « Trade Liberalization and New Imported Inputs », *American Economic Review*, vol. 99, n° 2, 2009, p. 494-500.

25. Abhijit V. Banerjee, « Globalization and All That », in Abhijit V. Banerjee, Roland Bénabou et Dilip Mookherjee (dir.), *Understanding Poverty*, New York, Oxford University Press, 2006.

26. Petia Topalova, « Factor Immobility and Regional Impacts of Trade Liberalization », *op. cit.*

27. Abhijit V. Banerjee et Esther Duflo, « Growth Theory Through the Lens of Development Economics », in Philippe Aghion et Stephen Durlauf (dir.), *Handbook of Economic Growth,* Amsterdam, North Holland, 2005, vol. 1, part. A, ch. 7, p. 473-552.

28. Petia Topalova, « Factor Immobility and Regional Impacts of Trade Liberalization », *op. cit.*

29. Pinelopi K. Goldberg, Amit K. Khandelwal, Nina Pavcnik et Petia Topalova, « Multiproduct Firms and Product Turnover in the Developing World : Evidence from India », *Review of Economics and Statistics*, vol. 92, n° 4, 2010, p. 1042-1049.

30. Robert Grundke et Cristoph Moser, « Hidden Protectionism ? Evidence from Non-Tariff Barriers to Trade in the United States », *Journal of International Economics*, vol. 117, 2019, p. 143-157.

31. Organisation mondiale du commerce, « Members Reaffirm Commitment to Aid for Trade and to Development Support », 2017, dernier accès le 18 mars 2019, https://www.wto.org/english/news_e/news17_e/gr17_13jul17_e.htm.

32. David Atkin, Amit K. Khandelwal et Adam Osman, « Exporting and Firm Performance : Evidence from a Randomized Experiment », *Quarterly Journal of Economics*, vol. 132, n° 2, 2017, p. 551-615.

33. « Rankings by Country of Average Monthly Net Salary (After Tax) (Salaries and Financing) », Numbeo, dernier accès le 18 mars 2019, https://www.numbeo.com/cost-of-living/country_price_rankings?itemId=105.

34. Abhijit V. Banerjee et Esther Duflo, « Reputation Effects and the Limits of Contracting : A Study of the Indian Software Industry », *Quarterly Journal of Economics*, vol. 115, n° 3, 2000, p. 989-1017.

35. Amos Tversky et Daniel Kahneman, « The Framing of Decisions and Psychology of Choice », *Science*, vol. 211, n° 4481, 1981, p. 453-458.

36. Jean Tirole, « A Theory of Collective Reputations (with Applications to the Persistence of Corruption and to Firm Quality) », *Review of Economic Studies*, vol. 63, n° 1, 1996, p. 1-22.

37. Rocco Macchiavello et Ameet Morjaria, « The Value of Relationships : Evidence from Supply Shock to Kenyan Rose Exports », *American Economic Review*, vol. 105, n° 9, 2015, p. 2911-2945.

38. Wang Xiaodong, « Govt Issues Guidance for Quality of Products », *China Daily*, révisé le 14 septembre 2017, dernier accès le 29 mars 2019, http://www.chinadaily.com.cn/china/2017-09/14/content_31975019.htm.

39. Gujanita Kalita, « The Emergence of Tirupur as the Export Hub of Knitted Garments in India : A Case Study », ICRIER, dernier accès le 21 avril 2019, https://www.econ-jobs.com/research/52329-The-Emergence-of-Tirupur-as-the-Export-Hub-of-Knitted-Garments-in-India-A-Case-Study.pdf.

40. L. N. Revathy, « GST, Export Slump Have Tirupur's Garment Units Hanging by a Thread », dernier accès le 21 avril 2019, https://www.thehindubusinessline.com/economy/gst-export-slump-have-tirupurs-garment-units-hanging-by-a-thread/article9968689.ece.

41. « Clusters 101 », Cluster Mapping, dernier accès le 18 mars 2019, http://www.clustermapping.us/content/clusters-101.

42. Antonio Gramsci, *Cahiers de prison*, vol. 1, traduits de l'italien par Monique Aymard et Françoise Bouillot, Paris, Gallimard, 1996, Cahier 3, § 34, « Passé et présent », p. 283 [éd. originale 1948-1951].

43. D'après la Banque mondiale, le taux d'ouverture de l'Inde était de 42 % en 2015, à comparer aux 28 % aux États-Unis et aux 39 % en Chine. « Trade Openness – Country Rankings », TheGlobalEconomy.com, dernier accès le 8 mars 2019, https://www.theglobaleconomy.com/rankings/trade_openness/.

44. Pinelopi K. Goldberg, Amit K. Khandelwal, Nina Pavcnik et Petia Topalova, « Imported Intermediate Inputs and Domestic Product Growth : Evidence from India », *Quarterly Journal of Economics*, vol. 125, n° 4, 2010, p. 1727-1767.

45. Paul Krugman, « Taking on China », *The New York Times*, 30 septembre 2010.

46. J. D. Vance, *Hillbilly Élégie*, traduit de l'anglais par Vincent Raynaud, Paris, Globe, 2017 [éd. originale 2016].

47. David H. Autor, David Dorn et Gordon H. Hanson, « The China Syndrome : Local Labor Market Effects of Import Competition in the United States », *American Economic Review*, vol. 103, n° 6, 2013, p. 2121-2168 ; David H. Autor, David Dorn et Gordon H. Hanson, « The China Shock :

Learning from Labor-Market Adjustment to Large Changes in Trade », *Annual Review of Economics*, vol. 8, 2016, p. 205-240.

48. Ragnhild Balsvik, Sissel Jensen et Kjell G. Salvanes, « Made in China, Sold in Norway : Local Labor Market Effects of an Import Shock », *Journal of Public Economics*, vol. 127, 2015, p. 137-144 ; Wolfgang Dauth, Sebastian Findeisen et Jens Suedekum, « The Rise of the East and the Far East : German Labor Markets and Trade Integration », *Journal of the European Economic Association*, vol. 12, n° 6, 2014, p. 1643-1675 ; Vicente Donoso, Víctor Martín et Asier Minondo, « Do Differences in the Exposure to Chinese Imports Lead to Differences in Local Labour Market Outcomes ? An Analysis for Spanish Provinces », *Regional Studies*, vol. 49, n° 10, 2015, p. 1746-1764.

49. M. Allirajan, « Garment Exports Dive 41 percent in October on GST Woes », https://timesofindia.indiatimes.com/business/india-business/garment-exports-dive-41-in-october-on-gst-woes/articleshow/61666363.cms.

50. Atif Mian, Kamalesh Rao et Amir Sufi, « Housing Balance Sheets, Consumption, and the Economic Slump », *op. cit.*

51. L'histoire est racontée dans un article du magazine *The Atlantic*, Alana Semuels, « Ghost Towns of the 21st Century », 20 octobre 2015.

52. David H. Autor, David Dorn et Gordon H. Hanson, « The China Syndrome », *op. cit.*

53. David H. Autor, Mark Duggan, Kyle Greenberg et David S. Lyle, « The Impact of Disability Benefits on Labor Supply : Evidence from the VA's Disability Compensation Program », *American Economic Journal : Applied Economics*, vol. 8, n° 3, 2016, p. 31-68.

54. David H. Autor, « The Unsustainable Rise of the Disability Rolls in the United States : Causes, Consequences, and Policy Options », in John Karl Scholz, Hyungpyo Moon et Sang-Hyop Lee (dir.), *Social Policies in an Age of Austerity*, Northampton, MA, Edward Elgar, 2015, p. 107-136.

55. Aparna Soni, Marguerite E. Burns, Laura Dague et Kosali I. Simon, « Medicaid Expansion and State Trends In Supplemental Security Income Program Participation », *Health Affairs*, vol. 36, n° 8, 2017, p. 1485-1488.

56. Voir, par exemple, Enrico Moretti et Pat Kline, « People, Places and Public Policy : Some Simple Welfare Economics of Local Economic Development Programs », *Annual Review of Economics*, vol. 6, 2014, p. 629-662.

57. David H. Autor, David Dorn et Gordon H. Hanson, « When Work Disappears : Manufacturing Decline and the Fall of Marriage Market Value of Young Men », *American Economic Review*, vol. 1, n° 2, 2019, p. 161-178.

58. Anne Case et Angus Deaton, « Rising Morbidity and Mortality in Midlife among White Non-Hispanic Americans in the 21st Century », *PNAS*, vol. 112, n° 49, 2015, p. 15078-15083, https://doi.org/10.1073/pnas.1518393112.

59. Arnaud Costinot et Andrés Rodríguez-Clare, « The US Gains from Trade : Valuation Using the Demand for Foreign Factor Services », *Journal of Economic Perspectives*, vol. 32, n° 2, 2018, p. 3-24.

60. Rodrigo Adao, Arnaud Costinot et Dave Donaldson, « Nonparametric Counterfactual Predictions in Neoclassical Models of International Trade », *American Economic Review*, vol. 107, n° 3, 2017, p. 633-689 ; Arnaud Costinot et Andrés Rodríguez-Clare, « The US Gains from Trade : Valuation Using the Demand for Foreign Factor Services », *op cit.*

61. « GDP growth (annual %) », Banque mondiale, dernier accès le 29 mars 2019, https://data.worldbank.org/indicator/ny.gdp.mktp.kd.zg.

62. Arnaud Costinot et Andrés Rodríguez-Clare, « The US Gains from Trade », *op. cit.*

63. Sam Asher et Paul Novosad, « Rural Roads and Local Economic Development », Policy Research Working Paper n° 8466, Banque mondiale, Washington, DC, 2018.

64. Sandra Poncet, « The Fragmentation of the Chinese Domestic Market Peking Struggles to Put an End to Regional Protectionism », *China Perspectives*, dernier accès le 21 avril 2019, https://journals.openedition.org/chinaperspectives/410.

65. *Small Is Beautiful* est le titre d'un livre de l'économiste britannique d'origine allemande Ernst Friedrich Schumacher, publié en 1974 et qui défendait l'idée de Gandhi de petites exploitations agricoles de village. Voir *Small is beautiful. Une société à la mesure de l'homme*, Paris, Le Seuil, 1979.

66. Nirmala Banerjee, « Is Small Beautiful ? », in Amiya Kumar Bagchi et Nirmala Banerjee (dir.), *Change and Choice in Indian Industry,* Calcutta, K. P. Bagchi & Company, 1981.

67. Chang-Tai Hsieh et Benjamin A. Olken, « The Missing "Missing Middle" », *Journal of Economic Perspectives*, vol. 28, n° 3, 2014, p. 89-108.

68. Adam Smith, *Recherches sur la nature et les causes de la richesse des nations*, Paris, PUF, 1995, Livre premier, ch. 3 [éd. originale 1776].

69. Dave Donaldson, « Railroads of the Raj : Estimating the Impact of Transportation Infrastructure », *American Economic Review*, vol. 108, n° 4-5, 2018, p. 899-934.

70. Dave Donaldson et Richard Hornbeck, « Railroads and American Growth : A "Market Access" Approach », *Quarterly Journal of Economics*, vol. 131, n° 2, 2016, p. 799-858.

71. Arnaud Costinot et Dave Donaldson, « Ricardo's Theory of Comparative Advantage : Old Idea, New Evidence », *American Economic Review*, vol. 102, n° 3, 2012, p. 453-458.

72. Sam Asher et Paul Novosad, « Rural Roads and Local Economic Development », *op. cit.*

73. David Atkin et Dave Donaldson, « Who's Getting Globalized ? The Size and Implications of Intra-national Trade Costs », NBER Working Paper n° 21439, 2015.

74. « US Agriculture and Trade at a Glance », US Department of Agriculture Economic Research Service, dernier accès le 8 juin 2019, https://www.ers.usda.gov/topics/international-markets-us-trade/us-agricultural-trade/us-agricultural-trade-at-a-glance.

75. *Ibid.*

76. « Occupational Employment Statistics », Bureau of Labor Statistics, dernier accès le 29 mars 2019, https://www.bls.gov/oes/2017/may/oes452099.htm.

77. « Quick Facts : United States », US Census Bureau, dernier accès le 29 mars 2019, https://www.census.gov/quickfacts/fact/map/US/INC910217.

78. Benjamin Hyman, « Can Displaced Labor Be Retrained ? Evidence from Quasi-Random Assignment to Trade Adjustment Assistance », 10 janvier 2018, accessible sur SSRN : https://ssrn.com/abstract = 3155386 ou http://dx.doi.org/10.2139/ssrn.3155386.

79. « Education and Training », Veterans Administration, dernier accès le 21 juin 2019, https://benefits.va.gov/gibill/.

80. Sewin Chan et Ann Huff Stevens, « Job Loss and Employment Patterns of Older Workers », *Journal of Labor Economics*, vol. 19, n° 2, 2001, p. 484-521.

81. Henry S. Farber, Chris M. Herbst, Dan Silverman et Till von Wachter, « Whom Do Employers Want ? The Role of Recent Employment and Unemployment Status and Age », *Journal of Labor Economics*, vol. 37, n° 2, 2019, p. 323-349, https://doi.org/10.1086/700184.

82. Benjamin Austin, Edward Glaeser et Lawrence H. Summers, « Saving the Heartland : Place-Based policies in 21st Century America », Brookings Papers on Economic Activity, conference draft 2018, dernier accès le 19 juin 2019, https://www.brookings.edu/wp-content/uploads/2018/03/3_austinetal.pdf.

Chapitre 4. Préférences, désirs et besoin

1. John Sides, Michael Tesler et Lynn Vavreck, *Identity Crisis : The 2016 Presidential Campaign and the Battle for the Meaning of America*, Princeton, NJ, Princeton University Press, 2018.

2. George Stigler et Gary Becker, « De Gustibus Non Est Disputandum », *American Economic Review*, vol. 67, n° 2, 1977, p. 76-90.

3. Abhijit V. Banerjee et Esther Duflo, *Repenser la pauvreté, op. cit.*

4. Abhijit V. Banerjee, « Policies for a Better-Fed World », *Review of World Economics*, vol. 152, n° 1, 2016, p. 3-17.

5. Abhijit V. Banerjee, « A Simple Model of Herd Behavior », *Quarterly Journal of Economics*, vol. 107, n° 3, 1992, p. 797-817.

6. Lev Muchnik, Sinan Aral et Sean J. Taylor, « Social Influence Bias : A Randomized Experiment », *Science*, vol. 341, n° 6146, 2013, p. 647-651.

7. Drew Fudenberg et Eric S. Maskin, « The Folk Theorem in Repeated Games with Discounting or with Incomplete Information », *Econometrica*, vol. 54, n° 3, 1986, p. 533-554 ; Dilip Abreu, « On the Theory of Infinitely Repeated Games with Discounting », *Econometrica*, vol. 56, n° 2, 1988, p. 383-396.

8. Elinor Ostrom, *Governing the Commons : The Evolution of Institutions for Collective Action*, Cambridge, RU, Cambridge University Press, 1990.

9. Voir, par exemple, E. Somanathan, R. Prabhakar et Bhupendra Singh Mehta, « Decentralization for Cost-Effective Conservation », *Proceedings of the National Academy of Sciences*, vol. 106, n° 11, 2009, p. 4143-4147 ; Jean-Marie Baland, Pranab Bardhan, Sanghamitra Das et Dilip Mookherjee, « Forests to the People : Decentralization and Forest Degradation in the Indian Himalayas », *World Development*, vol. 38, n° 11, 2010, p. 1642-1656. Cela ne signifie pas que la propriété collective marche à tous les coups. Même la théorie explique d'ailleurs que ce peut ne pas être le cas. Imaginons, par exemple, que vous vous attendiez à ce que d'autres membres de la collectivité ne respectent pas toujours les règles. La tentation pour vous de tricher sera alors plus forte, car si d'autres personnes abusent du pâturage, le pâturage commun ne sera pas aussi intéressant. Et la menace d'en être exclu sera perçue comme moins risquée. En réalité, les études et les données qui montrent que les forêts dont la propriété est collective sont moins déforestées que les autres ne sont pas si probantes que cela.

10. Robert M. Townsend, « Risk and Insurance in Village India », *Econometrica*, vol. 62, n° 3, 1994, p. 539-591 ; Christopher Udry, « Risk and Insurance in a Rural Credit Market : An Empirical Investigation in Northern Nigeria », *Review of Economic Studies*, vol. 61, n° 3, 1994, p. 495-526.

11. Un livre récent et très bien argumenté défend cette thèse : Raghuram Rajan, *The Third Pillar : How Markets and the State Leave Community Behind*, New York, HarperCollins, 2019.

12. Harold L. Cole, George J. Mailath et Andrew Postlewaite, « Social Norms, Savings Behavior, and Growth », *Journal of Political Economy*, vol. 100, n° 6, 1992, p. 1092-1125.

13. Constituent Assembly of India Debates (procès-verbal), vol. 7, 4 novembre 1948, https://cadindia.clpr.org.in/constitution_assembly_debates/volume/7/1948-11-04. Beaucoup a été écrit sur la relation entre les deux hommes, en particulier sous la plume de la romancière Arundhati Roy, dans *The Doctor and the Saint* (2017, qui s'intéresse davantage à Ambedkar), et dans le récent livre de Ramachandra Guha, *Gandhi* (raconté davantage du point de vue de Gandhi). Les deux hommes ne s'entendaient pas. Gandhi pensait qu'Ambedkar était une tête brûlée ; Ambedkar sous-entendait que le vieillard était un imposteur. Malgré leur opposition, c'est avec la bénédiction de Gandhi qu'Ambedkar a été chargé de rédiger la constitution de l'Inde. Arundhati Roy, *The Doctor and the Saint : Caste, Race, and the Annihilation of Caste*, Chicago, Haymarket Books, 2017 ; Ramachandra Guha, *Gandhi : The Years That Changed the World, 1914-1948*, New York, Knopf, 2018.

14. Viktoria Hnatkovska, Amartya Lahiri et Sourabh Paul, « Castes and Labor Mobility », *American Economic Journal : Applied Economics*, vol. 4, n° 2, 2012, p. 274-307.

15. Karla Hoff, « Caste System », World Bank Policy Research Working Paper n° 7929, 2016.

16. Kanchan Chandra, *Why Ethnic Parties Succeed : Patronage and Ethnic Headcounts in India*, Cambridge, RU, Cambridge University Press, 2004 ; Christophe Jaffrelot, *India's Silent Revolution : The Rise of the Lower Castes in North India*, Londres, Hurst and Company, 2003 ; Yogendra Yadav, *Understanding the Second Democratic Upsurge : Trends of Bahujan Participation in Electoral Politics in the 1990s*, Delhi, Oxford University Press, 2002.

17. Abhijit V. Banerjee, Amory Gethin et Thomas Piketty, « Growing Cleavages in India ? Evidence from the Changing Structure of Electorates, 1962-2014 », *Economic & Political Weekly*, vol. 54, n° 11, 2019.

18. Abhijit V. Banerjee et Rohini Pande, « Parochial Politics : Ethnic Preferences and Politician Corruption », CEPR Discussion Paper n° DP6381, 2007.

19. « Black Guy Asks Nation for Change », *Onion,* 19 mars 2008, dernier accès le 19 juin 2019, https://politics.theonion.com/black-guy-asks-nationfor-change-1819569703.

20. On pourrait traduire ce titre par : « Un Noir demande au pays que ça change. »

21. Eileen Patten, « Racial, Gender Wage Gaps Persist in US Despite Some Progress », Pew Research Center, 1er juillet 2016.

22. Raj Chetty, Nathaniel Hendren, Maggie R. Jones et Sonya R. Porter, « Race and Economic Opportunity in the United States : An Intergenerational Perspective », NBER Working Paper n° 24441, 2018.

23. D'après une étude du Stanford Center on Poverty and Inequality : « Fin 2015, 9,1 % des jeunes hommes noirs (âgés de vingt à trente-quatre ans) étaient incarcérés, soit un taux 5,7 fois plus élevé que celui des jeunes hommes blancs (1,6 %). En 2015, 10 % des enfants noirs avaient un parent incarcéré, à comparer avec 3,6 % des enfants hispaniques et 1,7 % des enfants blancs. » Becky Pettit et Bryan Sykes, « State of the Union 2017 : Incarceration », Stanford Center on Poverty and Inequality.

24. En ce sens, les Afro-Américains sont plus comparables aux musulmans en Inde qu'aux castes. Les musulmans restent très à la traîne économiquement par rapport à la population hindoue, et ils sont la cible de violences croissantes de la part de la majorité hindoue.

25. Jane Coaston, « How White Supremacist Candidates Fared in 2018 », *Vox*, 7 novembre 2018, https://www.vox.com/policy-and-politics/2018/11/7/18064670/white-supremacist-candidates-2018-midterm-elections, dernier accès le 22 avril 2019.

26. Robert P. Jones, Daniel Cox, Betsy Cooper et Rachel Lienesch, « How Americans View Immigrants and What They Want from Immigration Reform : Findings from the 2015 American Values Atlas », Public Religion Research Institute, 29 mars 2016.

27. Leonardo Bursztyn, Georgy Egorov et Stefano Fiorin, « From Extreme to Mainstream : How Social Norms Unravel », NBER Working Paper n° 23415, 2017.

28. Cited in Chris Haynes, Jennifer L. Merolla et S. Karthik Ramakrishnan, *Framing Immigrants : News Coverage, Public Opinion, and Policy*, New York, Russell Sage Foundation, 2016.

29. *Ibid.*

30. Anirban Mitra et Debraj Ray, « Implications of an Economic Theory of Conflict : Hindu-Muslim Violence in India », *Journal of Political Economy*, vol. 122, n° 4, 2014, p. 719-765.

31. Daniel L. Chen, « Club Goods and Group Identity : Evidence from Islamic Resurgence During the Indonesian Financial Crisis », *Journal of Political Economy*, vol. 118, n° 2, 2010, p. 300-354.

32. Amanda Agan et Sonja Starr, « Ban the Box, Criminal Records, and Statistical Discrimination : A Field Experiment », *Quarterly Journal of Economics*, vol. 133, n° 1, 2018, p. 191-235.

33. *Ibid.*

34. Chaim Fershtman, Uri Gneezy, « Discrimination in a Segmented Society : An Experimental Approach », *The Quarterly Journal of Economics*, vol. 116, n° 1, 2001, p. 351-377, https://doi.org/10.1162/003355301556338.

35. Claude M. Steele et Joshua Aronson, « Stereotype Threat and the Intellectual Test Performance of African Americans », *Journal of Personality and Social Psychology*, vol. 69, n° 5, 1995, p. 797-811.

36. Steven J. Spencer, Claude M. Steele et Diane M. Quinn, « Stereotype Threat and Women's Math Performance », *Journal of Experimental Social Psychology*, vol. 35, n° 1, 1999, p. 4-28.

37. Joshua Aronson, Michael J. Lustina, Catherine Good, Kelli Keough, Claude M. Steele et Joseph Brown, « When White Men Can't Do Math : Necessary and Sufficient Factors in Stereotype Threat », *Journal of Experimental Social Psychology*, vol. 35, n° 1, 1999, p. 29-46.

38. Robert Rosenthal et Lenore Jacobson, « Pygmalion in the Classroom », *Urban Review*, vol. 3, n° 1, 1968, p. 16-20.

39. Dylan Glover, Amanda Pallais et William Parienté, « Discrimination as a Self-Fulfilling Prophecy : Evidence from French Grocery Stores », *Quarterly Journal of Economics*, vol. 132, n° 3, 2017, 1219–1260.

40. Ariel Ben Yishay, Maria Jones, Florence Kondylis et Ahmed Mushfiq Mobarak, « Are Gender Differences in Performance Innate or Socially Mediated ? », World Bank Policy Research Working Paper n° 7689, 2016.

41. Rocco Macchiavello, Andreas Menzel, Atonu Rabbani et Christopher Woodruff, « Challenges of Change : An Experiment Training Women to Manage in the Bangladeshi Garment Sector », University of Warwick Working Paper Series n° 256, 2015.

42. Jeff Stone, Christian I. Lynch, Mike Sjomeling et John M. Darley, « Stereotype Threat Effects on Black and White Athletic Performance », *Journal of Personality and Social Psychology*, vol. 77, n° 6, 1999, p. 1213-1227.

43. *Ibid.*

44. Marco Tabellini, « Racial Heterogeneity and Local Government Finances : Evidence from the Great Migration », Harvard Business School BGIE Unit Working Paper n° 19-006, 2018. Disponible sur le site web du SSRN, https://ssrn.com/abstract = 3220439 ou http://dx.doi.org/10.2139/ssrn.3220439 ; Conrad Miller, « When Work Moves : Job Suburbanization and Black Employment », NBER Working Paper n° 24728, 2018.

45. Ellora Derenoncourt, « Can You Move to Opportunity ? Evidence from the Great Migration », working paper, dernier accès le 22 avril 2019,

https://scholar.harvard.edu/files/elloraderenoncourt/files/derenoncourt_jmp_2018.pdf.

46. Leonardo Bursztyn et Robert Jensen, « How Does Peer Pressure Affect Educational Investments ? », *Quarterly Journal of Economics*, vol. 130, n° 3, 2015, p. 1329-1367.

47. Ernst Fehr, « Degustibus est disputandum. The Emerging Science of Preference Formation », conférence d'ouverture, Universitat Pompeu Fabra, Barcelone, Espagne, 7 octobre 2015.

48. Alain Cohn, Ernst Fehr et Michel André Marechal, « Business Culture and Dishonesty in the Banking Industry », *Nature*, n° 516, 2014, p. 86-89.

49. Pour une synthèse de leurs travaux, voir Roland Bénabou et Jean Tirole, « Mindful Economics », *op. cit.*

50. William Julius Wilson, *When Work Disappears : The World of the New Urban Poor*, New York, Knopf, 1996.

51. J. D. Vance, *Hillbilly Élégie*, *op. cit.*

52. Dan Ariely, George Loewenstein et Drazen Prelec, « "Coherent Arbitrariness" : Stable Demand Curves without Stable Preferences », *Quarterly Journal of Economics*, vol. 118, n° 1, 2003, p. 73-106.

53. Daniel Kahneman, Jack L. Knetsch et Richard H. Thaler, « Experimental Tests of the Endowment Effect and the Coase Theorem », *Journal of Political Economy*, vol. 98, n° 6, 1990, p. 1325-1348.

54. Dan Ariely, George Loewenstein et Drazen Prelec, « "Coherent Arbitrariness" », *op. cit.*

55. Muzafer Sherif, *The Robbers Cave Experiment : Intergroup Conflict and Cooperation*, Middletown, CT, Wesleyan University Press, 1988.

56. Gérard Prunier, *Rwanda, 1959-1996. Histoire d'un génocide,* traduit de l'anglais par Denise Luccioni, Paris, Dagorno, 1997 [éd. originale 1997].

57. Paul F. Lazarsfeld et Robert K. Merton, « Friendship as a Social Process : A Substantive and Methodological Analysis », in Morroe Berger, Theodore Abel et Charles H. Page (dir.), *Freedom and Control in Modern Society,* New York, Van Nostrand, 1954.

58. Matthew O. Jackson, « An Overview of Social Networks and Economic Applications », *Handbook of Social Economics,* 2010, dernier accès le 5 janvier 2019, https://web.stanford.edu/~jacksonm/socialnetecon-chapter.pdf.

59. Kristen Bialik, « Key Facts about Race and Marriage, 50 Years after Loving v. Virginia », Pew Research Center, 2017, http://www.pewresearch.org/fact-tank/2017/06/12/key-facts-about-race-and-marriage-50-years-after-loving-v-virginia/.

60. Abhijit V. Banerjee, Esther Duflo, Maitreesh Ghatak et Jeanne Lafortune, « Marry for What ? Caste and Mate Selection in Modern India », *American Economic Journal : Microeconomics*, vol. 5, n° 2, 2013, p. 33-72, https://doi.org/10.1257/mic.5.2.33.

61. Cass R. Sunstein, *Republic.com.*, Princeton, NJ, Princeton University Press, 2001 ; Cass R. Sunstein, *#Republic : Divided Democracy in the Age of Social Media*, Princeton, NJ, Princeton University Press, 2017.

62. « Little Consensus on Global Warming : Partisanship Drives Opinion », Pew Research Center, 2006, http://www.people-press.org/2006/07/12/little-consensus-on-global-warming/.

63. Cass R. Sunstein, « On Mandatory Labeling, with Special Reference to Genetically Modified Foods », *University of Pennsylvania Law Review*, vol. 165, n° 5, 2017, p. 1043-1095.

64. Matthew Gentzkow, Jesse M. Shapiro et Matt Taddy, « Measuring Polarization in High-Dimensional Data : Method and Application to Congressional Speech », working paper, 2016.

65. Yuriy Gorodnichenko, Tho Pham et Oleksandr Talavera, « Social Media, Sentiment and Public Opinions : Evidence from #Brexit and #US Election », National Bureau of Economics Research Working Paper n° 24631, 2018.

66. Shanto Iyengar, Gaurav Sood et Yphtach Lelkes, « Affect, Not Ideology : A Social Identity Perspective on Polarization », *Public Opinion Quarterly*, 2012, http://doi.org/10.1093/poq/nfs038.

67. « Most Popular Social Networks Worldwide as of January 2019, Ranked by Number of Active Users (in millions) », Statista.com, 2019, dernier accès le 21 avril 2019, https://www.statista.com/statistics/272014/global-social-networks-ranked-by-number-of-users/.

68. Maeve Duggan, Nicole B. Ellison, Cliff Lampe, Amanda Lenhart et Mary Madden, « Social Media Update 2014 », Pew Research Center, 2015, http://www.pewinternet.org/2015/01/09/social-media-update-2014/.

69. Johan Ugander, Brian Karrer, Lars Backstrom et Cameron Marlow, « The Anatomy of the Facebook Social Graph », Cornell University, 2011, https://arxiv.org/abs/1111.4503v1.

70. Yosh Halberstam et Brian Knight, « Homophily, Group Size, and the Diffusion of Political Information in Social Networks : Evidence from Twitter », *Journal of Public Economics*, n° 143, 2016, p. 73-88, https://doi.org/10.1016/j.jpubeco.2016.08.011.

71. David Brock, *The Republican Noise Machine*, New York, Crown, 2004.

72. David Yanagizawa-Drott, « Propaganda and Conflict : Evidence from the Rwandan Genocide », *Quarterly Journal of Economics*, vol. 129, n° 4, 2014, p. 1947-1994, https://doi.org/10.1093/qje/qju020.

73. Matthew Gentzkow et Jesse M. Shapiro, « Ideological Segregation Online and Offline », *Quarterly Journal of Economics*, vol. 126, n° 4, 2011, p. 1799-1839, https://doi.org/10.1093/qje/qjr044.

74. Levi Boxell, Matthew Gentzkow et Jesse M. Shapiro, « Greater Internet Use Is Not Associated with Faster Growth in Political Polarization among US Demographic Groups », Proceedings of the National Academy of Sciences of the United States of America, 2017, https://doi.org/10.1073/pnas.1706588114.

75. Gregory J. Martin et Ali Yurukoglu, « Bias in Cable News : Persuasion and Polarization », *American Economic Review*, vol. 107, n° 9, 2017, p. 2565-2599, http://doi.org/10.1257/aer.20160812.

76. *Ibid.*

77. Matthew Gentzkow, Jesse M. Shapiro et Matt Taddy, « Measuring Polarization in High-Dimensional Data : Method and Application to Congressional Speech », working paper, 2016.

78. Julia Cagé, Nicolas Hervé et Marie-Luce Viaud, « The Production of Information in an Online World : Is Copy Right ? », Net Institute working paper, 2017, http://dx.doi.org/10.2139/ssrn.2672050.

79. « 2015 Census », American Society of News Editors, https://www.asne.org/diversity-survey-2015.

80. « Sociocultural Dimensions of Immigrant Integration », in Mary C. Waters et Marisa Gerstein Pineau (dir.), *The Integration of Immigrants into American Society,* Washington, DC, National Academies of Sciences Engineering Medicine, 2015.

81. Hunt Allcott et Matthew Gentzkow, « Social Media and Fake News in the 2016 Election », *Journal of Economic Perspectives*, vol. 31, n° 2, 2017, p. 211-236, http://doi.org/10.1257/jep.31.2.211.

82. Donghee Jo, « Better the Devil You Know : An Online Field Experiment on News Consumption », Northeastern University working paper, dernier accès le 20 juin 2019, https://www.dongheejo.com/.

83. Gordon Allport, *The Nature of Prejudice,* Cambridge, MA, Addison-Wesley, 1954.

84. Elizabeth Levy Paluck, Seth A. Green, and Donald P. Green, « The Contact Hypothesis Re-evaluated », *Behavioral Public Policy*, 2017, p. 1-30.

85. Johanne Boisjoly, Greg J. Duncan, Michael Kremer, Dan M. Levy et Jacque Eccles, « Empathy or Antipathy ? The Impact of Diversity », *American Economic Review*, vol. 96, n° 5, 2006, p. 1890-1905.

86. Gautam Rao, « Familiarity Does Not Breed Contempt : Generosity, Discrimination, and Diversity in Delhi Schools », *American Economic Review*, vol. 109, n° 3, 2019, p. 774-809.

87. Matthew Lowe, « Types of Contact : A Field Experiment on Collaborative and Adversarial Caste Integration », OSF, dernière mise à jour le 29 mai 2019, osf.io/u2d9x.

88. Thomas C. Schelling, « Dynamic Models of Segregation », *Journal of Mathematical Sociology*, vol. 1, n° 2, 1971, p. 143-186.

89. David Card, Alexandre Mas et Jesse Rothstein, « Tipping and the Dynamics of Segregation », *Quarterly Journal of Economics*, vol. 123, n° 1, 2008, p. 177-218.

90. Le système français de logement social n'est pas une loterie ; mais, en théorie, il doit permettre de répartir géographiquement les gens. Une commission se réunit au niveau du département pour attribuer les logements vacants aux familles postulantes dans tout le département, à partir de la taille de la famille et de plusieurs autres critères de priorité, à l'exclusion de l'origine ou de l'appartenance ethnique. Mais le logement aidé dans les beaux quartiers est si lucratif que l'incitation à tricher est extrêmement forte. Au milieu des années 1990, l'attribution des logements à Paris était présentée comme un des principaux rouages du clientélisme ; il avait été mis en place et était maintenu par le maire de Paris de l'époque, feu Jacques Chirac. Yann Algan, Camille Hémet et David D. Laitin, « The Social Effects of Ethnic Diversity at the Local Level : A Natural Experiment with Exogenous Residential Allocation », *Journal of Political Economy*, vol. 124, n° 3, 2016, p. 696-733.

91. Joshua D. Angrist et Kevin Lang, « Does School Integration Generate Peer Effects ? Evidence from Boston's Metco Program », *American Economic Review*, vol. 94, n° 5, 2004, p. 1613-1634.

92. Abhijit V. Banerjee, Donald Green, Jennifer Green et Rohini Pande, « Can Voters be Primed to Choose Better Legislators ? Experimental Evidence from Rural India », Poverty Action Lab working paper, 2010, dernier accès le 19 juin 2019, https://www.povertyactionlab.org/sites/default/files/publications/105_419_Can%20Voters%20be%20Primed_Abhijit_Oct2009.pdf.

Chapitre 5. La fin de la croissance ?

1. Robert J. Gordon, *The Rise and Fall of American Growth. The US Standard of Living since the Civil War*, Princeton, NJ, Princeton University Press, 2016.

2. Charles I. Jones, « The Facts of Economic Growth », in John B. Taylor et Harald Uhlig (dir.), *Handbook of Macroeconomics*, vol. 2, Amsterdam, North Holland, 2016, p. 3-69.

3. Angus Maddison, « Historical Statistics of the World Economy : 1-2008 AD », Groningen Growth and Development Centre, Maddison Project Database (2010).

4. Angus Maddison, « Measuring and Interpreting World Economic Performance 1500-2001 », *Review of Income and Wealth*, vol. 51, n° 1, 2005, p. 1-35, https://doi.org/10.1111/j.1475-4991.2005.00143.x.

5. Robert J. Gordon, *The Rise and Fall of American Growth*, *op. cit.*, p. 258.

6. J. Bradford DeLong, Claudia Goldin et Lawrence F. Katz, « Sustaining US Economic Growth », in Henry J. Aaron, James M. Lindsay et Pietro S. Nivola, *Agenda for the Nation*, Washington, DC, Brookings Institution, 2003, p. 17-60.

7. Robert J. Gordon, *The Rise and Fall of American Growth*, *op. cit.*, p. 575, figure 17.2. La croissance de la PTF aux États-Unis a été de 0,46 % par an entre 1880 et 1920 et de 1,89 % par an entre 1920 et 1970.

8. Nicholas Crafts, « Fifty Years of Economic Growth in Western Europe : No Longer Catching Up but Falling Behind ? », *World Economics*, vol. 5, n° 2, 2004, p. 131-145.

9. Robert J. Gordon, *The Rise and Fall of American Growth*, *op. cit.*

10. La croissance de la PTF aux États-Unis a été de 0,57 % par an entre 1970 et 1995, contre 1,89 % par an, donc, entre 1920 et 1970 ; Robert J. Gordon, *The Rise and Fall of American Growth*, *op. cit.*, p. 575, figure 17.2.

11. Robert J. Gordon, *The Rise and Fall of American Growth*, *ibid.* La croissance annuelle de la PTF aux États-Unis a été de 0,40 % par an entre 2004 et 2014, soit encore moins que les 0,70 % de la période 1973-1994 et les 0,46 % de la période 1890-1920.

12. « Total Factor Productivity », Federal Reserve Bank of San Francisco, dernier accès le 19 juin 2019, https://www.frbsf.org/economic-research/indicators-data/total-factor-productivity-tfp/.

13. Robert J. Gordon et Joel Mokyr, « Boom vs. Doom : Debating the Future of the US Economy », débat, Chicago Council of Global Affairs, 31 octobre 2016.

14. Robert J. Gordon, *The Rise and Fall of American Growth*, *op. cit.*, p. 594-603.

15. Robert J. Gordon et Joel Mokyr, « Boom vs. Doom », *op. cit.*

16. Alvin H. Hansen, « Economic Progress and Declining Population Growth », *American Economic Review*, vol. 29, n° 1, 1939, p. 1-15.

17. Angus Maddison, *Growth and Interaction in the World Economy : The Roots of Modernity*, Washington, DC, AEI Press, 2005.

18. Thomas Piketty, *Le Capital au XXIe siècle*, Paris, Le Seuil, 2013, tableau 2.1., p. 127. Les données utilisées par Piketty pour la croissance à long terme viennent d'Angus Maddison ; on peut les retrouver dans le projet de base de données de Maddison sur https://www.rug.nl/ggdc/historicaldevelopment/maddison/releases/maddison-project-database-2018.

19. Pour le lecteur intéressé qui souhaite passer en revue cette littérature, il sera utile de savoir que les économistes anglophones désignent le « bien-être » par le mot « *welfare* » (qui n'a dans ce cas aucun rapport avec les programmes de protection sociale).

20. Chad Syverson, « Challenges to Mismeasurement Explanations for the US Productivity Slowdown », *Journal of Economic Perspectives*, vol. 31, n° 2, 2017, p. 165-186, https://doi.org/10.1257/jep.31.2.165.

21. *Ibid.*

22. Hunt Allcott, Luca Braghieri, Sarah Eichmeyer et Matthew Gentzkow, « The Welfare Effects of Social Media », NBER Working Paper n° 25514, 2019.

23. Robert M. Solow, « A Contribution to the Theory of Economic Growth », *Quarterly Journal of Economics*, vol. 70, n° 1, 1956, p. 65-94, https://doi.org/10.2307/1884513.

24. « Estimating the US Labor Share », Bureau of Labor Statistics, 2017, dernier accès le 15 avril 2019, https://www.bls.gov/opub/mlr/2017/article/estimating-the-us-labor-share.htm.

25. L'économiste de Berkeley Brad DeLong est connu pour avoir défendu cette idée dans James Bradford DeLong, « Productivity Growth, Convergence, and Welfare : Comment », *American Economic Review*, vol. 78, n° 5, 1988, p. 1138-1154. Il a actualisé récemment ce graphique en se servant des données de la Banque mondiale ; voir www.bradford-delong.com/2015/08/in-which-i-once-again-bet-on-a-substantial-growth-slowdown-in-china.html.

26. Archimède : « Donnez-moi un levier et un point fixe et je soulèverai le monde. » Diodore de Sicile, *Bibliothèque historique*, Fragments. Livre XXVI, traduit par Paul Goukowsky, Paris, Les Belles Lettres, 2006.

27. Robert E. Lucas Jr., « On the Mechanics of Economic Development », *Journal of Monetary Economics*, vol. 22, n° 1, 1988, p. 3-42.

28. Robert E. Lucas Jr., « Why Doesn't Capital Flow from Rich to Poor Countries ? », *American Economic Review*, vol. 80, n° 2, 1990, p. 92-96.

29. Francesco Caselli, « Accounting for Cross-Country Income Differences », in Philippe Aghion et Steven N. Durlauf (dir.), *Handbook of Economic Growth*, vol. 1, part A, Amsterdam, North Holland, 2005, p. 679-741.

30. Anne Robert Jacques Turgot, « Sur le Mémoire de M. de Saint-Péravy », in *Œuvres de Turgot et documents le concernant, avec biographie et notes*, édition Gustave Schelle, Paris, F. Alcan, 1913.

31. Karl Marx, *Le Capital, op. cit.* Heureusement pour le capitalisme, il y avait un défaut dans la logique de Marx. Comme le soulignait Solow, quand le rendement du capital diminue, le rythme de l'accumulation capitalistique diminue lui aussi. Par conséquent, à moins que les capitalistes ne se mettent à épargner précisément au moment où il est moins rentable de le faire, l'accumulation finira par ralentir et le taux de profit de cesser de baisser.

32. Julia Carrie, « Amazon Posts Record $2.5bn Profit Fueled by Ad and Cloud Business », *The Guardian,* 26 juillet 2018. Une partie des profits vient de la vente par Amazon de capacités de stockage sur le cloud. Mais le stockage sur le cloud est lui-même un sous-produit de l'excédent de capacité sur le cloud que l'entreprise a dû constituer pour rester le principal animateur du marché. L'activité cloud d'Amazon est donc le résultat de son gigantisme.

33. Paul M. Romer, « Increasing Returns and Long-Run Growth », *Journal of Political Economy*, vol. 94, n° 5, 1986, p. 1002-1037, https://doi.org/10.1086/261420.

34. Danielle Paquette, « Scott Walker Just Approved $3 Billion Deal for a New Foxconn Factory in Wisconsin », *The Washington Post,* 18 septembre 2017 ; Natalie Kitroeff, « Foxconn Affirms Wisconsin Factory Plan, Citing Trump Chat », *The New York Times,* 1er février 2019.

35. Enrico Moretti, « Are Cities the New Growth Escalator ? », in Abha Joshi-Ghani et Edward Glaeser (dir.), *The Urban Imperative : Towards Competitive Cities*, New Delhi, Oxford University Press, 2015, p. 116-148.

36. Laura Stevens et Shayndi Raice, « How Amazon Picked HQ2 and Jilted 236 Cities », *The Wall Street Journal,* 14 novembre 2018.

37. « Amazon HQ2 RFP », septembre 2017, dernier accès le 14 juin 2019, https://images-na.ssl-images-amazon.com/images/G/01/Anything/test/images/usa/RFP_3._V516043504_.pdf.

38. Adam B. Jaffe, Manuel Trajtenberg et Rebecca Henderson, « Geographic Localization of Knowledge Spillovers as Evidenced by Patent Citations », *Quarterly Journal of Economics*, vol. 108, n° 3, 1993, p. 577-598. https://doi.org/10.2307/2118401.

39. Enrico Moretti, *The New Geography of Jobs*, Boston, Mariner Books, 2012.

40. Michael Greenstone, Richard Hornbeck et Enrico Moretti, « Identifying Agglomeration Spillovers : Evidence from Winners and Losers of Large Plant

Openings », *Journal of Political Economy*, vol. 118, n° 3, 2010, p. 536-598. https://doi.org/10.1086/653714.

41. Bien sûr, la question posée à New York ne portait pas sur la hauteur des gains (tout le monde était d'accord pour dire qu'il y en aurait) mais sur la raison pour laquelle Amazon aurait eu le droit d'en conserver une part aussi importante. Après tout, Alexandria proposait beaucoup moins, et Boston rien du tout (mais Boston ne l'emporta pas).

42. Jane Jacobs, « Why TVA Failed », *The New York Review of Books*, 10 mai 1984.

43. Patrick Kline et Enrico Moretti, « Local Economic Development, Agglomeration Economies, and the Big Push : 100 Years of Evidence from the Tennessee Valley Authority », *Quarterly Journal of Economics*, vol. 129, n° 1, 2014, p. 275-331, https://doi.org/10.1093/qje/qjt034.

44. Une croissance de 10 % sur les dix dernières années permettra d'augmenter la croissance des dix prochaines de 20 % : 20 % de 10 % font 2 %. Cela produira une croissance supplémentaire de 20 % de 2 %, soit 0,4 % sur les dix années suivantes, etc. Il est évident que les cycles de croissance supplémentaires non seulement sont faibles, mais le sont aussi, très vite, de plus en plus.

45. Patrick Kline et Enrico Moretti, « Local Economic Development, Agglomeration Economies and the Big Push », *op. cit.*

46. Enrico Moretti, « Are Cities the New Growth Escalator ? », *op. cit.*

47. Peter Ellis et Mark Roberts, *Leveraging Urbanization in South Asia : Managing Spatial Transformation for Prosperity and Livability,* South Asia Development Matters, Washington, DC, World Bank, 2016, https://doi.org/10.1596/978-1-4648-0662-9. Licence : Creative Commons Attribution CCBY 3.0 IGO.

48. Paul M. Romer, « Endogenous Technological Change », *Journal of Political Economy*, vol. 98, n° 5, partie 2, 1990, p. S71-S102, https://doi.org/10.1086/261725.

49. Philippe Aghion et Peter Howitt, « A Model of Growth Through Creative Destruction », *Econometrica*, vol. 60, n° 2, 1992, p. 323-351.

50. Voici ce qu'on peut lire sur le site anglais de Wikipedia à propos de Joseph Schumpeter : « Schumpeter disait s'être donné trois objectifs dans la vie : être le plus grand économiste au monde, être le meilleur cavalier d'Autriche et être le plus grand amant de Vienne. Il affirmait avoir atteint deux d'entre eux, sans préciser lesquels. On rapporte qu'il aurait dit un jour qu'il y avait trop de cavaliers distingués en Autriche pour qu'il puisse réaliser toutes ses aspirations. » Voir https://en.wikipedia.org/wiki/Joseph_Schumpeter.

51. Philippe Aghion et Peter Howitt, « A Model of Growth Through Creative Destruction », *op. cit.*

52. « Real GDP Growth », US Budget and Economy, http://usbudget.blogspot.fr/2009/02/real-gdp-growth.html.

53. David Leonardt, « Do Tax Cuts Lead to Economic Growth ? », *The New York Times*, 15 septembre 2012, https://nyti.ms/2mBjewo.

54. Thomas Piketty, Emmanuel Saez et Stefanie Stantcheva, « Optimal Taxation of Top Labor Incomes : A Tale of Three Elasticities », *American Economic Journal : Economic Policy*, vol. 6, n° 1, 2014, p. 230-271, https://doi.org/10.1257/pol.6.1.230.

55. William Gale, « The Kansas Tax Cut Experiment », Brookings Institution, 2017, https://www.brookings.edu/blog/unpacked/2017/07/11/the-kansas-tax-cut-experiment/.

56. Owen Zidar, « Tax Cuts for Whom ? Heterogeneous Effects of Income Tax Changes on Growth and Employment », *Journal of Political Economy*, vol. 127, n° 3, 2019, p. 1437-1472, https://doi.org/10.1086/701424.

57. Emmanuel Saez, Joel B. Slemrod et Seth H. Giertz, « The Elasticity of Taxable Income with Respect to Marginal Tax Rates : A Critical Review », *Journal of Economic Literature*, vol. 50, n° 1, 2012, p. 3-50, https://doi.org/10.1257/jel.50.1.3.

58. « Tax Reform », IGM Forum, 2017, http://www.igmchicago.org/surveys/tax-reform-2.

59. « Analysis of Growth and Revenue Estimates Based on the US Senate Committee on Finance Tax Reform Plan », Département du Trésor, 2017, https://www.treasury.gov/press-center/press-releases/Documents/TreasuryGrowthMemo12-11-17.pdf.

60. Les signataires étaient Robert J. Barro, Michael J. Boskin, John F. Cogan, Douglas Holtz-Eakin, Glenn Hubbard, Lawrence B. Lindsey, Harvey S. Rosen, George P. Shultz et John B. Taylor. Voir « How Tax Reform Will Lift the Economy », *The Wall Street Journal* : Opinion, 2017, https://www.wsj.com/articles/how-tax-reform-will-lift-the-economy-1511729894?mg=prod/accounts-wsj.

61. Jason Furman et Lawrence H. Summers, « Dear colleagues : You Responded, but We Have More Questions About Your Tax-Cut Analysis », *The Washington Post,* 2017, https://www.washingtonpost.com/news/wonk/wp/2017/11/30/dear-colleagues-you-responded-but-we-have-more-questions-about-your-tax-cut-analysis/?utm_term=.bbd78b5f1ef9.

62. « Economic Report of the President together with the Annual Report of the Council of Economic Advisers », 2016, https://obamawhitehouse.

archives.gov/sites/default/files/docs/ERP_2016_Book_Complete%20 JA.pdf.

63. Thomas Philippon, *The Great Reversal : How America Gave up on Free Markets*, Cambridge, Harvard University Press, 2019.

64. David H. Autor, David Dorn, Lawrence F. Katz, Christina Patterson et John Van Reenen, « The Fall of the Labor Share and the Rise of Superstar Firms », NBER Working Paper n° 23396, 2017.

65. Pour des arguments convaincants sur le fait que la concentration croissante a été une mauvaise chose pour les consommateurs, voir Thomas Philippon, *The Great Reversal, op. cit.* ; Jan De Loecker, Jan Eeckhout et Gabriel Unger, « The Rise of Market Power and the Macroeconomic Implications », working paper, 2018.

66. Esteban Rossi-Hansberg, Pierre-Daniel Sarte et Nicholas Trachter, « Diverging Trends in National and Local Concentration », NBER Working Paper n° 25066, 2018.

67. Alberto Cavallo, « More Amazon Effects : Online Competition and Pricing Behaviors », NBER Working Paper n° 25138, 2018.

68. Germán Gutiérrez et Thomas Philippon, « Ownership, Concentration, and Investment », *AEA Papers and Proceedings*, vol. 108, 2018, p. 432-437, https://doi.org/10.1257/pandp.20181010 ; Thomas Philippon, *The Great Reversal, op. cit.*

69. Facundo Alvaredo, Lucas Chancel, Thomas Piketty, Emmanuel Saez et Gabriel Zucman, « World Inequality Report 2018 : Executive Summary », World Inequality Lab, 2018.

70. Mats Elzén et Per Ferström, « The Ignorance Survey : United States », *Gapminder*, 2013, https://static. gapminder.org/GapminderMedia/wp-uploads/Results-from-the-Ignorance-Survey-in-the-US.pdf.

71. « Poverty », Banque mondiale, 2019, dernier accès le 14 avril 2019, https://www.worldbank.org/en/topic/poverty/overview#1.

72. « The Millennium Development Goals Report 2015 : Fact Sheet », Organisations des Nations unies, 2015.

73. « Child Health », USAID.com, 17 février 2018, dernier accès le 14 avril 2019, https://www.usaid.gov/what-we-do/global-health/maternal-and-child-health/technical-areas/child-health.

74. « The Millennium Development Goals Report 2015 : Fact Sheet », Organisation des Nations unies, 2015.

75. « Literacy Rate, Adult Total (% of People Ages 15 and Above) », World Bank Open Data, https://data.worldbank.org/indicator/se.adt.litr.zs.

76. « Number of Deaths Due to HIV/AIDS », Organisation mondiale de la santé, dernier accès le 14 avril 2019, https://www.who.int/gho/hiv/epidemic_status/deaths_text/en/.

77. Paul M. Romer, « Economic Growth », in Library of Economics and Liberty : Economic Systems, dernier accès le 13 juin 2019, https://www.econlib.org/library/Enc/EconomicGrowth.html.

78. William Easterly, *The Elusive Quest for Growth*, Cambridge, MA, MIT Press, 2001.

79. Ross Levine et David Renelt, « A Sensitivity Analysis of Cross-Country Growth Regressions », *American Economic Review*, vol. 82, n° 4, 1992, p. 942-963.

80. Daron Acemoglu, Simon Johnson et James A. Robinson, « The Colonial Origins of Comparative Development : An Empirical Investigation », *American Economic Review*, vol. 91, n° 5, 2001, p. 1369-1401, https://doi.org/10.1257/aer.91.5.1369 ; Daron Acemoglu, Simon Johnson et James A. Robinson, « Reversal of Fortune : Geography and Institutions in the Making of the Modern World Income Distribution », *Quarterly Journal of Economics*, vol. 117, n° 4, 2002, p. 1231-1294.

81. Dani Rodrik, Arvind Subramanian et Francesco Trebbi, « Institutions Rule : The Primacy of Institutions over Geography and Integration in Economic Development », *Journal of Economic Growth*, vol. 9, n° 2, 2004, p. 131-165, https://doi.org/10.1023/B:JOEG.0000031425.72248.85.

82. « Global 500 2014 », *Fortune,* 2014, dernier accès le 13 juin 2019, http://fortune.com/global500/2014/.

83. William Easterly, « Trust the Development Experts – All 7 Billion », Brookings Institution, 2008, https://www.brookings.edu/opinions/trust-the-development-experts-all-7-billion/.

84. « The Impact of the Internet in Africa : Establishing Conditions for Success and Catalyzing Inclusive Growth in Ghana, Kenya, Nigeria and Senegal », *Dalberg*, 2013.

85. « World Development Report 2016 : Digital Dividends », Banque mondiale, 2016, http://www.worldbank.org/en/publication/wdr2016.

86. Kenneth Lee, Edward Miguel et Catherine Wolfram, « Experimental Evidence on the Economics of Rural Electrification », working paper, 2018.

87. Julian Cristia, Pablo Ibarrarán, Santiago Cueto, Ana Santiago et Eugenio Severín, « Technology and Child Development : Evidence from the One Laptop per Child Program », *American Economic Journal : Applied Economics*, vol. 9, n° 3, 2017, p. 295-320, https://doi.org/10.1257/app.20150385.

88. Rema Hanna, Esther Duflo et Michael Greenstone, « Up in Smoke : The Influence of Household Behavior on the Long-Run Impact of Improved Cooking Stoves », *American Economic Journal : Economic Policy*, vol. 8, n° 1, 2016, p. 80-114.

89. James Berry, Greg Fischer et Raymond P. Guiteras, « Eliciting and Utilizing Willingness-to-Pay : Evidence from Field Trials in Northern Ghana », CEnREP Working Paper n° 18-016, 2018.

90. Rachel Peletz, Alicea Cock-Esteb, Dorothea Ysenburg, Salim Haji, Ranjiv Khush et Pascaline Dupas, « Supply and Demand for Improved Sanitation : Results from Randomized Pricing Experiments in Rural Tanzania », *Environmental Science and Technology*, vol. 51, n° 12, 2017, p. 7138-7147, https://doi.org/10.1021/acs.est.6b03846.

91. « India : The Growth Imperative », rapport, McKinsey Global Institute, 2001.

92. Robert Jensen, « The Digital Provide : Information (Technology), Market Performance, and Welfare in the South Indian Fisheries Sector », *Quarterly Journal of Economics*, vol. 122, n° 3, 2007, p. 879-924. https://doi.org/10.1162/qjec.122.3.879.

93. Robert Jensen et Nolan H. Miller, « Market Integration, Demand, and the Growth of Firms : Evidence from a Natural Experiment in India », *American Economic Review*, vol. 108, n° 12, 2018, p. 3583-3625, https://doi.org/10.1257/aer.20161965.

94. Voir, par exemple, le prospectus d'une entreprise de Tirupur : « Prospectus », Vijayeswari Textiles Limited, 25 février 2007, dernier accès le 13 juin 2019, http://www.idbicapital.com/pdf/IDBICapital-Vijayeswari TextilesLtdRedHerringProspectus.pdf.

95. Abhijit V. Banerjee et Kaivan Munshi, « How Efficiently Is Capital Allocated ? Evidence from the Knitted Garment Industry in Tirupur », *Review of Economic Studies*, vol. 71, n° 1, 2004, p. 19-42, https://doi.org/10.1111/0034-6527.00274.

96. Nicholas Bloom et John Van Reenen, « Measuring and Explaining Management Practices Across Firms and Countries », *Quarterly Journal of Economics*, vol. 122, n° 4, 2007, p. 1351-1408.

97. Christopher Udry, « Gender, Agricultural Production, and the Theory of the Household », *Journal of Political Economy*, vol. 104, n° 5, 1996, p. 1010-1046.

98. Francisco Pérez-González, « Inherited Control and Firm Performance », *American Economic Review*, vol. 96, n° 5, 2006, p. 1559-1588.

99. Chang-Tai Hsieh et Peter J. Klenow, « Misallocation and Manufacturing TFP in China and India », *Quarterly Journal of Economics*, vol. 124, n° 4, 2009, p. 1403-1448, https://doi.org/10.1162/qjec.2009.124.4.1403.

100. Chang-Tai Hsieh et Peter J. Klenow, « The Life Cycle of Plants in India and Mexico », *Quarterly Journal of Economics*, vol. 129, n° 3, 2014, p. 1035-1084, https://doi.org/10.1093/qje/qju014.

101. Chang-Tai Hsieh et Peter J. Klenow, « Misallocation and Manufacturing TFP in China and India », *op. cit.*

102. Qi Liang, Pisun Xu et Pornsit Jiraporn, « Board Characteristics and Chinese Bank Performance », *Journal of Banking and Finance*, vol. 37, n° 8, 2013, p. 2953-2968, https://doi.org/10.1016/j.jbankfin.2013.04.018.

103. « Bank Lending Rates, Trading Economics », dernier accès le 15 avril 2019, https://tradingeconomics.com/country-list/bank-lending-rate.

104. « Interest Rates », Trading Economics », dernier accès le 15 avril 2019, https://tradingeconomics.com/country-list/interest-rate.

105. Gilles Duranton, Ejaz Ghani, Arti Grover Goswami et William Kerr, « The Misallocation of Land and Other Factors of Production in India », World Bank Group Policy Research Working Paper n° 7547, 2016, https://doi.org/10.1596/1813-9450-7221.

106. Nicholas Bloom, Benn Eifert, Aprajit Mahajan, David McKenzie et John Roberts, « Does Management Matter ? Evidence from India », *Quarterly Journal of Economics*, vol. 128, n° 1, 2013, p. 1-51, https://doi.org/10.1093/qje/qjs044.

107. Jaideep Prabhu, Navi Radjou et Simone Ahuja, *Jugaad Innovation : Think Frugal, Be Flexible, Generate Breakthrough Growth*, San Francisco, Jossey-Bass, 2012.

108. Emily Breza, Supreet Kaur et Nandita Krishnaswamy, « Scabs : The Social Suppression of Labor Supply », NBER Working Paper n° 25880, 2019, https://doi.org/10.3386/w25880.

109. Le calcul des auteurs est tiré de la National Sample Survey, 66e cycle, 2009-2010, dernier accès le 19 juin 2019, http://www.icssrdataservice.in/datarepository/index.php/catalog/89/overview.

110. Abhijit V. Banerjee et Gaurav Chiplunkar, « How Important Are Matching Frictions in the Labor Market ? Experimental and Non-Experimental Evidence from a Large Indian Firm », working paper, 2018, dernier accès le 19 juin 2019, https://gauravchiplunkar.com/wp-content/uploads/2018/08/matchingfrictions_banerjeechiplunkar_aug18.pdf.

111. Esther Duflo, Pascaline Dupas et Michael Kremer, « The Impact of Free Secondary Education : Experimental Evidence from Ghana », Mimeo,

Massachusetts Institute of Technology, dernier accès le 18 avril 2019, https://economics.mit.edu/files/16094.

112. « Unemployment, Youth Total (% of total labor force ages 15-24) (national estimate) », World Bank Open Data, dernier accès le 15 avril 2019, https://data.worldbank.org/indicator/SL.UEM.1524.NE.ZS.

113. Abhijit V. Banerjee et Gaurav Chiplunkar, « How Important Are Matching Frictions in the Labor Market ? », *op. cit.*

114. « Labour Market Employment, Employment in Public Sector, Employment in Private Sector Different Categories-wise », Data.gov. in, dernier accès le 15 avril 2019, https://data.gov.in/resources/labour-market-employment-employment-public-sector-employment-private-sector-different.

115. Sonalde Desai et Veena Kulkarni, « Changing Educational Inequalities in India in the Context of Affirmative Action », *Demography*, vol. 45, n° 2, 2008, p. 245-270.

116. Abhijit V. Banerjee et Sandra Sequeira, « Spatial Mismatches and Beliefs about the Job Search : Evidence from South Africa », Mimeo, Massachusetts Institute of Technology, 2019.

117. Neha Dasgupta, « More Than 25 Million People Apply for Indian Railway Vacancies », Reuters, 29 mars 2018, dernier accès le 19 juin 2019, https://www.reuters.com/article/us-india-unemployment-railways/more-than-25-million-people-apply-for-indian-railway-vacancies-idUSKBN1H524C.

118. Frederico Finan, Benjamin A. Olken et Rohini Pande, « The Personnel Economics of the States », in Abhijit V. Banerjee et Esther Duflo (dir.), *Handbook of Field Experiments*, vol. 2, Amsterdam, North Holland, 2017.

119. Ezra P. Vogel, *Japan as Number One*, Cambridge, MA, Harvard University Press, 1979, p. 153-154, 204-205, 159, 166.

120. Ernest Liu, « Industrial Policies in Production Networks », working paper, 2019.

121. Albert Bollard, Peter J. Klenow et Gunjan Sharma, « India's Mysterious Manufacturing Miracle », *Review of Economic Dynamics*, vol. 16, n° 1, 2013, p. 59-85.

122. Pierre-Richard Agénor et Otaviano Canuto, « Middle-Income Growth Traps », *Research in Economics*, vol. 69, n° 4, 2015, p. 641-660, https://doi.org/10.1016/j.rie.2015.04.003.

123. « Guidance Note for Surveillance under Article IV Consultation », Fonds monétaire international, 2015.

124. En réalité, le taux de mortalité des enfants de moins de cinq ans était en 2017 de seulement 8,8 pour 1 000 naissances, soit bien moins qu'au Guatemala (27,6), mais assez près des États-Unis (6,6). « Mortality Rate, under-5 (per 1,000

Live Births) », World Bank Data, dernier accès le 15 avril 2019, https://data.worldbank.org/indicator/SH.DYN.MORT?end=2017&locations=GT-LK-US&start=2009 ; « Maternal Mortality Rate (National Estimate per 100,000 Live Births) » World Bank Data, dernier accès le 15 avril 2019, https://data.worldbank.org/indicator/SH.STA.MMRT.NE?end=2017&locations=GT-LK-US&start=2009 ; « Mortality Rate, Infant (per 1,000 Live Births) », World Bank Data, dernier accès le 15 avril 2019, https://data.worldbank.org/indicator/SP.DYN.IMRT.IN?end=2017&locations=GT-LK-US&start=2009.

125. « Mortality Rate, under-5 (per 1,000 Live Births) », *op. cit.*

126. Taz Hussein, Matt Plummer et Bill Breen (pour la *Stanford Social Innovation Review*), « How Field Catalysts Galvanise Social Change », SocialInnovationExchange.org., 2018, https://socialinnovationexchange.org/insights/how-field-catalysts-galvanise-social-change.

127. Christian Lengeler, « Insecticide-Treated Bed Nets and Curtains for Preventing Malaria », *Cochrane Database of Systematic Reviews*, vol. 2, n° 2, 2004, https://doi.org/10.1002/14651858.CD000363.pub2.

128. Abhijit V. Banerjee et Esther Duflo, *Repenser la pauvreté*, *op. cit.*

129. Jessica Cohen et Pascaline Dupas, « Free Distribution or Cost-Sharing ? Evidence from a Randomized Malaria Prevention Experiment », *Quarterly Journal of Economics*, vol. 125, n° 1, 2010, p. 1-45.

130. « World Malaria Report 2017 », Organisation mondiale de la santé, 2017.

131. S. Bhatt, D. J. Weiss, E. Cameron, D. Bisanzio, B. Mappin, U. Dalrymple, K. Battle, C. L. Moyes, A. Henry, P. A. Eckhoff, E. A. Wenger, O. Briët, M. A. Penny, T. A. Smith, A. Bennett, J. Yukich, T. P. Eisele, J. T. Griffin, C. A. Fergus, M. Lynch, F. Lindgren, J. M. Cohen, C. L. J. Murray, D. L. Smith, S. I. Hay, R. E. Cibulskis et P. W. Gething, « The Effect on Malaria Control on *Plasmodium falciparum* in Africa between 2000 and 2015 », *Nature*, vol. 526, 2015, p. 207-211, https://doi.org/10.1038/nature15535.

132. William Easterly, « Looks like @JeffDSachs got it more right than I did on effectiveness of mass bed net distribution to fight malaria in Africa », tweet, 18 août 2017, 11 h 04. [« On dirait que JeffDSachs voyait plus juste que moi sur l'efficacité de la distribution massive de moustiquaires pour combattre le paludisme en Afrique. »]

Chapitre 6. Dans la fournaise

1. « Global Warming of 1.5°C », IPCC Special Report, Intergovernmental Panel on Climate Change, 2008, dernier accès le 16 juin 2019, https://www.ipcc.ch/sr15/.

2. Comme l'affirme le rapport du GIEC d'octobre 2018, « il est estimé que les activités humaines ont causé approximativement un réchauffement mondial de 1,0 °C par rapport aux niveaux préindustriels, avec une fourchette probable de 0,8 °C à 1,2 °C. Le réchauffement mondial atteindra probablement 1,5 °C entre 2030 et 2052 s'il continue à augmenter au rythme actuel. »

3. Les émissions d'équivalent CO_2 font référence aux émissions de gaz à effet de serre (CO_2, méthane, etc.) exprimées dans une unité commune en convertissant les quantités des autres gaz dans la quantité équivalente de CO_2 qui a le même effet sur le réchauffement mondial. Par exemple, 1 million de tonnes de méthane représentent 25 millions de tonnes de CO_{2e}.

4. Lucas Chancel et Thomas Piketty, « Carbon and Inequality : from Kyoto to Paris », rapport, École d'économie de Paris, 2015, dernier accès le 16 juin 2019, http://piketty.pse.ens.fr/files/ChancelPiketty2015.pdf.

5. Robin Burgess, Olivier Deschenes, Dave Donaldson et Michael Greenstone, « Weather, Climate Change and Death in India », LSE working paper, 2017, dernier accès le 19 juin 2018, http://www.lse.ac.uk/economics/Assets/Documents/personal-pages/robin-burgess/weather-climate-change-and-death.pdf.

6. Orley C. Ashenfelter et Karl Storchmann, « Measuring the Economic Effect of Global Warming on Viticulture Using Auction, Retail, and Wholesale Prices », *Review of Industrial Organization*, vol. 37, n° 1, 2010, p. 51-64.

7. Joshua Graff Zivin et Matthew J. Neidell, « Temperature and the Allocation of Time : Implications for Climate Change », *Journal of Labor Economics*, vol. 32, n° 1, 2014, p. 1-26.

8. Joshua Goodman, Michael Hurwitz, Jisung Park et Jonathan Smith, « Heat and Learning », NBER Working Paper n° 24639, 2018.

9. Achyuta Adhvaryu, Namrata Kala et Anant Nyshadham, « The Light and the Heat : Productivity Co-benefits of Energy-saving Technology », NBER Working Paper n° 24314, 2018.

10. Melissa Dell, Benjamin F. Jones et Benjamin A. Olken, « What Do We Learn from the Weather ? The New Climate-Economy Literature », *Journal of Economic Literature*, vol. 52, n° 3, 2014, p. 740-798.

11. Olivier Deschenes et Michael Greenstone, « Climate Change, Mortality, and Adaptation : Evidence from Annual Fluctuations in Weather in the US », *American Economic Journal : Applied Economics*, vol. 3, n° 4, 2011, p. 152-185.

12. Robin Burgess, Olivier Deschenes, Dave Donaldson et Michael Greenstone, « Weather, Climate Change and Death in India », *op. cit.*

13. Melissa Dell, Benjamin F. Jones et Benjamin A. Olken, « What Do We Learn from the Weather ? The New Climate-Economy Literature », *Journal of Economic Literature*, vol. 52, n° 3, 2014, p. 740-798.

14. Nihar Shah, Max Wei, Virginie E. Letschert et Amol A. Phadke, « Benefits of Leapfrogging to Superefficiency and Low Global Warming Potential Refrigerants in Room Air Conditioning », US Department of Energy, Ernest Orlando Lawrence Berkeley National Laboratory Technical Report, 2015, dernier accès le 16 juin 2019, https://eta.lbl.gov/publications/benefits-leapfrogging-superefficiency.

15. Maximilian Auffhammer et Catherine D. Wolfram, « Powering Up China : Income Distributions and Residential Electricity Consumption », *American Economic Review : Papers & Proceedings*, vol. 104, n° 5, 2014, p. 575-580.

16. Nicholas Stern, *The Economics of Climate Change : The Stern Review*, Cambridge, RU, Cambridge University Press, 2007.

17. Daron Acemoglu, Philippe Aghion, Leonardo Bursztyn et David Hemous, « The Environment and Directed Technical Change », *American Economic Review*, vol. 102, n° 1, 2012, p. 131-166.

18. Daron Acemoglu et Joshua Linn, « Market Size in Innovation : Theory and Evidence from the Pharmaceutical Industry », *Quarterly Journal of Economics*, vol. 119, n° 3, 2004, p. 1049-1090.

19. Hannah Choi Granade *et al.*, « Unlocking Energy Efficiency in the US Economy », note de synthèse, McKinsey & Company, 2009, dernier accès le 16 juin 2019, https://www.mckinsey.com/~/media/mckinsey/dotcom/client_service/epng/pdfs/unlocking%20energy%20efficiency/us_energy_efficiency_exc_summary.ashx.

20. « Redrawing the Energy-Climate Map », rapport technique, Agence internationale de l'énergie, 2013, dernier accès le 16 juin 2019, https://www.iea.org/publications/freepublications/publication/WEO_Special_Report_2013_Redrawing_the_Energy_Climate_Map.pdf.

21. Meredith Fowlie, Michael Greenstone et Catherine Wolfram, « Do Energy Efficiency Investments Deliver ? Evidence from the Weatherization Assistance Program », *Quarterly Journal of Economics*, vol. 133, n° 3, 2018, p. 1597-1644.

22. Nicholas Ryan, « Energy Productivity and Energy Demand : Experimental Evidence from Indian Manufacturing Plants », NBER Working Paper n° 24619, 2018.

23. Meredith Fowlie, Catherine Wolfram, C. Anna Spurlock, Annika Todd, Patrick Baylis et Peter Cappers, « Default Effects and Follow-on Behavior : Evidence from an Electricity Pricing Program », NBER Working Paper n° 23553, 2017.

24. Hunt Allcott et Todd Rogers, « The Short-Run and Long-Run Effects of Behavioral Interventions : Experimental Evidence from Energy Conservation », *American Economic Review*, vol. 104, n° 10, 2014, p. 3003-3037.

25. David Atkin, « The Caloric Costs of Culture : Evidence from Indian Migrants », *American Economic Review*, vol. 106, n° 4, 2016, p. 1144-1181.

26. Au Bangladesh, une étude montre qu'inciter les gens à se laver les mains avant les repas pendant quelques semaines augmente cette pratique même après la suppression des incitations. En outre, les gens avertis qu'ils obtiendraient des incitations dans le futur se sont mis à se laver les mains dans l'attente du début du programme, pour s'y préparer. Reshmaan Hussam, Atonu Rabbani, Giovanni Reggiani et Natalia Rigol, « Habit Formation and Rational Addiction : A Field Experiment in Handwashing », Harvard Business School BGIE Unit Working Paper n° 18-030, 2017.

27. Avraham Ebenstein, Maoyong Fan, Michael Greenstone, Guojun He et Maigeng Zhou, « New Evidence on the Impact of Sustained Exposure to Air Pollution on Life Expectancy from China's Huai River Policy », *PNAS*, vol. 114, n° 39, 2017, p. 10384-10389.

28. WHO Global Ambient Air Quality Database (mise à jour 2018), https://www.who.int/airpollution/data/cities/en/.

29. Umair Irfan, « How Delhi Became the Most Polluted City on Earth », *Vox*, 25 novembre 2017.

30. The Lancet Commission on Pollution and Health, *Lancet*, vol. 391, 2017, p. 462-512.

31. « The Lancet : Pollution Linked to Nine Million Deaths Worldwide in 2015, Equivalent to One in Six Deaths », *Lancet*, communiqué public, 2017.

32. Achyuta Adhvaryu, Namrata Kala et Anant Nyshadham, « Management and Shocks to Worker Productivity : Evidence from Air Pollution Exposure in an Indian Garment Factory », IGC working paper, 2016, dernier accès le 16 juin 2019, https://www.theigc.org/wp-content/uploads/2017/01/Adhvaryu-et-al-2016-Working-paper.pdf.

33. Tom Y. Chang, Joshua Graff Zivin, Tal Gross et Matthew Neidell, « The Effect of Pollution on Worker Productivity : Evidence from Call

Center Workers in China », *American Economic Journal : Applied Economics*, vol. 11, n° 1, 2019, p. 151-172.

34. Une mesure visant à réduire la circulation, les véhicules étant autorisés à rouler certains jours et pas d'autres selon que leur plaque d'immatriculation se terminait par un chiffre pair ou impair, s'est traduite par une baisse des émissions de particules, avant d'être rapidement supprimée à la suite d'une cabale d'élites contrariées et d'experts de l'environnement ayant de « meilleures » idées. Michael Greenstone, Santosh Harish, Rohini Pande et Anant Sudarshan, « The Solvable Challenge of Air Pollution in India », in *India Policy Forum,* volume de la conférence, 2017, New Delhi, Sage Publications, 2017.

35. Kevin Mortimer *et al.*, « A Cleaner-Burning Biomass-Fuelled Cookstove Intervention to Prevent Pneumonia in Children under 5 Years Old in Rural Malawi (the Cooking and Pneumonia Study) : A Cluster Randomised Controlled Trial », *Lancet*, vol. 389, n° 10065, 2016, p. 167-175.

36. Theresa Beltramo, David I. Levine et Garrick Blalock, « The Effect of Marketing Messages, Liquidity Constraints, and Household Bargaining on Willingness to Pay for a Nontraditional Cook-stove », Center for Effective Global Action Working Paper Series n° 035, 2014 ; Theresa Beltramo, Garrick Blalock, David I. Levine et Andres M. Simons, « Does Peer Use Influence Adoption of Efficient Cookstoves ? Evidence from a Randomized Controlled Trial in Uganda », *Journal of Health Communication : International Perspectives*, vol. 20, 2015, p. 55-66 ; David I. Levine, Theresa Beltramo, Garrick Blalock et Carolyn Cotterman, « What Impedes Efficient Adoption of Products ? Evidence from Randomized Variation of Sales Offers for Improved Cookstoves in Uganda », *Journal of the European Economic Association*, vol. 16, n° 6, 2018, p. 1850-1880 ; Ahmed Mushfiq Mobarak, Puneet Dwivedi, Robert Bailis, Lynn Hildemann et Grant Miller, « Low Demand for Nontraditional Cookstove Technology », *Proceedings of the National Academy of Sciences*, vol. 109, n° 27, 2012, p. 10815-10820.

37. Rema Hanna, Esther Duflo et Michael Greenstone, « Up in Smoke », *op. cit.*

38. Abhijit V. Banerjee, Selvan Kumar, Rohini Pande et Felix Su, « Do Voters Make Informed Choices ? Experimental Evidence from Urban India », working paper, 2010.

Chapitre 7. Le piano mécanique

1. Kurt Vonnegut, *Le Pianiste déchaîné*, traduit de l'anglais par Yvette Rickards, Paris, Gallimard 2010 [éd. originale 1952].

2. Kurt Vonnegut, *R comme Rosewater ! ou Des perles aux pourceaux*, traduit par Robert M. Pépin, Paris, Le Seuil, 1976, p. 243 [éd. originale 1965].

3. Erik Brynjolfsson et Andrew McAfee, *Le Deuxième Âge de la machine. Travail et prospérité à l'heure de la révolution technologique*, traduit par Christophe Jaquet, Paris, Odile Jacob, 2015 [éd. originale 2014].

4. David H. Autor, « Why Are There Still So Many Jobs ? The History and Future of Workplace Automation », *Journal of Economic Perspectives*, vol. 29, n° 3, 2015, p. 3-30.

5. Ellen Fort, « Robots Are Making $6 Burgers in San Francisco », *Eater San Francisco*, 21 juin 2018.

6. Michael Chui, James Manyika et Mehdi Miremadi, « How Many of Your Daily Tasks Could Be Automated ? », *Harvard Business Review*, 14 décembre 2015, et « Four Fundamentals of Business Automation », *McKinsey Quarterly*, novembre 2015, dernier accès le 19 juin 2019, https://www.mckinsey.com/business-functions/digital-mckinsey/our-insights/four-fundamentals-of-workplace-automation.

7. « Automation, Skills Use and Training », OECD Library, dernier accès le 19 avril 2019, https://www.oecd-ilibrary.org/employment/automation-skills-use-and-training_2e2f4eea-en.

8. « Robots and Artificial Intelligence », Chicago Booth, *op. cit.*

9. Robert J. Gordon, *The Rise and Fall of American Growth*, *op. cit.*

10. Databases, Tables, and Calculators by Subject, Series LNS14000000, Bureau of Labor Statistics, dernier accès le 11 avril 2019, https://data.bls.gov/timeseries/lns14000000.

11. Robert J. Gordon, *The Rise and Fall of American Growth*, *op. cit.* ; « Labor Force Participation Rate, Total (% total population ages 15+) (national estimate) », World Bank Open Data, https://data.worldbank.org/indicator/SL.TLF.CACT.NE.ZS?locations=US.

12. Daron Acemoglu et Pascual Restrepo, « Artificial Intelligence, Automation and Work », NBER Working Paper n° 24196, 2018.

13. N. F. R. Crafts et Terence C. Mills, « Trends in Real Wages in Britain, 1750-1913 », *Explorations in Economic History*, vol. 31, n° 2, 1994, p. 176-194.

14. Robert Fogel et Stanley Engerman, *Time on the Cross*, Boston, Little, Brown & Co, 1974.

15. Daron Acemoglu et Pascual Restrepo, « Robots and Jobs : Evidence from United States Labor Markets », NBER Working Paper n° 23285, 2017.

16. Daron Acemoglu et Pascual Restrepo, « The Race Between Machine and Man : Implications of Technology for Growth, Factor Shares and Employment », NBER Working Paper n° 22252, 2017.

17. David H. Autor, « Work of the Past, Work of the Future » ; Richard T. Ely, Lecture, *American Economic Association : Papers and Proceedings*, 2019.

18. Daron Acemoglu et Pascual Restrepo, « Artificial Intelligence, Automation and Work », *op. cit.*

19. *Ibid.*

20. *Ibid.*

21. Aaron Smith et Monica Anderson, « "Americans" Attitudes towards a Future in Which Robots and Computers Can Do Many Human Jobs », Pew Research Center, 4 octobre 2017, dernier accès le 3 avril 2019, http://www.pewinternet.org/2017/10/04/americans-attitudes-toward-a-future-in-which-robots-and-computers-can-do-many-human-jobs/.

22. Jean Tirole et Olivier Blanchard, par exemple, affirment que l'incertitude du résultat d'un licenciement pourrait, en réalité, accroître le chômage. (Olivier Blanchard et Jean Tirole, « The Optimal Design of Unemployment Insurance and Employment Protection. A First Pass », NBER Working Paper n° 10443, 2004.) Il ne semble pas cependant que les pays européens qui ont affaibli la protection de l'emploi aient un taux de chômage moins élevé. Au total, et tout bien considéré, il semble qu'il n'y ait pas de relation entre les deux. Giuseppe Bertola, « Labor Market Regulations : Motives, Measures, Effects », Organisation internationale du travail, Conditions of Work and Employment Series n° 21, 2009.

23. Kevin J. Delaney, « The Robot That Takes Your Job Should Pay Taxes, Says Bill Gates », *Quartz*, 17 février 2017, dernier accès le 13 avril 2019, https://qz.com/911968/bill-gates-the-robot-that-takes-your-job-should-pay-taxes/.

24. « European Parliament Calls for Robot Law, Rejects Robot Tax », Reuters, 16 février 2017, dernier accès le 12 avril 2019, https://www.reuters.com/article/us-europe-robots-lawmaking/european-parliament-calls-for-robot-law-rejects-robot-tax-idUSKBN15V2KM.

25. Ryan Abbott et Bret Bogenschneider, « Should Robots Pay Taxes ? Tax Policy in the Age of Automation », *Harvard Law & Policy Review*, vol. 12, 2018.

26. John DiNardo, Nicole M. Fortin et Thomas Lemieux, « Labor Market Institutions and Distribution of Wages, 1973-1990 : A Semiparametric Approach », *Econometrica*, vol. 64, n° 5, 1996, p. 1001-1044 ; David Card, « The Effect of Unions on the Structure of Wages : A Longitudinal Analysis », *Econometrica*, vol. 64, n° 4, 1996, p. 957-979 ; Richard B. Freeman, « How Much Has Deunionization Contributed to the Rise of Male Earnings Inequality ? », in Sheldon Danziger et Peter Gottschalk (dir.), *Uneven Tides : Rising Inequality in America*, New York, Russell Sage Foundation, 1993, p. 133-163.

27. « UK Public Spending Since 1900 », https://www.ukpublicspending.co.uk/past_spending.

28. John Kenneth Galbraith, « Recession Economics », *The New York Review of Books,* 4 février 1982.

29. Facundo Alvaredo, Lucas Chancel, Thomas Piketty, Emmanuel Saez et Gabriel Zucman, « World Inequality Report 2018 : Executive Summary », Wid. World, 2017, dernier accès le 13 avril 2019, sur le site web du World Inequality Lab : https://wir2018.wid.world/files/download/wir2018-summary-english.pdf.

30. « United Kingdom », World Inequality Database, Wid. World, dernier accès le 13 avril 2019, https://wid.world/country/united-kingdom/.

31. Thomas Piketty, Emmanuel Saez et Stefanie Stantcheva, « Optimal Taxation of Top Labor Incomes : A Tale of Three Elasticities », *American Economic Journal : Economic Policy*, vol. 6, n° 1, 2014, p. 230-271, DOI : 10.1257/pol.6.1.230.

32. Facundo Alvaredo, Lucas Chancel, Thomas Piketty, Emmanuel Saez et Gabriel Zucman, « World Inequality Report 2018 », Wid. World, pris sur le site web de World Inequality Lab : https://wir2018.wid.world/files/download/wir2018-full-report-english.pdf.

33. David H. Autor, « Work of the Past, Work of the Future », *op. cit.*

34. David H. Autor, David Dorn, Lawrence F. Katz, Christina Patterson et John Van Reenen, « The Fall of the Labor Share and the Rise of Superstar Firms », *op. cit.*

35. Thomas Piketty, *Le Capital au XXIe siècle, op. cit.*

36. World Bank Data, dernier accès le 19 avril 2019, https://data.worldbank.org/indicator/ne.trd.gnfs.zs.

37. Claudia Goldin et Lawrence F. Katz, *The Race between Education and Technology*, Cambridge, MA, Harvard University Press, 2010.

38. Thomas Piketty, *Le Capital au XXIe siècle, op. cit.*

39. David H. Autor, David Dorn, Lawrence F. Katz, Christina Patterson et John Van Reenen, « The Fall of the Labor Share and the Rise of Superstar Firms », *op. cit.*

40. Jason Furman et Peter Orszag, « Slower Productivity and Higher Inequality : Are They Related ? », Peterson Institute for International Economics Working Paper 18-4, 2018.

41. Jae Song, David J. Price, Fatih Guvenen, Nicholas Bloom et Till von Wachter, « Firming Up Inequality », *Quarterly Journal of Economics*, vol. 134, n° 1, 2019, p. 1-50, https://doi.org/10.1093/qje/qjy025.

42. Sherwin Rosen, « The Economics of Superstars », *American Economic Review*, vol. 71, n° 5, 1981, p. 845-858.

43. Xavier Gabaix et Augustin Landier, « Why Has CEO Pay Increased So Much ? », *Quarterly Journal of Economics*, vol. 123, n° 1, 2008, p. 49-100.

44. Facundo Alvaredo, Lucas Chancel, Thomas Piketty, Emmanuel Saez et Gabriel Zucman, « World Inequality Report 2018 », *op. cit.*

45. World Inequality Database, WID. World, https://wid. world.

46. Robin Greenwood et David Scharfstein, « The Growth of Finance », *Journal of Economic Perspectives*, vol. 27, n° 2, 2013, p. 3-28.

47. Thomas Philippon et Ariell Reshef, « Wages and Human Capital in the US Finance Industry : 1909-2006 », *Quarterly Journal of Economics*, vol. 127, n° 4, 2012, p. 1551-1609.

48. Brian Bell et John Van Reenen, « Bankers' Pay and Extreme Wage Inequality in the UK », CEP Special Report, 2010.

49. Jon Bakija, Adam Cole et Bradley T. Heim, « Jobs and Income Growth of Top Earners and the Causes of Changing Income Inequality : Evidence from US Tax Return Data », working paper, Williams College, 2012, dernier accès le 19 juin 2019, https://web.williams.edu/Economics/wp/BakijaColeHeimJobsIncomeGrowthTopEarners.pdf.

50. Bertrand Garbinti, Jonathan Goupille-Lebret et Thomas Piketty, « Income Inequality in France, 1900-2014 : Evidence from Distributional National Accounts (DINA) », WID. world Working Paper Series n° 2017-4, 2017.

51. Olivier Godechot, « Is Finance Responsible for the Rise in Wage Inequality in France ? », *Socio-Economic Review*, vol. 10, n° 3, 2012, p. 447-470.

52. Eugene F. Fama et Kenneth R. French, « Luck Versus Skill in the Cross-Section of Mutual-Fund Returns », *Journal of Finance*, vol. 65, n° 5, 2010, p. 1915-1947.

53. Thomas Philippon et Ariell Reshef, « Wages and Human Capital in the US Finance Industry », *op. cit.*

54. Robin Greenwood et David Scharfstein, « The Growth of Finance », *op. cit.*

55. Claudia Goldin et Lawrence F. Katz, « Transitions : Career and Family Life Cycles of the Educational Elite », *American Economic Review*, vol. 98, n° 2, 2008, p. 363-369.

56. Marianne Bertrand et Sendhil Mullainathan, « Are CEOs Rewarded for Luck ? The Ones Without Principals Are », *Quarterly Journal of Economics*, vol. 116, n° 3, 2001, p. 901-932.

57. Scharfstein et Greenwood ont montré que, dans la plupart des pays européens, la part de la finance dans l'économie soit n'a pas beaucoup augmenté

dans les années 1990 et 2000, soit a même diminué. Robin Greenwood et David Scharfstein, « The Growth of Finance », *op. cit.*

58. Thomas Piketty, *Le Capital au XXIe siècle*, *op. cit.*, p. 815-816 ; Emmanuel Saez et Gabriel Zucman, « Alexandria Ocasio-Cortez's Idea Is Not about Soaking the Rich », *The New York Times,* 22 janvier 2019, dernier accès le 20 avril 2019, https://www.nytimes.com/2019/01/22/opinion/ocasio-cortez-taxes.html.

59. Thomas Piketty, Emmanuel Saez et Stefanie Stantcheva, « Optimal Taxation of Top Labor Incomes », *op. cit.*

60. Maury Brown, « It's Time to Blowup the Salary Cap Systems in the NFL, NBA, and NHL », *Forbes,* 10 mars 2015, dernier accès le 11 avril 2019, https://www.forbes.com/sites/maurybrown/2015/03/10/its-time-to-blowup-the-salary-cap-systems-in-the-nfl-nba-and-nhl/#1e35ced969b3.

61. Notre discussion dans cette partie et dans la suivante s'inspire largement du travail de Thomas Piketty, Emmanuel Saez et Gabriel Zucman. Le lecteur qui souhaite approfondir la question lira avec profit : Thomas Piketty, *Le Capital au XXIe siècle*, *op. cit.* ; Gabriel Zucman, *The Hidden Wealth of Nations*, Chicago, University of Chicago Press, 2015 ; et le livre d'Emmanuel Saez et Gabriel Zucman, *Le Triomphe de l'injustice. Richesse, évasion fiscale et démocratie,* Le Seuil, 2020 [éd. originale 2019].

62. Emmanuel Saez, Joel Slemrod et Seth H. Giertz, « The Elasticity of Taxable Income with Respect to Marginal Tax Rates », *op. cit.*

63. Pian Shu, « Career Choice and Skill Development of MIT Graduates : Are the "Best and Brightest" Going into Finance ? », Harvard Business School Working Paper n° 16-067, 2017.

64. David H. Autor, « Skills, Education, and the Rise of Earnings Inequality among the "Other 99 Percent" », *Science*, vol. 344, n° 6186, 2014, p. 843-851.

65. Henrik J. Kleven, Camille Landais et Emmanuel Saez, « Taxation and International Migration of Superstars : Evidence from the European Football Market », *American Economic Review*, vol. 103, n° 5, 2013, p. 1892-1924.

66. Annette Alstadsæter, Niels Johannesen et Gabriel Zucman, « Tax Evasion and Inequality », NBER Working Paper n° 23772, 2017.

67. Thomas Piketty, *Le Capital au XXIe siècle*, *op. cit.*

68. *Ibid.*

69. L'autre raison est que le revenu de placement est de toute façon taxé à un taux inférieur. L'alternative à un impôt sur la fortune serait de taxer le revenu de placement quand il n'est pas distribué, mais il est techniquement très difficile de comptabiliser ce revenu.

70. Ben Casselman et Jim Tankersley, « Democrats Want to Tax the Wealthy. Many Voters Agree », *The New York Times*, 19 février 2019, https://www.nytimes.com/2019/02/19/business/economy/wealth-tax-elizabeth-warren.html.

71. Henrik Jacobsen Kleven, Martin B. Knudsen, Claus Thustrup Kreiner, Søren Pedersen et Emmanuel Saez, « Unwilling or Unable to Cheat ? Evidence from a Tax Audit Experiment in Denmark », *Econometrica*, vol. 79, n° 3, 2011, p. 651-692, DOI : 10.3982/ECTA9113.

72. Gabriel Zucman, « Sanctions for Offshore Tax Havens, Transparency at Home », *The New York Times,* 7 avril 2016 ; Gabriel Zucman, « The Desperate Inequality behind Global Tax Dodging », *The Guardian,* 8 novembre 2017.

73. Henrik Jacobsen Kleven, Camille Landais, Emmanuel Saez et Esben Schultz, « Migration and Wage Effects of Taxing Top Earners : Evidence from the Foreigners' Tax Scheme in Denmark », *Quarterly Journal of Economics*, vol. 129, n° 1, 2013, p. 333-378.

74. Ben Casselman et Jim Tankersly, « Democrats Want to Tax the Wealthy. Many Voters Agree », *The New York Times*, 19 février 2019, https://www.nytimes.com/2019/02/19/business/economy/wealth-tax-elizabeth-warren.html.

75. Abhijit V. Banerjee, Esther Duflo et Stefanie Stantcheva, « Me and Everyone Else », *op. cit.*

76. Erzo F. P. Luttmer, « Neighbors as Negatives : Relative Earnings and Well-Being », *Quarterly Journal of Economics*, vol. 120, n° 3, 2005, p. 963-1002.

77. Ricardo Perez-Truglia, « The Effects of Income Transparency on Well-Being : Evidence from a Natural Experiment », NBER Working Paper n° 25622, 2019.

78. Leonardo Bursztyn, Bruno Ferman, Stefano Fiorin, Martin Kanz et Gautam Rao, « Status Goods : Experimental Evidence from Platinum Credit Cards », *Quarterly Journal of Economics*, vol. 133, n° 3, 2018, p. 1561-1595, https://doi.org/10.1093/qje/qjx048.

79. Alberto Alesina, Stefanie Stantcheva et Edoardo Teso, « Intergenerational Mobility and Preferences for Redistribution », *op. cit.*

80. *Ibid.*

81. *Ibid.*

82. Anne Case et Angus Deaton, « Rising Morbidity and Mortality in Midlife among White Non-Hispanic Americans in the 21st Century », *op. cit.* ; Anne Case et Angus Deaton, « Mortality and Morbidity in the 21st Century », Brookings Papers on Economic Activity, 2017.

83. Tamara Men, Paul Brennan, Paolo Boffetta et David Zaridze, « Russian Mortality Trends for 1991-2001 : Analysis by Cause and Region », *BMJ : British Medical Journal,* vol. 327, n° 7421, 2003, p. 964-966.

84. Anne Case et Angus Deaton, « Mortality and Morbidity in the 21st Century », *op. cit.*

85. Alberto Alesina, Stefanie Stantcheva et Edoardo Teso, « Intergenerational Mobility and Preferences for Redistribution », *op. cit.*

86. Emily Breza, Supreet Kaur et Yogita Shamdasani, « The Morale Effects of Income Inequality », *op. cit.*

87. David H. Autor, David Dorn, Gordon Hanson et Kaveh Majlesi, « Importing Political Polarization ? The Electoral Consequences of Rising Trade Exposure », NBER Working Paper n° 22637, 2016, révisé en 2017.

Chapitre 8. Légitimité.gouv

1. « Revenue Statistics 2018 Tax Revenue Trends in the OECD », OCDE, 5 décembre 2018, dernier accès le 18 juin 2018, https://www.oecd.org/tax/tax-policy/revenue-statistics-highlights-brochure.pdf.

2. Emmanuel Saez et Gabriel Zucman à Elizabeth Warren, 18 janvier 2019, http://gabriel-zucman.eu/files/saez-zucman-wealthtax-warren.pdf.

3. Ben Casselman et Jim Tankersley, « Democrats Want to Tax the Wealthy. Many Voters Agree », *op. cit.*

4. Abhijit V. Banerjee, Esther Duflo et Stefanie Stantcheva, « Me and Everyone Else », *op. cit.*

5. Cité dans Richard A. Viguerie, *Conservatives Betrayed : How George W. Bush and Other Big Government Republicans Hijacked the Conservative Cause,* Los Angeles, Bonus Books, 2006, p. 46.

6. Emmanuel Saez, Joel Slemrod et Seth H. Giertz, « The Elasticity of Taxable Income with Respect to Marginal Tax Rates », *op. cit.*

7. Isabel Z. Martinez, Emmanuel Saez et Michael Siegenthaler, « Intertemporal Labor Supply Substitution ? Evidence from the Swiss Income Tax Holidays », NBER Working Paper n° 24634, 2018.

8. Emmanuel Saez, Joel Slemrod et Seth H. Giertz, « The Elasticity of Taxable Income with Respect to Marginal Tax Rates », *op. cit.*

9. Abhijit V. Banerjee, Esther Duflo et Stefanie Stantcheva, « Me and Everyone Else », *op. cit.*

10. Ronald Reagan, Inaugural Address (« Discours inaugural »), Washington, DC, 1981.

11. Alberto Alesina, Stefanie Stantcheva et Edoardo Teso, « Intergenerational Mobility and Preferences for Redistribution », *op. cit.*

12. Anju Agnihotri Chaba, « Sustainable Agriculture : Punjab Has a New Plan to Move Farmers Away from Water-Guzzling Paddy », *The Indian Express,* 28 mars 2018, dernier accès le 4 mars 2019, https://indianexpress.com/article/india/sustainable-agriculture-punjab-has-a-new-plan-to-move-farmers-away-from-water-guzzling-paddy-5064481/.

13. « Which States Rely Most on Federal Aid ? », Tax Foundation, dernier accès le 19 avril 2019, https://taxfoundation.org/states-rely-most-federal-aid/.

14. Voici une citation souvent citée de Milton Friedman ; elle a inspiré plusieurs générations d'économistes, surtout de droite, a beaucoup de succès sur Twitter et figure dans tous les recueils de citations : « Les grandes œuvres de la civilisation ne sont pas nées dans les bureaux des gouvernements. » Ce à quoi il ajoutait : « Einstein n'a pas bâti sa théorie sur ordre d'un bureaucrate. » L'exemple choisi est curieux : Einstein était lui-même un employé de bureau (au Bureau suisse des brevets) quand il fit ses premières recherches, et s'il n'avait pas découvert ce que l'on sait il aurait été un bon exemple de gaspillage d'argent public. *Milton Friedman Quotes*, BrainyQuote.com, BrainyMedia Inc., 2019, dernier accès le 18 juin 2019, https://www.brainyquote.com/quotes/milton_friedman_412621.

15. Abhijit V. Banerjee, Rema Hanna, Jordan Kyle, Benjamin A. Olken et Sudarno Sumarto, « Tangible Information and Citizen Empowerment : Identification Cards and Food Subsidy Programs in Indonesia », *Journal of Political Economy*, vol. 126, n° 2, 2018, p. 451-491.

16. Karthik Muralidharan et Venkatesh Sundararaman, « The Aggregate Effect of School Choice : Evidence from a Two-Stage Experiment in India », *Quarterly Journal of Economics*, vol. 130, n° 3, 2015, p. 1011-1066.

17. Luc Behaghel, Bruno Crépon et Marc Gurgand, « Private and Public Provision of Counseling to Job Seekers : Evidence from a Large Controlled Experiment », *American Economic Journal : Applied Economics*, vol. 6, n° 4, 2014, p. 142-174.

18. Mauricio Romero, Justin Sandefur et Wayne Aaron Sandholtz, « Outsourcing Service Delivery in a Fragile State : Experimental Evidence from Liberia », working paper, ITAM, dernier accès le 18 juin 2019, https://www.dropbox.com/s/o82lfb6tdffedya/MainText.pdf?dl=0.

19. Finlay Young, « What Will Come of the More Than Me Rape Scandal ? », *ProPublica*, 3 mai 2019, dernier accès le 18 juin 2019 https://www.propublica.org/article/more-than-me-liberia-rape-scandal.

20. Oriana Bandiera, Andrea Prat et Tommaso Valletti, « Active and Passive Waste in Government Spending : Evidence from a Policy Experiment », *American Economic Review*, vol. 99, n° 4, 2009, p. 1278-1308.

21. Abhijit V. Banerjee, Rema Hanna, Jordan Kyle, Benjamin A. Olken et Sudarno Sumarto, « Tangible Information and Citizen Empowerment », *op. cit.*

22. Abhijit V. Banerjee, Esther Duflo et Stefanie Stantcheva, « Me and Everyone Else », *op. cit.*

23. Alain Cohn, Ernst Fehr et Michel André Marechal, « Business Culture and Dishonesty in the Banking Industry », *op. cit.*

24. Rema Hanna et Shing-Yi Wang, « Dishonesty and Selection into Public Service : Evidence from India », *American Economic Journal : Economic Policy*, vol. 9, n° 3, 2017, p. 262-290.

25. Sebastian Barfort, Nikolaj A. Harmon, Frederik G. Hjorth, Asmus Leth Olsen *et al.*, « Dishonesty and Selection into Public Service in Denmark : Who Runs the World's Least Corrupt Public Sector ? », Discussion Papers 15-12, université de Copenhague, Département d'économie, 2015.

26. Oriana Bandiera, Michael Carlos Best, Adnan Q. Khan et Andrea Prat, « Incentives and the Allocation of Authority in Organizations : A Field Experiment with Bureaucrats », CEP/DOM Capabilities, Competition and Innovation Seminars, London School of Economics, Londres, 24 mai 2018.

27. Clay Johnson et Harper Reed, « Why the Government Never Gets Tech Right », *The New York Times,* 24 octobre 2013, dernier accès le 4 mars 2019, https://www.nytimes.com/2013/10/25/opinion/getting-to-the-bottom-of-healthcaregovs-flop.html?_r=0.

28. Bertrand Garbinti, Jonathan Goupille-Lebret et Thomas Piketty, « Income Inequality in France, 1900-2014 : Evidence from Distributional National Accounts (DINA) », *Journal of Public Economics*, vol. 162, 2018, p. 63-77.

29. Thomas Piketty et Nancy Qian, « Income Inequality and Progressive Income Taxation in China and India, 1986-2015 », *American Economic Journal : Applied Economics*, vol. 1, n° 2, 2009, p. 53-63, DOI : 10.1257/*app.*1.2.53.

30. World Inequality Database, dernier accès le 19 juin 2019, https://wid.world/country/india/ et https://wid.world/country/china/.

31. Luis Felipe López-Calva et Nora Lustig, *Declining Inequality in Latin America : A Decade of Progress ?*, Washington, DC, Brookings Institution Press, 2010, p. 1-24.

32. Santiago Levy, *Progress Against Poverty : Sustaining Mexico's PROGRESA-Oportunidades Program*, Washington, DC, Brookings Institution Press, 2006.

33. Des dizaines d'études ont documenté les différents aspects de l'expérience de Progresa. Le premier article fut l'œuvre de Paul J. Gertler et Simone Boyce, « An Experiment in Incentive-Based Welfare : The Impact of Progresa on Health in Mexico », working paper, 2003. Ces études et celles portant sur les expériences suivantes ont été résumées dans Ariel Fiszbein et Norbert Schady (dir.), *Conditional Cash Transfers : Reducing Present and Future Poverty,* accessible sur http://documents.worldbank.org/curated/en/914561468314712643/Conditional-cash-transfers-reducing-present-and-future-poverty, dernier accès le 19 avril 2019.

34. World Inequality Database, dernier accès le 18 juin 2019, https://wid. world/country/colombia ; https://wid. world/country/chile ; https://wid.world/country/brazil.

Chapitre 9. Du cash et du « care »

1. Citation de Laticia Animas, qui dirige le nouveau programme. Benjamin Russell, « What AMLO's Anti-Poverty Overhaul Says About His Government », *Americas Quarterly,* 26 février 2019, dernier accès le 17 avril 2019, https://www.americasquarterly.org/content/what-amlos-anti-poverty-overhaul-says-about-his-government.

2. David Coady, Raul Perez et Hadid Vera-Llamas, « Evaluating the Cost of Poverty Alleviation Transfer Programs : An Illustration Based on Progresa in Mexico », IFRPI discussion paper, http://ebrary.ifpri.org/utils/getfile/collection/p15738coll2/id/60365/filename/60318.pdf. Voir aussi Natalia Caldés, David Coady et John A. Maluccio, « The Cost of Poverty Alleviation Transfer Programs : A Comparative Analysis of Three Programs in Latin America », *World Development*, vol. 34, n° 5, 2006, p. 818-637.

3. Florencia Devoto, Esther Duflo, Pascaline Dupas, William Parienté et Vincent Pons, « Happiness on Tap : Piped Water Adoption in Urban Morocco », *American Economic Journal : Economic Policy*, vol. 4, n° 4, 2012, p. 68-99.

4. Maria Mini Jos, Rinku Murgai, Shrayana Bhattacharya et Soumya Kapoor Mehta, « From Policy to Practice : How Should Social Pensions Be Scaled Up ? », *Economic and Political Weekly*, vol. 50, n° 14, 2015.

5. Sarika Gupta, « Perils of the Paperwork : The Impact of Information and Application Assistance on Welfare Program Take-Up in India », Harvard

University, novembre 2017, dernier accès le 19 juin, 2019, https://scholar.harvard.edu/files/sarikagupta/files/gupta_jmp_11_1.pdf.

6. Esther Duflo, « The Economist as Plumber », *American Economic Review : Papers & Proceedings*, vol. 107, n° 5, 2017, p. 1-26.

7. Amy Finkelstein et Matthew J. Notowidigdo, « Take-up and Targeting : Experimental Evidence from SNAP », NBER Working Paper n° 24652, 2018.

8. Diane Whitmore Schanzenbach, « Experimental Estimates to the Barriers of Food Stamp Enrollment », Institute for Research on Poverty, Discussion Paper n° 1367-09, septembre 2009.

9. Bruno Tardieu, *Quand un peuple parle. ATD Quart Monde, un combat radical contre la misère*, Paris, La Découverte, 2015, p. 89.

10. Najy Benhassine, Florencia Devoto, Esther Duflo, Pascaline Dupas et Victor Pouliquen, « Turning a Shove into a Nudge ? A "Labeled Cash Transfer" for Education », *American Economic Journal : Economic Policy*, vol. 7, n° 3, 2015, p. 86-125.

11. Ces chiffres clefs sont résumés dans la recension de Robert B. Reich des deux livres sur le revenu de base universel : https://www.nytimes.com/2018/07/09/books/review/annie-lowrey-give-people-money-andrew-yang-war-on-normal-people.html et peuvent aussi être trouvés dans les livres eux-mêmes. Annie Lowrey, *Give People Money : How a Universal Basic Income Would End Poverty, Revolutionize Work, and Remake the World*, New York, Crown, 2018, et Andrew Yang, *The War on Normal People : The Truth About America's Disappearing Jobs and Why Universal Basic Income Is Our Future,* New York, Hachette Books, 2018.

12. George Bernard Shaw, *Pygmalion*, traduit de l'anglais par Michel Habart, Paris, L'Arche, 1983, p. 51 [éd. originale 1914].

13. Carte descriptive de la pauvreté à Londres 1898-1899, dernier accès le 21 avril 2019, https://booth. lse. ac. uk/learn-more/download-maps/sheet9.

14. « Radio Address to the Nation on Welfare Reform », Ronald Reagan Presidential Library and Museum, dernier accès le 20 mars 2019, https://www.reaganlibrary.gov/research/speeches/21586a.

15. *Ibid.*

16. Pour le lecteur qui veut aller plus loin, cette littérature est synthétisée dans plusieurs livres : James P. Ziliak, « Temporary Assistance for Needy Families », in Robert A. Moffitt (dir.) *Economics of Means-Tested Transfer Programs in the United States*, vol. 1, National Bureau of Economic Research and University of Chicago Press, 2016, p. 303-393 ; Robert A. Moffitt « The Temporary Assistance for Needy Families Program », in Robert A. Moffitt (dir.) *Means-Tested Transfer Programs in the US,* University of Chicago Press

and NBER, 2003 ; Robert A. Moffitt, « The Effect of Welfare on Marriage and Fertility : What Do We Know and What Do We Need to Know ? », in Robert A. Moffitt (dir.) *Welfare, the Family, and Reproductive Behavior*, Washington, DC, National Research Council, National Academy of Sciences Press, 1998.

17. Sibeth Ndiaye (@SibethNdiaye), « Le Président ? Toujours exigeant. Pas encore satisfait du discours qu'il prononcera demain au congrès de la Mutualité, il nous précise donc le brief ! Au boulot ! », tweet, 12 juin 2018, 15 h 28, dernier accès le 19 juin 2019, https://twitter.com/SibethNdiaye/status/1006664614619308033.

18. « Expanding Work Requirements in Non-Cash Welfare Programs », Council of Economic Advisors, juillet 2018, https://www.whitehouse.gov/wp-content/uploads/2018/07/Expanding-Work-Requirements-in-Non-Cash-Welfare-Programs.pdf.

19. Shrayana Bhattacharya, Vanita Leah Falcao et Raghav Puri, « The Public Distribution System in India : Policy Evaluation and Program Delivery Trends », in *The 1.5 Billion People Question : Food, Vouchers, or Cash Transfers ?*, Washington, DC, World Bank, 2017.

20. « Egypt to Raise Food Subsidy Allowance in Bid to Ease Pressure from Austerity », Reuters, 20 juin 2017, dernier accès le 19 juin 2019, https://www.reuters.com/article/us-egypt-economy/egypt-to-raise-food-subsidy-allowance-in-bid-to-ease-pressure-from-austerity-idUSKBN19B2YW.

21. Peter C. Timmer, Hastuti Hastuti et Sudarno Sumarto, « Evolution and Implementation of the Rastra Program in Indonesia », in *The 1.5 Billion People Question : Food, Vouchers, or Cash Transfers ?*, *op. cit.*

22. Abhijit V. Banerjee, Rema Hanna, Jordan Kyle, Benjamin A. Olken et Sudarno Sumarto, « Tangible Information and Citizen Empowerment », *op. cit.*

23. Reetika Khera, « Cash vs. In-Kind Transfers : Indian Data Meets Theory », *Food Policy*, vol. 46, 2014, p. 116-128, https://doi.org/10.1016/j.foodpol.2014.03.009.

24. Ugo Gentilini, Maddalena Honorati et Ruslan Yemtsov, « The State of Social Safety Nets 2014 (English) », World Bank Group, 2014, dernier accès le 19 juin 2019, http://documents.worldbank.org/curated/en/302571468320707386/The-state-of-social-safety-nets-2014.

25. Abhijit V. Banerjee, « Policies for a Better-Fed World », *op. cit.*

26. David K. Evans et Anna Popova « Cash Transfers and Temptation Goods », *Economic Development and Cultural Change*, vol. 65, n° 2, 2017, p. 189-221.

27. Abhijit V. Banerjee, « Policies for a Better-Fed World », *op. cit.*

28. Johannes Haushofer et Jeremy Shapiro, « The Short-Term Impact of Unconditional Cash Transfers to the Poor : Experimental Evidence from Kenya », *Quarterly Journal of Economics*, vol. 131, n° 4, 2016, p. 1973-2042.

29. Erica Field, Rohini Pande, Natalia Rigol, Simone Schaner et Charity Troyer Moore, « On Her Account : Can Strengthening Women's Financial Control Boost Female Labor Supply ? », working paper, Harvard University, Cambridge, MA, 2016, dernier accès le 19 juin 2019, http://scholar.harvard.edu/files/rpande/files/on_her_account.can_strengthening_womens_financial_control_boost_female_labor_supply.pdf.

30. Abhijit V. Banerjee, Rema Hanna, Gabriel Kreindler et Benjamin A. Olken, « Debunking the Stereotype of the Lazy Welfare Recipient : Evidence from Cash Transfer Programs », *World Bank Research Observer*, vol. 32, n° 2, 2017, p. 155-184, https://doi.org/10.1093/wbro/lkx002.

31. Abhijit V. Banerjee, Karlan Dean et Christopher Udry, « Does Poverty Increase Labor Supply ? Evidence from Multiple Income Effects », Mimeo, Massachusetts Institute of Technology, 2019.

32. David Greenberg et Mark Shroder, « Part 1 : Introduction. An Overview of Social Experimentation and the Digest », *Digest of Social Experiments,* dernier accès le 25 mars 2019, https://web.archive.org/web/20111130101109/http://www.urban.org/pubs/digest/introduction.html#n22.

33. Philip K. Robins, « A Comparison of the Labor Supply Findings from the Four Negative Income Tax Experiments », *Journal of Human Resources*, vol. 20, n° 4, 1985, p. 567-582.

34. Orley Ashenfelter et Mark W. Plant, « Nonparametric Estimates of the Labor Supply Effects of Negative Income Tax Programs », *Journal of Labor Economics*, vol. 8, n° 1, Part 2 : Essays in Honor of Albert Rees, 1990, p. S396-S415.

35. Philip K. Robins, « A Comparison of the Labor Supply Findings from the Four Negative Income Tax Experiments », *op. cit.*

36. *Ibid.*

37. Albert Rees, « An Overview of the Labor-Supply Results », *Journal of Human Resources*, vol. 9, n° 2, 1974, p. 158-180.

38. Damon Jones et Ioana Marinescu, « The Labor Market Impacts of Universal and Permanent Cash Transfers : Evidence from the Alaska Permanent Fund », NBER Working Paper n° 24312, 2018.

39. Randall K. Q. Akee, William E. Copeland, Gordon Keeler, Adrian Angold et E. Jane Costello, « Parents' Income and Children's Outcomes : A

Quasi-Experiment Using Transfer Payments from Casino Profits », *American Economic Journal : Applied Economics*, vol. 2, n° 1, 2010, p. 86-115.

40. Vivi Alatas, Abhijit V. Banerjee, Rema Hanna, Benjamin A. Olken et Julia Tobias, « Targeting the Poor : Evidence from a Field Experiment in Indonesia », *American Economic Review*, vol. 102, n° 4, 2012, p. 1206-1240, DOI : 10.1257/aer.102.4.1206.

41. Clément Imbert et John Papp, « Labor Market Effects of Social Programs : Evidence from India's Employment Guarantee », *American Economic Journal : Applied Economics*, vol. 7, n° 2, 2015, p. 233-263 ; Karthik Muralidharan, Paul Niehaus et Sandip Sukhtankar, « General Equilibrium Effects of (Improving) Public Employment Programs : Experimental Evidence from India », NBER Working Paper n° 23838, 2018 DOI : 10.3386/w23838.

42. Martin Ravallion, « Is a Decentralized Right to Work Policy Feasible ? », NBER Working Paper n° 25687, 2019.

43. Abhijit V. Banerjee, Esther Duflo, Clément Imbert, Santhos Matthews et Rohini Pande, « E-Governance, Accountability, and Leakage in Public Programs : Experimental Evidence from a Financial Management Reform in India », NBER Working Paper n° 22803, 2016.

44. « Economic Survey 2016-17 », Government of India, Ministry of Finance, Department of Economic Affairs, Economic Division, 2017, p. 188-190.

45. Nur Cahyadi, Rema Hanna, Benjamin A. Olken, Rizal Adi Prima, Elan Satriawan et Ekki Syamsulhakim, « Cumulative Impacts of Conditional Cash Transfer Programs : Experimental Evidence from Indonesia », NBER Working Paper n° 24670, 2018.

46. Najy Benhassine, Florencia Devoto, Esther Duflo, Pascaline Dupas et Victor Pouliquen, « Turning a Shove into a Nudge ? », *op. cit.*

47. Aaron Smith et Monica Anderson, « Americans' Attitudes towards a Future in Which Robots and Computers Can Do Many Human Jobs », Pew Research Center, 4 octobre 2017, dernier accès le 3 avril 2019, http://www.pewinternet.org/2017/10/04/americans-attitudes-toward-a-future-in-which-robots-and-computers-can-do-many-human-jobs/.

48. Robert B. Reich, « What if the Government Gave Everyone a Paycheck ? », 9 juillet 2018, https://www.nytimes.com/2018/07/09/books/review/annie-lowrey-give-people-money-andrew-yang-war-on-normal-people.html.

49. Olli Kangas, Signe Jauhiainen, Miska Simanainen, Minna Ylikännö (dir.), « The Basic Income Experiment 2017-2018 in Finland. Preliminary

Results », Reports and Memorandums of the Ministry of Social Affairs and Health, 2019, 9.

50. Abhijit V. Banerjee, Esther Duflo et Stefanie Stantcheva, « Me and Everyone Else », *op. cit.*

51. Nicole Maestas, Kathleen J. Mullen, David Powell, Till von Wachter et Jeffrey B. Wenger, « Working Conditions in the United States : Results of the 2015 American Working Conditions Survey », Rand Corporation, 2017.

52. « The State of American Jobs : How the Shifting Economic Landscape Is Reshaping Work and Society and Affecting the Way People Think about the Skills and Training They Need to Get Ahead », ch. 3, Pew Research Center, octobre 2016, dernier accès le 21 avril 2019, http://www.pewsocialtrends.org/2016/10/06/3-how-americans-view-their-jobs/#fn-22004-26.

53. Voir Steven J. Davis et Till von Wachter, « Recession and the Costs of Job Loss », Brookings Papers on Economic Activity, Brookings Institution, Washington, DC, 2011, https://www.brookings.edu/wp-content/uploads/2011/09/2011b_bpea_davis.pdf, et les références qui s'y trouvent.

54. Daniel Sullivan et Till von Wachter, « Job Displacement and Mortality : An Analysis Using Administrative Data », *Quarterly Journal of Economics*, vol. 124, n° 3, 2009, p. 1265-1306.

55. Mark Aguiar et Erik Hurst, « Measuring Trends in Leisure : The Allocation of Time over Five Decades », *Quarterly Journal of Economics*, vol. 122, n° 3, 2007, p. 969-100.

56. Mark Aguiar, Mark Bils, Kerwin Kofi Charles et Erik Hurst, « Leisure Luxuries and the Labor Supply of Young Men », *op. cit.*

57. « American Time Use Survey – 2017 Results », communiqué de presse, Bureau of Labor Statistics, US Department of Labor, 28 juin 2018, dernier accès le 19 juin 2019, https://www.bls.gov/news.release/atus.nr0.htm.

58. Mark Aguiar, Erik Hurst et Loukas Karabarbounis, « Time Use During the Great Recession », *American Economic Review*, vol. 103, n° 5, 2013, p. 1664-1696.

59. Daniel Kahneman et Alan B. Krueger, « Developments in the Measurement of Subjective Well-Being », *Journal of Economic Perspectives*, vol. 20, n° 1, 2006, p. 3-24.

60. Aaron Smith et Monica Anderson, « Americans' Attitudes towards a Future in Which Robots and Computers Can Do Many Human Jobs », Pew Research Center, 4 octobre 2017, dernier accès le 3 avril 2019, http://www.pewinternet.org/2017/10/04/americans-attitudes-toward-a-future-in-which-robots-and-computers-can-do-many-human-jobs/.

61. « Volunteering in the United States, 2015 », *Economic News Release*, 25 février 2016, dernier accès le 21 avril 2019, https://www.bls.gov/news.release/volun.nr0.htm.

62. David J. Deming, « The Growing Importance of Social Skills in the Labor Market », *Quarterly Journal of Economics*, vol. 132, n° 4, 2017, p. 1593-1640, https://doi.org/10.1093/qje/qjx022.

63. Román Andrés Zárate, « Social and Cognitive Peer Effects : Experimental Evidence from Selective High Schools in Peru », MIT Economics, 2019, dernier accès le 19 juin 2019, https://economics.mit.edu/files/16276.

64. Raj Chetty, Nathaniel Hendren, Patrick Kline et Emmanuel Saez, « Where Is the Land of Opportunity ? The Geography of Intergenerational Mobility in the United States », *Quarterly Journal of Economics*, vol. 129, n° 4, 2014, p. 1553-1623, https://doi.org/10.1093/qje/qju022.

65. Lawrence F. Katz, Jeffrey R. Kling et Jeffrey B. Liebman, « Moving to Opportunity in Boston : Early Results of a Randomized Mobility Experiment », *Quarterly Journal of Economics*, vol. 116, n° 2, 2001, p. 607-654, https://doi.org/10.1162/00335530151144113.

66. Raj Chetty, Nathaniel Hendren et Lawrence F. Katz, « The Effect of Exposure to Better Neighborhoods and Children : New Evidence from the Moving to Opportunity Experiment », *American Economic Review*, vol. 106, n° 4, 2016, p. 855-902.

67. Raj Chetty et Nathaniel Hendren, « The Impacts of Neighborhoods on Intergenerational Mobility II : County-Level Estimates », *Quarterly Journal of Economics*, vol. 133, n° 3, 2018, p. 1163-1228.

68. Roland G. Fryer Jr., « The Production of Human Capital in Developed Countries : Evidence from 196 Randomized Field Experiments », in *Handbook of Field Experiments* 2, Amsterdam, North Holland, 2017, p. 95-322.

69. Abhijit V. Banerjee, Rukmini Banerji, James Berry, Esther Duflo, Harini Kannan, Shobhini Mukerji, Marc Shotland et Michael Walton, « From Proof of Concept to Scalable Policies : Challenges and Solutions, with an Application », *Journal of Economic Perspectives*, vol. 31, n° 4, 2017, p. 73-102.

70. Raj Chetty, John N. Friedman, Nathaniel Hilger, Emmanuel Saez, Diane Whitmore Schanzenbach et Danny Yagan, « How Does Your Kindergarten Classroom Affect Your Earnings ? Evidence from Project Star », *Quarterly Journal of Economics*, vol. 126, n° 4, 2011, p. 1593-1660.

71. Ajay Chaudry et Rupa Datta, « The Current Landscape for Public Pre-Kindergarten Programs », in *The Current State of Scientific Knowledge on Pre-Kindergarten Effects,* Brookings Institution, Washington, DC, 2017,

dernier accès le 19 juin 2019, https://www.brookings.edu/wp-content/uploads/2017/04/duke_prekstudy_final_4-4-17_hires.pdf.

72. Maria Stephens, Laura K. Warren et Ariana L. Harner, « Comparative Indicators of Education in the United States and Other G-20 Countries : 2015. NCES 2016-100 », National Center for Education Statistics, 2015.

73. Toutes les références aux travaux de Heckman sur l'impact à long terme de l'enseignement en maternelle peuvent être trouvées sur : https://heckmanequation.org/. Parmi d'autres références, voir Jorge Luis García, James J. Heckman, Duncan Ermini Leaf et María José Prados, « The Life-Cycle Benefits of an Influential Early Childhood Program », NBER Working Paper n° 22993, 2016.

74. Michael Puma, Stephen Bell, Ronna Cook et Camilla Heid, « Head Start Impact Study Final Report », US Department of Health and Human Services, Administration for Children and Families, 2010, https://www.acf.hhs.gov/sites/default/files/opre/executive_summary_final.pdf ; Mark W. Lipsey, Dale C. Farran et Kelley Durkin, « Effects of the Tennessee Prekindergarten Program on Children's Achievement and Behavior through Third Grade », *Early Childhood Research Quarterly*, vol. 45, 2018, p. 155-176.

75. Ruth M. Ford, Sine J. P. McDougall et Daphne Evans, « Parent-Delivered Compensatory Education for Children at Risk of Educational Failure : Improving the Academic and Self-Regulatory Skills of a Sure Start Preschool Sample », *British Journal of Psychology*, vol. 100, n° 4, 2009, p. 773-797 ; Amy J. L. Baker, Chaya S. Piotrkowski et Jeanne Brooks-Gunn, « The Effects of the Home Instruction Program for Preschool Youngsters on Children's School Performance at the End of the Program and One Year Later », *Early Childhood Research Quarterly*, vol. 13, n° 4, 1998, p. 571-586 ; Karen L. Bierman, Janet A. Welsh, Brenda S. Heinrichs, Robert L. Nix et Erin T. Mathis, « Helping Head Start Parents Promote Their Children's Kindergarten Adjustment : The REDI Parent Program », *Child Development*, vol. 86, n° 6, 2015, p. 1877-1891 ; James J. Heckman, Margaret L. Holland, Kevin K. Makino, Rodrigo Pinto et Maria Rosales-Rueda, « An Analysis of the Memphis Nurse-Family Partnership Program », NBER Working Paper n° 23610, 2017, http://www.nber.org/papers/w23610 ; Orazio P. Attanasio, Camila Fernández, Emla O. A. Fitzsimons, Sally M. Grantham-McGregor, Costas Meghir et Marta Rubio-Codina, « Using the Infrastructure of a Conditional Cash Transfer Program to Deliver a Scalable Integrated Early Child Development Program in Colombia : A Cluster Randomised Controlled Trial », *British Medical Journal*, n° 349, 2014, p. g5785 ; Paul J. Gertler, James J. Heckman, Rodrigo Pinto, Arianna Zanolini, Christel Vermeersch, Susan Walker, Susan

Chang-Lopez et Sally Grantham-McGregor, « Labor Market Returns to an Early Childhood Stimulation Intervention in Jamaica », *Science*, vol. 344, n° 6187, 2014, p. 998-1001.

76. Moira R. Dillon, Harini Kannan, Joshua T. Dean, Elizabeth S. Spelke et Esther Duflo, « Cognitive Science in the Field : A Preschool Intervention Durably Enhances Intuitive but Not Formal Mathematics », *Science*, vol. 357, n° 6346, 2017, p. 47-55.

77. Henrik Kleven, Camille Landais, Johanna Posch, Andreas Steinhauer et Josef Zweimüller, « Child Penalties Across Countries : Evidence and Explanations », n° 25524, National Bureau of Economic Research, 2019.

78. Henrik Kleven, Camille Landais et Jakob Egholt Søgaard, « Children and Gender Inequality : Evidence from Denmark », n° 24219, National Bureau of Economic Research, 2018.

79. « Denmark : Long-term Care », Organisation for Economic Co-Operation and Development, 2011, http://www.oecd.org/denmark/47877588.pdf.

80. Bruno Crépon et Gerard J. van den Berg, « Active Labor Market Policies », *Annual Review of Economics*, https://doi.org/10.1146/annurev-economics-080614-115738 ; Bruno Crépon, Esther Duflo, Marc Gurgand, Roland Rathelot et Philippe Zamora, « Do Labor Market Policies Have Displacement Effects ? Evidence from a Clustered Randomized Experiment », *Quarterly Journal of Economics*, vol. 128, n° 2, 2013, p. 531-580.

81. Sheila Maguire, Joshua Freely, Carol Clymer, Maureen Conway et Deena Schwartz, « Tuning In to Local Labor Markets : Findings from the Sectoral Employment Impact Study », Public/Private Ventures, 2010, dernier accès le 21 avril 2019, http://ppv.issuelab.org/resources/5101/5101.pdf.

82. Yann Algan, Bruno Crépon et Dylan Glover, « The Value of a Vacancy : Evidence from a Randomized Evaluation with Local Employment Agencies in France », J-PAL working paper, 2018, dernier accès le 21 avril 2019, https://www.povertyactionlab.org/sites/default/files/publications/5484_The-Value_of_a_vacancy_Algan-Crepon-Glover_June2018.pdf.

83. « Employment Database – Labour Market Policies And Institutions », Organisation for Economic Co-Operation and Development.

84. « Active Labour Market Policies : Connecting People with Jobs », Organisation for Economic Co-Operation and Development, http://www.oecd.org/employment/activation.htm.

85. Benjamin Hyman, « Can Displaced Labor Be Retrained ? Evidence from Quasi-Random Assignment to Trade Adjustment Assistance », 10 janvier

2018, disponible sur SSRN : https://ssrn.com/abstract = 3155386 ou http://dx.doi.org/10.2139/ssrn.3155386.

86. Aaron Smith et Monica Anderson, « Automation in Everyday Life : Chapter 2 », Pew Research Center, 2017, dernier accès le 21 avril 2019, https://www.pewinternet.org/2017/10/04/americans-attitudes-toward-a-future-in-which-robots-and-computers-can-do-many-human-jobs/.

87. Bruno Tardieu, *Quand un peuple parle*, *op. cit.*

88. Abhijit V. Banerjee, Esther Duflo, Nathanael Goldberg, Dean Karlan, Robert Osei, William Parienté, Jeremy Shapiro, Bram Thuysbaert et Christopher Udry, « A Multifaceted Program Causes Lasting Progress for the Very Poor : Evidence from Six Countries », *Science*, vol. 348, n° 6236, 2015, p. 1260799.

89. Esther Duflo, Abhijit V. Banerjee, Raghabendra Chattopadhyay et Jeremy Shapiro, « The Long Term Impacts of a "Graduation" Program : Evidence from West Bengal », Mimeo, Massachusetts Institute of Technology, 2019.

90. Christopher Blattman, Nathan Fiala et Sebastian Martinez, « The Long Term Impacts of Grants on Poverty : 9-Year Evidence from Uganda's Youth Opportunities Program », 5 avril 2019, accessible sur : SSRN, https://ssrn.com/abstract = 3223028 ou http://dx.doi.org/10.2139/ssrn.3223028.

91. Bruno Crépon, Esther Duflo, Élise Huillery, William Parienté, Juliette Seban et Paul-Armand Veillon, « Cream Skimming and the Comparison between Social Interventions Evidence from Entrepreneurship Programs for At-Risk Youth in France », 2018.

92. *Ibid.*

93. Robert Rosenthal et Lenore Jacobson, « Pygmalion in the Classroom », *op. cit.*

94. Angela Duckworth, *Grit : The Power of Passion and Perseverance*, New York, Scribner, 2016.

95. Yann Algan, Adrien Bouguen, Axelle Charpentier, Coralie Chevallier et Élise Huillery, « The Impact of a Large-Scale Mindset Intervention on School Outcomes : Experimental Evidence from France », Mimeo, 2018.

96. Sara B. Heller, Anuj K. Shah, Jonathan Guryan, Jens Ludwig, Sendhil Mullainathan et Harold A. Pollack, « Thinking, Fast and Slow ? Some Field Experiments to Reduce Crime and Dropout in Chicago », *Quarterly Journal of Economics*, vol. 132, n° 1, 2017, p. 1-54.

Conclusion. De la bonne et la mauvaise science économique

1. Thomas Stearns Eliot, « East Coker », in *La Terre vaine et autres poèmes*, traduit de l'anglais par Pierre Leyris, Paris, Le Seuil, 1976, p. 175 [éd. originale 1940].

2. Chang-Tai Hsieh et Peter J. Klenow, « The Life Cycle of Plants in India and Mexico », *Quarterly Journal of Economics*, vol. 129, n° 3, 2014, p. 1035-1084, https://doi.org/10.1093/qje/qju014.

Sur les auteurs

Abhijit V. Banerjee est professeur d'économie (Ford Foundation International) au Massachusetts Institute of Technology (MIT), et cofondateur et codirecteur de l'Abdul Latif Jameel Poverty Action Lab (J-PAL). En 2011, il a été classé par le magazine *Foreign Policy* parmi les 100 penseurs les plus influents dans le monde. Abhijit V. Banerjee a fait partie du panel de haut niveau du secrétariat des Nations unies sur l'Agenda pour le développement post-2015. Il a reçu de nombreux prix, honneurs et récompenses, dont le premier prix Infosys. *Repenser la pauvreté*, son précédent livre, écrit avec Esther Duflo, a été nommé livre de l'année par le *Financial Times* et Goldman Sachs Business Book de l'année ; il a été traduit en 17 langues. Il vit à Cambridge, dans le Massachusetts.

Esther Duflo est professeure d'économie (Abdul Latif Jameel) du développement et de réduction de la pauvreté au Massachusetts Institute of Technology (MIT) et cofondatrice et codirectrice de l'Abdul Latif Jameel Poverty Action Lab (J-PAL). Esther Duflo a reçu de nombreux prix et honneurs académiques, dont la médaille John Bates Clark distinguant le ou la meilleure économiste américaine de moins de quarante ans, et une bourse MacArthur « Genius ». En 2001, le magazine *Time* l'a classée dans les 100 personnalités les plus influentes dans le monde. Elle vit à Cambridge, dans le Massachusetts.

En 2019, Abhijit V. Banerjee et Esther Duflo ont reçu le prix Nobel d'économie.

Index

Acemoglu, Daron, 247, 270
Acumen Fund, 253-254
Afrique
  impact du changement climatique sur, 285
Afrique du Sud
  inadéquation entre les attentes et les emplois, 267
  incapacité des entreprises à trouver le personnel dont elles ont besoin, 266
  perception irréaliste du marché du travail, 268
Aghion, Philippe, 233-234, 240-241
Aide aux artisans (ATA), 97-98, 101
Aide pour le commerce (OMC), 97
aide sociale, programmes d', 384-385, 439
Akerlof, George, 52
Alaska Permanent Fund, 393
Alibaba, 111
allocation des ressources, 93, 95, 256-257, 259-260, 271, 273-275, 331, 395
Allport, Gordon, 186
Amazon, 100, 221, 226-228, 241
Amazon Marketplace, 111
Ambedkar, Bhimrao Ram-ji, 147-148
Américains (États-Unis)
  American dream, 65
  hérédité, rôle dans le destin des, 65
  mobilité des, 65
  ségrégation par le niveau de qualification, 65
American Time Use Survey (ATUS), 405
Amérique latine
  niveau élevé des hauts revenus, 372
  réduction des inégalités, 371
  taux d'imposition supérieurs, 372
anti-sélection, 53
Arcidiacono, Peter, 189-190
Argentine
  baisse des droits de douane et hausse des inégalités, 88
ATD Quart Monde, 424-426, 432
attitudes anti-immigrés, expérience sur, 152
automatisation
  augmentation des inégalités, 314
  effet de remplacement, 311
  effet des robots sur l'emploi, 313-314

et la concentration de l'industrie et la formation de monopoles, 315
et la taxe sur les robots, 317
et les biais du code des impôts (États-Unis), 315
et les ressources en R&D, 316
impact au Royaume-Uni de 1755 à 1820, 312
informatisation, 324
intérêt de l'enseignement supérieur face à, 313-314, 325
limiter l', 317
numérisation, 308
processus actuel excessif, 314
remplacement des actions humaines par des robots, 318
risque sur l'emploi aux États-Unis, 310
Autor, David, 115, 119
auto-renforcement des discriminations, expériences sur
Afro-Américains et Blancs faisant des exercices de golf, 161
caissiers et caissières issus de minorités ethniques en France, 159
élèves qualifiés au hasard de « doués » , 159
femmes en position d'autorité au Malawi et au Bangladesh, 160
tests de mathématiques sur des minorités, femmes et non-Asiatiques, 158
avantage absolu, 79
avantage comparatif, 79-81, 101
aversion à la perte, 62

Badal, Manpreet Singh, 360
« bandits du périph » (captation de l'aide au développement), 368
Banerjee, Abhijit V.
chez ATD Quart Monde, 424-426
comportement grégaire, 143
entretiens avec des migrants à Delhi, 53
et le bain en mer Baltique, 283
et le jeu de la guerre des fleurs, 207
et le tour en Mercedes-Benz, 83
et les mésaventures du lecteur de DVD, 99-100
et l'expérience sur la fabrication de sacs (Ghana), 389
facilité de la conversation avec les Pakistanais, 172
Banerjee, Nirmala, 127
Bangladesh
crise des Rohingyas, 23
expérience en matière de migration, 33, 57, 74
expérience sur la discrimination des femmes en position d'autorité, 160
taux de croissance, 246
Banque mondiale, 230-231, 251-252, 275, 377
Becker, Gary, 139-142
Becoming a Man, programme (Chicago), 432-433
Belgique
importations, part des, 125
privilèges fiscaux pour les étrangers ayant de hauts revenus, 343
recettes fiscales, 356
Bénabou, Roland, 165
bénévolat, 405-406
Bezos, Jeff, 44, 69-70
Bolsonaro, Jair, 437
bonne science économique, exemple de, 439
bons alimentaires, 140, 379
Booker, Cory, 411
Booth School of Business, université de Chicago, 15, 237
Borjas, George, 37
BRAC (Bangladesh Rural Advancement Committee, Bangladesh), 428

Brésil
baisse des droits de douane et hausse des inégalités, 88
explosion des hauts revenus, 372
taux de croissance, 246
Brexit, 14
Brin, Sergey, 44
Brock, David, 178
Bruceton (Tennessee), 117-118
Brynjolfsson, Erik, 308
Buffet, Warren, 341
Bush, George H. W., 319

caisses d'épargne, crise des (États-Unis), 384
Cambridge Analytica, 175
capital
au XXe *siècle*, 207
économies où il est abondant, 213-214
économies où il est rare, 213, 215
et la réallocation des ressources, 95
et renouvellement indéfini de prêts non viables, 94
étroitesse du crédit, 94
mauvaise allocation du, 94
pays abondants en, 81
réticence des banques à prendre des risques, 94
capital-risque, 253
Card, David, 35-37, 189-190, 193
Case, Anne, 349-350
Case, Steven, 69
caste, système de
loyauté de caste, 149
normes communautaires et, 146
polarisation du vote, 149
préjugés, 148
causalité inverse, 86
Center for American Entrepreneurship, 44
chambres d'écho
conversation avec toujours les mêmes gens, 173-174
insularité, 175
rôle des médias sociaux, 175, 177-178
changement climatique
accord de Kigali (Rwanda) sur les HFC (2016), 287
accord de Paris (2015), 281, 288
augmentation du revenu comparé à l'augmentation des émission de CO_2, 283
climatisation, 284, 286-287
consommation énergétique, 292-293, 296-298, 302-303
émissions de CO_2 *de la Chine*, 283
émissions de CO_2 *produits dans/pour les pays riches*, 283
Green New Deal, 302-303, 411
Groupe d'experts intergouvernemental sur le changement climatique (GIEC), 281-282
impact sur les pays les plus pauvres, 282, 285
implications économiques, 289-290
impôts élevés sur la consommation d'énergie, 297
incitations pour innover dans des technologies propres, 290
la règle des 10-50, 282
mesures d'efficacité énergétique, 291
mesures pour baisser les émissions et limiter le réchauffement, 282
pollution de l'air, 299, 301
productivité, effet de températures élevées sur, 285-287, 300
programme d'audits en efficacité énergétique (Inde), 293
rôle de l'État pour de meilleurs choix pour l'environnement, 295
subventions aux agriculteurs (Inde), 300-301

taux de mortalité et, 286-287
Weatherization Assistance Program (États-Unis), 292
Chili
baisse des droits de douane et hausse des inégalités, 88
hauts revenus, 372
Chine
clusters industriels en, 110
croissance du PNB tirée par le commerce, 82
croissance rapide, 271, 275
émissions de CO_2, 283
espérance de vie, 299
hausse des inégalités après la libéralisation de l'économie, 85
interventions du gouvernement pour favoriser la croissance, 273
investissements lourds en capital humain, 279
les gens riches en, 283
manipulation de la monnaie, 113
marché financier, 261
part des hauts revenus dans le PIB, 370
politique de promotion des exportations, 113
pollution de l'air, 299
pression de l'opinion pour que l'État prenne des mesures contre la pollution de l'air, 301
productivité en, 80
ralentissement actuel de la croissance, 271, 273
recettes fiscales en, 370
réforme économique en, 89
résultats d'une guerre commerciale avec, 131
utilisation des ressources, 271
vieillissement de la population, 273
Chloé (maison de mode), 234
choc chinois
aide du gouvernement pour les régions touchées aux États-Unis, 119-122
effet sur les États-Unis, 122
impacts sur le marché du travail, 116
indice du, 115
« cités-jardins », 54
Citizens United (Cour suprême des États-Unis), 344
citoyenneté, loi sur la (Inde, État d'Assam), 23
Clinton, Bill, 320, 386
Clinton, Hillary, 166, 375, 422
cluster (regroupement d'entreprises), 109-111, 116-118
clusters exportateurs, 110
Cohen, Jessica, 278
Colombie
baisse des droits de douane et hausse des inégalités, 88
création d'un impôt sur la fortune, 342
hauts revenus, 372
réformes du marché du travail en, 89
Comeback Cities Tour, 69-71
commerce
aider les travailleurs impactés par les chocs commerciaux, 133-136
bénéfices pour tous du, 80
calculer les gains du, 124
communautés villageoises autosuffisantes, 127
comparaisons entre pays, 87
construire une réputation de qualité, 102, 104
effet sur la croissance, 86
gains du, 122-125
guerre commerciale, 122, 131
libéralisation du, 112-113
l'opinion publique sur, 78

prédictions centrales de la théorie du commerce international, 90
problèmes du vendeur avec un client étranger, 101-102
problèmes d'un client étranger avec le vendeur, 98, 101-102
vision des économistes sur, 78
commerce équitable, *branding*, 97
commerce international, barrières au,
absence de réputation de qualité, 105-110
faible intégration interne, 126
manque de capitaux, 126
manque de compétences, 126
Commission Lancet, 299
Commission sur la croissance et le développement (Banque mondiale), 251
compétences sociales, valeur des, 412-413
comportement grégaire, 143
confiance, jeu de la, 156-158
contact, hypothèse du, 186
contexte social, influence du, expérience des banquiers, 164
contrat coût-plus-marge, comparé à un prix forfaitaire, 104
Corée du Sud
contrôle de l'État sur les entreprises en, 250
expérience sur les médias sociaux, 183
hausse des inégalités après la libéralisation de l'économie, 85
interventions du gouvernement pour favoriser la croissance, 273
investissements lourds en capital humain, 279
recettes fiscales, 356
taxe sur les robots, 318
Costinot, Arnaud, 123, 125
Council of Economic Advisers, 78, 241, 386
crédit d'impôt sur le revenu salarial (*earned income tax credit*, États-Unis), 386
croissance économique
bénéfices pour l'élite, 353
concentration de l'activité, 240
dans les pays pauvres, 251
difficulté de la mesurer, 226
divergence entre les taux de croissance du capital et du travail, 213
entreprises de la Silicon Valley, 222-223
et le niveau de connexion à Internet, 252
et les baisses d'impôts pour les hauts revenus, 238-240
fluctuations des taux de, 246
histoire de la, 206-207
mortalité des premiers colons comme indicateur de, 247
objectif d'amélioration de la qualité de la vie, 276
politiques anti-pauvres et pro-riches, 276
prévisions négatives, 204-205
prévisions positives, 205
ralentissement mondial, 13-14
régressions empiriques, 246
rendements croissants, 221
rendements décroissants, 220
revenu par tête et, 270
stratégies pour favoriser la croissance, 273
taux aux États-Unis et en Europe depuis 1870, 200
taxe carbone, 295
tirée par l'innovation, 233
trappe d'un revenu intermédiaire, 275
croyances
comme indicateurs des opinions politiques, 12

influence du comportement des autres sur, 143
croyances motivées
caricaturer les groupes redoutés, 167-168
défense des croyances contestées, 166
distorsion des croyances sur les autres, 165
restauration de l'estime de soi, 166-167

Dalberg, 252
Danemark
écart salarial entre les hommes et les femmes, 418
faible part de la finance, 333
faible part des hauts revenus dans le PIB, 329
fiscalité élevée sur les hauts revenus, 344
immigrés au, 38
politiques actives du marché du travail, 422
privilèges fiscaux pour les étrangers ayant de hauts revenus, 343
recettes fiscales, 356
Deaton, Angus, 349-350
Delhi (Inde), 28-29, 45, 53, 57, 186, 300-302, 377, 397, 417
Deng Xiaoping, 89
désaccord en démocratie, 12
Des villes et des hommes (Glaeser), 54
développement régional, promotion du, 229-230
dignité
méprisée dans le système de protection sociale, 428-429
objectifs d'ATD Quart Monde, 425
politiques sociales et, 168, 185
protection de, 374
dirigeants politiques, expression de racisme et de sectarisme des, 137
discrimination
corrélation du groupe ethno-racial avec certaines caractéristiques, 156
jeu de la confiance, 156-157
discrimination positive,
et le mérite, 188-190
et l'école partagée, 194
finalité de la, 187
hostilité à la, 191
Students for Fair Admission v. Harvard, 189-190
discrimination statistique, 154-156
mesures Ban the Box, étude des, 155-156
Dorn, David, 115, 119
droits de douane
en Inde, 91
imposés par la Chine sur des produits américains, 131
imposés par les États-Unis sur les produits chinois, 122
loi Smoot-Hawley (États-Unis, 1930), 122
sur l'acier et l'aluminium, 77, 122
Duckworth, Angela, 432
Duflo, Annie, 309
Duflo, Esther, 62-64, 182-183, 200, 264-265, 376-377, 380
Dugast, Didier, 430
Dupas, Pascaline, 278

Easterly, Bill, 246, 251, 279
Economic Survey of India, 398
« économie de la serviette de table », 26, 40
économie mondiale, changements depuis 1979, 324-325
économistes aveugles, exemple d', 439
économistes bornés, exemple d', 439
éducation
196 études randomisées contrôlées dans les pays riches, 414

financement de, 413
petite maternelle, 415-416
petites classes, 415
programme de mathématiques pour la maternelle (Inde), 417
visites à domicile, 416
effet de mode, 142-143
Égypte
inadéquation entre les attentes et les emplois, 267
programme d'aide alimentaire, 387
secteur des tapis artisanaux, 101
secteur des tapis faits main, 97-99
taux de croissance, 246
élasticités-prix croisées, 124
électricité, 254
Eliot, Thomas Stearns, 435
embargo pétrolier de l'OPEP, 199
emploi
effet de l'impôt sur le désir de travailler, 357-359
effet des programmes sociaux sur, 393
enquête de la Rand Corporation sur la satisfaction au travail, 403
Énergie Jeunes, programme (France), 432
enfants
dans les zones à mobilité réduite, 413
garde d'enfants, 411-412, 417-418, 420
petite maternelle, 415-416
petites classes, 415
programme de mathématiques pour la maternelle (Inde), 417
travail des, 203
entreprises, attirer les, 226-228
Équateur
prêt de la Chine à, 253
espionnage industriel, 233
essais randomisés contrôlés, 186, 278, 416, 428
État (gouvernement et administration)
corruption, 361, 363, 365-366
effet de l'image sur l'honnêteté des employés potentiels, 367
érosion de la confiance dans, 356
et la privatisation, 362
et le gaspillage, 361
hostilité des économistes à l'intervention de, 361
image négative des fonctionnaires et des politiques, 366
innovation en matière de politique sociale, 355
intervention de, 355
méfiance à l'égard de, 359, 361
répugnance à travailler pour, 366
résultats de la croyance dans la corruption et l'incompétence de, 367-368
scepticisme de l'opinion sur l'intervention de, 359-361
transparence, 365
États-Unis
aide sociale, 401
amélioration de la qualité de la vie aux, 202
besoin d'un bouc émissaire, 351
coût d'un revenu de base universel, 381
croissance de la PTF, 202
domination de la finance, 329-330, 333
économie, 124-126
effet d'un impôt sur la fortune sur les recettes fiscales, 357
érosion du bien-être de la classe ouvrière peu éduquée, 348-350
garde d'enfants, 417
hausse de la mortalité, 349
hausse des droits de douane (2018), 409

idéologie de l'autonomie individuelle, 361
immigrés européens aux, 38
impact du changement climatique sur, 284-286
impact du choc chinois sur les élections, 352
importations, part des, 125
inégalités de richesse, 322
méfiance généralisée, 368
méfiance vis-à-vis de l'État, 368
perception trop optimiste de la mobilité sociale, 347-349
prise en charge des personnes âgées, 418
ralentissement de la PTF, 203
rébellion contre le système, 350-352
recettes fiscales, 356
scepticisme vis-à-vis de l'intervention de l'État, 359
Tax Reform Act (1986), 323
Éthiopie
candidatures à l'emploi en, 46
Europe
amélioration de la qualité de la vie, 203
croissance de la PTF, 202, 204
inégalités de revenu, 322
part des impôts dans le PIB, 369
plus égalitaire que les États-Unis, 335
Politique agricole commune (PAC), 410
programmes de transition dans l'emploi, 423
exode de Mariel (Cuba), 35, 37
expérience naturelle, 31

fabrication de sacs, expérience (Ghana), 389
Facebook, 175-178, 181-182, 208-212, 252, 326, 437
Federal Acquisition Regulation (États-Unis), 368
finance
hauts salaires des employés, 330
lien entre la Bourse et la rémunération des P-DG, 332
rentes distordant le fonctionnement du marché du travail, 331
usage des comparaisons salariales pour négocier une hausse de rémunération, 332
Finlande
privilèges fiscaux pour les étrangers ayant de hauts revenus, 343
recettes fiscales, 356
flexisécurité, 407-408
Fogel, Robert, 312
folk theorem, 144
Fonds monétaire international (FMI), 18, 83, 87, 92, 276
Forbes (magazine) sur les plafonds salariaux, 337
Ford, Henry, 44
Fox News, 179-180, 183
France
coûts du recrutement pour les entreprises, 421
défiance à l'égard des élites, 369
difficulté du licenciement en, 408
écoles Montessori dans des centres d'hébergement d'urgence, 432
Énergie Jeunes, 432
et l'impôt sur la fortune, 342
faiblesse des politiques actives du marché du travail, 423
inégalités, 369
le travail comme élément du processus de réinsertion, 427
législation sur le licenciement, 317
migration des Français d'Algérie en, 37
mission locale, 429-431

part des hauts revenus dans le PIB, 322
petite maternelle subventionnée, 415
politique sociale en, 380
taxe sur l'essence (« gilets jaunes »), 302, 342
territoires zéro chômeur de longue durée, 427
Franklin, Benjamin, 153
Friedman, Milton, 321, 357, 375, 391

Galbraith, John Kenneth, 321
Gandhi, Mahatma, 127, 147
garantie d'emploi fédérale (États-Unis), 396
Gates, Bill, 318
Gentzkow, Matthew, 174, 178
Ghana
emplois privés attractifs au, 270
expérience de fabrication de sacs, 389
impact de l'éducation secondaire sur les revenus moyens, 264-265
GI Bill, 133
Gingrich, Newt, 180
Glaeser, Edward, 54, 135
Google, 182, 326
Gordon, Robert, 199, 201, 204-207, 209, 310, 325
grain, distribution de (Égypte, Inde, Indonésie), 387
Gramsci, Antonio, 111
grande migration, des Noirs vers les villes blanches (États-Unis), 162
Granjon, Albert, 62-64
Green New Deal, 302-303, 411
Greenstone, Michael, 228, 285, 292

Hamis Carpets, 98-99
Hamon, Benoît, 375
Hansen, Alvin, 206
Hanson, Gordon, 115, 119
Harlem, 70
Harris, Kamala, 411
Head Start (États-Unis), 416
Heckman, James, 416
Henry I. Siegel Company (HIS), 117
Hillbilly Élégie (Vance), 69, 114, 167
homophilie, 171-173
Honduras
zones pour l'emploi et le développement économique, 232
Hornbeck, Rick, 228
Howitt, Peter, 233-234, 240-241
Huang Guoliang, 109
hydrofluorocarbures (HFC), 287-288

identification à un parti politique, 11
identification, problème d' (comparaisons), 30
identitaire, politique, 74
IGM Booth, panel, 15, 17, 238-239, 310
Imambara Bara (Inde), 373
immigrés
colère contre les (États-Unis), 152
dans l'Union européenne, 24
difficulté à obtenir un emploi occupé par un autochtone, 48
distorsion des faits par les politiciens, 24
expériences soulignant les attitudes hostiles aux, 152-153
loteries de visas, 30
mythes et perceptions fausses sur, 24
norvégiens, 43
part dans la population mondiale, 24
rejet avant assimilation (dans l'histoire), 153
importations
part des (États-Unis), 124
réglementation des, 96
impôt négatif sur le revenu, 391-393
incertitude, 61

inconditionnels, programmes de transferts monétaires, 376, 380-381, 388, 393-395
Inde
atouts pour créer un secteur informatique, 103
baisse des droits de douane et hausse des inégalités, 88
construction navale, impact du téléphone portable sur, 257
croissance économique, 246
droit du travail, 95
Economic Survey of India, 398
entreprises du secteur du tee-shirt, 257
équipes de cricket, étude des, 191-192
et l'accord de Paris, 288
explication de sa pauvreté par Lucas, 219-220
gens riches en, 283
Goods and Services Tax, 370
impact du changement climatique sur, 285
impact du chemin de fer sur, 128
inadéquation entre les attentes et les emplois, 264, 267
marché financier, 260
mauvaise allocation des terres et des bâtiments, 395
National Rural Employment Guarantee Act (NREGA), 396-397, 411
panchayats, *gouvernements de village*, 396
part des hauts revenus dans le PIB, 370
pêche, impact de l'introduction du téléphone portable sur, 256
pollution de l'air, 299, 301
programme d'audits en efficacité énergétique, 293
programme de mathématiques pour la maternelle, 417
recettes fiscales en, 370
restrictions en matière de logement, 54
rôle des différentes réformes, 86
scepticisme vis-à-vis de l'intervention de l'État, 360
subventions aux agriculteurs, 301
système bancaire en, 260
système de caste, 146-147, 149
terre et immobilier, mauvaise allocation de, 262
transferts directs, 387
utiliser les ressources existantes pour améliorer la qualité de la vie de la population, 279
Inde, libéralisation du commerce
croissance du PNB tirée par le commerce, 82
effets de, 82-86, 88
effets positifs de, 93
migration depuis les districts libéralisés, 95
réforme commerciale, 89
indice d'isolement, 178
Indonésie
PKH (programme de transferts monétaires conditionnels), 399-400
programme de distribution de riz (Raskin/Rastra), 387
taux de croissance, 246
inégalités
au Royaume-Uni, 322
aux États-Unis, 319, 322-323
conscience de sa place dans la distribution des revenus, 346
de revenu, 322-323
de richesse, 322
de salaire réel, 323

effet de la politique commerciale sur, 87
en Europe continentale, 322
et la mondialisation, 324, 328
et la nécessité d'une politique sociale efficace, 353
et la peur et le malheur social aux États-Unis, 345
et la rigidité de l'économie, 328
et l'avènement d'entreprises superstars, 327
et les changements de l'économie mondiale, 324
et les changements technologiques, 324-325
résultat de décisions politiques, 319
informatisation, 324
Infosys, 104
innovation, comme destruction créatrice, 234
innovation technologique
et la mondialisation de la demande, 326
et la transformation des secteurs d'activité existants, 326
et l'économie du gagnant qui rafle toute la mise, 326
informatique, 324
intelligence artificielle, 308-311, 313
Instagram, 208
Institut supérieur Maria-Montessori, 432
intégration des groupes sociaux
école partagée, 194
étude sur un championnat de cricket, 191
mixité des quartiers, 193
intelligence artificielle, 13, 16, 182, 205, 307-311, 313
International Energy Administration, 291
invalidité, assurance, 119-120
investissement dans les pays pauvres, 243
Islande
éruption volcanique des îles Vestmann, 31-32
Israël
immigrés d'Union soviétique en, 38
Italie
création de Consip, 365
gaspillage de l'argent public par peur de la corruption, 365

Jacobs, Jane, 229
Japon
chute du taux de croissance au, 272
contrôle de l'État sur les entreprises, 251
vieillissement de la population, 272
Jefferson, Thomas, 153
Jobs, Steve, 44
Johnson, Lyndon B., 383, 391
Johnson, Simon, 247, 270

Kahneman, Daniel, 62, 405
Kay, John, 312
Keating, Charles, 384
Kenya Rural Electrification Authority, 254
Keynes, John Maynard, 439
Kigali (Rwanda), accord sur les HFC (2016), 287
Kissinger, Henry, 246
Knight, Frank, 60
Krueger, Alan, 405
Krugman, Paul, 77-78
Kumari, Mayawati, 195

Le Deuxième Âge de la machine (Brynjolfsson-McAfee), 308
Le Japon médaille d'or (Vogel), 272
Le Pen, Marine, 24-25
Le Pianiste déchaîné (Vonnegut), 307

L'Empereur de toutes les maladies (Mukherjee), 20
Levy, Santiago, 371
Liberia
écoles gérées par des ONG, 363
libre-échange, 78, 81, 85
L'Invaincu (Satyajit Ray), 28
Logement et développement urbain, département du (États-Unis), 414
loi de l'offre et de la demande, 25
Lombardi, Vince, 338
Loving v. Virginia, décision de la Cour suprême des États-Unis (1967), 172
Lowell, Abbott Lawrence, 190
Lucas, Robert, 218-219, 270, 321
luddite, définition, 311

Macron, Emmanuel, 342, 385
réformes fiscales (2017), 369
Mankiw, Greg, 77
Mao Zedong, 127
marché, déficiences du, 274
marché du travail, loi de l'offre et de la demande appliquée au, 27
marketing boards agricoles, 72
Maroc
connexion au réseau d'adduction d'eau, 376
résultats de Tayssir, programme de transferts monétaires conditionnels, 380
transferts monétaires à l'utilisation préconisée, 400
Marx, Karl, 220
mauvaise allocation des ressources,
dans les pays en développement, 256
marché du foncier, 262
marché financier, 260-261
McAfee, Andrew, 308
McKinsey & Company, 291
médias sociaux
attribuer une valeur aux, 209
comme chambres d'écho, 177
comme nouvel espace public, 176-178
conséquences de, 210-211
désactivation de Facebook (expérience), 211-212
effet sur la fiabilité de l'analyse et de l'information, 180-181
expérience sur des articles filtrés en Corée du Sud, 183
langage abrégé et cryptique des, 182
personnalisation automatique, 182
répétition sans fin, 181-182
Medicaid, 121, 196, 386
Messi, Lionel, 336, 339
Mexique
baisse des droits de douane et hausse des inégalités, 88
impact du changement climatique sur, 285
Progresa/Oportunidades/Prospera, 371-372, 376
réforme commerciale au, 89
système de protection sociale, 27
transferts monétaires conditionnels (TMC), programmes de, 371
violence au, 28
migrants
comme créateurs des plus grandes sociétés américaines, 44
comme entrepreneurs, 64
création d'emplois par, 40
font des travaux auxquels répugnent les autochtones, 43
impact sur la mécanisation, 41
impact sur la population locale, 27, 35-39, 42-44
liens familiaux, 436
mobilité entre quartiers, 414
mythes et perceptions fausses sur, 50
progression professionnelle des autochtones, 42
qualifiés, 48

migrants, embauche de
coût pour les entreprises et les travailleurs, 46
expérience professionnelle, 47
payer au salaire d'efficience, 47
qualités souhaitables d'un employé, 46
recommandations, 52
référence d'un employeur précédent, 47
relation avec le travailleur, 45
migrants, raisons pour ne pas migrer
aversion à la perte, 62
garde d'enfants, 68
incertitude, 61
insécurité de l'emploi, 68-69
liens familiaux, 68
manque de logements abordables, 54, 66-67
peur de l'échec, 62-63
migration
avantages de, 29
comme question politique, 23
« économie de la serviette de table », 26, 40, 73
encourager la, 33, 73
expérience au Bangladesh, 33-34
informations disponibles pour les migrants, 33-34
loi de l'offre et de la demande appliquée à, 36, 39-44
mobilité entre quartiers, 414
politique de relocalisation forcée, 71
raisons économiques pour, 72
raisons pour migrer, 25-29
réseau de relations, 51, 57
migration, études sur
des Européens aux États-Unis, 38
des Français d'Algérie en France, 38
des immigrés au Danemark, 38-39
d'Union soviétique en Israël, 38
Mission District (San Francisco), 67
Modi, Narendra, 175, 195
Mokyr, Joel, 204-206
Moretti, Enrico, 121, 228-230, 409
mortalité, 349
Mossack Fonseca, 340
Moving to Opportunity, programme (États-Unis), 414, 419-420
MSNBC, 179
Mukherjee, Siddhartha, 20
Munshi, Kaivan, 51, 257
Myanmar
comme économie de marché, 249

National Academy of Sciences (États-Unis), 39
National Origins Act (États-Unis, 1924), 75
Nature (magazine), sur les moustiquaires traitées à l'insecticide, 279
Népal, émigration du
informations sur les coûts et les avantages, 58
risques, surestimation des, 59
salaires, surestimation des, 59
New Deal, 383, 411
New Delhi (Inde), 299
New Jersey Income Maintenance Experiment, 390
Nixon, Richard, 391
Nordhaus, William, 295
normes de quartiers
grande migration des Noirs vers les villes blanches (États-Unis), 162-163
préparation d'élèves hispaniques au SAT (États-Unis), 163
puissance des, 144
numérisation, 308

Obama, Barack, 150
Obamacare (Affordable Care Act, 2010), 120, 174, 195, 368

Ocasio-Cortez, Alexandria, 337
OGM, aliments, 174
OPEP (Organisation des pays exportateurs de pétrole), embargo pétrolier de 1973, 199
Orbán, Viktor, 185
Organisation de coopération et de développement économiques (OCDE), 298, 310, 348, 356, 369, 423
Organisation mondiale de la santé (OMS), 299
Organisation mondiale du commerce (OMC), 88, 97, 115, 127, 135
Ostrom, Elinor, 144-145

Pakistan
souplesse pour des responsables publics de l'approvisionnement, 367
paludisme
comme obstacle à la colonisation européenne, 247
moustiquaires traitées à l'insecticide comme moyen de prévention de, 439
prévention de, 277-278
prévention par la moustiquaire, 278-279
taux de mortalité due à, 278
Panama Papers, 340
Pande, Rohini, 149
Panel de haut niveau des Nations unies, 424
Paris, accord de (2015), 281, 288
pauvres (pays)
convergence, 270
impact du changement climatique, 282, 284, 286
protection contre le changement climatique, 284
pauvres (populations)
améliorations de la qualité de la vie, 243
exclusion systématique, 427
les Constitutions, comme garanties des droits, 147
opinion communément répandue sur, 383
perception répandue à propos des, 372
vulnérabilité des, 55
pays en développement
ciblage des bénéficiaires d'un revenu de base universel, 395
compétition pour les emplois publics, 268-269
financement d'un revenu de base universel, 397
mauvaise allocation des ressources, 256-257
mauvaise gestion des entreprises, 262
part des impôts dans le PIB, 369
réglementation contraignante du marché du travail, 270
répugnance à migrer, 394-395
vies non construites autour du travail, 407
Pérou
expérience sur les compétences sociales au, 412
Personal Responsibility and Work Opportunity Reconciliation Act (États-Unis, 1996), 386
personnes âgées, prise en charge de, 412-413, 418, 431
Pew Research Center, 173
études sur un revenu garanti, 401
satisfaction au travail, 403
utilisation du temps libre, 406
Piketty, Thomas, 321, 324, 333
plafonds salariaux dans le sport professionnel (États-Unis), 336, 339
polarisation du vote, 149
polarisation politique
chaînes d'information câblées (États-Unis), 179

facteurs conduisant à (États-Unis), 176
par les consultants politiques (États-Unis), 180
pôle de compétitivité, *voir* cluster, 109
politique sociale
le travail comme élément de la réinsertion, 427
objectif de, 410, 433
tout le monde peut avoir un travail, 427
pollution
en Chine, 299, 301
réduction de, 295, 300-301, 363
risque de santé publique, 299
population afro-américaine aux États-Unis, discrimination à son encontre, 151
préférences et croyances, 138
préférences sociales
expérience du camp d'été, 170
Rwanda, mythe de la supériorité des Tutsis sur les Hutus, 171, 178
préférences standard, 142-144, 165, 294
préjugés
attirer l'attention des électeurs sur d'autres sujets, 196-197
comme réaction de défense, 195
réduction des, 186-187
renforcement des comportements racistes, 195
système de caste et, 146, 149
préservation de l'eau, programme de (Pendjab), 360
presse écrite, histoire de la politique partisane, 178
productivité
du capital, 212, 225
du travail, 201
et les robots, 315, 318
et une technologie nouvelle, 315
gains limités de l'automatisation dans certains secteurs, 412-413
par temps chaud, 285-287
pollution de l'air et, 300
productivité totale des facteurs (PTF), 202
ralentissement de, 209
spécialisation, 80, 129
travailleurs à haute, 327
productivité totale des facteurs (PTF), 202-203, 208, 214, 216, 219, 228, 240, 255, 259, 270, 272
produit intérieur brut (PIB)
comme mesure de la croissance, 199, 208, 212
coût de la stabilisation des émissions pour enrayer le réchauffement global, 290
dans les pays pauvres, 244
de la France, 201
de l'Europe de l'Ouest, 201
des États-Unis, 200, 204, 240
effet du commerce international sur, 85, 125
et la trappe d'un revenu intermédiaire, 275
taux d'ouverture, 112
théorie de Solow sur, 212-218
utilisation des ressources, 271, 276
programmes sociaux
barrières à l'inscription, 377, 424
croyance dans l'exclusion injuste des, 380
effets sur le désir de travailler, 393
et la morale de la classe moyenne, 383-385
le travail comme condition d'accès aux, 386
stigmatisation des personnes reconnues comme pauvres, 378
transferts monétaires conditionnels comparés aux transferts

monétaires inconditionnels, 380, 388
versement de dividendes de casino aux membres de la tribu Cherokee (États-Unis), 393
Progresa/Oportunidades/Prospera, 371-372, 376
propagande, 178

quotas, dans les institutions éducatives, 188

Radio-télévision libre des mille collines (RTLM), propagande de, 178
Rand Corporation
étude sur la satisfaction au travail, 403
Rauch, Thierry, 380
Ray, Satyajit, 28
Reagan, Ronald, 319, 321, 337, 383-384
recettes fiscales
aux États-Unis, 356-357
dans plusieurs pays européens, 356
effet d'une année blanche sur le désir de travailler, 358-359
en France, 356
estimation du système fiscal suisse, 358-359
et la réforme fiscale, 356-357
impôt sur la fortune, 357
peur d'une hausse des impôts, 357-358
Reddy, Pattabhi Rama, 146
regroupement des entreprises, 70-71
relations, importance des, 51-53
relocalisation des travailleurs ayant perdu leur emploi, programmes de, 420
remplacement d'emplois, 311
rendements croissants, 221
rendements décroissants, 220-225, 243
Repenser la pauvreté (Banerjee et Duflo), 140, 278
réputation d'un secteur d'activité, 107, 109-110
réputation d'une entreprise, 98-102
réseau ferroviaire, 128
ressources, allocation des, 93, 256-257, 259-260, 262, 271, 273-275, 331, 395
revenu de base ultrabasique
financement du, 398
revenu de base universel, 374
approuvé par certains économistes, 375
dans les pays en développement, 394, 397, 406
dans les pays riches, 406
en vogue dans la Silicon Valley, 318
et le désir de continuer à travailler, 402
et une meilleure allocation de la terre et du travail, 395
évoqué dans les campagnes électorales, 375
impact à long terme du, 399
meilleure combinaison, 400
résistance au, 381
Ricardo, David, 78, 80
richesse, inégalités de, 322
Rise of the Rest, fonds d'investissement, 69
Robinson, Jim, 247, 270
robots, 412
Rodriguez-Clare, Andrés, 123, 125
Romer, Paul
capital humain, 222
convergence dans les pays pauvres, 270
croissance par les idées nouvelles, 232
et la baisse des impôts, 235

et l'effet de spillover *(contagion)*, 226
et l'innovation, 240
et l'innovation protectrice de l'environnement, 233
plan de croissance pour les pays pauvres, 245
production et échange d'idées nouvelles, 222-224
projet de villes à charte, 231
rendements croissants/décroissants, 221
théorie de, 227, 232
Ronaldo, Cristiano, 339
Roosevelt, Franklin D., 383
Ross, Heather, 391
Royaume-Uni
domination de la finance, 329-330, 333
implications économiques du changement climatique, 289
inégalités de richesse, 322
politique économique de Thatcher, 319-321
politiques anti-pauvres et pro-riches (business friendly), 276
révolution technologique au, 311-312
scepticisme vis-à-vis de l'intervention de l'État, 359
sondage sur la confiance inspirée par les économistes, 14
taux de mortalité, 349
ruissellement, théorie du, 321
Rumsfeld, Donald, 61, 392
Rwanda, mythe de la supériorité des Tutsis sur les Hutus, 171
Ryan, Paul, 236-237

Sachs, Jeffrey, 279
Saez, Emmanuel, 238, 321, 337, 357
salaire d'efficience, 47, 49
Samskara (Reddy), 146
Samuelson, Paul, 79-81
Sanders, Bernie, 411
Schelling, Thomas, 193
Schmidt, Eric, 69
Schumpeter, Joseph, 234
sectarisme, 137, 154, 195
sécurité alimentaire, réglementations, 96
Shapiro, Jesse, 174, 178
Sherif, Muzafer, 170
Shire, Warsan, 27
Shrestha, Maheshwor, 58-60
Silicon Valley, 222-223, 226-227, 252, 318
Singapour, 230, 251
Sisodia, Manish (Inde), 397
Slemrod, Joel, 238
Smith, Adam, 128
Smoot-Hawley Tariff Act (États-Unis, 1930), 122
Solow, Robert, 215-225, 251
Solow, théorie de
convergence des pays pauvres et des pays riches, 215-216
disponibilité du travail par rapport au capital, 224
influence de la politique nationale sur le taux de croissance équilibrée, 216-217
ralentissement de la croissance de l'après-guerre, 212, 214
revenu et croissance par tête, 270
Spelke, Elizabeth, 417
Spence, Michael, 251-252
spillover (contagion), effet de, 226-229, 232, 270
Steele, Claude, 158
Steinbeck, John, 383
stéréotype, menace du, 158
Stern, Nicholas, 289
Stern Review (Nicholas Stern), 289
Stigler, George, 139-142, 154
Stiglitz, Joseph, 47

Stolper-Samuelson, théorème de, 82, 87-89, 91
Students for Fair Admissions v. Harvard, Cour suprême des États-Unis, 189-190
successions familiales, 258
Suisse
estimation du système fiscal, 358-359
privilèges fiscaux pour les étrangers ayant de hauts revenus, 343
producteurs de fromages suisses et propriété collective des pâturages, 145
Summers, Larry, 135
Sunstein, Cass, 173, 182
Supplemental Nutrition Assistance Program (SNAP) (États-Unis), 375, 378-379
suppressions d'emplois, 131, 404
systèmes d'entraide, 145-146

Taïwan
investissements lourds en capital humain, 279
tapis fabriqués en Égypte, 97-98
Tardieu, Bruno, 426
Tata Consultancy Services (TCS), 105
taux d'imposition
aux États-Unis de 1936 à 1964, 235
baisses d'impôt pour les hauts revenus, 237-240
baisses d'impôts de Donald Trump (2017), 238
effet sur l'éthique de travail de taux d'imposition élevés, 337
et l'évasion fiscale, 339-341, 343-344
et l'impôt sur la fortune, 337, 342-343
évitement fiscal des grandes entreprises, 343
expérience de baisse des impôts au Kansas, 237
fiscalité préférentielle pour les étrangers très qualifiés, 343
impact sur la croissance économique, 236-240
inégalités avant impôt, 334
opinion des Américains sur une hausse des, 16
réaction de certains sportifs professionnels aux (Europe), 339-340
résultats des baisses d'impôts, 320-321
taux supérieurs élevés, 333-334, 338-340
taxe sur les produits de luxe, Major Baseball League (États-Unis), 336
vision des démocrates (États-Unis), 236
vision des républicains (États-Unis), 235-236
Taylor, Linda, 383
téléphone portable, impact sur la pêche et la construction navale en Inde, 256
téléviseur v. achats alimentaires, 140
Temporary Assistance for Needy Families (TANF) (États-Unis), 386
Tennessee
impact du choc chinois dans, 117-118
Tennessee Valley Authority (TVA), 229
Thatcher, Margaret, 319-320, 322-323
The Atlantic (magazine), sur l'impact du choc chinois dans le Tennessee, 117
« The Market for "Lemons" » (Akerlof), 52
The New Americans, National Research Council, 39
The New Geography of Jobs (Moretti), 228

The New York Times
sur le Comeback Cities Tour, 69
The Onion (journal satirique, États-Unis), 150
théorie dite du cheval et du moineau, 321
Tirole, Jean, 165
Tirupur (Inde), secteur du vêtement, 109-110
Tocqueville, Alexis de, 64-65
Topalova, Petia, 90-95
Trade Adjustment Assistance (TAA), programme (États-Unis), 119, 132-134, 423
transferts monétaires conditionnels (TMC), programmes de, 371-372, 376, 380, 388, 395, 399-400
travail, pays abondants en, 81, 263
travail, productivité du, 201
Travailler et Apprendre ensemble (TAE), 425-426, 428
tribalisation des opinions, 12
Trump, Donald J.
baisses d'impôts, 235, 238, 345
complimenter les racistes, 166
droits de douane, 77-78, 85, 122
et les peurs identitaires, 152
migrants mexicains, 23, 43, 49
partisans de, 137
politique pro-riches, 345
Turgot, Anne Robert Jacques, 220
Tversky, Amos, 62
Twitter, 176-177, 182, 208

Ulam, Stanislas, 79
Union européenne, 24
université de Chicago, Booth School of Business, 15, 237
université de Harvard
versus *Students for Fair Admissions*, 188-189
Unlocking Energy Efficiency in the US Economy (McKinsey & Company), 291
US Office of Economic Opportunity, 391-392

Vance, James David, 69, 114, 167
Vestmann îles (Islande), éruption des, 31-32
Vietnam
comme économie de marché, 249
hausse des inégalités après la libéralisation de l'économie, 85
investissements lourds en capital humain, 279
villes à charte, 231-233
villes du tiers-monde, grands problèmes des, 53-55
visas, loteries de, 30
Vogel, Ezra, 272
Vonnegut, Kurt, 307

Walmart, 241, 326, 437
Warren, Elizabeth, 337, 340, 411
Weatherization Assistance Program (États-Unis), 292
Weibull, Jörgen, 283
Wilson, William Julius, 167
Wipro, 105
Wood, Carolyn, 170
Woods, Tiger, 161
World Development Report (Banque mondiale), 252
World Inequality Database, 88, 370, 372
Wresinski, Joseph, 426

Zhili (Chine), cluster du vêtement pour enfant, 110
zonage, réglementation, 67-68, 70
Zuckerberg, Mark, 252
Zucman, Gabriel, 343, 357

Table

Préface 9

1. MEGA : Make Economics Great Again 11

2. S'échapper de la gueule du requin 23
   Quitter son chez-soi 27
   La loterie migratoire 29
   Les bombes volcaniques 30
   Sont-ils au courant ? 33
   Tous les bateaux montent-ils avec la marée ? 34
   Qu'est-ce que les immigrés ont de si spécial ? 39
   Des travailleurs et des pastèques 45
   Les migrants qualifiés 48
   Quel raz-de-marée ? 50
   Sans relations 50
   Le confort du chez-soi 53
   Les liens familiaux 56
   Nuit d'insomnie à Katmandou 57
   Risque ou incertitude ? 60
   Par une vitre obscure 61
   Après Tocqueville 64

Les villes du comeback 69
Eisenhower et Staline 71

3. Les troubles du commerce 77
Le défi de Stanislas Ulam 79
Le beau est vrai, le vrai est beau 82
Sur ce dont on ne peut parler, il faut garder le silence 84
Le fait qui ne pouvait pas être 89
Rigidité de l'économie 92
Des protections pour qui ? 95
Qu'y a-t-il dans un nom ? 97
Le monde des noms 105
Fidèle à son entreprise 107
Cela valait-il 2 400 milliards de dollars ? 111
Le choc chinois 114
Cluster « f... k » ! 116
Oublier les perdants 118
Le commerce en vaut-il la peine ? 122
Calculer les gains du commerce :
un aparté un peu technique 124
La taille, ça compte 125
« Small est-il beautiful » ? 127
Ne commencez pas cette guerre commerciale 129
Si l'on exclut les droits de douane,
que faut-il faire ? Faciliter la mobilité,
accepter l'immobilité 132

4. Préférences, désirs et besoins 137
« De gustibus non est disputandum » ? 139
L'action collective 144
La réaction collective 146
Le saint et le médecin 147
« Black guy asks nation for change » 150
Cette fois, c'est différent 151
La discrimination statistique 154

Quand la discrimination s'auto-renforce 158
Les Afro-Américains peuvent-ils jouer au golf ?........... 160
Faire comme les Blancs 162
Essayons d'expliquer les goûts 164
Les croyances motivées.................................... 165
La cohérence arbitraire.................................... 168
Le camp d'été 170
L'homophilie 171
Chambres d'écho et hologrammes 173
Le nouvel espace public ? 176
Quand le réseau ne réseaute pas 180
Courir ensemble... 185
« Students for Fair Admissions v. Harvard » 187
Les leçons de cricket 191
La paix par le zonage 193
Déplacer les chaises sur le « Titanic » ?................ 195

5. La fin de la croissance ?.................................. 199
Les Trente Glorieuses 200
Les « quarante moins glorieuses » 203
La croissance est-elle terminée ? 204
La guerre des fleurs 207
Une joie infinie.. 209
L'intuition de Solow....................................... 212
Convergence ? 215
La croissance arrive d'elle-même 216
Donnez-moi un levier...................................... 218
Histoires de croissance.................................... 223
L'usine à 1 million de dollars............................. 226
Les villes à charte... 230
La destruction créatrice 232
Baisser les impôts 235
Une déformation cachée................................... 240
Se mondialiser 242

Quelques bonnes nouvelles 243
À la recherche de la potion magique de la croissance 245
Hacker un miracle ? 252
Pêcher avec un téléphone portable 255
Miser sur la banque ? 259
Une vie à vivre 262
Éternelle attente 263
Tout le monde avait raison, tout le monde avait tort 270
Courir après le mirage de la croissance 275
Apporter le bien-être 277

6. Dans la fournaise 281
La règle des 10-50 282
Se baigner dans la Baltique 283
Sauver des vies 286
Agir maintenant ? 288
« Free lunch » ? 291
La réponse de Greenpeace 293
La pollution tue 297
« Green New Deal » ? 302

7. Le piano mécanique 307
Un point pour les luddites 308
Un luddisme « light » ? 314
Automutilation 319
Le grand renversement 321
Le gagnant rafle toute la mise ? 326
Tout n'est pas pourri dans l'État du Danemark 329
L'impôt et la culture 333
Un conte de deux footballs 335
Gagner n'est pas l'essentiel 337
Les Panama Papers 339
Des citoyens unis ? 344
« Keep up with the Joneses » 345

Le cauchemar américain 347
En colère contre le monde entier 350

8. Légitimité.gouv 355
Taxer et dépenser ? 356
L'État est-il le problème ? 359
L'obsession de la corruption 363
« America first » ? 368

9. Du cash et du « care » 373
Une intervention sociale très design 374
Où est l'argent ? 381
La morale de la classe moyenne 382
Donnez-nous aujourd'hui notre pain de ce jour 387
Ils se sous-vendent 388
Éviter la fosse aux serpents 389
Le revenu universel ultrabasique 394
Un revenu de base universel aux États-Unis ? 401
Au-delà de la flexisécurité 407
Un keynésianisme intelligent : subventionner le bien commun ... 411
Partir devant 413
Aider les gens à bouger 419
Ensemble dans la dignité 423
Commencer par le respect 429

Conclusion. De la bonne et de la mauvaise science économique 435

Remerciements 441

Notes 445

Sur les auteurs 503

Index 505

Des mêmes auteurs

ESTHER DUFLO

Expérience, science et lutte contre la pauvreté
Fayard, 2009

Lutter contre la pauvreté
Volume 1, Le développement humain
Seuil/La République des Idées, 2010

Lutter contre la pauvreté
Volume 2, La politique de l'autonomie
Seuil/La République des Idées, 2010

AVEC ABHIJIT V. BANERJEE

Repenser la pauvreté
Seuil, 2012, et « Points Essais » n° 737, 2014

Dans la même collection

Pierre Rosanvallon
La Contre-démocratie
La politique à l'âge de la défiance
2006

Amy Chua
Le Monde en feu
Violences sociales et mondialisation
2007

Stéphane Audoin-Rouzeau
Combattre
Une anthropologie historique de la guerre moderne (XIXe-XXIe siècle)
2008

Pierre Rosanvallon
La Légitimité démocratique
Impartialité, réflexivité, proximité
2008

Jon Elster
Le Désintéressement
Traité critique de l'homme économique I
2009

Jon Elster
L'Irrationalité
Traité critique de l'homme économique II
2010

Charles Taylor
L'Âge séculier
2011

Pierre Rosanvallon
La Société des égaux
2011

Abhijit V. Banerjee et Esther Duflo
Repenser la pauvreté
2012

Alain Prochiantz
Qu'est-ce que le vivant ?
2012

John Scheid
Les Dieux, l'État et l'individu
Réflexions sur la religion civique à Rome
2013

Thomas Piketty
Le Capital au XXIe siècle
2013

Thomas Römer
L'Invention de Dieu
2014

Pierre Rosanvallon
Le Bon Gouvernement
2015

Patrice Flichy
Les Nouvelles Frontières du travail à l'ère numérique
2017

Pierre Rosanvallon
Notre histoire intellectuelle et politique
1968-2018
2018

François Déroche
Le Coran, une histoire plurielle
2019

Ivan Jablonka
Des Hommes justes
Du patriarcat aux nouvelles masculinités
2019

Thomas Piketty
Capital et Idéologie
2019

Pierre Rosanvallon
Le Siècle du populisme
2020

Emmanuel Saez et Gabriel Zucman
Le Triomphe de l'injustice
Richesse, évasion fiscale et démocratie
2020

RÉALISATION : NORD COMPO À VILLENEUVE-D'ASCQ
IMPRESSION : NORMANDIE ROTO IMPRESSION S.A.S. À LONRAI
DÉPÔT LÉGAL : MARS 2020. N° 136656 (2000354)
Imprimé en France